कश्मीर

इतिहास और परम्परा

कश्मीर

इतिहास और परम्परा

कुमार निर्मलेन्दु

लोकभारती प्रकाशन

लोकभारती प्रकाशन
पहली मंजिल, दरबारी बिल्डिंग, महात्मा गांधी मार्ग
प्रयागराज-211 001

वेबसाइट: www.lokbhartiprakashan.com
ईमेल : info@lokbhartiprakashan.com

शाखाएँ : 1-बी, नेताजी सुभाष मार्ग, दरियागंज
नई दिल्ली-110 002

अशोक राजपथ, साइंस कॉलेज के सामने
पटना-800 006

36 ए, शेक्सपियर सरणी, कोलकाता-700 017

पहला संस्करण : 2022

मूल्य : ₹ 795

बी.के. ऑफसेट
शाहदरा, दिल्ली द्वारा मुद्रित

KASHMIR
Itihas aur Parampara
by Kumar Nirmalendu

ISBN : 978-93-92186-72-1

कश्मीर के पारम्परिक गौरव की
पुनर्स्थापना के लिए प्रतिबद्ध

श्री मनोज सिन्हा

उपराज्यपाल, जम्मू एवं कश्मीर
को सादर समर्पित

विषय-क्रम

◆ भूमिका : अथ कश्मीर गाथा 9

1. कश्मीर : एक परिचय 17
2. मिथकीय और ऐतिहासिक पृष्ठभूमि 31
3. कर्कोटक, उत्पल एवं लोहर राजवंश 50
4. प्राचीन कश्मीर में राजनीतिक व्यवस्था 77
5. प्राचीन एवं पूर्व-मध्यकालीन समाज 85
6. प्राचीन एवं पूर्व-मध्यकालीन अर्थव्यवस्था 101
7. कश्मीर की सांस्कृतिक पृष्ठभूमि 115
8. प्राचीन कश्मीर में धर्म 151
9. कश्मीर के राजाओं की धार्मिक नीति 166
10. कश्मीर में रामकाव्य-परम्परा 176
11. विदेशी यात्रियों की दृष्टि में कश्मीर 189
12. मध्यकाल में कश्मीर 194

◆ उपसंहार 233

◆ परिशिष्ट

1. नीलमत पुराण 238
2. राजतरंगिणी : कश्मीर के इतिहास की अविरल धारा 242
3. कल्हण : प्राचीन भारतीय इतिहासकारों के सिरमौर 248
4. ह्वेनत्सांग का कश्मीर-वृत्तान्त 259

◆ सन्दर्भ-ग्रन्थ सूची 269

अथ कश्मीर गाथा

कश्मीर एक प्राचीन प्रदेश है। प्राचीन काल में कश्मीर प्रदेश गन्धार जनपद के अन्तर्गत आता था। 'गन्धार जातक' में कश्मीर-गन्धार प्रदेश का उल्लेख किया गया है। प्राचीन बौद्ध-ग्रन्थों में गन्धार और कम्बोज नामक जनपदों को जम्बूद्वीप के सोलह महाजनपदों में सम्मिलित बताया गया है। इसका आशय यह है कि प्राचीन काल में अफगानिस्तान और कश्मीर का बहुत बड़ा भाग जम्बूद्वीप (भारतवर्ष) की सीमा के अन्तर्गत माना जाता था। इसकी सीमाएँ अफगानिस्तान, तुर्किस्तान तथा चीन की सीमाओं से मिली हुई हैं। इसके पश्चिम में पाकिस्तान का 'उत्तर-पश्चिम सीमा-प्रान्त', उत्तर-पश्चिम में अफगानिस्तान, उत्तर-पूर्व में चीन का शिंज़ियांग प्रान्त और पूर्व में तिब्बत है। सामरिक दृष्टि से कश्मीर की स्थिति बहुत महत्त्वपूर्ण है। यह उत्तर-पश्चिम से भारत में आनेवाले मार्ग की सुरक्षा करता है।

अरब भूगोल-लेखक और यात्री कश्मीर के आसपास तो आये, लेकिन वे उसके भीतर प्रवेश नहीं कर पाये। उन्होंने अपनी किताबों में इसके रास्ते की कठिनाइयों को जिक्र किया है। गौरतलब है कि वे लोग अरब सागर से लेकर कश्मीर के पर्वतीय प्रदेश तक के सम्पूर्ण भूभाग को 'सिन्ध' ही कहते थे।

बहरहाल, यह अन्तर्पर्वतीय घाटी पूर्वोत्तर में हिमालय की मुख्य श्रेणी और दक्षिण-पश्चिम में पीरपंजाल श्रेणी के बीच में स्थित है। भौगोलिक दृष्टि से कश्मीर घाटी एक प्राचीन झील का बेसिन है। परम्परागत रूप से भी यह विश्वास प्रचलित है कि कश्मीर मूल रूप में एक सरोवर (झील) था और कश्यप ऋषि के प्रयास से उस विशाल झील के पानी के निकास का मार्ग बनाया गया। झील के पानी के निकलने के बाद उस स्थान पर कश्यप ने लोगों को बसाया।

अनेक अन्तर्राष्ट्रीय सीमाएँ साझा करनेवाला जम्मू-कश्मीर राज्य अपने आप में तीन पृथक भौगोलिक क्षेत्रों यथा जम्मू, कश्मीर एवं लद्दाख का अनूठा मिश्रण रहा है। सदियों तक एक ही भौगोलिक इकाई का भाग रहने के बावजूद इन तीनों क्षेत्रों की अपनी विशिष्टताएँ हैं। जम्मू क्षेत्र छोटी-छोटी पहाड़ियों से सुसज्जित है,

जिसकी भौगोलिक संरचना अपने पड़ोसी राज्य पंजाब तथा हिमाचल प्रदेश के कुछ निचले पहाड़ी क्षेत्रों से मेल खाती है; और यहाँ के निवासी डोगरा कहलाते हैं। दूसरा क्षेत्र कश्मीर का है जो एक घाटी के रूप में स्थित है; और इसमें ऊँचे पहाड़ी क्षेत्र तथा बर्फ से ढकी पर्वतमालाएँ हैं। यहाँ के निवासी पहाड़ी या कश्मीरी कहलाते हैं। तीसरा क्षेत्र लद्दाख है, जो अनेक दुर्गम पर्वतों तथा दर्रों से युक्त है। यहाँ बौद्ध मतावलम्बियों का बाहुल्य है। कर्राकोरम की पर्वतमालाओं की तहों में गहरे छिपे इस दुर्गम क्षेत्र को 'दर्रों की भूमि' कहा जाता है। यह विश्व की दो उच्चतम पर्वतमालाओं- हिमालय तथा कर्राकोरम से जुड़ा है। सदियों पहले तक अपनी दुर्गम भौगोलिकता के कारण ही यह भूभाग बाह्य-जगत् की पहुँच से दूर रहा। जम्मू में हिन्दू, कश्मीर में मुस्लिम और लद्दाख में बौद्ध संस्कृति से प्रभावित यह क्षेत्र अनेकता में एकता की अनूठी मिसाल रहा है। बहरहाल, अब तो जम्मू-कश्मीर और लद्दाख दो पृथक केन्द्र-शासित प्रदेशों के रूप में पुनर्गठित हैं।

कश्मीर हिमालय-पर्वतमाला की गोद में बसा हुआ एक सुरम्य पर्वतीय प्रदेश है। भारत का यह धुर उत्तरवर्ती सीमा-प्रान्त अपने प्राकृतिक सौन्दर्य एवं स्वास्थ्यवर्धक जलवायु के लिए प्रसिद्ध है। लेकिन नदियों और पर्वतों के कारण यह प्रदेश बहुत दुर्गम भी है। पीरपंजाल पर्वतश्रेणी के उत्तर में, श्रीनगर से 50 कि.मी. दक्षिण-पूर्व में झेलम नदी के किनारे अनन्तनाग स्थित है। यह कश्मीर का एक कृषि-व्यापार केन्द्र है। इस नगर के आसपास की भूमि से कई झरने निकलते हैं। इन्हीं में गन्धकयुक्त अनन्तनाग झरना भी है।

वुलर और डल झील कश्मीर में पर्यटकों के आकर्षण के केन्द्र हैं। 'डल' सम्भवत: तिब्बती भाषा का शब्द है, जिसका अर्थ है-निस्तब्धता यानी खामोशी। डल झील का प्राचीन संस्कृत नाम सुरेश्वरी सर है। श्रीवर ने अपने ग्रन्थ 'ज़ैनराजतरंगिणी' में एक स्थान पर केवल 'डल' (1/5/32) और दूसरे स्थान पर 'डल सर' (4/118) शब्द का प्रयोग किया है। प्रथम स्थान पर 'डल' का वर्णन करते समय उसने उसे अगाध सरोवर लिखा है। इसको 'ज्येष्ठरुद्र समीपस्थ सर' भी कहा गया है। सुरेश्वरी सर क्षेत्र में सुल्तान ज़ैनुल आब्दीन ने सिद्धपुरी नामक एक राजभवन बनवाया था। (ज़ै.रा.त. 1/5/43) श्रीवर ने डल झील में तैरते खेतों का भी उल्लेख किया है। इससे पता चलता है कि 15वीं शताब्दी ई. के पूर्व भी डल झील में तैरते हुए खेतों का अस्तित्व था। घास-फूस, लकड़ी आदि के ऊपर मिट्टी डालकर तैरते हुए खेत तैयार किये जाते थे; और उसके ऊपर पौधे लगाये जाते थे। खास बात यह है कि इन तैरते-खेतों को एक जगह से खींचकर दूसरी जगह ले जाना भी सम्भव था।

वुलर झील का पुराना संस्कृत नाम 'उल्लोल' है। 'नीलमत पुराण' में इस झील के लिए महापद्म' नाम का प्रयोग किया गया है। यह भारत में मीठे पानी की सबसे बड़ी झील है। 10 कि.मी. चौड़ी और 16 कि.मी. लम्बी यह झील कश्मीर के वर्तमान बान्दीपोरा जिले में स्थित है। यह झेलम नदी के रास्ते में पड़ती है, इसलिए उसका पानी इसको मिलता रहता है। यह झील झेलम नदी के प्रवाह को नियन्त्रित करती है, जो इसके बीच से होकर बहती है। यह कश्मीर घाटी के उत्तरी सिरे पर श्रीनगर से 32 कि.मी. उत्तर-पश्चिम में स्थित है। इस झील के दक्षिण-पश्चिम तट पर सोपुर नगर स्थित है।

सिकन्दर के आक्रमण के कुछ समय बाद ही मगध के सम्राट् चन्द्रगुप्त मौर्य ने कश्मीर सहित उस इलाके के कई छोटे राज्यों को अपने साम्राज्य का अंग बना लिया था। भारत पर सिकन्दर के आक्रमण के समय तक्षशिला का राजा आम्भि था। उसका राज्य सिन्धु और झेलम नदियों के बीच में फैला हुआ था। वह पुरु (पोरस) का प्रतिद्वन्द्वी राजा था, जिसका राज्य झेलम के पूर्व में स्थित था। कुछ तो पोरस से ईर्ष्या के कारण और कुछ अपनी कायरता के कारण उसने स्वेच्छा से सिकन्दर की अधीनता स्वीकार कर ली; और पोरस के विरुद्ध हुए युद्ध में सिकन्दर का साथ दिया। इसके पुरस्कारस्वरूप सिकन्दर ने उसको पहले तो तक्षशिला के राजा के रूप में मान्यता दी; बाद में सिन्धु एवं चेनाब के संगम क्षेत्र तक का शासन उसको सौंप दिया। लेकिन चन्द्रगुप्त मौर्य ने उससे यह प्रदेश छीन लिया और पूरे पंजाब से यूनानियों को निकाल बाहर किया। जिस समय सिकन्दर के सेनापति एवं उसके पूर्वी साम्राज्य के उत्तराधिकारी सेल्यूकस ने भारत पर आक्रमण किया, उस समय भी पंजाब और कश्मीर का भूभाग चन्द्रगुप्त मौर्य के अधिकार में ही था।

सम्राट् अशोक के शासनकाल में कश्मीर में बौद्ध धर्म की नींव पड़ी। अशोक द्वारा भेजे गये भिक्षुओं ने इस देश में बौद्ध धर्म का प्रचार किया और वह द्वितीय शताब्दी ई. में कुषाण राज्यकाल तक फलता-फूलता रहा।

तिब्बती और चीनी विवरणों में खोतान और भारत के सांस्कृतिक सम्बन्धों की कुछ रोचक कथाएँ संगृहीत हैं। यद्यपि ये कथाएँ विरोधाभाषी हैं, तथापि इस बात में समानता है कि इस देश का नाम कुस्तन—कु(यानि भूमि) है स्तन जिसका—किसी ऐसे राजकुमार के नाम पर पड़ा जिसे गृह-निर्वासन के कारण भूमि के सहारे पलना पड़ा। वह राजकुमार कौन था, इस विषय में कथानक एकमत नहीं हैं। इन विवरणों के अनुसार 58 ई. पू. में विजयसम्भव खोतान का राजा हुआ। वह कण्ववंशीय राजा भूमिमित्र का समकालीन था। राज्याभिषेक के पाँचवें वर्ष कश्मीर से वैरोचन नामक एक बौद्ध-भिक्षु खोतान पहुँचे। इनके उपदेशों से प्रभावित होकर राजा ने

बौद्धधर्म की दीक्षा ली। इस प्रकार, वैरोचन ही वह प्रथम प्रचारक थे, जिनके प्रयास से खोतान में महायान बौद्धधर्म प्रचलित हुआ।

एक अनुश्रुति के अनुसार खोतान राज्य की स्थापना, सम्राट अशोक के वहाँ प्रथम गमन के उपलक्ष्य में हुई थी। उसी अवसर पर अशोक को एक पुत्र की प्राप्ति भी हुई थी, जिसका नाम 'कुस्तन' रखा गया था। कुस्तन के नाम पर ही इस प्रदेश को कुस्तन कहा जाता था, जिसे अब खोतान कहा जाता है।

एक अन्य स्रोत के अनुसार खोतान राज्य की स्थापना कश्मीर के वुलर झील के निकटवर्ती क्षेत्र के मूल निवासी, महायुद्ध नामक एक नाग द्वारा की गयी थी। महायुद्ध का दूसरा नाम हुलूर या हूलर था। समाट् अशोक के समय के पहले ही किसी बौद्ध धर्म-प्रचारक के प्रभाव में आकर वह बौद्ध हो गया था। इस कश्मीरी-बौद्ध हूलर के नाम पर खोतान में एक साम्प्रदायिक वर्ग के प्रतिष्ठित होने की जानकारी भी मिलती है।

जो भी हो, अशोक के पुत्र जलौक ने कश्मीर में स्वतन्त्र रूप से राज्य किया। मौर्यों के बाद कश्मीर कुषाण-वंशीय राजा कनिष्क के शासन के अधीन रहा। कनिष्क के काल में वहाँ महायान बौद्धधर्म का प्रवेश हुआ।

कनिष्क का साम्राज्य काबुल, गन्धार, सिन्ध, उत्तर-पश्चिमी भारत, कश्मीर और मध्यदेश तक फैला था। कुषाणकाल में मध्य-एशिया की बस्तियों में खरोष्ठी एवं ब्राह्मी लिपियों और प्राकृत एवं संस्कृत भाषाओं का प्रचार-प्रसार हुआ। यह कार्य इसलिए सम्भव हुआ क्योंकि ज्ञान का एक महान् केन्द्र कश्मीर सम्राट् कनिष्क के साम्राज्य के अधीन था; और कश्मीर से खोतान जानेवाला मार्ग भी उसी के नियन्त्रण में था।

कश्मीर-मण्डल में बौद्ध मत के प्रसार के बावजूद वैदिक (हिन्दू) धर्म इस क्षेत्र का प्रधान धर्म बराबर बना रहा। छठी शताब्दी ई. में मालवा के राजा यशोधर्मन (और मगध के राजा भानुगुप्त या नरसिंहगुप्त बालादित्य) से हारने के बाद मिहिरकुल हूण उत्तर की ओर भागता हुआ कश्मीर पहुँचा; और उस पर अधिकार कर लिया। वह कट्टर शैव था। बौद्ध-ग्रन्थों में उसको बौद्ध धर्म का प्रबल विरोधी बताया गया है।

सातवीं शताब्दी ई. के प्रारम्भ में कश्मीर में नाग जाति के कर्कोटक राजवंश का उदय हुआ। इसके संस्थापक राजा दुर्लभवर्द्धन के समय से कश्मीर का व्यवस्थित इतिहास मिलना शुरू होता है। वह कन्नौज-नरेश हर्षवर्द्धन और चीनी धर्मयात्री ह्वेनत्सांग का समकालीन था। उसका पौत्र ललितादित्य मुक्तापीड एक प्रतापी और महत्त्वाकांक्षी शासक था। अपनी दिग्विजय-यात्रा के क्रम में 740 ई.

में उसने कन्नौज के राजा यशोवर्मन को पराजित किया। उसने तुर्कों को भी हराया। भगवान सूर्यनारायण का उपासक होने के कारण उसने प्रसिद्ध मार्तण्ड-मन्दिर का निर्माण कराया। आठवीं शताब्दी के उत्तरार्द्ध में उसके पौत्र विनयादित्य जयापीड ने कन्नौज के राजा वज्रायुध को हराया था।

नौवीं शताब्दी के मध्य में कर्कोटक वंश के शासन का अन्त हो गया; और 855 ई. में अवन्तिवर्मन (855-883 ई.) ने उत्पल वंश की स्थापना की। उसने तथा उसके वंशजों ने साहित्यकारों को अभूतपूर्व प्रोत्साहन दिया और लोकहित के कई कार्य किये। उसका उत्तराधिकारी शंकरवर्मन (883-902 ई.) भी एक प्रतापी राजा था। उत्पल वंश के समय में बौद्ध-धर्म का कश्मीर से लोप हो गया और वहाँ शैवधर्म की प्रधानता हो गयी। इस काल में संस्कृत साहित्य को प्रोत्साहन मिला।

रानी दिद्दा कश्मीर के इतिहास की सबसे शक्तिशाली महिला शासक थी। उसके बाद कश्मीर लोहर वंशीय राजाओं के शासनाधीन हो गया।

कश्मीर के इतिहास के सम्बन्ध में सर्वाधिक जानकारी साहित्यिक स्रोतों से प्राप्त होती है। नीलमत पुराण, विष्णुधर्मोत्तर पुराण, कल्हण की 'राजतरंगिणी', परवर्ती चार अन्य कश्मीरी विद्वानों की राजतरंगिणी और क्षेमेन्द्र की कुछ रचनाएँ कश्मीर के इतिहास को जानने के मुख्य साधन हैं।

कवि क्षेमेन्द्र कश्मीर के राजा अनन्तदेव (1029-1063 ई.) और उनके पुत्र राजा कलश (1063-1089 ई.) के समकालीन थे। उन्होंने जिन सामाजिक और धार्मिक व्यवस्थाओं का चित्रण किया है, उसी का परिवर्द्धित रूप कल्हण की 'राजतरंगिणी' में मिलता है। कल्हण की राजतरंगिणी से पता चलता है कि कश्मीर का तत्कालीन इतिहास घरेलू षड्यन्त्रों, हत्याओं और दुराचारों से भरा पड़ा था।

1339 ई. तक कश्मीर एक स्वशासित हिन्दू राज्य था। परन्तु मध्यकालीन हिन्दू शासकों की दुर्बलता और उनके सामन्तों के षड्यन्त्रों के कारण वहाँ अराजकता का वातावरण पैदा हो गया। इस स्थिति का लाभ उठाते हुए 1339 ई. में शाहमीर नामक एक मुसलमान ने कश्मीर के राजसिंहासन पर कब्जा कर लिया।

शाहमीर द्वारा प्रवर्तित राजवंश का छठा सुल्तान सिकन्दर (1386-1410 ई.) बहुत ही अत्याचारी और धर्मान्ध था। उसके अत्याचारों ने अधिकांश हिन्दू जनता को मुसलमान बनने पर विवश कर दिया। अनेक हिन्दू कश्मीर छोड़ कर चले गये; और जो रह गये उन पर जजिया कर लगाया गया। तत्कालीन कश्मीरी हिन्दुओं का जीवन बहुत कष्टप्रद रहा। मन्दिरों और मूर्तियों का वह ऐसा शत्रु था कि उसका नाम ही 'बुतशिकन' (यानी मूर्ति-भंजक) पड़ गया था। लेकिन इस राजवंश का आठवाँ सुल्तान ज़ैनुल आब्दीन (1420-1470 ई.) सहिष्णु और उदार था। उसने

हिन्दुओं पर से जजिया कर उठा दिया, निर्वासित हिन्दुओं को फिर से देश में वापस बुलवाया और उन्हें मन्दिरों के पुनर्निर्माण की भी अनुमति दे दी। उस समय राज्य में गोवध बन्द करा दिया गया था। उसने साहित्य, संगीत एवं चित्रकला को प्रोत्साहन दिया। उसने संस्कृत और अरबी भाषा के ग्रन्थों के अनुवाद भी कराये। उसको 'बड़शाह' बादशाह कहा गया है। लेकिन उसके बाद कई अयोग्य शासक हुए।

1586 ई. में अकबर ने कश्मीर को अपने साम्राज्य में मिला लिया। उसने अपने साम्राज्य को 15 सूबों में बाँटा था- दिल्ली, आगरा, अवध, इलाहाबाद, अजमेर, अहमदाबाद, मालवा, बिहार, बंगाल-उड़ीसा, खानदेश, बरार, अहमदनगर, मुल्तान-सिन्ध, काबुल और लाहौर (पंजाब)। उस समय कश्मीर लाहौर (पंजाब) सूबे के अन्तर्गत था।

गौरतलब है कि कश्मीर के मुस्लिम राजा भी अपने समय का इतिहास संस्कृत में लिखवाते रहे। ज़ैनुल आब्दीन के आदेश पर 'राजतरंगिणी' के कुछ अंश का फारसी भाषान्तर 'बहर-उल-अश्मार' (अर्थात् कथासागर) नाम से कराया गया था। मई 1589 ई. में अकबर जब श्रीनगर पहुँचा, तब उसके साथ गये अबुल फजल को स्थानीय लोगों ने 'राजतरंगिणी' भेंट की थी। चूँकि यह पुस्तक संस्कृत में थी, इसलिए अकबर ने बदायुँनी को ज़ैनुल आब्दीन के समय हुए 'राजतरंगिणी' के अधूरे अनुवाद को पूरा करने का आदेश दिया था।

कश्मीर में मुसलमानों का शासन आरम्भ होने के बाद वहाँ मुसलमानों की आबादी तेजी से बढ़ने लगी थी। इसके बाद कश्मीर को भारतीय सभ्यता, संस्कृति एवं इतिहास की अन्तर्धारा से काटकर उसे इस्लामी संस्कृति से जोड़ने की कोशिशें विगत पाँच सदियों से की जा रही हैं। यह प्रक्रिया किस प्रकार शुरू हुई, उसका परिचय पण्डित जोनराज की 'द्वितीय राजतरंगिणी' से मिलता है। लेकिन फारसी और अन्य विदेशी लेखकों ने दुनिया के सामने उस तस्वीर का केवल एक ही पहलू रखा है।

कश्मीर हमारे ऋषियों-मनीषियों की पावन भूमि है। नीलमत पुराण में कहा गया है कि कश्मीर प्रदेश धान की क्यारियों और सुन्दर-फलदार वृक्षों से परिपूर्ण है। यह स्वाध्याय एवं ध्यान में मग्न रहनेवाले और निरन्तर यज्ञ करनेवाले लोगों की भूमि है। यहाँ वेद-वेदांगों में पारंगत तपस्वी ब्राह्मण, शस्त्रस्त्रों के प्रयोग में निपुण क्षत्रिय, अपने जीविकोपार्जन में रत वैश्य और सबकी सेवा में तत्पर शूद्र रहते हैं। देवमन्दिरों और तीर्थों से युक्त यह स्थान अत्यन्त शुभ है। (नी.पु. 14-16) कश्मीरा देवी के इस पवित्र मण्डल (कश्मीरमण्डल) के सभी स्थान तीर्थ-जैसे हैं। (नी. पु. 24)।

यहाँ के निवासी भगवान् शिव के अर्द्धनारीश्वर रूप के उपासक रहे हैं। राष्ट्रकवि रामधारीसिंह दिनकर ने अपनी एक कविता में अर्द्धनारीश्वर का वर्णन करते हुए लिखा है-

एक हाथ में डमरु, एक में वीणा मधुर उदार,
एक नयन में गरल, एक में संजीवन की धार।
जटाजूट में लहर पुण्य की शीतलता-सुख-कारी,
बालचन्द्र दीपित त्रिपुण्ड पर बलिहारी ! बलिहारी !

इस कविता में, ऐसा प्रतीत होता है मानो, वे भगवान् अर्द्धनारीश्वर से कश्मीर के उद्धार के लिए अनुनय कर रहे हैं-

प्रत्याशा में निखिल विश्व है, ध्यान देवता ! त्यागो,
बाँटो, बाँटो अमृत, हिमालय के महान् ऋषि ! जागो।
फेंको कुमुद-फूल में भर-भर किरण, तेज दो, तप दो,
ताप-तप्त व्याकुल मनुष्य को शीतल चन्द्रातप दो।
सूख गये सर, सरित; क्षार निस्सीम जलधि का ज़ल है;
ज्ञानघूर्णि पर चढ़ा मनुज को मार रहा मरुथल है।
इस पावक को शमित करो, मन की यह लपट बुझाओ,
छाया दो नर को, विकल्प की इति से इसे बचाओ।
रचो मनुज का मन, निरभ्रता लेकर शरद् गगन की,
भरो प्राण में दीप्ति ज्योति ले शान्त-समुज्ज्वल घन की।
भरो भस्म में क्लिन्न अरुणता कुंकुम के वर्षण से,
संजीवन दो ओ त्रिनेत्र! करुणाकर ! वाम नयन से।

(अर्द्धनारीश्वर)

आन्तरिक कलह के कारण कश्मीर ने बड़ी भारी कीमत चुकाई है। कल्हण ने अपनी 'राजतरंगिणी' में राजा ललितादित्य के मुख से यह कहलवाया है कि ''इस (कश्मीर) देश को सुशासित तथा प्रगतिशील बनाये रखने के लिए अन्दरूनी फूट से बचकर रहना आवश्यक है। (रा.त. 3/345) यह बात कश्मीर के विषय में ही नहीं, बल्कि, पूरे भारत के बारे में कही जा सकती है। दरअसल, कलह के कारण कश्मीर का रेशा-रेशा बिखरता चला गया।

'नीलमत पुराण' इस बात का साक्षी है कि महर्षि कश्यप के समय से ही कश्मीर के स्थानीय लोगों ने विस्थापन की गहरी पीड़ा को महसूस किया है। और आधुनिक काल में कश्मीरी हिन्दुओं को विस्थापन ने जितने दर्द दिये हैं, वह तो अकथनीय है। कश्मीरी कवि अग्निशेखर ने लिखा है–

पूछा नीलनाग से मैंने- हे ऋषिवर !
पूर्वज मेरे !
बता सकते हो थमेगा कब
यह जारी विनाश
और अस्वीकार
मेरे होने का
और विनाश सतीदेश का
हर स्तर पर
कब भव्य सम्पदा
निरन्तरता
स्वप्न-स्थापत्यों का
रुकेगा भंजन ?
माँ वितस्ता में बहता
अवसाद...

(नीलगाथा, पहला कथापर्व, पृ. 11)

बहरहाल, इस पुस्तक में कश्मीर के इतिहास और वहाँ की परम्पराओं का एक अध्ययन प्रस्तुत करने का प्रयास किया गया है। इतिहास अर्थपूर्ण तथ्यों का सम्पूर्ण आकलन है। इतिहास-लेखन का उद्देश्य केवल दिशा-निर्देश या सूचना देना नहीं है। इसका उद्देश्य देश-समाज को सलाह देना, सजग करना और प्रेरित करना भी है। इस पुस्तक को पढ़ने के बाद यदि पाठक-समुदाय को इस प्रकार की अनुभूति होती है, तो मैं अपने प्रयास को सफल मानूँगा।

समय के संकट से निपटने के लिए कोई 'अलादीन का चिराग' हमारे पास नहीं है। धैर्य, साहस, संकल्प, आस्था और सामाजिकता के उपकरणों से ही हम कश्मीर के विकास-पथ की बाधाओं को दूर कर सकते हैं। कहते हैं कि,

झीना उजास सख्त अँधेरे के पार है,
स्याही के इस पहाड़ के पत्थर तराशिए।

–कुमार निर्मलेन्दु

अध्याय 1

कश्मीर : एक परिचय

महाकवि कालिदास ने 'कुमारसम्भव' में हिमालय-प्रदेश को देवभूमि यानी स्वर्ग कहा है।[1] जबकि भारवि (7वीं शताब्दी ई.) ने 'किरातार्जुनीयम्' में हिमालय को स्वर्ग से भी सुन्दर बताया है। कालिदास के वर्णनों में वंक्षु नदी को हिमालय की पश्चिमी सीमा और ब्रह्मपुत्र नदी की एक शाखा लौहित्य को उसकी पूर्वी सीमा कहा गया है। वंक्षु और लौहित्य के बीच में हिमालय क्षेत्र के कई जनपद हैं- पश्चिमी छोर पर कम्बोज[2] और पूर्वी छोर पर कामरूप (प्राग्ज्योतिषपुर)[3]।

संस्कृत भाषा के प्राचीन ग्रन्थों में हिमालय के पाँच खण्ड बताये गये हैं- नेपाल, कूर्मांचल (कुमाऊँ), केदार (गढ़वाल), जालन्धर (शिमला-काँगड़ा या हिमाचल प्रदेश) और कश्मीर।

खण्डाः पंच हिमालयस्य कथिता नेपाल कूर्मांचलौ।
केदारोऽथ जालन्धरोऽथ रुचिरः कश्मीर संज्ञोऽन्तिमः।।

लेकिन हिमालय के तथाकथित पाँच प्रांगणों में कश्मीर सबसे सुन्दर है। वह भारत-माता का सुशोभन रजत-मुकुट है। आदि शंकराचार्य ने कश्मीर को 'भारत माता का ललाट' कहा है। उनके अनुसार जिस प्रकार कश्मीर की अधिष्ठात्री देवी शारदा के ललाट पर केसर का टीका है, उसी प्रकार भारत-माता के ललाट पर कश्मीर का कुमकुम है–''ललाटे काश्मीरं विलसति।''[4]

कश्मीर की घाटी भारतवर्ष का ही नहीं, पूरे एशिया महाद्वीप का सुन्दरतम प्राकृतिक स्थल है। संस्कृत कवि कल्हण ने अपनी 'राजतरंगिणी' में कश्मीर की रमणीयता का बखान करते हुए भावविभोर होकर लिखा है–

त्रिलोक्यां रत्नभूः श्लाघ्या तस्यां धनपतेर्हरिम्।
तत्रा गौरी गुरुः शैलो यत् तस्मिन्नपि मण्डलम्।।

(राजतरंगिणी, 1/43)

अर्थात्- "तीनों लोकों में पृथ्वी-लोक श्रेष्ठ है, पृथ्वी-लोक में भारत की उत्तर दिशा सुरम्य है, उत्तर दिशा में शिव-पार्वती का आश्रयस्थल हिमालय सबसे सुशोभन है; और हिमालय के पाँच प्रांगणों में कश्मीर मण्डल सबसे रमणीय है।''

'नीलमत पुराण' में कश्मीर मण्डल का प्रत्येक स्थान पवित्र माना गया है। उसकी जलवायु और वहाँ का मौसम भी सदाबहार है। उसके सन्दर्भ में कल्हण ने अपनी 'राजतरंगिणी' में अलंकारमयी भाषा में लिखा है–

असन्तापार्हतां जानन् यत्र पित्रा विनिर्मिते।
गौरवादिव तिग्मांशुर्धत्ते ग्रीष्मेऽप्यतीव्रताम्।। (राजतरंगिणी, 1/41)

अर्थात्–पिता कश्यप ऋषि के द्वारा स्थापित किये गये कश्मीर-मण्डल को ताप देना उचित नहीं है, शायद यही सोचकर वहाँ ग्रीष्म ऋतु में भी सूर्य अपनी किरणों में तीखापन नहीं लाते हैं।

कश्मीर भारत की उत्तर-पश्चिमी सीमा का प्रहरी प्रदेश है; और उसका प्राकृतिक सौन्दर्य अनुपम है। उसको 'धरती का स्वर्ग' कहा गया है। मुगल बादशाह जहाँगीर जब कश्मीर स्थित गुलमर्ग पहुँचा तब वहाँ के अद्‌भुत सौन्दर्य को देखकर वह चकित रह गया। उसके कण्ठ से अनायास ही यह निकला कि–

गर फ़िरदौस[5] बा-रुए ज़मीं अस्त
अमी अस्तो ! अमी अस्तो !! अमी अस्तो !!!

अर्थात्- पृथ्वी पर यदि कहीं स्वर्ग है, तो यहीं है ! यहीं है !! यहीं है !!!

मानव-जाति की जन्मभूमि

पुरातत्त्ववेत्ता अविनाशचन्द्र दास ने सप्तसिन्धु प्रदेश और कश्मीर को आर्यों का मूल स्थान बताया है।[6] अविनाशचन्द्र दास ने यह भी लिखा है कि- ''वेदों में जो उत्तर की ओर के नक्षत्रों का वर्णन है, उससे ज्ञात होता है कि वैदिक ऋषियों ने उन्हें कश्मीर और हिमालय के ऊँचे पहाड़ों पर से ही देखा था।''[7] इतना ही नहीं, 'तुलनात्मक भाषाविज्ञान के जनक' एडेलंग को उद्धृत करते हुए इतिहासकार टेलर ने कश्मीर को स्वर्ग के समान बताते हुए मानव जाति की जन्मभूमि कहा है।[8] प्रसंगवश उल्लेखनीय है कि घोड़े आर्यों की मुख्य सवारी थी, जो कश्मीर-कम्बोज क्षेत्र में बहुलता से मिलते थे। संस्कृत कवि भास ने उस भूभाग में पाये जानेवाले घोड़ों की बहुत प्रशंसा की है।[9] सप्तसिन्धु प्रदेश में बहुतायत में पाये जाने के कारण ही संस्कृत भाषा में घोड़े को 'सैन्धव' भी कहा गया है।

प्रदेश एक, नाम अनेक

'कश्मीर' वस्तुतः पृथ्वी का स्वर्ग-कानन है। यह शब्द संस्कृत भाषा के तीन शब्दों के मेल से बना है- कम् + अश्म + ईर। 'कम्' शब्द नदी, जलप्रपात या सरोवर का द्योतक है। 'अश्म्' शब्द का अर्थ है- पत्थर या पर्वत। जबकि 'ईर' शब्द धातुपरक क्रिया रूप है, जो पानी और पर्वत के परस्पर घर्षण को एक सक्रिय चेतना प्रदान करता है। अतः कश्मीर का शाब्दिक अर्थ है- पर्वतों से निकलकर बहता हुआ जल। कश्मीर का यह अर्थ वहाँ के भौगोलिक स्वरूप के अनुरूप भी है।

प्रकृति ने कश्मीर घाटी को एक विशेष भौगोलिक स्थिति प्रदान की है। इसलिए भारत के अन्य प्रदेशों की तरह कश्मीर का नाम कालक्रम में बदला नहीं है।

'नीलमत पुराण'[10] में कश्मीर का मिथकीय वृत्तान्त मिलता है। उसमें कहा गया है कि सूर्य के एक राशि में से गुजरने पर एक सौर मास होता है। दो मासों की एक ऋतु होती है; तीन ऋतुओं का एक अयन होता है; और दो अयन का एक वर्ष होता है। 4 लाख 32 हजार वर्षों की अवधि का एक कलियुग होता है। कलियुग से दो गुना द्वापर, तीन गुना त्रेता और चार गुना कालावधि का कृतयुग (या सत्युग) होता है। 71 चतुर्युगों का एक मन्वन्तर होता है। एक मन्वन्तर की समाप्ति पर इस भूलोक पर रहनेवाली सम्पूर्ण सृष्टि पूर्णतः नष्ट हो जाती है। (नी.पु. 31-35)

'नीलमत पुराण' के आधार पर कल्हण कृत 'राजतरंगिणी' में भी कहा गया है कि मन्वन्तर के अन्त में जलप्रलय होता है, जिसमें सब कुछ नष्ट हो जाता है। यद्यपि जम्बूद्वीप का सर्वथा नाश हो जाता है, तथापि हिमालय, हेमकूट, निषध, नील, श्वेत, श्रृंगवत, गन्धमादन, मेरु, माल्यवान, महेन्द्र, मलय, सह्य, शक्तिमान, ऋक्ष, विन्ध्य और पारियात्र पर्वतों का विनाश नहीं होता।

प्रलय के बाद महादेव स्वयं जल स्वरूप स्थित रहते हैं। देवी सती एक नाव का रूप धारण कर लेती हैं। मनु उस नाव पर सब प्रकार के बीज सुरक्षित रख देते हैं। मत्स्य रूप धरकर विष्णु उस नाव को खींच लाते हैं; और पर्वत के शिखर पर बाँध देते हैं। वह पर्वत-शिखर कश्मीर के पश्चिम दिशा में स्थित 'नौबन्धन शिखर' है। नौबन्धन तीर्थ का उल्लेख उत्तर-वैदिक ग्रन्थ 'शतपथ ब्राह्मण' में भी मिलता है। जलप्रलय के बाद मनु प्रजावर्ग की पुनर्रचना करते है। नाव का स्वरूप धारण की हुई देवी सती भूमि का रूप धारण कर लेती हैं। छह योजन लम्बा तथा तीन योजन चौड़ा एक रम्य सरोवर (सतीसर) बन जाता है, जहाँ देवतागण मनोहर

क्रीड़ा करते हैं। कालान्तर में यही प्रदेश 'सतीसर देश' (या कश्मीर) के नाम से प्रसिद्ध हो जाता है।

'नीलमत पुराण' में कहा गया है कि एक बार देवराज इन्द्र अपनी पत्नी शचि के साथ सतीसर में जलक्रीड़ा कर रहे थे। उसी समय दैत्यराज संग्रह वहाँ आ गया। शचि को देखकर वह इतना काममोहित हो गया कि उसका वीर्य स्खलित होकर सतीसर के जल में गिर गया। कामान्ध होकर उस दैत्य ने शचि के अपहरण का विचार किया। स्वभावतः इन्द्रदेव के साथ उसका युद्ध हुआ, जिसमें इन्द्र ने उसका वध कर दिया। उस दैत्य को मारकर इन्द्रदेव स्वर्गलोक वापस चले गये।

इधर, सतीसर में गिरे संग्रह के वीर्य से उस जल में एक दैत्य-शिशु का जन्म हुआ। सतीसर में निवास करनेवाले सहृदय नागों ने उस शिशु का पालन-पोषण किया। जल में उत्पन्न होने के कारण उस दैत्य का नाम 'जलोद्भव' रखा गया। (नी.पु. 74-80) उसने अपनी तपस्या से ब्रह्माजी को प्रसन्न करके जल में अमर रहने का वरदान प्राप्त कर लिया। (नी.पु. 81) मायावी शक्तियाँ प्राप्त करके दैत्य जलोद्भव सतीसर में निवास करनेवाले नागों और समीपवर्ती प्रदेशों में रहनेवाले मानवों (मनु के वंशजों अर्थात् आर्यों), दार्वाभिसार, गन्धार, जुहुण्डर, शक, खश, तंगण, माण्डव, मद्र, अन्तर्गिरि और बहिर्गिरि के निवासियों को सताने लगा। (नी. पु. 82-83) उसकी दुष्टता से आतंकित होकर स्थानीय लोग अपना देश-प्रदेश छोड़कर पलायन करने लगे। स्थानीय लोगों के पलायन के बाद वह दैत्य उस निर्जन प्रदेश में निर्द्वन्द्व विचरण करने लगा। (नी.पु. 84)

संयोगवश उसी समय कश्यप ऋषि अपनी तीर्थयात्रा के क्रम में कनखल तीर्थ (हरिद्वार) पहुँचे थे। सतीसर से विस्थापित नागों के राजा नील कश्यप के ही पुत्र थे। वे अपने पिता कश्यप ऋषि से मिलने कनखल तीर्थ पहुँचे। उन्होंने कश्यप से कहा कि आपने पूर्व, पश्चिम और दक्षिण के समस्त तीर्थों का भ्रमण कर लिया है। अब आप उत्तर की ओर चलिए। नीलनाग की बात मानकर वे उत्तर की ओर चल पड़े। विभिन्न तीर्थों का भ्रमण करते हुए पिता-पुत्र मद्रदेश पहुँचे। उस प्रदेश को निर्जन देखकर कश्यप ने पूछा कि यह रमणीय प्रदेश निर्जन कैसे हो गया? तब नीलनाग ने उनको बताया कि जिस जलोद्भव दैत्य को मैंने पाला-पोसा था, वह ब्रह्माजी से वरदान पाकर उन्मत्त हो गया है। उसी ने मद्रदेश और सतीसर के अलावा कई अन्य प्रदेशों को जनशून्य कर दिया है। अब आप ही इस प्रदेश को उस दुष्ट के आतंक से मुक्त कर सकते हैं। (नी.पु. 139-146)

विपरीत परिस्थितियों में ऋषि कश्यप आशा की एक किरण बनकर प्रकट हुए थे। उनको कश्मीर का विधाता माना गया है। कश्यप ऋषि का उल्लेख सबसे

पहले ऋग्वेद में मिलता है। शिव पुराण में उनको ब्रह्मा का मानसपुत्र बताया गया है। वाल्मीकि रामायण के अनुसार वे ब्रह्मा के मानसपुत्रों में से एक मरीचि के पुत्र हैं। श्रीमद्भागवतपुराण में उनको मरीचि और उनकी पत्नी कला का जैविक पुत्र बताया गया है।

वैवस्वत नामक सप्तम मन्वन्तर के आरम्भ में दक्ष ने अपनी 13 कन्याओं का विवाह कश्यप से कर दिया। पुराणों में कश्यप को मानव, दानव और नाग सहित समस्त प्राणियों का पिता माना गया है। महाभारत, विष्णुपुराण और अग्निपुराण के अनुसार कश्यप की इक्कीस पत्नियाँ थीं। इनमें से तेरह दक्ष प्रजापति की पुत्रियाँ थीं। कश्यप की ये 21 पत्नियाँ ही सम्पूर्ण संसार की जननी हैं। इन्होंने ही संसार के सभी प्राणियों को जन्म दिया। अदिति से देवताओं, दिति से दैत्यों, दनु से दानवों, काष्ठा से घोड़े आदि पशुओं, अरिष्ठा से गन्धर्वों, खशा से यक्षों-राक्षसों, इरा से वृक्ष-वनस्पतियों, मुनि से अप्सराओं, क्रोधवसा से पिशाचों, ताम्रा से पक्षियों, सुरभि से गाय-बैल आदि चौपाये पशुओं, सरमा से सरिसृपों और तिमि से जलचर जीवों का जन्म हुआ था। कश्यप की दो अन्य पत्नियों कद्रू से नागों और विनता से अरुण (सूर्यदेव के सारथी) और गरुड़ का जन्म हुआ था।

बहरहाल, कश्यप ने ब्रह्मा, विष्णु, महेश आदि देवताओं से जलोद्भव का संहार करने की प्रार्थना की। देवताओं ने उनकी प्रार्थना स्वीकार की। भगवान विष्णु ने अनन्तनाग (बलराम) को आदेश दिया कि वह अपने आयुध हल से हिमालय को विदीर्ण करके सतीसर को जलरहित कर दें। (नी.पु. 172) हिमालय के विदीर्ण होते ही सरोवर का जल बह गया। इसके बाद जलोद्भव दैत्य बाहर निकल आया। विष्णु के साथ उसका युद्ध हुआ, जिसमें उन्होंने अपने सुदर्शन चक्र से जलोद्भव का सिर काट दिया। (नी.पु. 175-180)

इस प्रकार, कश्यप के प्रयास से कश्मीर घाटी का उद्धार हुआ। उन्होंने दुष्टात्माओं से यहाँ के निवासियों की रक्षा की; और फिर वहीं बस गये। श्रीनगर से तीन मील दूर हारीपर्वत (हरिपर्वत) को कश्यप ऋषि का निवास बताया गया है। कहते हैं कि अनन्तनाग (बलराम) ने वराहमूल (बारामूला) की पहाड़ियों को काटकर इस विशाल झील को खाली किया था। कश्मीर की घाटी, वही शुष्क सतीसर है।

पुराणों में मेरु (या सुमेरु) को कुलपर्वतों का राजा कहा गया है। जबकि 'महाभारत' में कहा गया है कि हिमालय क्षेत्र में स्थित मेरु में मनुष्यों की उत्पत्ति हुई। यहीं से ऐरावती, वितस्ता, देविका आदि नदियाँ निकली हैं। वितस्ता नदी कश्मीर के वेरीनाग नामक स्थान से निकली है। इस दृष्टि से कश्मीर मेरु-पर्वत

क्षेत्र में स्थित है। चूँकि सतीसर क्षेत्र का उद्धार कश्यप ऋषि द्वारा किया गया था; और सतीसर के सूख जाने के बाद उन्होंने ही उसको आबाद भी किया था, इसलिए इस पर्वतीय घाटी को 'काश्यपमेरु' (अर्थात्-कश्यप का पर्वतीय क्षेत्र) कहा गया। 'कश्मीर' वस्तुतः काश्यपमेरु का अपभ्रंश है। कल्हण ने कश्मीर के लिए 'काश्यपी' शब्द का प्रयोग भी किया है। (रा.त., 1/45, 191)

'नीलमत पुराण' में कहा गया है कि ''कः को प्रजापति कहा जाता है और कश्यप प्रजापति हैं, इसलिए उनके द्वारा बनाया गया प्रदेश कश्मीर कहलायेगा। हलधर बलराम (अनन्तनाग) ने कम् अर्थात् जल को इस प्रदेश से बाहर प्रवाहित किया था, इसलिए इसका नाम कश्मीर होगा। और उमा देवी ही कश्मीरा देवी हैं, इसलिए भी इस प्रदेश का नाम कश्मीर होगा। (नी.पु. 226-228)

जलोद्भव के अन्त के बाद कश्यप ने वहाँ के मूल निवासी नागों के साथ मनुष्यों और पिशाचों को बसाया था। 'नीलमत पुराण' में कहा गया है कि रेत के समुद्र के बीच छह योजन लम्बा-चौड़ा एक द्वीप है, जहाँ दैत्यों के पक्षधर पिशाच रहते हैं। यक्षराज कुबेर ने उन पिशाचों को नियन्त्रित करने के लिए निकुम्भ नामक बलवान और धर्मात्मा पिशाचराज को नियुक्त किया है। (नी.पु. 210-212) ज्ञातव्य है कि कश्यप ऋषि ने पिशाचों को छह माह कश्मीर में रहने की अनुमति देते हुए नागों से कहा था कि उन्हें वर्ष में छह माह मानवों के साथ और छह माह पिशाचों के साथ रहना होगा। (नी.पु. 217-218)

नाग मूलतः पहाड़ी जनजाति के अनार्य लोग थे। पिशाच भी एक अनार्य जनजाति थी। जबकि यहाँ मनुष्यों (या मानवों) से अभिप्राय मनु के वंशजों यानी आर्यों से है। बहरहाल, नागवंशियों के मुखिया नीलनाग को कश्मीर का राजा बनाया गया। (रा.त.; 1/28) तब कश्मीर से विस्थापित हुए नाग सहित अन्य लोग अपने घर लौट आये।

कश्मीर मण्डल में रामायण, महाभारत, 'नीलमत पुराण' तथा 'राजतरंगिणी' में वर्णित कई जातियाँ निवास करती थीं, जिन्हें कालान्तर में लोकोत्तर जातियाँ मान लिया गया। नाग, यक्ष और पिशाच ऐसी ही जातियाँ हैं। उपर्युक्त सन्दर्भ से कश्मीर घाटी पर अधिकार करने के लिए नाग और पिशाच नामक जनजातियों के प्रबल संघर्ष का संकेत मिलता है।

'नीलमत पुराण' के अनुसार धान्य, अन्न आदि का संग्रह करके मनुष्य लोग कश्मीर घाटी से बाहर चले जाते थे; और छह महीने बाद चैत्र मास की पूर्णिमा को वापस आ जाते थे। (नी.पु. 236)

एक बार आश्विन की पूर्णिमा के बीत जाने के बाद चावल तथा अन्य धान्य संग्रहीत करके मानव लोग कश्मीर से बाहर चले गये। लेकिन चन्द्रसेन नामक एक काश्यप-वंशीय वृद्ध ब्राह्मण कश्मीर घाटी में ही रह गया। पिशाचों ने उसको अकेला पाकर परेशान तो किया, लेकिन पिशाचराज निकुम्भ के डर से उसके प्राण नहीं लिये। बर्फीली सर्दी और पिशाचों के दुर्व्यवहार से पीड़ित वह ब्राह्मण भटकते-भटकते नागराज नील के निवास के पास पहुँच गया। उसने देखा कि कई नाग और पिशाचराज निकुम्भ नीलनाग की सेवा कर रहे हैं। चन्द्रसेन ने नीलनाग को सादर प्रणाम करके अपने लिए अभय की याचना की। नील ने उन्हें अपना अतिथि और ब्राह्मण होने के कारण पूज्य माना। अपने प्रति सद्भाव को देखते हुए चन्द्रसेन ने नीलनाग से मानवों को वर्षपर्यन्त कश्मीर घाटी में रहने की अनुमति देने का अनुरोध किया; जिसे नीलनाग ने स्वीकार कर लिया। इस प्रकार, नाग और मानव कश्मीर प्रदेश में प्रेमपूर्वक रहने लगे। (नी.पु. 335-382)

'नीलमत पुराण' और 'राजतरंगिणी' में कश्मीर के लिए 'हिमाद्रि कुक्षि' शब्द का प्रयोग भी किया गया है। 'हिमाद्रि' का शाब्दिक अर्थ है- बर्फ का पहाड़। यहाँ 'हिमाद्रि' शब्द का प्रयोग हिमालय के लिए किया गया है। कुक्षि का अर्थ है- कोख। इस प्रकार, 'हिमाद्रि कुक्षि' का अर्थ है- हिमालय की कोख या हिमालय की गोद।

पुरा सतीसरः कल्पारम्भात् प्रभृति भूरभूत्।
कुक्षौ हिमाद्रेरर्णोभिः पूर्णा मन्वन्तराणि षट्।।

(राजतरंगिणी, 1/25)

जिस प्रकार शिशु अपनी माता की कोख में सुरक्षित रहकर पोषण ग्रहण करता है, ठीक उसी प्रकार कश्मीर हिमालय की कोख (या गोद) में हर प्रकार से सुरक्षित है। हिमालय ने अपनी शैल-बाहु में मातृवत् घेरकर कश्मीर को शिशु के समान सुरक्षित रखा है; और अपनी अजस्त्र-धवल जलधाराओं से उसको दुग्धपान भी कराया है।

मुगलकाल के पहले तक कश्मीर के लिए 'सतीसर देश' शब्द का प्रयोग भी होता रहा है। मध्यकालीन कश्मीरी कवि श्रीवर ने 'ज़ैनराजतरंगिणी' (1/1/85) में और शुक ने पंचम राजतरंगिणी में कश्मीर को 'सतीसर' कहा है। श्रीवर ने कश्मीर को 'सतीदेश' भी कहा है। (ज़ै.रा.त. 4/218) जबकि अबुल फज़ल ने 'आईन-ए-अकबरी' में सतीसर के स्थान पर 'उमासर' शब्द का प्रयोग किया है। 'सतीसर' भगवान शिव की प्रथम विवाहिता उमा (सती) के नाम पर आधारित है। यह शैव-परम्परा का एक प्रमुख केन्द्र रहा है। यह अकारण नहीं है कि जहाँ एक

ओर कश्मीर घाटी केसर की क्यारियों से सुरभित रही है, वहीं दूसरी ओर वहाँ के आराध्य-देव शिव अपने ललाट पर केसर का तिलक लगाते हैं।

नील मुनि कृत 'नीलमत पुराण' कश्मीर के इतिहास को जानने का प्राचीनतम साहित्यिक साधन है। उसमें वर्णित एक कथा से कश्मीर के 'सतीसर' नामकरण पर प्रकाश पड़ता है-

दक्ष प्रजापति के यज्ञ में अपने पति शंकर का अपमान देखकर दक्ष की कन्या उमा ने पिता के उसी यज्ञ में अपनी आहुति देकर स्वयं को स्वाहा कर दिया। शंकर को जब सती के जलने का समाचार मिला तो उनकी क्रोधाग्नि भड़क उठी। उन्होंने सती के अधजले शरीर का विसर्जन किसी पावन सरोवर में करना चाहा; और अन्ततः कश्मीर के इस पावन सरोवर में ही सती के देहावशेष को विसर्जित किया गया। इसलिए यह स्थान 'सतीसर' कहलाया। 'नीलमत पुराण' में कहा गया है कि ''पहले सम्पूर्ण कश्मीर खण्ड जल से भरा सतीसर था। अब उमा का शरीर कश्मीर के रूप में उभरकर हमारे समक्ष आया है।''

भगवती शारदा (सरस्वती) इस क्षेत्र के निवासियों की अधिष्ठात्री देवी रही हैं, इसलिए पौराणिक वाङ्मय तथा साहित्यिक ग्रन्थों में कश्मीर-मण्डल को 'शारदा देश' या 'शारदा क्षेत्र' भी कहा गया था। कश्मीर-निवासी कवि बिल्हण (ग्यारहवीं शताब्दी ई.) ने अपने महाकाव्य 'विक्रमाङ्कदेवचरित' के प्रथम सर्ग में 'शारदा देश' का उल्लेख किया है।

क्षेमेन्द्र (ग्यारहवीं शताब्दी ई.) कृत 'लोक प्रकाश' नामक ग्रन्थ में कश्मीर की राजधानी को कश्मीरपुर कहा गया है–

श्रीमत्सतीसरासात् शारिकाशैल भूषितम्।
श्रीजैननगरादस्मानानोपवन विभूषितम्।।
अस्ति त्रिभुवनाख्यामुत्तमं भूषणं भुवः।
श्रीकश्मीरपुरं रम्यं नानोपवन शोभितम्।।

'कश्मीरपुर' शब्द यहाँ श्रीनगर या प्रवरसेनपुर के लिए आया है। लगता है कि 11वीं शताब्दी ई. में श्रीनगर नाम अप्रचलित हो गया था; और राजधानी नगर के लिए कश्मीरपुर नाम का प्रयोग होने लगा था।

'नीलमत पुराण' में 'कश्मीर' या 'कश्मीर मण्डल' नाम का प्रयोग बहुत कम हुआ है। उसमें कश्मीर घाटी को 'कश्मीरा' कहा गया है। वैशम्पायन ऋषि राजा जनमेजय को बताते हैं कि देवी पार्वती ही 'कश्मीरा' हैं। पूर्वकाल में कल्प के आरम्भ से लेकर छह मन्वन्तरों तक जल से भरी जो झील थी, वही इस सातवें मन्वन्तर में एक सुन्दर प्रदेश बन गया है। (नी.पु. 12-13) कल्हण की राजतरंगिणी

में कश्मीर घाटी के लिए दोनों नामों- कश्मीर और कश्मीरा का प्रयोग किया गया है। पाणिनि कृत 'अष्टाध्यायी' में भी कश्मीर का नामोल्लेख है। महाभारत, पुराणों और बृहत्संहिता में कश्मीर शब्द का प्रयोग एक देश के लिए किया गया है; और कश्मीर के निवासियों के लिए कश्मीराः शब्द का प्रयोग किया गया है। विष्णुधर्मोत्तरपुराण में कश्मीर के लिए वैतस्तिक नाम का प्रयोग किया गया है, जिसका अर्थ है वितस्ता नदी की भूमि। यह नाम किसी अन्य ग्रन्थ में नहीं मिलता है।

भौगोलिक पृष्ठभूमि

कश्मीर के तन्त्र-साहित्य के अनुसार पश्चिमोत्तर में शारदा मठ से लेकर केसर की धरती के अन्तिम पहाड़ और वनशाला की तलहटी तक कश्मीर का विस्तार है। दुर्भाग्यवश 'शारदा पीठ' वर्तमान में पाक-अधिकृत कश्मीर के अन्तर्गत है। 'नीलमत पुराण' के अनुसार देवी शारदा का मन्दिर मधुमती नदी के किनारे स्थित था। यह नदी कृष्णगंगा नदी में जाकर मिलती थी।

कश्मीर चारों दिशाओं से हिमाच्छादित ऊँचे-ऊँचे पर्वतों से घिरा हुआ है। पंजाब के मैदानी इलाके से उत्तर की ओर बढ़ते हुए पीरपंजाल की पर्वत-शृंखला आती है, जो कश्मीर घाटी की दक्षिणी और दक्षिण-पश्चिमी सीमा बनाती है। पीरपंजाल की बर्फ से ढकी चोटियाँ दूर-दूर तक फैली हुई है। इस पर्वत-शृंखला का प्राचीन नाम 'वनशाला' (या बाणशाला) है, जो विकृत होकर बनिहाल हो गया है। पीरपंजाल की दक्षिणी तलहटी में बनिहाल घाटी से चन्द्रभागा घाटी तक का भूभाग 'खसालय' कहलाता था, जिसे अब खैसाल कहते हैं।

'नीलमत पुराण' में बनिहाल के पश्चिम की ओर ब्रह्मा, विष्णु और शिव के नामों से सम्बद्ध तीन ऊँचे पर्वतशिखरों का उल्लेख है। इन शिखरों में से सबसे ऊँचा पश्चिमी शिखर नौबन्धन कहलाता है।

'महाभारत' के सभापर्व में पश्चिमोत्तर सीमाप्रान्त, पूर्वी अफगानिस्तान और पंजाब के विभिन्न स्थानों का वर्णन किया गया है। इसमें वर्णित भूगोल से पता चलता है कि उस समय भारतवर्ष की सीमा पूर्वी अफगानिस्तान और वंक्षु नदी के आसपास के प्रदेशों तक फैली हुई थी। सभापर्व में अर्जुन की दिग्विजय के क्रम में त्रिगर्त-कुलूत क्षेत्र के भौगोलिक वर्णन के बाद पश्चिमोत्तर भारत के कश्मीर सहित अन्य महत्त्वपूर्ण प्रदेशों की विजय का वर्णन किया गया है। झेलम और चिनाब के बीच कश्मीर की घाटी ही प्राचीन काल का प्रसिद्ध 'अभिसार देश' है; जबकि चिनाब एवं रावी के बीच की घाटी 'दार्व'[11] देश है। प्राचीन भारतीय साहित्य में 'दार्वाभिसार' का नाम प्रायः एकसाथ आया है। अभिसार को अब छिमाल कहा

जाता है। पुंछ, राजौरी और भिम्मर की रियासतें छिमाल के अन्तर्गत आती थीं। दार्व को अब डुगर कहते हैं; जिसमें जम्मू और बिलावर के इलाके शामिल हैं।

इस प्रकार, प्राचीनकाल में चिनाब के पूरब का प्रदेश दार्व, उसके पश्चिम का अभिसार; और उसके भी पश्चिम में झेलम एवं सिन्धु के बीच का प्रदेश उरशा कहलाता था। उरशा को अब हजारा कहते हैं। महाभारत के अनुसार अर्जुन ने वाह्लीकों (उत्तरी अफगानिस्तान के बल्ख प्रदेश) को जीतने के बाद दरद और कम्बोज लोगों की संयुक्त सेना को हराया था। सभापर्व में कहा गया है कि दिग्विजय के क्रम में अर्जुन को अभिसार, उरशा और सिंहपुर (नमक के पहाड़ों के प्रदेश की राजधानी) के राजाओं के साथ भीषण युद्ध करना पड़ा था।

उल्लेखनीय है कि "सिकन्दर के आक्रमण के समय अभिसार के शासक ने अपने राज्य का प्रसार पश्चिम में उरशा से सिन्धु तक और पूर्व में शायद कश्मीर के कुछ भाग तक कर रखा था।"[12] उस समय अभिसार जनजाति कश्मीर के पुंछ तथा पड़ोस के कुछ जिलों में तथा उत्तर-पश्चिमी सीमा प्रान्त के हजारा जिले में निवास करती थी। चौथी शताब्दी ई. पू. में अभिसारेश (अभिसार जनपद का राजा) एक चतुर राजनीतिज्ञ था। जब सिकन्दर अपनी सेना के साथ तक्षशिला पहुँचा तब अभिसारेश ने उसको यह कहलवाया कि "मैं यवन आक्रमणकारियों के सामने आत्मसमर्पण करने को तैयार हूँ। दूसरी ओर वह पोरस के साथ मिलकर सिकन्दर से लड़ने के लिए सन्धि-वार्ता भी चलाता रहा। यह वार्ता विफल रही और अन्ततोगत्वा अभिसारेश को सिकन्दर के सामने समर्पण करना पड़ा था।

महाभारत के अर्जुन-दिग्विजय प्रसंग में अभिसार, उरशा और सिंहपुर के बाद कश्मीर के उत्तर-पश्चिम में स्थित दरद[13] देश का उल्लेख है। गिलगित और जोजिला दर्रे का यह भूभाग वर्तमान में पाक-अधिकृत कश्मीर के अन्तर्गत है, वहीं आज भी दरद जाति निवास करती है। इसी स्थान को दरदिस्तान कहा जाता है। इसके उत्तर में वंक्षु नदी या आमू दरिया के उस पार प्राचीन कम्बोज जनपद था, जिसे अब पामीर का पठार कहते हैं। दरदिस्तान के ठीक पश्चिम में काफिरस्तान-कोहिस्तान का जो प्रदेश हिन्दूकुश तक फैला हुआ है, वह प्राचीन भारतीय भूगोल की परिभाषा में लोह या रोह कहलाता था। इसी के नाम पर मध्यकाल में अफगानिस्तान के कुछ निवासी रुहेले कहलाये।[14]

'नीलमत पुराण' में हंसद्वार नामक एक स्थान का उल्लेख है, जिसे मुण्डपृष्ठगिरि के समीप बताया गया है। डॉ. वासुदेवशरण अग्रवाल के अनुसार 'हंसद्वार' शब्द प्राचीन भारतीय साहित्य में उन पर्वतीय दर्रों के लिए प्रयुक्त होता

था, जिनके ऊपर से उड़कर राजहंस भारत से तिब्बत और मध्य एशिया में आया-जाया करते थे।

छोटी सिन्धु या हरगंगा के उत्स से हिमालय की एक श्रृंखला पश्चिम की ओर फैली है, जिसे नीलमत पुराण में हरमुकुट कहा गया है। इसकी पहचान कश्मीर के उत्तरी भाग में स्थित हरमुख की चोटियों से की गयी है। यह कश्मीर घाटी और दरद देश की सीमा है। 'नीलमत पुराण' और 'राजतरंगिणी' के अनुसार हरमुख से आगे के भू-भाग का नाम बाल-कार्णव अर्थात् पर्वतों का सागर है। पर्वतों का यह सागर पश्चिमोत्तर में गिलगित के पूरे दरदिस्तान में फैला हुआ है। पूरब में गाशब्रोर की पहाड़ी श्रृंखला लद्दाख तक फैली है। इन्हीं पर्वतों के आँचल में स्वयंभू-हिमलिंग का अमरनाथ तीर्थ है। जबकि पूर्वी कश्मीर की सुदूर पहाड़ी के सीमान्त में लद्दाख है। लेदरी (लिदर) नदी के किनारे पहलगाँव है, जो अमरनाथ तीर्थ के नीचे कश्मीर घाटी के पूर्वी छोर पर स्थित है।

कपिसा में काबुल नदी की घाटी तथा हिन्दूकुश से सिन्धु तक का प्रदेश शामिल था। कपिसा के पश्चिम की ओर जागुर था, जहाँ से केसर आती थी। इस जागुर की पहचान अरब-भौगोलिकों के जाबुल से की जा सकती है। कपिसा के पश्चिम में ही गोर स्थित था। उसके उत्तर में लम्पक से सिन्धु नदी तक काफिरिस्तान था। नदी के बायें किनारे पर कश्मीर के दो सीमान्त-राज्य उरशा और सिंहपुर स्थित थे। सिंहपुर से टक्क-राज्य शुरू होता था, जो व्यास से सिंहपुर और स्यालकोट से मूलस्थानपुर (मुलतान) तक फैला हुआ था।

कश्मीर-निवासी क्षेमेन्द्र ने अपनी एक रचना 'समयमातृका' में कश्मीर का विस्तृत भौगोलिक परिचय दिया है। इस काव्य-ग्रन्थ की चरित्रस्थली प्रवरपुर यानी आधुनिक श्रीनगर है। 'समयमातृका' में राजा प्रवरसेन द्वारा बसाये गये इस नगर के विलासपूर्ण जीवन का वर्णन किया गया है। (स. मा. 1/4) कंकाली नामक कुट्टनी[15] के साहसिक जीवन-वृत्त के माध्यम से कश्मीर तथा भारत के कुछ अन्य भागों के नामों का उल्लेख किया गया है। वर्णित कथा के अनुसार कम्बोज, तुरुष्क, चीन, त्रिगर्त (जालन्धर), गौड़, अंग, बंग आदि स्थानों से उसका सम्बन्ध था। (स. मा. 2/104) दरअसल, वह परिहासपुर में रहनेवाली एक भटियारिन थी। (स. मा. 2/3) परिहासपुर की पहचान वितस्ता नदी के बायें किनारे पर स्थित परस्पोर उदर से की जाती है। जवान होने पर कंकाली शंकरपुर पहुँची। (स. मा. 2/13) इस नगर की पहचान श्रीनगर-बारामूला मार्ग पर स्थित पटन नामक गाँव से की जाती है। कुछ समय बाद वह प्रतापपुर में एक डामर (सामन्त) की रखैल बन गयी। (स.मा. 2/21) प्रतापपुर की पहचान श्रीनगर-बारामूला सड़क पर स्थित तापर नामक गाँव

से की जाती है। वहाँ से विधवा के वेश में वह सुरेश्वरी (स. मा. 2/29) पहुँची। इसकी पहचान डल झील के किनारे स्थित इशबर नामक ग्राम से की जाती है, जहाँ सुरेश्वरी दुर्गा का मन्दिर है। वहीं शतधारा में, जिसकी पहचान सुरेश्वरी (डल झील) के पास के एक झरने से की जाती है, उसने पितृतर्पण किया। अनेक साहसिक कार्य करने के बाद वह विजयेश्वर पहुँची (स. मा. 2/52), जिसकी पहचान झेलम के किनारे स्थित विजब्रोर से की जाती है। घूमती-फिरती हुई वह कृत्याश्रम नामक बौद्ध विहार (स. मा. 2/61) में पहुँची। कृत्याश्रम की पहचान बारामूला से पाँच मील दूर वितस्ता के बायें किनारे पर कित्सहोम नामक स्थान से की जाती है। घूमघाम कर वह अवन्तिपुर (स. मा. 2/76) पहुँची। कश्मीर के राजा अवन्तिवर्मा (855-883 ई.) द्वारा स्थापित इस नगर की पहचान वुलर परगना में वितस्ता के दाहिने किनारे पर स्थित वान्तिपोर से की जाती है। वहाँ से घूमती हुई वह शूरपुर (स. मा. 2/90) पहुँची। शूरपुर की पहचान रमब्यार की घाटी में स्थित हुरपोर से की जाती है। यह नगर पीर-पंजाल, दुरहल और रूपरी के दर्रों की ओर जानेवाले मार्ग पर स्थित है। कंकाली वहीं लवणसरणि नामक सड़क पर मजदूरी करने लगी। (स. मा. 2/91) डॉ. ऑरिल स्टीन के मतानुसार लवणसरणि कहने का आशय शायद, लवणोत्स है, जहाँ जाने में श्रीनगर से पूरे एक दिन का समय लगता था। पीर-पंजाल वाला रास्ता शूरपुर से आरम्भ होकर राजपुरी में क्रमशः क्रमवर्त, हस्तिवंज, पंचालधारा, पुष्याण नाड और भैरव ताल तक जाता था। यही कविवर क्षेमेन्द्र द्वारा उल्लिखित लवणसरणि है क्योंकि प्राचीन काल में इसी रास्ते से होकर पंजाब और कश्मीर के बीच नमक का व्यापार होता था।

पण्डित जोनराज ने 'द्वितीय राजतरंगिणी' में गन्धार (श्लोक 375), उद्भाण्डपुर (श्लोक 372), सिन्ध (श्लोक 374), पुरुषवीर (श्लोक 379), नगरहार (श्लोक 380), गजनी (श्लोक 377), काष्टवाट (श्लोक 76), राजपुरी (श्लोक 95), लोहर (श्लोक 81), पंचगह्वर (श्लोक 132) आदि का उल्लेख किया है। ये सब कश्मीर के सीमावर्ती प्रदेश हैं।

सोमदेव के 'कथासरित्सागर' नामक ग्रन्थ में भारत के पश्चिमोत्तर में स्थित अपर-गन्धार की राजधानी पुष्कलावती तक का उल्लेख है। वहाँ 'उत्तरापथगामी वणिक म्लेच्छभूयसी भूमि' को पार करते हुए पहुँचते थे। उनकी इस यात्रा में महाव्रतिक नामक शैव योगी भी उनके साथी के रूप में वितस्ता (झेलम) नदी के उस पार के देशों में चक्कर लगाते थे।

'नीलमत पुराण' में कश्मीर और मद्र प्रदेश की कम से कम साठ नदियों का उल्लेख किया गया है। उसमें उल्लिखित चन्द्रभागा नदी की पहचान चिनाब नदी

से की गयी है, जो कश्मीर घाटी के दक्षिण-पूर्व में बहती हुई दार्वाभिसार की सीमा निर्धारित करती थी।

प्राचीन काल में कश्मीर घाटी में यात्रा के मार्ग सीमित थे; और जो थे भी वे दुर्गम पर्वतीय घाटियों और दर्रों के बीच से गुजरते थे। उसके भीतर भी चौरस सड़कों का अभाव था। नदियाँ और नाले ही आवागमन के मुख्य मार्ग थे। अत: वहाँ के नगर और ग्राम इन मार्गों और नदियों के किनारे ही बसे। जिस प्रकार आदिकाल से वहाँ की भौगोलिक स्थिति में कोई बड़ा बदलाव नहीं हुआ, उसी प्रकार वहाँ के गाँवों और नगरों की स्थिति में भी परिवर्तन की सम्भावना विरल ही रही। इस सुरक्षित भौगोलिक एकान्त के कारण ही कश्मीर अपनी सुदीर्घ इतिहास-यात्रा में आन्तरिक उथल-पुथल, बाह्य आक्रमण और विप्लवकारी बदलावों से प्राय: बचा रहा।

सन्दर्भ और टिप्पणियाँ

1. 'पितु: प्रदेशा: तव देवभूमय:'। (कालिदास; कुमारसम्भव, 5/45)
2. आधुनिक बदख्शां तथा पामीर का क्षेत्र प्राचीन काल में कम्बोज कहलाता था। 'महाभारत' में वर्णन है कि कर्ण ने कम्बोज के राजपुर में जाकर उस जनपद को जीता था। अलेक्जेंडर कनिंघम के अनुसार कश्मीर के दक्षिण में स्थित राजौरी ही राजपुर था, इसलिए उन्होंने कश्मीर स्थित राजौरी को ही कम्बोज माना है। परन्तु 'वृहत्संहिता' में कश्मीर और कम्बोज की स्थिति साथ-साथ दिखायी गयी है। अत: पामीर को कम्बोज मानना उचित है।
3. पौराणिक अनुश्रुति के अनुसार जिस स्थान पर ब्रह्माजी ने सबसे पहले नक्षत्रों का निर्माण किया था, वह प्राग्ज्योतिषपुर कहलाया। यह नगर पौराणिक राजा नरकासुर की राजधानी थी। यहीं श्रीकृष्ण ने नरकासुर का वध किया था। वर्तमान में यह असम राज्य के अन्तर्गत है।
4. मुखे ते ताम्बूलं नयनयुगले कज्जलकला
   ललाटे काश्मीरं विलसति गले मौक्तिकलता।
   स्फुरत्कांचीशाटी पृथुकटितटे हाटकमयी
   भजामि त्वां गौरीं नगपति किशोरीमविरतम्।। (शंकराचार्य; आनन्दलहरीस्तोत्रम्)
   'आनन्दलहरीस्तोत्रम्' में शिखरिणी वृत्त में कुल 20 पद्य हैं। इसमें भगवती शारदा की स्तुति करते हुए आदि शंकराचार्य ने देवी के ललाट पर केसर के कुमकुम के शोभायमान होने का उल्लेख किया है। इस पद्य में प्रयुक्त 'काश्मीर' शब्द वस्तुत: केसर का द्योतक है।
5. 'फ़िरदौस' अरबी भाषा का शब्द है, जिसका अर्थ है- स्वर्ग।
6. "This beautiful mountainous country (Kashmir) and the plains of Sapta-Sindhu were the cradle of the Aryan race." Avinash Chandra Das, Rigvedic India, Vol. 1, (University of Calcutta, 1921) Page 55
7. Rigvedic India, Vol. 1, Page 376
8. Adelung, the father of comparative Philology, who died in 1806, placed

the cradle of mankind in the valley of Kashmir, which he identified with paradise. (Tailor's Origin of the Aryans, Page 9)

9. हया सुपर्णेन समानवेगा श्रीमत्सु काम्बोजकुसपु जाता:। (भास, 'कर्णभारम्', 1/13)

10. 'नीलमत पुराण' एक उपपुराण या लघु-पुराण है जिसका प्रादेशिक महत्त्व है। नील मुनि के मत का संग्रह होने के कारण ही इसको 'नीलमत' कहा गया है। इसमें संवाद-प्रतिसंवाद शैली में घटनाओं और कथाओं का वर्णन किया गया है। इसमें कश्मीर में प्रचलित जनश्रुतियों, कथाओं, परम्पराओं आदि का उल्लेख है। इसमें तत्कालीन कश्मीर की सभ्यता और संस्कृति का विश्वसनीय चित्र अंकित है।

11. आचार्य हेमचन्द्र ने अपने 'शब्दानुशासन' में दार्व जनपद का उल्लेख किया है। दार्व को अब जम्मू कहा जाता है। 'जम्मू' के नामकरण का इतिहास राजा जम्बूलोचन से जुड़ा हुआ है। प्राचीनकाल में जम्बूलोचन नामक एक राजा ने जम्मू की स्थापना की थी। राजा जम्बूलोचन के नाम पर इस स्थान का नाम 'जम्बू' पड़ा, जो आगे चलकर जम्मू कहलाया।

एक दन्तकथा के अनुसार राजा जम्बूलोचन शिकार करने के लिए इस क्षेत्र से गुजर रहे थे। तभी उन्होंने तवी नदी के घाट पर एक शेर एवं एक बकरी को एकसाथ पानी पीते हुए देखा। राजा इस दृश्य को देखकर बहुत प्रभावित हुए। उनको लगा कि यह स्थान निश्चित रूप से अलौकिक और पवित्र है। शीघ्र ही उन्होंने अपने नाम के आधार पर वहाँ जम्बू नगर की स्थापना की। तवी नदी के किनारे स्थित होने के कारण यह स्थान 'जम्मू तवी' के नाम से प्रसिद्ध हुआ।

12. नन्द-मौर्य युगीन भारत; सम्पादक: के.ए. नीलकण्ठ शास्त्री; अनुवादक: मंगलनाथ सिंह; पृ. 45; मोतीलाल बनारसीदास, दिल्ली, 1969 ई./ जयचन्द विद्यालंकार, 'भारतीय इतिहास की रूपरेखा', खण्ड-2; पृ. 120; हिन्दुस्तानी एकेडमी, इलाहाबाद; 1942 ई.।

13. 'दरद' का अर्थ है पर्वत। दरद-देश या दरदिस्तान कश्मीर घाटी के उत्तर में स्थित है। 'महाभारत' के द्रोणपर्व के अनुसार दरद लोग पहाड़ी क्षेत्रों के निवासी थे। पड़ोसी होने के कारण दरदों और काम्बोजों के रीति-रिवाज एक जैसे थे। प्राचीन काल में दरदों का मुख्य अस्त्र पत्थर था, जिसे गुलेलों से फेंकने में वे लोग दक्ष थे। डॉ. जॉर्ज अब्राहम ग्रियर्सन के अनुसार 'दरद' शब्द का व्यवहार शायद गिलगिट, गुरेज, स्वात तथा कोहिस्तान वालों के लिए हुआ है। (लिंग्विस्टिक सर्वे ऑफ इण्डिया; खण्ड-8, भाग-2, पृ. 3)

पंजाब के पश्मिोत्तर तथा पामीर के दक्षिण-पूर्व का यह पर्वतीय प्रदेश दरद भाषा का क्षेत्र माना जाता है। यहाँ की भाषा 'पैशाची' या 'भूत भाषा' कहलाती है। आचार्य राजशेखर (880-920 ई.) ने अपने 'काव्यमीमांसा' में 'भूत भाषा' और 'पैशाची' दोनों का समान अर्थ में प्रयोग किया है। पैशाची आर्यभाषा की एक शाखा है।

14. डॉ. वासुदेवशरण अग्रवाल, 'भारत सावित्री', पृ. 152; सस्ता साहित्य मण्डल प्रकाशन, नयी दिल्ली; 2011 ई.।

15. वेश्याओं को कामशास्त्र की शिक्षा देनेवाली स्त्रियों को संस्कृत साहित्य में 'कुट्टनी' कहा गया है।

अध्याय 2

मिथकीय और ऐतिहासिक पृष्ठभूमि

कहते हैं कि कश्मीर घाटी में नागों के राजा नीलनाग के निवास के निकट ही भगवान शिव का निवास था। देवी सती ने कठिन तपस्या की। वह पृथ्वी पर अवतरित होकर महादेव शिव का सानिध्य पाना चाहती थीं। शिव ने अपना त्रिशूल उठाकर भूमि पर प्रहार किया। शिव के ऐसा करते ही देवी सती 'वितस्ता' (यानी झेलम) नदी के रूप में प्रकट हो गयीं। जिस स्थान पर शिव ने अपने त्रिशूल से प्रहार किया था, वहाँ नीलकुण्ड या वेरीनाग बन गया; और देवी सती वितस्ता नदी की जलधारा के रूप में कल-कल करती हुई बहने लगीं। 'नीलमत पुराण' में कहा गया है कि भगवान शिव ने ही इस नदी का नाम वितस्ता रखा था। उन्होंने अपने त्रिशूल से एक वितास्तिमात्र (अर्थात् 12 अंगुल) का गर्त बनाया था, जिससे रसातल में गयी हुई नदी बाहर निकल आयी थी। इसीलिए शिव ने उसका नाम वितस्ता रखा था। (नी.पु. 260-261)

वेरीनाग का अर्थ है- विशाल नाग या विशाल जलस्रोत है। पुरातन काल में जहाँ से नदियाँ निकलती थीं, उन झरनों या जलस्रोतों को कश्मीर में 'नाग' कहा जाता था। नदियाँ प्रायः नग (यानी पहाड़) के गर्भ से निकलती हैं, सम्भवतः इसलिए जलस्रोत के उद्गम-स्थल को नाग कहा गया है।

'वेरीनाग' झेलम नदी का उद्गम-स्थल है। प्राचीन काल में इस जलस्रोत के निकट ही भगवान शिव और गणेश के मन्दिर बने हुए थे। मुगलकाल में बादशाह जहाँगीर ने जलस्रोत के निकट ही एक सुन्दर इमारत बनवायी थी। इमारत की नींव 1620 ई. मे रखी गई थी और वह 1627 ई. में बनकर तैयार हुई थी। बेगम नूरजहाँ अपने कश्मीर-प्रवास के दौरान अक्सर यहीं ठहरती थीं।

'महाभारत' में कश्मीरमण्डल का उल्लेख है- ''कश्मीरमण्डलं चौतत् सर्वपुण्यमरिन्दम्, महर्षिभिश्चाध्युषितं पश्येदं भ्रातृभिः सह।''[1] कश्मीर के लिए

कश्मीरमण्डल शब्द के प्रयोग से पता चलता है कि महाभारत काल में भी वर्तमान जम्मू-कश्मीर के सम्पूर्ण भूभाग को ही कश्मीर समझा जाता था। इस उद्धरण से यह भी ज्ञात होता है कि महाभारत काल में ऋषियों-मुनियों के रहने के कई स्थान थे। महाभारत में इस बात का भी उल्लेख है कि युधिष्ठिर के राजसूय यज्ञ में कश्मीर के राजा भी पधारे थे।[2] उन्होंने युधिष्ठिर को भेंटस्वरूप अन्य वस्तुओं के अतिरिक्त अंगूर के गुच्छे भी दिये थे।[3]

चौथी शताब्दी ई. में विशाखदत्त द्वारा लिखे गये संस्कृत नाटक 'मुद्राराक्षस' में कश्मीर जनपद का उल्लेख किया गया है। उसके अनुसार मगधराज धननन्द की मृत्यु के बाद मगध के अमात्य राक्षस ने राजा पर्वतक को अपने पक्ष में करने का प्रयास तो किया ही; कुलूत, मलय, सिन्धु और कश्मीर के तत्कालीन राजाओं की सहायता प्राप्त करने का प्रयास भी किया था। उस समय कश्मीर का राजा पुष्कराक्ष था, जो राजा पर्वतक के पुत्र मलयकेतु के मुख्य सहयोगियों में से एक था।

कश्मीर की कथाओं और प्रथाओं से कालिदास का परिचय

कालिदास की रचनाओं में कश्मीर के कुछ खास रीति-रिवाजों का प्रतिबिम्ब झलकता है। कश्मीर में प्रचलित पुरानी परम्परा के अनुसार विवाह के समय वधू के स्थान पर उसकी माँ या कोई अन्य सौभाग्यवती स्त्री वर के गले में माला पहनाती थी। ज्ञातव्य है कि 'रघुवंश' के छठे सर्ग में जहाँ इन्दुमती का स्वयंवर वर्णित है, उसमें अवन्ति की राजकुमारी इन्दुमती ने अयोध्या के राजकुमार अज के गले में स्वयं अपने हाथों से पुष्पहार नहीं पहनाया, बल्कि वह हार उसकी उपमाता सुनन्दा ने पहनाया था।

कालिदास कृत 'रघुवंश' (2/35) में महर्षि वशिष्ठ की कामधेनु पर झपटनेवाले सिंह ने अपने को निकुम्भ का मित्र बताया है। 'नीलमतपुराण' में वर्णित एक कथा के अनुसार यक्षों के राजा कुबेर ने दुष्ट पिशाचों के साथ युद्ध करके उन्हें कश्मीर-मण्डल से बाहर निकालने के लिए निकुम्भ नामक एक पिशाच को नियुक्त किया था। इन दोनों उदाहरणों से पता चलता है कि कालिदास को कश्मीर की पुरानी कथाओं और प्रथाओं का समुचित ज्ञान था।

कल्हण कृत 'राजतरंगिणी'

कल्हण कृत 'राजतरंगिणी' कश्मीर के राजाओं का इतिहास है। इस इतिहास-ग्रन्थ में कुल आठ अध्याय (तरंग) हैं। प्रारम्भिक तीन तरंगों में कश्मीर के प्राचीन इतिहास की जानकारी दी गयी है। इसमें पुराणों की शैली में इतिहास का वर्णन किया गया है। चौथे से लेकर छठे तरंग में कर्कोटक वंश के इतिहास का वर्णन है। जबकि तरंग

सात और आठ में लोहर वंश के इतिहास का वर्णन किया गया है। राजतरंगिणी में राजाओं का अध्यायवार विवरण निम्नवत है-

प्रथम तरंग : इसमें गोनन्द प्रथम से लेकर अन्ध युधिष्ठिर तक 38 राजाओं का विवरण है।

द्वितीय तरंग : इसमें 6 राजाओं के 192 वर्षों के शासनकाल का वर्णन किया गया है।

तृतीय तरंग : इसमें गोनन्द वंश के अन्तिम राजा बालादित्य तक कुल 10 राजाओं के 536 वर्षों का इतिहास वर्णित है।

चतुर्थ तरंग : इसमें 230 वर्षों तक राज्य करनेवाले कर्कोटक वंश के राजाओं का इतिहास है।

पंचम तरंग : इसमें अवन्तिवर्मा के राज्यारोहण के साथ उत्पल वंश के सूत्रापात का वर्णन है; और संकटवर्मा, सुगन्धादेवी, शंकरवर्मा आदि के राज्यकाल का वर्णन है।

षष्ठ तरंग : इसमें 936 ई. से 1003 ई. तक के कुल 10 राजाओं के शासनकाल का वर्णन है।

सप्तम तरंग : इसमें लोहर वंश के छह राजाओं- संग्रामराज, हरिराज, अनन्त, कलश, उत्कर्ष और हर्ष के शासनकाल (1003 से 1101 ई. तक) से सम्बन्धित घटनाओं का वर्णन किया गया है।

अष्टम तरंग : इसमें लोहर वंश के उच्चल, सुस्सल, रड्ड, शंखराज, सल्हण, भिक्षाचर और जयसिंह नामक राजाओं का इतिहास वर्णित है।

कल्हण ने कश्मीर के प्राचीन राजवंशों में गोनन्द वंश को सर्वश्रेष्ठ बताते हुए राजा रणादित्य (तुंजीन) को महान् प्रजापालक बताया है। (रा.त., 3/472-473)

कश्मीर के आरम्भिक इतिहास की रूपरेखा

कश्मीर का प्रारम्भिक इतिहास किंवदन्तियों और अनुश्रुतियों से भरा पड़ा है। कल्हण कृत 'राजतरंगिणी' में कहा गया है कि कलियुग में कश्मीर प्रदेश में कौरव-पाण्डव के समकालीन गोनन्द तक कुल बावन राजा हो चुके थे। कलियुग के 653 वर्ष बीत जाने के बाद कौरव-पाण्डव हुए थे। (रा.त., 1/51)

'राजतरंगिणी' के अनुसार कश्मीर का इतिहास राजा गोनन्द (या गोनर्द) प्रथम के साथ शुरू होता है। गोनन्द प्रथम का शासन महाभारतकाल में प्रारम्भ हुआ। उस समय हस्तिनापुर में महाराजा युधिष्ठिर का शासन था। गोनन्द प्रथम मगध के सम्राट् जरासन्ध का मित्र था। जब जरासन्ध और श्रीकृष्ण की यमुना-तट पर लड़ाई हो रही

थी, मगधराज की सहायता के लिए वह मथुरा गया था और वहाँ उसने श्रीकृष्ण की यादव-सेना को घेर भी लिया था। (रा.त., 1/59) लेकिन घमासान युद्ध के बाद श्रीकृष्ण के बड़े भाई बलराम (बलभद्र) ने गोनन्द का वध कर दिया।

भारतेन्दु हरिश्चन्द्र के पिता कविवर गिरिधरदास ने 'जरासन्ध-वध' शीर्षक अपने महाकाव्य में मगध-सेना के सहयोगी कश्मीर के आदि गोनन्द के सम्बन्ध में कुछ भावपूर्ण छन्द लिखे हैं–

चलेउ भूप गोनर्द वर्दवाहन समान बल,
संग लिये बहु मर्द सर्द लखि होत अपर दल।
फेंटा सीस लपेटा गल मुकुता की माला,
सिर केसर को पुण्ड्र धरे पँचरंग दुसाला।

रथ चारु जराऊ सोहतो रूप सबन मन मोहतो।
कश्मीर भूप भरि रिसि लसी मथुरापुर दिसि जोहतो।।

('जरासन्ध-वध', सर्ग 3, छन्द 40)

गोनन्द प्रथम की मृत्यु के बाद उसका पुत्र दामोदर राजगद्दी पर बैठा। अपने पिता की मृत्यु का बदला लेने के लिए दामोदर ने श्रीकृष्ण पर उस समय आक्रमण किया जब वे गन्धार-नरेश की कन्या के स्वयंवर में भाग लेने के लिए गये हुए थे। इस लड़ाई में दामोदर वीरगति को प्राप्त हुए। प्रसंगवश उल्लेखनीय है कि सैन्य-अभियानों में कश्मीर की स्त्रियाँ भी प्रतिभाग करती थीं; और आवश्यकता पड़ने पर पति के साथ युद्धभूमि में भी उतरती थीं। गन्धार में मथुरा की यादव-सेना के विरुद्ध हुए युद्ध में कश्मीरनरेश दामोदर की आसन्नप्रसवा पत्नी यशोवती भी मौजूद थीं। श्रीकृष्ण को जब पता चला कि रानी यशोवती युद्ध-क्षेत्र में ही हैं, तब उन्होंने उनको आमन्त्रित किया; और यह कहते हुए कि कश्मीर का सिंहासन रिक्त नहीं रह सकता, उन्होंने पुरोहितों को बुलवाकर वहीं यशोवती का राज्याभिषेक करा दिया। उस युग में स्त्रियों और उसमें भी किसी विधवा को इस प्रकार के अधिकार प्राप्त नहीं थे। श्रीकृष्ण के इस अप्रत्याशित निर्णय से उनके मन्त्रिगण क्षुब्ध दिखायी दे रहे थे, तब श्रीकृष्ण ने उन्हें समझाते हुए कहा था–

कश्मीराः पार्वती तत्रा राजा ज्ञेयो हरांशजः।
नावज्ञेयः स दुष्टोऽपि विदुषा भूतिमिच्छता।। (राजतरंगिणी, 1/72)

अर्थात्- कश्मीर देश पार्वती का स्वरूप है और वहाँ का राजा 'शिव का अंश' (हरांशज) है। इसलिए वहाँ का राजा यदि दुष्ट भी हो, तो वह कल्याण चाहनेवाले सभी लोगों के लिए पूज्य है।

कुछ समय बाद रानी यशोवती ने एक योग्य पुत्र को जन्म दिया, जो गोनन्द द्वितीय के नाम से प्रसिद्ध हुआ। उस शिशु-राजा को सिंहासन पर बैठा कर कश्मीर के मन्त्रिगण ही शासन-कार्य देखते थे। (रा.त., 1/82) कश्मीर-नरेश गोनन्द द्वितीय के समय में ही महाभारत का प्रसिद्ध युद्ध हुआ था। अल्प वय का बालक होने के कारण कौरवों-पाण्डवों ने उसको महाभारत के युद्ध में सहायता के लिए निमन्त्रित नहीं किया था। (रा.त., 1/82)

कल्हण के अनुसार गोनन्द द्वितीय के बाद कश्मीर में 35 राजा हुए, वे 'विस्मृति के सागर में डूब गये' हैं। लेकिन कश्मीर के एक अन्य इतिहासकार पीर हसन शाह के अनुसार उनमें से 23 पाण्डव वंश के थे। उन लुप्त राजाओं में परीक्षित का पुत्र हरनदेव भी था, जिसने हस्तिनापुर राज्य के लिए अपने भाई जनमेजय से संघर्ष किया था। बहरहाल, गोनन्द वंशीय राजा का वध करके हरनदेव कश्मीर का राजा बना। कश्मीर में पाण्डव वंश का यह पहला राजा हुआ और उसने 30 वर्षों तक राज किया। कश्मीर पर गोनन्द वंश के कुल 68 राजाओं ने शासन किया। गोनन्द-वंशीय राजाओं के समय में कश्मीर में नाग जनजाति की बस्तियों की बहुतायत थी।

विस्मृति के सागर में डूब चुके कश्मीर के उन 35 राजाओं के बाद राजा लव कश्मीर के सिंहासन पर बैठे। उन्होंने पत्थर के मकान बनवाकर लोलोर नामक एक नगर बसाया। (रा.त., 1/86) राजा लव ने लेदरी नदी के तट पर बसे लेवार ग्राम को ब्राह्मणों को दान कर दिया था। उसके बाद उसका पुत्र कुशेषयाक्ष राजा बना और उसने कुरुहार नामक अग्रहार ब्राह्मणों को दान किया। उसके बाद खगेन्द्र नामक उसका पुत्र कश्मीर का राजा बना। उसने खागी और खोनमुष नामक दो अग्रहारों की स्थापना की थी। खगेन्द्र के बाद उसका पुत्र सुरेन्द्र कश्मीर का राजा बना, जिसने दरद देश के पास सोरक नामक एक नगर बसाया। उसने नरेन्द्रभवन और सौरभ नामक दो विहार भी बनवाये थे। वह निःसन्तान ही मर गया, इसलिए उसके बाद एक अन्य वंश के राजा गोधर कश्मीर के राजा बने। गोधर ने ब्राह्मणों को हस्तिशाला नामक अग्रहार प्रदान किया था। (रा.त., 1/96) उसके बाद उसका पुत्र सुवर्ण राजा हुआ। उसके उत्तराधिकारी जनक ने विहार तथा जालोर नामक अग्रहार का निर्माण कराया। जनक के पुत्र और उत्तराधिकारी शचीनर ने शमांग और असाशनार नामक अग्रहारों का निर्माण कराया था।

कल्हण ने पुराणों आदि के आधार पर प्रागैतिहासिक काल से ही कश्मीर के इतिहास का ब्यौरा दिया है। लेकिन कश्मीर-मंडल का प्रामाणिक इतिहास मौर्य सम्राट् अशोक के समय से उपलब्ध होता है।

अशोक और जलौक कालीन कश्मीर

'राजतरंगिणी' में कहा गया है कि राजा शनीचर के निःसन्तान मर जाने के बाद शकुनी के प्रपौत्र अशोक कश्मीर के राजा हुए। (रा.त., 1/101) यह भी कहा गया है कि अशोक एक सत्यवादी और पुण्यात्मा राजा थे। उपलब्ध प्रमाणों के आधार पर हम कह सकते हैं कि तीसरी शताब्दी ई.पू. में कश्मीर मण्डल अशोक के शासनाधीन था। यद्यपि 'राजतरंगिणी' में उनको शकुनी का प्रपौत्र कहा गया है, तथापि ऐतिहासिक दृष्टि से यह सर्वमान्य है कि मगध-सम्राट् अशोक मौर्यवंशीय राजा बिम्बिसार के पुत्र और चन्द्रगुप्त मौर्य के पौत्र थे। बौद्ध धर्म के प्रति आकृष्ट होने के बाद अशोक ने देश-दुनिया में विभिन्न स्थानों पर अपने धर्मदूत भेजे थे। इसी क्रम में उन्होंने कश्मीर में बौद्ध धर्म के प्रसार के लिए अपना दूत भेजा था। उनके प्रयास से ही कश्मीर घाटी में बौद्ध धर्म का व्यापक प्रसार हुआ था।

अशोक के शासन के अन्तिम दिनों में भारत के उत्तर-पश्चिमी प्रदेशों में 'म्लेच्छों'[4] के आक्रमण होने लगे थे। 'राजतरंगिणी' में कहा गया है कि कश्मीर को म्लेच्छों से आच्छादित होते देखकर अशोक ने उनका समूल नाश करने की इच्छा से भगवान शिव को प्रसन्न करने के लिए कठोर तपस्या की। उस तप से सन्तुष्ट शिव के आशीर्वाद से उन्हें एक योग्य पुत्र प्राप्त हुआ। (रा.त., 1/107)

'राजतरंगिणी' के अनुसार अशोक के बाद उनका पुत्र जलौक कश्मीर का राजा हुआ। ऐसा प्रतीत होता है कि अशोक की मृत्यु के बाद जब उनका विशाल साम्राज्य उसके पुत्र-पौत्रों में बँटा, तब कश्मीर उनके पुत्र जलौक के हिस्से में आया। राजा बनने के बाद जलौक ने न केवल म्लेच्छों से कश्मीर को बचाया, बल्कि उत्तर में गन्धार से लेकर दक्षिण में कन्नौज तक अपना विजय-ध्वज भी फहराया। गौरतलब है कि अशोक के किसी भी अभिलेख में जलौक का उल्लेख नहीं है; और न ही जलौक का कोई स्वतन्त्र अभिलेख ही मिला है।

'राजतरंगिणी' के अनुसार राजा जलौक शैव मतानुयायी था। वह प्रतिदिन नन्दीश क्षेत्र में भगवान शिव के स्वयंभू श्रीज्येष्ठेश्वर रूप की पूजा करता था। (रा.त., 1/113) पूजन के लिए उतनी दूर जाने में उसका मित्र एक नाग प्रतिदिन भक्तिपूर्वक उसकी सहायता करता था। (रा.त., 1/114) उसके सम्बन्ध में कहा गया है कि उसने नागसरोवर का जल रोककर नाग-कन्याओं के साथ रमण किया था। (रा.त., 1/111) अलंकारमयी शब्दावली में कही गयी इन बातों से स्पष्ट है कि जलौक को स्थानीय नाग जनजाति के लोगों का सहयोग और समर्थन प्राप्त था।

उसने अपनी सेना की सहायता से दुष्ट म्लेच्छों को परास्त करके उनके द्वारा अधिकृत प्रदेशों को जीत लिया था। जलौक ने अपने राष्ट्र पर आक्रमण करनेवाले

म्लेच्छों को जिस स्थान पर हराया था, उस स्थान को 'उज्झटडिम्ब' कहा जाने लगा था। (रा.त., 1/116) कान्यकुब्ज (कन्नौज) आदि देशों को जीत कर जलौक ने वहाँ से चारों वर्णों को तथा धार्मिक विद्वानों को कश्मीर लाकर बसाया और चतुर्वर्णाश्रम धर्म की व्यवस्था की। (रा.त., 1/117) 'राजतरंगिणी' में कहा गया है कि जलौक के गुरु ने तत्कालीन अनेक बौद्ध विद्वानों को शास्त्रर्थ में पराजित किया था। परन्तु शैव मतानुयायी होने के बावजूद बौद्धों के प्रति जलौक का दृष्टिकोण सौहार्दपूर्ण था।

उसने ब्राह्मणों के हितों की रक्षा के लिए वारवाल आदि अग्रहारों का निर्माण कराया। वह नन्दीश और सोदर तीर्थों की नियमित यात्रा करता था। श्रीनगर में उसने भगवान् ज्येष्ठेश्वर महादेव की स्थापना थी। उसकी पटरानी ईशानदेवी ने कश्मीर के द्वारों पर कई प्रभावशाली मातृचक्र स्थापित किये थे।

जलौक के पहले कश्मीर में अन्य राज्यों के समान–धर्माध्यक्ष, धनाध्यक्ष, कोषाध्यक्ष, सेनाध्यक्ष, परराष्ट्रसचिव, पुरोहित और ज्योतिषी–ये सात अधिकारी रहा करते थे। उसने अष्टादश कर्मस्थान (कार्यों के 18 विभाग) स्थापित करके राजा युधिष्ठिर के समान अपने राज्य का प्रबन्धन किया। (रा.त., 1/118-120)

'राजतरंगिणी' में कहा गया है कि जलौक के बाद दामोदर कश्मीर के राजा हुए। उन्होंने यक्षों को अपनी सेवा में नियुक्त किया था। उन्होंने दामोदरसूद प्रदेश में एक नगर बसाया और उस नगर में जल की कमी को दूर करने के लिए यक्षों की सहायता से गुद्द नामक एक बाँध बनवाया। (रा.त., 1/153-157)

मौर्य साम्राज्य 321 ई.पू. से 185 ई.पू. तक कायम रहा। अशोक के समय में कश्मीर मौर्य-साम्राज्य का अंग था, लेकिन पुष्यमित्र शुंग के समय में यह स्वतन्त्र राज्य प्रतीत होता है, क्योंकि पतंजलि के 'महाभाष्य' में मद्रराज और मद्रराज्ञी के साथ कश्मीरराज और कश्मीरराज्ञी का उल्लेख किया गया है। (महाभाष्य, 4/1/1) सम्भव है कि दूसरी-पहली शताब्दी ई. पू. में सिन्ध और पंजाब पर यूनानियों का शासन स्थापित होने पर कश्मीर भी बल्ख के यूनानी राजाओं के नियन्त्रण में चला गया हो।

अवन्तिराज विक्रमादित्य के समय का कश्मीर

भारतीय परम्परा में रामायण और महाभारत के महानायकों श्रीराम और श्रीकृष्ण के बाद अवन्तिराज विक्रमादित्य और वत्सराज उदयन सर्वाधिक लोकप्रिय चरितनायक हैं। विक्रमादित्य भारतीय इतिहास में शक नामक एक विदेशी जाति के आक्रमण से देश की रक्षा करनेवाने युगनायक के रूप में प्रसिद्ध हैं। 57 ई. पू. में उन्होंने शकों को निर्णायक रूप से पराजित करके भारत की मुख्य भूमि से निष्काषित कर दिया था। इस अभूतपूर्व विजय के उपलक्ष्य में ही उन्होंने 'विक्रम संवत्' नामक एक

राष्ट्रीय संवत् का प्रवर्तन किया था। उनकी प्रसिद्धि का आलम यह है कि भारतीय इतिहास में जिस किसी हिन्दू राजा ने विशेष पराक्रम दिखाया, उसने 'विक्रमादित्य' की उपाधि धारण कर ली। यही कारण है कि भारतीय इतिहास में लगभग एक दर्जन राजाओं ने विक्रमादित्य की उपाधि धारण की।

कश्मीर-निवासी कवि सोमदेव ने अपने प्रसिद्ध ग्रन्थ 'कथासरित्सागर' में उज्जयिनी के इस पराक्रमी राजा के युद्धों एवं विजयों का विस्तृत विवरण दिया है। उसके अनुसार विक्रमादित्य ने भारत की दक्षिण तथा पश्चिम सीमा, मध्यदेश, सौराष्ट्र तथा गंगा के पूर्वी समस्त प्रदेशों को जीत लिया था; और कश्मीर उसका करद (कर देनेवाला) राज्य बन गया था। 'कथासरित्सागर' में राजा विक्रमादित्य को सम्बोधित करके कहा गया है–

"हे देव! आपने अपरान्त-सहित दक्षिणापथ को, सौराष्ट्र-सहित मध्यदेश को और अंग-बंग-सहित पूर्वी प्रदेश को जीत लिया है। कश्मीर एवं काष्ठा-सहित उत्तरी प्रदेश को करद बना लिया है तथा विविध दुर्गों एवं द्वीपों को जीत लिया है; म्लेच्छों को मार डाला है और शेष को वश में कर लिया है।"[5]

तभी कई राजा विक्रमादित्य के सेनानायक विन्ध्यशक्ति के शिविर में आ गये। 'कथासरित्सागर' के इस प्रसंग में उन विशिष्ट राजाओं का भी उल्लेख हुआ है, जिन्होंने राजा विक्रमादित्य के सेनानायक विन्ध्यशक्ति के शिविर में प्रवेश किया था। एक-एक कर उन शरणागत राजाओं का परिचय देते हुए कहा गया है-

"प्रभो ! यह गौड़ाधिराज शक्तिकुमार हैं, जो अपना सम्मान आपको समर्पित करने आये हैं। यह कर्णाट के राजा जयध्वज हैं, यह लाट के राजा विजयवर्मन् हैं, यह कश्मीर के राजा सुनन्दन हैं, यह सिन्धुराज गोपाल हैं, यह भिल्लराज विन्ध्यबल हैं और यह पारसीकों के राजा निर्मूक हैं।"[6]

'कथासरित्सागर' के इस प्रसंग से स्पष्ट है कि अवन्ति-नरेश विक्रमादित्य के शासनकाल (प्रथम शताब्दी ई.पू.) में उनका कश्मीर पर प्रत्यक्ष शासन नहीं था। इससे यह भी पता चलता है कि उस समय कश्मीर के राजा सुनन्दन थे, जिन्होंने अवन्तिराज को नियमित 'कर' देना स्वीकार किया था।

कश्मीर पर अनार्य जातियों का शासन

कश्मीर से प्राप्त भारत-बैक्ट्रिाई और भारत-पार्थियायी राजाओं के सिक्कों से पता चलता है कि गुप्तकाल के पूर्व कश्मीर का सम्बन्ध उत्तर-पश्चिम में स्थापित ग्रीक राज्यों से था। विष्णुपुराण के एक उल्लेख से भी इसकी पुष्टि होती है–सिन्धु तटदाविकोर्वी चन्द्रभागा कश्मीर विषयांश्च व्रात्यम्लेच्छशूद्रादयो भोक्ष्यन्ति। (वि.

पु., 4/24/69) इससे कश्मीर आदि देशों में सम्भवत: गुप्तपूर्वकाल में अनार्य जातियों के राज्य होने की सूचना भी मिलती है।

सिकन्दर के बाद डिमेट्रियस दूसरा यूनानी राजा था, जिसकी सेना ने भारतीय सीमा में प्रवेश किया था। 183 ई.पू. के आसपास उसने एक बड़ी सेना के साथ हिन्दूकुश पर्वत को पार करके सिन्ध और पंजाब पर अधिकार कर लिया। पतंजलि कृत 'महाभाष्य', 'गार्गीसंहिता' और कालिदास कृत 'मालविकाग्निमित्र' नामक ग्रन्थों से डिमेट्रियस के भारत-अभियान की पुष्टि होती है। टार्न के मतानुसार कुछ समय तक कश्मीर का दक्षिणी भाग डिमेट्रियस के अधीन रहा था।

टाल्मी ने कस्पेरिया (कश्मीर) को यूनानी राजा मिनाण्डर (160-120 ई.पू.) के राज्य का अंग बताया है। उसके सिक्के पश्चिम में काबुल तक, पूर्व में मथुरा तक और उत्तर में कश्मीर तक मिले हैं। उसने अपने सिक्कों पर धर्मचक्र अंकित कराया था। शिनकोट अभिलेख से पता चलता है कि इस यवन राजा ने हिन्दुकुश और सिन्ध के बीच के प्रदेशों में बौद्ध धर्म का प्रचार-प्रसार किया था।

मिनाण्डर को प्राचीन संस्कृत एवं पालि ग्रन्थों में मिलिन्द कहा गया है। उसकी राजधानी सागल या साकल (स्यालकोट, पाकिस्तान) में स्थित थी। 'मिलिन्दपन्हो' नामक पालि भाषा के एक बौद्ध-ग्रन्थ में मिलिन्द तथा आचार्य नागार्जुन के मध्य हुए एक संवाद का उल्लेख है। यह संवाद जम्मू से 25 किलोमीटर दूर साकल के संखेय्य परिवेण नामक बौद्ध-विहार में हुआ था। 'मिलिन्दपन्हो' को स्थिविरवादी बौद्धधर्म के अनुपिटक साहित्य में एक महत्त्वपूर्ण ग्रन्थ माना गया है। आचार्य बुद्धघोष ने इस ग्रन्थ को प्रमाण-स्वरूप उद्धृत किया है।

कुषाण-काल में कश्मीर

प्रथम शताब्दी ई. में कश्मीर में कुषाणों का युग शुरू हुआ। भारतीय इतिहास में प्रथम शताब्दी ई. से तीसरी शताब्दी ई. तक का काल कुषाण-काल कहलाता है। यह शुंगों, नागों और गुप्तों के बीच का युग है। शक और कुषाण दो विदेशज कबीलों के जाति-सूचक नाम हैं। इन दोनों ने अलग-अलग समय में भारत में प्रवेश किया; और यहाँ की संस्कृति को समृद्ध करने में अपना योगदान दिया। कुषाण लोग चीन के सीमान्त प्रदेश से आये थे, जहाँ वे विशाल यू-ची कबीले की एक शाखा के रूप में रहते थे। जबकि शक लोग कैस्पियन सागर के आसपास स्तेपी क्षेत्र के कबीलाई थे, जिन्होंने आगे चल कर ईरानी संस्कृति अपना ली थी। दोनों ही एक समय आमू दरिया की उपजाऊ घाटी में रहे थे; और उन दोनों का ईरानी राजाओं से संघर्ष हुआ था।

आगे चलकर यू-ची (कुषाणों) ने शकों पर हमला करके उनको किपिन, कपिसा, लम्पक और गन्धार की ओर भागने के लिए बाध्य किया।

शकों ने भारत में बोलन दर्रे से प्रवेश किया और सिन्ध होते हुए आगे बढ़े। काबुल घाटी में उनका कोई चिह्न नहीं मिला है। इससे प्रतीत होता है कि वे काबुल घाटी से होकर नहीं आये होंगे। इस प्रदेश में पुरातत्त्ववेत्ताओं द्वारा खोजी गयी हजारों मुद्राओं में एक भी शक-मुद्रा प्रकाश में नहीं आयी है। यह तय है कि शकों द्वारा भारतीय यवन राज्य के पूर्वी भाग पर अधिकार कर लेने के बाद भी काबुल घाटी यवन राजाओं के अधिकार में ही रही। मध्य-एशिया से चलनेवाली शकों की आक्रामक सेनाएँ कश्मीर से भी भारत में प्रवेश नहीं कर सकती थीं, क्योंकि इस मार्ग से आना बहुत कठिन था। उनके लिए एक ही विकल्प था कि वे उस मार्ग को अपनायें जो एरियाना, दक्षिणी-पश्चिमी अफगानिस्तान और बलूचिस्तान होकर जाता था। बोलन दर्रे से सम्बद्ध यह एक विशाल राजमार्ग था, जो ड्रंक (सीस्तान) और सरस्वती (अराकोशिया = कन्दहार) के पह्लव प्रान्तों से ब्राहुई पर्वतमाला को पार करते हुए निचली सिन्धु के प्रदेश तक जाता था। सिन्ध में शक इतनी सघनता से बस गये और उन्होंने वहाँ ऐसा प्रभाव छोड़ा कि वह प्रान्त 'शकद्वीप' (शकों का प्रदेश) के नाम से प्रख्यात हो गया।[7]

कल्हण कृत 'राजतरंगिणी' में कुषाणों को तुरुष्क कहा गया है। 'राजतरंगिणी' में कहा गया है कि राजा दामोदर के बाद कनिष्क, जुष्क (वासिष्क) और हुष्क (हुविष्क) नामक तीन शासक हुए। ये तीनों तुरुष्क (अर्थात कुषाण) वंशीय राजा थे। 'राजतरंगिणी' के अनुसार कश्मीर में कुषाणों की केवल तीन पीढ़ियों ने श़ासन किया था। उस समय धन-धान्य से परिपूर्ण कश्मीर-मंडल में बौद्ध-भिक्षुओं की प्रधानता थी। (रा.त., 1/171) प्रसंगवश उल्लेखनीय है कि कनिष्क का उत्तराधिकारी वासिष्क भागवत धर्म का अनुयायी था।

कनिष्क (78-144 ई.) कुषाण-वंश का सर्वश्रेष्ठ शासक था।[8] भारत के महान् राजाओं की परम्परा में उसका महत्त्वपूर्ण स्थान है। उसने चीनी-तुर्किस्तान (वर्तमान शिंज़ियांग) पर विजय प्राप्त की; और उसको अपने राज्य में मिला लिया। मध्य-एशिया से चीन की सीमाओं तक का क्षेत्र, पूरा अफगानिस्तान, कश्मीर, पंजाब और उत्तर प्रदेश के अधिकांश भाग कनिष्क के अधीन थे। इस प्रकार, उसका राज्य पश्चिम मे खुरासान से लेकर पूर्व में बिहार तक; और उत्तर में खोतान से लेकर दक्षिण में कोंकण तक फैला हुआ था। उसके एक प्रान्तपति ने मिर्जापुर (उत्तर प्रदेश) में अपना दरबार लगाया था।

कनिष्क ने जिस प्रकार बौद्ध-धर्म को अपनाया, वह कहानी सम्राट् अशोक की कहानी से बहुत मिलती-जुलती है। कहा जाता है कि अपने जीवन के पूर्व-भाग में वह बौद्ध धर्म को घृणा की दृष्टि से देखता था। लेकिन काशगर, यारकन्द और खोतान की विजय के दौरान युद्धभूमि में उसने जो रक्तपात किया उसके पश्चाताप-स्वरूप ही बौद्ध धर्म की शान्तिदायिनी शिक्षा की ओर उसका झुकाव हुआ।[9]

बौद्ध धर्म से प्रभावित होने के बाद कश्मीर में बौद्ध-मत के प्रचार-प्रसार में उसने बहुत रुचि ली। दरअसल, अशोक के बाद बौद्ध धर्म विभिन्न सम्प्रदायों में बँटने लगा था। कनिष्क के पहले ही बौद्ध धर्म 18 सम्प्रदायों में बँट चुका था। बौद्ध-सम्प्रदायों के आपसी मतभेदों को दूर करने के लिए कनिष्क ने पार्श्व नामक एक बौद्ध भिक्षु की सलाह पर एक महासभा का आयोजन किया। ह्वेनत्सांग के अनुसार कनिष्क ने 'चतुर्थ बौद्ध महासभा' का आयोजन कश्मीर में किया था। इस महासभा को सफल बनाने के लिए प्रसिद्ध बौद्ध विद्वान् अश्वघोष को पाटलिपुत्र से कश्मीर बुलाया गया था। इस महासभा की अध्यक्षता वसुमित्र ने की थी, जबकि अश्वघोष इसके उपाध्यक्ष थे।

इस महासभा में सर्वास्तिवादी शाखा के बौद्ध दार्शनिकों ने विवादित सिद्धान्तों का निराकरण करते हुए त्रिपिटकों पर 'विभाषा शास्त्र' नामक बृहत् भाष्य की रचना की थी। संस्कृत भाषा में एक-एक लाख श्लाकों में सुत्तपिटक (सूत्रपिटक), विनयपिटक और अभिधम्मपिटक (अभिधर्मपिटक) पर तीन महाभाष्य रचे गये थे, जिन्हें क्रमश: 'उपदेश', विनयविभाषा-शास्त्र और 'अभिधर्मविभाषा-शास्त्र' कहा गया। इन महाभाष्यों को ताँबे के पत्रे पर खुदवाकर और पत्थर के सन्दूक में बन्द करके उस स्तूप में सुरक्षित रखा गया था, जिसका निर्माण इसी प्रयोजन से कराया गया था। ऐसा प्रतीत होता है कि इस महासभा में कुछ ऐसे सिद्धान्त निश्चित किये गये थे, जो सभी बौद्ध-सम्प्रदायों को स्वीकार्य थे। बहरहाल, चतुर्थ बौद्ध महासभा की समाप्ति के बाद, सम्राट् अशोक का अनुकरण करते हुए, कनिष्क ने भी कश्मीर प्रदेश को बौद्ध संघ को दान कर दिया था।

तत्कालीन परिस्थितियों में कनिष्क को सर्वधर्मोन्मुख होने की आवश्यकता थी; और एक सीमा तक वह ऐसा था भी। अपने सिक्कों पर उसने विभिन्न मध्य-एशियाई देवताओं की आकृतियाँ अंकित करायीं, जो आगे चलकर गुप्तवंशीय राजाओं के लिए आदर्श बने। कनिष्क के सिक्कों पर शाक्यमुनि बुद्ध (सकयमो बोदो) के अलावा शिव (ओएशो), पारसी अग्नि-देवता अतश (अथशो) और यूनानी सूर्य देवता हेलियोस भी अंकित हैं।

कुषाणों द्वारा सप्तर्षि-संवत् का प्रयोग किया जाता था, जो पंजाब और कश्मीर में पहले से प्रचलित था।[10]

कुषाण-काल के बाद का कश्मीर

'राजतरंगिणी' के अनुसार तुरुष्कों (कुषाणों) के बाद राजा अभिमन्यु कश्मीर के सिंहासन पर बैठे। (रा.त., 1/174) वे वैदिक धर्म के अनुयायी थे। उन्होंने कण्टकोत्स नामक अग्रहार ब्राह्मणों को दान किया था; और अपने नाम पर अभिमन्युपुर नामक नगर बसाकर उसमें भगवान् शंकर का भव्य मन्दिर बनवाया था। उन दिनों आचार्य पतंजलि के 'महाभाष्य' का लोप-सा हो गया था। राजा अभिमन्यु की आज्ञा से चन्द्राचार्य नामक विद्वान् ने लुप्तप्राय व्याकरण 'महाभाष्य' का पुनः प्रचार किया; और अपने नाम से 'चान्द्र व्याकरण' की रचना भी की। (रा.त., 1/176)

उस दौर में बौद्ध आचार्य नागार्जुन के नेतृत्व में बौद्ध मतावलम्बी पूरे कश्मीर में प्रबल हो गये थे। (रा.त., 1/177) उन वेद-द्वेषी बौद्धों ने वैदिक मतावलम्बियों को शास्त्रर्थ में परास्त करके नीलमतपुराण के सिद्धान्तों को लगभग मिटा दिया था। (रा.त., 1/178) कहते हैं कि बलिदान, पूजा आदि शास्त्रोक्त कर्मो का अन्त हो जाने के कारण नागों ने क्रुद्ध होकर बर्फ बरसाते हुए प्रजा का संहार करना प्रारम्भ कर दिया था। (रा.त., 1/179) बौद्धों का विनाश करने के लिए नागों द्वारा कराये जा रहे भीषण हिमपात से बचने के लिए तत्कालीन राजा अभिमन्यु शीतकाल में छह महीने तक दार्वाभिसार प्रान्त में रहने लगे थे। (रा.त., 1/180)

अभिमन्यु के बाद गोनन्द तृतीय कश्मीर के राजा हुए। उन्होंने पहले की तरह नागपूजन, नागयज्ञ, नाग-यात्रा आदि धर्म-उत्सव प्रारम्भ कर दिया। (रा.त., 1/185) राजा गोनन्द तृतीय द्वारा नीलमत-पुराणोक्त विधि से धार्मिक कार्यों के प्रारम्भ कर देने से कश्मीर का धार्मिक और प्राकृतिक संकट (भीषण हिमपात) समाप्त हो गया। 'राजतरंगिणी' के इस वर्णन से ऐसा प्रतीत होता है कि गोनन्द तृतीय के राज्यकाल में कश्मीर में वैदिक परम्परा का पुनरुद्धार हुआ; और बौद्ध-परम्परा पृष्ठभूमि में चली गयी।

नये सुधार करके देश की उन्नति का मार्ग प्रशस्त करनेवाले राजा गोनन्द के वंशज प्रवरसेन ने पैंतीस वर्षों तक शासन किया। उसके बाद उसके पुत्र विभीषण ने 53 वर्षों तक और फिर विभीषण के पुत्र इन्द्रजीत ने 35 वर्षों तक राज किया। फिर उसके पुत्र रावण ने 37 वर्षों तक कश्मीर पर शासन किया। राजा रावण वटेश्वर नामक शिवलिंग का नित्य पूजन करता था। बाद में रावण ने उस शिवलिंग को

चतु:शाल मठम में स्थापित करके पूरा कश्मीर-राज्य उन्हें अर्पित कर दिया था। (रा.त., 1/195)। रावण के बाद उसके पुत्र द्वितीय विभीषण ने 35 वर्षों तक राज किया। उसके बाद उसका पुत्र किन्नर कश्मीर देश का राजा बना, जो आगे चलकर बौद्ध-द्वेषी हो गया था।

इसके बाद उत्पलाक्ष, हिरण्याक्ष, हिरण्यकुल और वसुकुल कश्मीर के राजा हुए। 'राजतरंगिणी' में वसुकुल के पुत्र मिहिरकुल को बहुत ही दुष्ट और अत्याचारी शासक बताया गया है। कल्हण के अनुसार मिहिरकुल के राज्यकाल में कश्मीर के उत्तर का प्रदेश 'म्लेच्छों' से भर गया था। (रा.त., 1/289) प्रसंगवश उल्लेखनीय है कि मिहिरकुल विदेशी मूल की हूण जाति का एक बर्बर शासक था। कल्हण की 'राजतरंगिणी' में उसको वसुकुल का पुत्र बताया गया है, जबकि वास्तव में वह तोरमाण हूण का पुत्र था।

गुप्त और गुप्तोत्तर काल में कश्मीर

गुप्तकाल में समुद्रगुप्त (325-380 ई.) का साम्राज्य उत्तर में काँगड़ा घाटी तक ही था और उसमें कश्मीर तथा देवपुत्र-शासित राज्य सम्मिलित नहीं थे। यह बात 'भागवत पुराण' से स्पष्ट हो जाती है, जिसका मूल पाठ देवपुत्रों द्वारा समुद्रगुप्त की अधीनता स्वीकार करने के पहले ही पूरा तैयार हो चुका था। 'भागवत पुराण' में देवपुत्रों को दमन करने योग्य बताया गया है। 'प्रयाग-प्रशस्ति' स्तम्भलेख की 23वीं पंक्ति में कहा गया है कि समुद्रगुप्त की प्रशान्त कीर्ति पूरे देश में फैल गयी थी; और उसने ऐसे अनेक राजवंशों को फिर से राज्य प्रदान किया था, जिनका या तो पतन हो चुका था या जो राज्याधिकार से वंचित हो चुके थे। इस शान्तिवादी नीति के परिणामस्वरूप देवपुत्र शाही-शाहानुशाही शक-मुरुण्डों ने भी उसकी अधीनता स्वीकार कर ली थी। इस प्रकार, उत्तर-पश्चिमी प्रदेश और कश्मीर भी गुप्त-साम्राज्य के अन्तर्गत आ गया था। इन राज्यों को भागवतपुराण और विष्णुपुराण में 'म्लेच्छ-राज्य' कहा गया है।

'आर्यमंजुश्रीमूलकल्प' नामक ग्रन्थ में समुद्रगुप्त की कश्मीर-विजय-यात्रा एवं पश्चिमी आक्रमण का उल्लेख है, परन्तु वे केवल प्रदर्शन मात्र थे, जिनसे गणराज्यों, प्रत्यन्त-राजाओं और शकों के हृदय में आतंक उत्पन्न हो गया था और वे सब आत्मसमर्पण करने के लिए विवश हुए थे। यही कारण है कि प्रयाग-प्रशस्ति में उनका विशेष उल्लेख नहीं है।[11]

'प्रयाग-प्रशस्ति' से पता चलता है कि शाहानुशाही ने स्वयं समुद्रगुप्त की सेवा में उपस्थित होकर गुप्त-सम्राट् की अधीनता स्वीकार की थी। डॉ.

काशीप्रसाद जायसवाल के मतानुसार 'शाहानुशाही' दरअसल, कुषाणवंशीय शासक थे। जो भी हो, समुद्रगुप्त की सुविचारित नीति के परिणामस्वरूप कश्मीर, रावलपिण्डी और पेशावर तक के कुषाण-अधिकृत राज्य गुप्त साम्राज्य में जा मिले थे।

वायु और ब्रह्माण्ड पुराणों में कहा गया है कि (श्री) गुप्त के बाद उसके वंशज (गुप्तवंशजा:) राज करेंगे। तत्समय वहाँ जिन स्वतन्त्र राज्यों का उल्लेख किया गया है उनमें सिन्धु और चन्द्रभागा प्रदेशों के अतिरिक्त कौंती (कच्छ) और कश्मीर ऐसे म्लेच्छों के अधिकार में थे, जो अनार्य शूद्र थे।[12]

छठी शताब्दी ई. में कश्मीर पर हूणों का शासन शुरू होता है। भारत में हूणवंशीय शासन की स्थापना तोरमाण ने की थी। बुधगुप्त के बाद तोरमाण नामक श्वेत-हूण ने उत्तर-पश्चिम के गन्धार राज्य से गुप्त साम्राज्य पर आक्रमण करके मालवा तक के प्रदेश पर अधिकार कर लिया था।

हूणों का आक्रमण भारतीय इतिहास की एक महत्त्वपूर्ण घटना है। चीनी ऐतिहासिकों के अनुसार, हूणों ने बामियान, कपिसा, लम्पक और नगरहार जीतने के बाद गन्धार को जीता। उन्होंने भागते हुए किदार-कुषाणों को कश्मीर की ओर ढकेल दिया और पंजाब में घुसकर गुप्तों को पराजित किया।

तोरमाण का पुत्र मिहिरकुल (510-533 ई.) शैव मतावलम्बी था। यशोधर्मन-विष्णुवर्द्धन के मन्दसौर-अभिलेख से पता चलता है कि मिहिरकुल का मस्तक भगवान स्थाणु (शिव) के अतिरिक्त किसी अन्य के समक्ष नहीं झुका था। उसने श्रीनगर में एक शिव-मन्दिर बनवाया था और उसका नाम मिहिरेश्वर रखा था। एक सैन्य अभियान के दौरान मगध के गुप्तवंशीय राजा भानुगुप्त बालादित्य (या नरसिंहगुप्त द्वितीय) ने गंगा के कछार में मिहिरकुल को हरा तो दिया, लेकिन अपनी माता के कहने पर उसको जीवित छोड़ दिया। तब वहाँ से भागकर मिहिरकुल ने कश्मीर को अपने राज्याधिकार में ले लिया था। उसने गन्धार देश के ब्राह्मणों को एक हजार अग्रहार प्रदान किये थे। यह दान उसने जयेश्वर तीर्थ में किया था।

बौद्ध-ग्रन्थों में मिहिरकुल को बहुत ही निर्दय शासक बताया गया है। कहते हैं, उसको बौद्धों की हत्या करने और उनके विहारों-स्तूपों को नष्ट-भ्रष्ट करने में सुख मिलता था। कश्मीर-गन्धार क्षेत्र में उसने बहुत अत्याचार किये थे। एक बार वह सिंहल देश पर विजय प्राप्त करके वहाँ से लौट रहा था। जब वह कश्मीर के पीर-पंजाल दर्रे के पास पहुँचा तब उसकी सेना का एक हाथी बर्फीली सड़क से फिसल कर पहाड़ी खड्ड में गिर गया। खड्ड में गिरकर मरते हुए हाथी की चीत्कार सुनकर मिहिरकुल को इतना आनन्द आया कि उसने 100 अन्य हाथी

मँगवाकर उनको नीचे गिराने का आदेश दिया था। (रा.त., 1/302-303) लगभग 70 वर्षों तक शासन करने के बाद एक घातक रोग से पीड़ित होने के बाद उसने अपने शरीर को अग्निकुण्ड में झोंककर आत्महत्या कर ली थी। (रा.त., 1/309) मिहिरकुल के बाद लगभग एक सदी तक कश्मीर में अन्तर्कलह और अन्तर्द्रोह का एक लम्बा दौर चला।

मिहिरकुल के मरने के बाद कश्मीर की प्रजा ने उसके सदाचारी पुत्र बक को अपना राजा मनोनीत किया। (रा.त., 1/325) उसने बकश्वभ्र में बकेश्वर का मन्दिर बनवाया; और बकवती नदी बहाकर लवणोत्स नामक नगर बसाया। एक योगिनी ने मातृचक्र के सामने पुत्र-पौत्रों सहित राजा बक की बलि दे दी थी। लेकिन बक का एक पुत्र क्षितिनन्द जीवित रह गया था। बक के बाद वही राजा हुआ। क्षितिनन्द के पुत्र और उत्तराधिकारी वसुनन्द ने कामशास्त्र-विषयक एक महत्त्वपूर्ण ग्रन्थ की रचना की थी। आगे क्रमशः नर, अक्ष, गोपादित्य, गोकर्ण, खिंखिलान्य (नरेन्द्रादित्य) और युधिष्ठिर राजा हुए। आँखें बहुत छोटी होने के कारण युधिष्ठिर को 'अन्ध-युधिष्ठिर' भी कहा जाता था। उसके दुर्गुणों के कारण अराजकता इतनी बढ़ गयी कि उसके मन्त्रियों ने पड़ोसी राजाओं को उस पर आक्रमण करने के लिए उकसाना शुरू किया। पड़ोसी राजाओं ने आक्रमण किया, जिसके फलस्वरूप अन्ध-युधिष्ठिर को अपना राज्य छोड़कर भागना पड़ा। अत: कश्मीर के मन्त्रियों ने राजा विक्रमादित्य के एक वंशज प्रतापादित्य को अन्य देश से लाकर राजसिंहासन पर बैठाया। (रा.त., 2/5) तत्पश्चात जलौक राजा बना। जलौक के बाद उसका योग्य पुत्र तुंजीन राजा बना। तुंजीन ने अपनी प्रभावशालिनी पत्नी वाक्पुष्टा के साथ कश्मीर के सिंहासन को सुशोभित किया। लेकिन उन्हीं के समय में कश्मीर में भीषण अकाल पड़ा था।

तुंजीन के बाद किसी अन्य राजकुल में उत्पन्न राजा विजय ने आठ वर्षों तक कश्मीर पर शासन किया। उसने विजयेश्वर शिव मन्दिर का निर्माण कराया और मन्दिर के चारों ओर विजयनगर नामक नगर बसाया। उसके बाद उसका पुत्र जयेन्द्र राजा बना। उसका मन्त्री सन्धिमति बुद्धिमान और शिवभक्त था। विडम्बना यह है कि राजा जयेन्द्र उस मन्त्री से द्वेष करने लगा। राजा ने अकारण उसका सब कुछ छीनकर उसे दरबार से निकाल दिया। लेकिन सन्धिमति राजकोप से तनिक भी नहीं घबराया। तब राजा ने उसे बन्दीगृह में डाल दिया। सन्धिमति के गुरु ईशान ने उसकी सहायता की; और शीघ्र ही कश्मीर के पुरोहितों ने सन्धिमति का राज्याभिषेक कर दिया। (रा.त., 2/117) उसने कई शिव मन्दिरों का निर्माण कराया था। येदा, भीमादेवी आदि स्थानों पर उसने कई मठ, मन्दिर आदि बनवाकर कश्मीर की शोभा

बढ़ायी। उसने बहुत ही सुचारु ढंग से 47 वर्षों तक शासन किया, लेकिन जीवन के अन्तिम दिनों में उसको राजकाज से विरक्ति हो गयी। तब किसी नये और सुयोग्य राजा की खोज की जाने लगी। इस क्रम में कश्मीर के मन्त्रियों और प्रजाजनों ने गन्धार देश से बुलाकर मेघवाहन का राज्याभिषेक कर दिया। वह अन्ध-युधिष्ठिर के पौत्र गोपादित्य का पुत्र था।

मेघवाहन एक प्रजावत्सल राजा था। राज्याभिषेक के समय ही उसकी आज्ञा का पालन करते हुए मन्त्रियों ने राज्य भर में जीव-हिंसा बन्द करने की घोषणा करा दी। उसने कसाईगीरी आदि हिंसक कर्मों से जीविकोपार्जन करनेवालों को राजकोष से आर्थिक सहायता देकर पवित्र धन्धों द्वारा जीवनयापन करने योग्य बना दिया। (रा.त., 3/6) उस अहिंसावादी राजा के यज्ञ में पशुबलि के स्थान पर पिष्ट-पशु (आटे से बनी पशु-प्रतिमा) तथा घृत-पशु से बलिदान की परम्परा निभायी जाने लगी। (रा.त., 3/7) उसने मेघवन नामक अग्रहार ब्राह्मणों को प्रदान किया, मयुष्ट नामक ग्राम बसाया और मेघमठ का निर्माण कराया। उसकी प्रिय रानी अमृतप्रभा प्राग्ज्योतिषपुर की राजकुमारी थी। उसने विदेशी भिक्षुओं के निवास के लिए अमृतभवन नामक एक विहार बनवाया था। उस अमृतभवन विहार में रानी अमृतप्रभा के पिता के गुरु सिद्ध अल्लोर आकर रहने लगे थे। मेघवाहन की दूसरी पत्नी यूकदेवी ने अपनी सौत अमृतप्रभा के स्पर्द्धावश नडवन में एक विहार बनवाया था। उल्लेखनीय है कि मेघवाहन ने नागों के प्रति सहिष्णुता का व्यवहार किया था। (रा.त., 3/26)

मेघवाहन ने 34 वर्षों तक शासन किया। उसके बाद उसका पुत्र श्रेष्ठसेन राजा बना, जो प्रवरसेन और द्वितीय तुंजीन नाम से भी प्रसिद्ध है। उसने पुराणाधिष्ठान (पुरानी राजधानी) में मातृचक्र की स्थापना करके कई मन्दिर बनवाये। उसने प्रवरेश्वर शिव मन्दिर की स्थापना करके सेवा-पूजा की व्यवस्था के लिए पूरा त्रिगर्त प्रदेश अर्पित कर दिया था।

पंजाब का पूर्वी भाग, जो सतलज और सरस्वती नदियों के बीच में स्थित था, त्रिगर्त कहलाता था। इस भूभाग में तीन नदियों और तीन नगरों–जालन्धर, धोव एवं काँगड़ा–के स्थित होने के कारण ही उसका नाम 'त्रिगर्त' पड़ा था।

प्रवरसेन के बाद हिरण्य और तोरमाण नामक उसके दो पुत्रों ने राजा और युवराज बनकर कश्मीर पर शासन किया। तोरमाण ने 'बालाहत' नामक पुराने सिक्कों को बन्द करके उसके स्थान पर स्वनामांकित 'दीनार' नामक नये सिक्के चलाये थे। (रा.त., 3/103)

इसके कुछ समय बाद तक कश्मीर प्रदेश का राजसिंहासन खाली रहा। इस बात

की चिन्ता उज्जयिनी के प्रसिद्ध सम्राट् विक्रमादित्य को भी थी। उनकी राजसभा में मातृगुप्त नामक एक योग्य कवि था। एक दिन कवि की बातें सुनकर विक्रमादित्य को ध्यान आया। उसने मन में विचार किया कि- "इस समय कश्मीरमण्डल में कोई राजा नहीं है। यद्यपि बहुतेरे राजा उस राज्य को पाने के लिए लालायित हैं, किन्तु वह राज्य मातृगुप्त को देना ही उचित रहेगा।" (रा.त., 3/186-187) ऐसा निश्चय करके विक्रमादित्य ने अपने चतुर दूतों को कश्मीर की मन्त्रिपरिषद् के पास भेज दिया। उन दूतों के द्वारा उसने यह सन्देश भेजा कि- "मेरा आज्ञापत्र लेकर मातृगुप्त नामक जो व्यक्ति आपके पास जाये, उसको कश्मीर के राजसिंहासन पर अभिषिक्त करके वहाँ का शासक बना लीजिएगा।" (रा.त., 3/188-189)

'राजतरंगिणी' के अनुसार कश्मीर की प्रजा के अनुरोध के बाद अवन्ति-राज विक्रमादित्य ने अपने एक सुयोग्य सेवक मातृगुप्त को कश्मीर का राजा बनाया था। मातृगुप्त अवन्ति-राज विक्रमादित्य का राजप्रतिनिधि था। ऐसा प्रतीत होता कि पुरातन काल में कश्मीर पर अवन्ति के सम्राट् का परोक्ष नियन्त्रण रहा है; और उन्होंने अपने प्रतिनिधि के माध्यम से कश्मीर पर शासन किया है। मातृगुप्त कश्मीर का कदाचित् ऐसा ही एक उपशासक था।

अवन्ति-राज विक्रमादित्य के निधन की सूचना मिलने के बाद स्वामिभक्त राजा मातृगुप्त ने कश्मीर का राजसिंहासन त्याग दिया। वह काशी चला गया; और वहाँ उसने संन्यास ग्रहण कर लिया। उसके बाद प्रवरसेन कश्मीर का राजा हुआ। उसके पूर्वजों का जो सिंहासन राजा विक्रमादित्य ने कश्मीर से उज्जैन मँगवा लिया था, प्रवरसेन ने उसको फिर से कश्मीर मँगवाया। (रा.त., 3/331) उसने वितस्ता नदी पर नावों का एक विशाल पुल बनवाया। इसके बाद ही नावों द्वारा सेतु बनाने की प्रथा शुरू हुई। वितस्ता नदी के दक्षिणी तट पर उसने एक विशाल नगर की स्थापना भी की थी।

उसके बाद युधिष्ठिर और नरेन्द्रादित्य (लखण) राजा हुए। नरेन्द्रादित्य के बाद उसका छोटा भाई रणादित्य राजा हुआ, जिसे तुंजीन भी कहा जाता है। वह शैव मत का अनुयायी था। सिंहरोत्सिका ग्राम में उसने रणस्वामी नाम से प्रसिद्ध मार्तण्ड मन्दिर का निर्माण कराया था। (रा.त., 3/462) चोल-नरेश रतिसेन की पुत्री रणारम्भा उसकी प्रिय रानी थी। रणादित्य के बाद विक्रमादित्य कश्मीर के राजा बने। विक्रमादित्य के बाद उसका छोटा भाई बालादित्य राजा बना। उसने बंगाल को जीतकर वहाँ कश्मीरियों के रहने के लिए कालम्व्य नामक नगर बसाया था। (रा.त., 3/480) कश्मीर में उसने मडवराज्य के अन्तर्गत भेडर नामक एक समृद्ध अग्रहार ब्राह्मणों को दान किया था।

गोनन्द वंश के साम्राज्यभोक्ता राजाओं में बालादित्य अन्तिम राजा था। उसकी पुत्री अनंगलेखा का विवाह दुर्लभवर्द्धन नामक एक सामान्य कुल में उत्पन्न अश्वघास कार्यस्थ (राजकर्मचारी) से हुआ था। (रा.त., 3/489) राजा बालादित्य ने अपने दामाद को पर्याप्त धन देने के साथ ही प्रज्ञादित्य की उपाधि भी दी थी। (रा.त., 3/494)

आगे चलकर, नाग जाति के दुर्लभवर्द्धन नामक इस युवक ने कश्मीर में कर्कोटक राजवंश की नींव रखी। राजा बालादित्य के निधन के बाद प्रभावशाली मन्त्री खंक के नेतृत्व में मन्त्रिपरिषरिद् ने राज-जामाता दुर्लभवर्द्धन का राज्याभिषेक कर दिया। (रा.त., 3/528)

छठी शताब्दी ई. के अन्त में थानेसर के वर्द्धन राजाओं ने कश्मीर के हूणों पर चढ़ाई करके प्रसिद्धि पायी; और पंजाब-पारियात्र में अपनी राज्य-सीमा का विस्तार किया। लेकिन हर्षवर्द्धन की मृत्यु के बाद देश में बड़े साम्राज्यों का युग समाप्त हो गया और देश में चारों ओर अराजकता फैल गयी। कन्नौज ने पुनः सिर उठाने की कोशिश की, परन्तु कश्मीर के राजाओं ने उनकी एक न चलने दी। इसके बाद देश की सत्ता पर अधिकार करने के लिए बंगाल और बिहार के पालों, मालवा और पश्चिम भारत के गुर्जर-प्रतिहारों तथा राष्ट्रकूटों में गंगा-यमुना की घाटी के लिए संघर्ष शुरू हो गया। करीब आधी सदी की लड़ाई के बाद अन्ततः गुर्जर-प्रतिहार विजयी हुए। 836 ई. में उन्होंने कन्नौज पर कब्जा कर लिया और राजा भोज एवं महेन्द्रपाल की वजह से वे पुनः उत्तर-भारत में एक बड़ा साम्राज्य स्थापित करने में समर्थ हुए। इन दोनों राजाओं का अधिकार करनाल से बिहार तक और काठियावाड़ से उतरी बंगाल तक फैला हुआ था। इस साम्राज्य की स्थापना से सिन्ध के मुस्लिम-राज्य को गहरा धक्का लगा; और इसीलिए गुर्जर-प्रतिहार इस्लाम के सबसे बड़े शत्रु मान लिये गये। इन अरबों को यदि दक्षिण के राष्ट्रकूटों की सहायता न मिली होती तो शायद सिन्ध का अरब-राज्य कभी का समाप्त हो गया होता।[13]

सन्दर्भ और टिप्पणियाँ

1. महाभारत, वनपर्व (130/10)
2. द्राविड़ाः सिंहलाश्चौव राजा कश्मीरकस्तथा—महाभारत, सभापर्व, (34/12)
3. कश्मीरराजोमार्द्वीकं शुद्धं च रसवन्मधु बलि च कृत्स्नमादाय पाण्डवायाभ्युपाहरत—महा., सभापर्व 51, दाक्षिणात्य पाठ
4. पुराणों में शक, पह्लव, मुरुण्ड, काम्बोज, वृषल आदि जातियों को 'म्लेच्छ' कहा गया है। ये सभी प्रायः विदेशी मूल के लोग थे।
5. सापरान्तश्च देवेन निर्जितो दक्षिणापथः। मध्यदेशः स सौराष्ट्रः सबङ्गाङ्ग च पूर्वदिक्।।

सकश्मीरा च कौबेरी काष्ठाश्च करदीकृताः। तानि तान्यपि दुर्गाणि द्वीपानि विजितानि च।।
म्लेच्छसंघाश्च निहन्ता शेषाश्च स्थापिता वशे। ते ते विक्रमशक्तेश्च प्रविष्टाः कटके नृपाः।।
(कथासरित्सागर, 23/1/76-78)

'अपरान्त' का शाब्दिक अर्थ है पश्चिमी (अपर) सीमा (अन्त) अर्थात् देश का पश्चिमी सीमान्त प्रदेश। इस पद का विशेष अर्थ है कोंकण तथा मालाबार सहित पश्चिमी तट। यहाँ 'दक्षिणापथ' का आशय सम्पूर्ण दक्षिणी भारत से है। 'मध्यदेश' में पांचाल, कुरु, मत्स्य, यौधेय, पतच्चर, कुन्ति, शूरसेन और प्रयाग तक के प्रदेश सम्मिलित थे। 'सौराष्ट्र' का तात्पर्य है गुजरात या काठियावाड़। 'पूर्वदिक' भारत के पूर्वी भाग का निर्देशक है। 'कौबेरी' का पौराणिक अर्थ उत्तरी प्रदेश है, अतः सीमित अर्थ में यह उत्तरापथ का द्योतक है, जिसमें पंजाब और पश्मिोत्तर सीमाप्रान्त सम्मिलित थे। संस्कृत में 'काष्ठा' शब्द का अर्थ है-सीमा। इससे सुदूर उत्तर-पश्चिमी सीमा का अर्थ लगाया जा सकता है।

प्राचीन काल में 'म्लेच्छ' शब्द का प्रयोग विदेशी के अर्थ में किया जाता था। लेकिन प्रथम शताब्दी ई.पू. में यह विशेष रूप से शकों के लिए प्रयुक्त होता था। क्षेमेन्द्र कृत 'बृहत्कथामंजरी' में एक स्थान पर 'म्लेच्छ-शक' शब्द का प्रयोग हुआ है, जिससे उक्त कथन की पुष्टि होती है।

6. गौड़शक्तिकुमारोऽयं कर्णाटोऽयं जयध्वजाः।। लाटो विजयवर्मायं काश्मीरोऽयं सुनन्दनः।।
गोपालः सिन्धुराजोऽयं भिल्लो विन्ध्यबलोऽप्ययम्। निर्मूकः पारसीकोऽयं नृपः प्रणमति प्रभो।।
(कथासरित्सागर, 18/3/23)
7. डॉ. राजबली पाण्डेय, विक्रमादित्य, पृ. 42-43; चौखम्बा विद्याभवन, वाराणसी; 1960 ई.।
8. सन् 78 ई. में कनिष्क के राज्यारोहण के समय भारत में पहली बार सोने के सिक्के चलाये गये थे, जिनके एक ओर सम्राट् कनिष्क की और दूसरी ओर भगवान् बुद्ध की आकृति अंकित थी।
9. थॉमस वाटर्स; 'ऑन युवान च्वांग्स ट्रैवेल्स इन इण्डिया' (सम्पादक : टी. डब्ल्यू. रायस डेविड्स एवं एस. डब्ल्यू. बुशल) प्रथम खण्ड, पृ. 203; रॉयल एशियाटिक सोसाइटी, लन्दन, 1904 ई.।
10. डॉ. राजबली पाण्डेय, विक्रमादित्य, पृ. 50; चौखम्बा विद्याभवन, वाराणसी; 1960 ई.।
11. नागरीप्रचारिणी पत्रिका (वर्ष-51, अंक-4, विक्रम संवत् 2003) में श्री बुद्धप्रकाश का लेख 'चन्द्रगुप्त विक्रमादित्य की पश्चिमोत्तरी विजय-यात्रा', पृ. 159
12. डॉ. काशीप्रसाद जायसवाल, अनुवादकः रामचन्द्र वर्मा, 'अन्धकारयुगीन भारत', पृ. 232; नागरीप्रचारिणी सभा, काशी; 1957 ई.।
13. डॉ. मोतीचन्द्र, सार्थवाह, पृ. 190; बिहार राष्ट्रभाषा परिषद्, पटना; 1953 ई.।

अध्याय 3

कर्कोटक, उत्पल एवं लोहर राजवंश

'नाग' का शाब्दिक अर्थ है- पहाड़ी। 'नग' का अर्थ है- पहाड़; और पहाड़ी प्रदेशों में रहनेवाले हुए 'नाग'। नाग जाति की स्त्रियाँ अपनी सुन्दरता के लिए विख्यात रही हैं। प्राचीन भारतीय साहित्य में नाग-कन्याओं की सुन्दरता का जैसा वर्णन किया गया है, पहाड़ी प्रदेशों की स्त्रियों को प्रत्यक्ष देखकर उसका अनुमान किया जा सकता है। कोसल के इक्ष्वाकु-वंशीय क्षत्रिय राजा मान्धाता ने अपनी पुत्री का विवाह सौवरि ऋषि से और अपने पुत्र पुरुकुत्स का विवाह एक नाग-कन्या से किया था। 'महाभारत' में वर्णित कथा के अनुसार प्रसिद्ध क्षत्रिय-वीर अर्जुन ने नाग-कन्या उलूपी से विवाह किया था। उलूपी ऐरावत नामक नागकुल के कौरव्य नाग की कन्या थी। 'रामायण' और 'महाभारत' के इन वर्णनों से स्पष्ट है कि क्षत्रियों के साथ भी नाग जनजाति की कन्याओं के विवाह हुआ करते थे।

'महाभारत' में कारस्कर, माहिषक, कुरण्ड, केरल, कर्कोटक और वीरक जाति के लोगों को दूषित-धर्म वाला बताते हुए उनसे दूर रहने को कहा गया है।[1] कर्कोटक नाग-वंशियों की एक उपजाति थी। कर्कोटक नाग-जाति का उल्लेख सबसे पहले 'महाभारत' की नल-दमयन्ती कथा में मिलता है। 'महाभारत' में नागों को 'ताड़ध्वज' भी कहा गया है। हिमालयी प्रदेशों के अतिरिक्त यह जाति सम्भवत: विन्ध्याचल के जंगलों में रहती थी। कश्मीर में नागों (यानी स्थानीय पहाड़ी जनजातियों) और मानवों (यानी मनु के वंशजों अर्थात् आर्यों) के बीच बहुधा संघर्ष भी होते रहते थे। कल्हण की 'राजतरंगिणी' में कश्मीर-नरेश लव के पौत्र राजा खगेन्द्र को नाग-वंश के लिए घातक कहा गया है। (रा.त. 1/89)

तीसरी शताब्दी ई. के एक बौद्ध-ग्रन्थ 'अनामकं जातकम्' में वर्णित रामकथा में राम को बोधिसत्व के रूप में चित्रित किया गया है; जबकि रावण को नाग बताया गया है।[2] प्रकारान्तर से इसमें सम्पूर्ण रामकथा को बौद्ध-नाग संघर्ष के रूप में अभिव्यक्त किया गया है।

प्रसंगवश उल्लेखनीय है कि एक ओर, हिन्दू देव-प्रतिमाओं में एक नाग को शिव के गले में लिपटा हुआ दिखाया गया है; और वायुपुराण में नागों को 'वृष' (अर्थात् शिव का साँड़ या नन्दी) कहा गया है। इससे स्पष्ट है कि हिन्दुओं के सबसे महत्त्वपूर्ण देवता महादेव शिव नागों (या नागवंशियों) को बहुत स्नेह देते थे। दूसरी ओर, मध्यदेश में शासन करनेवाले भारशिव नाग जाति के लोग अपने कन्धों पर शिवलिंग रखे रहते थे; और इसीलिए उनको 'भारशिव नाग' कहा गया है। इन दोनों बातों से स्पष्ट है कि नाग जाति के लोग शैव मतानुयायी थे। शुंग-वंशीय राजाओं और गुप्त-वंशीय राजाओं के मध्यवर्ती दौर में भारशिव नागों ने वाराणसी नगर में गंगा के तट पर दस अश्वमेध किये थे। वाराणसी का दशाश्वमेध घाट भारशिव नागों के उसी कृत्य की याद दिलाता है। उन लोगों ने शुंग राजाओं के अश्वमेध (यज्ञ) की वैदिक-परम्परा को आगे बढ़ाया। स्वभावत: अवैदिक परम्परा के अनुयायी होने के कारण बौद्ध मतावलम्बी लोग नाग-वंशियों को नापसन्द करते रहे होंगे। कश्मीर प्रदेश में या मध्य-भारत में नागों और बौद्धों के आपसी मनमुटाव की पृष्ठभूमि, दरअसल, यही है।

जो भी हो, नाग जाति के कर्कोटक वंश के राजाओं ने 625 ई. से 855 ई. तक कश्मीर पर शासन किया। कर्कोटक राजवंश का राज्यकाल कश्मीर की भौतिक समृद्धि एवं प्रशासकीय कुशलता का गौरवशाली युग रहा है। इस युग में कश्मीर राज्य ने अभूतपूर्व उन्नति की। कर्कोटक वंश में कुल 24 राजा हुए। इस राजवंश की स्थापना दुर्लभवर्द्धन (625-661 ई.) ने की थी। वह एक सामान्य कुल में उत्पन्न एक राजकर्मचारी था। उसके जन्म, वंश आदि के बारे में कोई विशेष जानकारी उपलब्ध नहीं है। उसने कश्मीर के गोनन्दवंशीय अन्तिम राजा बालादित्य की पुत्री अनंगलेखा से विवाह किया था। राजा बालादित्य के पुत्रहीन मर जाने के बाद दुर्लभवर्द्धन ने राज्य प्राप्त किया। वह एक नाग का पुत्र था; इसलिए उसने जिस राजवंश की नींव रखी, उसको नागवंश या 'कर्कोटक वंश' कहा जाता है। वंश के नाम से ही यह स्पष्ट है कि वह नाग जनजाति का था। कर्कोटक वंशीय राजा सामान्यत: सूर्य और शिव के उपासक थे। उसके राजा बनने के फलस्वरूप आगामी शताब्दियों में कश्मीर में बौद्ध धर्म का प्रभाव समाप्त हो गया। वैसे, यह भी सच है कि आठवीं शताब्दी ई. तक कश्मीर बौद्ध-विद्या का केन्द्र बना रहा। प्रसिद्ध बौद्ध विद्वान् कुमारजीव ने कश्मीर में ही शिक्षा प्राप्त की थी।

दुर्लभवर्द्धन के राज्यकाल में चीनी धर्मयात्री ह्वेनत्सांग कश्मीर आया था। उसके कथनानुसार दुर्लभवर्द्धन का राज्य न केवल कश्मीर पर था, बल्कि उसके अन्तर्गत उत्तरी-पश्चिमी पंजाब का कुछ भाग भी शामिल था। ह्वेनत्सांग ने कश्मीर

की कर्कोटक जाति को 'की-ली-तो' कहा है। कर्कोटक वंशीय राजा बौद्ध धर्म के कट्टर विरोधी थे क्योंकि बौद्धों ने कई बार उनसे राजसत्ता छीन ली थी। राजा दुर्लभवर्द्धन स्थानवीश्वर के प्रसिद्ध सम्राट् हर्षवर्द्धन का समकालीन था; और हर्षवर्द्धन को उसने भगवान बुद्ध का दन्तावशेष भेंट किया था। ह्वेनत्सांग के अनुसार तत्कालीन राजा (दुर्लभवर्द्धन) की बौद्धधर्म के प्रति कोई आस्था नहीं थी और वह केवल ब्राह्मणों पर विश्वास करता था। वैदिक धर्म का अनुयायी होने के कारण यह स्वाभाविक भी था। 'राजतरंगिणी' में कहा गया है कि कश्मीर की रानी अनंगलेखा ने एक बौद्धविहार का निर्माण करवाया था और अपने नाम पर उसका नाम अनंगभवन रखा था; जबकि वहाँ के राजा ने श्रीनगर में एक विष्णु मन्दिर बनवाया था और अपने नाम पर उस मन्दिर को 'दुर्लभस्वामिन' नाम दिया था। राजा दुर्लभवर्द्धन और रानी अनंगलेखा के पुत्र का नाम दुर्लभक था। पिता के निधन के बाद दुर्लभक को राजा बनाया गया, जो प्रतापादित्य के नाम से प्रसिद्ध हुआ। (रा.त., 4/8) उस न्यायप्रिय राजा ने शान्तिपूर्वक राज किया और अपने नाम पर प्रतापपुर नामक एक नगर बसाया।

चन्द्रापीड वज्रादित्य

राजा दुर्लभक प्रतापादित्य (661-711 ई.) के बाद उसका सबसे बड़ा पुत्र चन्द्रापीड वज्रादित्य (711-719 ई.) कश्मीर के सिंहासन पर बैठा। चन्द्रापीड एक शक्तिशाली और योग्य शासक था। 720 ई. में चीन के सम्राट् ने भी उसके प्रभाव को स्वीकार किया था। राजा चन्द्रापीड अपनी उदारता और न्यायप्रियता के लिए प्रसिद्ध है। कल्हण की राजतरंगिणी के अनुसार उसने एक मन्दिर बनवाना चाहा। राजकर्मचारियों ने उसके लिए जो भूमि चुनी थी, उसमें एक चर्मकार (चमार) की झोपड़ी पड़ती थी। उस चर्मकार ने मन्दिर के लिए प्रस्तावित जमीन पर स्थित अपनी झोपड़ी को हटाने से मना कर दिया। यह बात जब राजा के कानों तक पहुँची, तब उसने अपने राजकर्मियों को ही दोषी माना। उसने साफ कह दिया कि या तो मन्दिर बनाना बन्द कर दो या फिर बनाना ही हो तो किसी अन्य स्थान पर बनाओ। तभी चर्मकार ने राजा के सामने स्वयं उपस्थित होकर कहा कि-''इस झोपड़ी में मेरा जन्म हुआ है। वह मेरी माँ के समान है। यह मेरे अच्छे और बुरे दिनों का साक्षी है। मैं इसे अपने सामने गिरते हुए नहीं देख सकता। फिर भी यदि आप स्वयं मेरे द्वार पर आकर, उस भूमि पर मेरा स्वामित्व मानते हुए, मुझसे इसकी माँग करें तो मैं अपनी झोपड़ी देने को तैयार हूँ।'' उसकी बात सुनकर राजा चन्द्रापीड उसके घर गये और झोपड़ी को उचित मूल्य देकर खरीद लिया। इसके बाद ही मन्दिर

का निर्माण हुआ। (रा.त., 4/55-75) चन्द्रापीड की प्रशंसा करते हुए कल्हण ने लिखा है कि ऐसे धर्मात्मा राजा को कलयुग में नहीं, बल्कि सत्युग में होना चाहिए था। (रा.त., 4/117)

उसका साढ़े आठ वर्षीय राज्यकाल न्यायपूर्ण कार्यों से भरा हुआ है। एक बार उसने एक ऐसे ब्राह्मण को दण्ड दिया, जिसने दूसरे ब्राह्मण को जादू-टोने द्वारा मार डाला था। दण्ड पानेवाला ब्राह्मण अपनी सजा सुनकर बहुत क्रुद्ध हुआ। राजा के छोटे भाई तारापीड ने उसे राजा चन्द्रापीड के विरुद्ध जादू-टोना करने के लिए उकसाया। मान्त्रिक ब्राह्मण द्वारा आभिचारिकी क्रिया करने से इस सदाचारी राजा की मृत्यु हो गयी। उसके बाद तारापीड उदयादित्य (719-724 ई.) गद्दी पर बैठा। उसका राज्यकाल क्रूरता के कारनामों से भरा हुआ है। लेकिन जो दूसरे के लिए खाई खोदता है, कई बार खुद भी उसमें जा गिरता है। तारापीड के साथ यही हुआ। मान्त्रिक ब्राह्मणों के गुप्त अभिचार कर्म द्वारा ही उसकी भी मृत्यु हुई।

ललितादित्य मुक्तापीड

तारापीड के बाद उसके छोटे भाई ललितादित्य मुक्तापीड (724-760 ई.) राजसिंहासन पर बैठे। राज्य-विस्तार, दिग्विजय और निर्माण-कार्यों की दृष्टि से वे कर्कोटक वंश का सबसे प्रतापी राजा थे। इस रणविजयी राजा का सम्पूर्ण जीवन युद्ध-अभियानों में ही बीता। एक प्रादेशिक राजा के तौर पर शुरुआत करके अन्ततः वे एक सार्वभौम शासक बन गये।

उन्होंने एक विशाल सेना लेकर भारत के विभिन्न प्रदेशों- कान्यकुब्ज (कन्नौज), उत्तरकुरु, गौड़ (पश्चिम बंगाल), बंग (बांग्लादेश), उत्कल, अवन्ति, सौराष्ट्र, कावेरी नदी के पश्चिम में स्थित कोंकण और सिन्धु नदी के तटवर्ती प्रदेशों को जीत लिया था। उनका सबसे महत्त्वपूर्ण अभियान कन्नौज के राजा यशोवर्मन के विरुद्ध था। कल्हण ने लिखा है कि ''किसी समय वायुदेव ने जिस गाधिपुर (कान्यकुब्ज) की कन्याओं को कुब्जा (कुबड़ी) बना दिया था, उसी नगर में राजा ललितादित्य ने बड़े-बड़े योद्धाओं को कुब्ज (कुबड़ा) बना दिया।'' (रा.त., 4/133) इस विजय से ललितादित्य न केवल कन्नौज के स्वामी बन गये, बल्कि यशोवर्मन द्वारा अधिकृत विस्तृत प्रदेशों पर भी उनका अधिकार हो गया। फिर वे पूर्व की ओर बढ़े; और उन्होंने मगध, गौड़, कामरूप एवं कलिंग को रौंद दिया।

गौड़ देश की विजय के दौरान उन्होंने वहाँ के हाथियों को अपनी सेना में शामिल किया था। (रा.त., 4/148) उसके बाद वे दक्षिण के चालुक्यों की ओर बढ़े। दक्षिण की ओर बढ़ने पर कर्णाट देश की तत्कालीन शासिका रानी रट्टा ने उनकी अधीनता स्वीकार कर ली थी। (रा.त., 4/152-154) मध्यकालीन ग्रन्थ

‘चचनामा’ (उर्फ फतेहनामा) के अनुसार ललितादित्य की सेना में 1000 हाथी थे; और वे स्वयं एक सफेद हाथी पर सवार होकर चलते थे।

भारतीय सीमा के बाहर उन्होंने ईरान एवं चीन पर भी आक्रमण किये; और कम्बोज, तुषार (तुखार)[3] एवं ईरान तक अपना विजय-ध्वज लहराया था। उसके भय से तुखार-गण पहाड़ों के शिखरों की ओर भाग गये थे। (रा.त., 4/166) उन्होंने चीनी सम्राट् के पास तिब्बतियों के विरुद्ध सहयोग पाने के लिए राजदूत भी भेजे थे। चीनी सम्राट् ने उस दूतमण्डल का स्वागत किया और कश्मीर के राजा ललितादित्य को अपना मित्र माना था। यद्यपि उनकी सहायता के लिए चीन से कोई सेना नहीं आयी, तथापि ललितादित्य ने तिब्बतियों को हरा दिया। उन्होंने दरद एवं काम्बोज सहित उत्तर एवं उत्तर-पश्चिमी सीमा पर बसनेवाली कुछ पर्वतीय जातियों को भी पराजित किया। दरद-देश, लद्दाख और तिब्बत को जीतने के बाद उन्हें अपने राज्य में मिला लिया था। अलबेरूनी ने ‘तारीख-उल-हिन्द’ में ललितादित्य की तुर्कों पर विजय का उल्लेख किया है। उन्होंने सिन्धु नदी के तट पर तुखारों (तुर्कों) को पराजित किया था। इस विजय की स्मृति में हर वर्ष चैत्र मास की द्वितीया को विजय-दिवस मनाया जाता था। ललितादित्य ने पूर्वोत्तर में प्राग्ज्योतिषपुर (असम) के स्त्री-राज्य और भौट्ट (भूटान) देश को भी जीत लिया था।

डॉ. रमेशचन्द्र मजूमदार के अनुसार, उन्होंने मालवा और गुजरात को जीता और अपने देश के सीमावर्ती सिन्ध के अरबों को वहीं हराया। इन विस्तृत विजयों के फलस्वरूप कश्मीर के राज्य ने उस समय एक ऐसे शक्तिशाली साम्राज्य का रूप धारण कर लिया, जो गुप्तों के ह्रास के बाद अब तक देखने में नहीं आया था। आश्चर्य नहीं कि शताब्दियों तक कश्मीरी लोग इस महान् समाट् की विजयों का उत्सव मनाते रहे। उन्हें वे लोग चक्रवर्ती कहते थे, जो एक क्षम्य अतिरंजना है।[4]

कल्हण के अनुसार ‘‘जिस प्रकार हाथियों को मार कर सिंह अपने नखों में गजमुक्ताओं को धारण कर गुफा में प्रवेश करता है, ठीक उसी प्रकार राजा ललितादित्य भी विजय द्वारा अर्जित धन लेकर अपनी राजधानी कश्मीर-मण्डल लौटे थे।’’ (रा.त., 4/176) कश्मीर लौटने के बाद उन्होंने अपने सेवकों को पुरस्कारस्वरूप जालन्धर, लोहर आदि प्रदेश दे करके उन्हें भी राजपद प्रदान किया था। (रा.त., 4/177)

ललितादित्य ने अपने साम्राज्य के आर्थिक संसाधनों का सदुपयोग अपने राज्य में सुन्दर नगर बसाने और उन नगरों को सुन्दर भवनों, विहारों, मन्दिरों और देवमूर्तियों से सजाने में किया। श्रीनगर से 12 मील दूर वितस्ता (झेलम) नदी के किनारे उन्होंने एक नयी राजधानी बसायी, और उसका नाम परिहासपुर रखा गया

था। ललितादित्य और उसकी रानियों ने भवन-निर्माण कला को प्रोत्साहन दिया। उनका सबसे प्रसिद्ध कार्य मार्तण्ड मन्दिर का निर्माण है, जिसका खँडहर आज भी कश्मीर के प्राचीन वास्तुकला का सबसे भव्य अवशेष है। भवन-निर्माण कला का प्रमाण परिहासपुर के खँडहरों से भी मिलता है। उन्होंने भगवान रुद्र और सूर्य (मार्तण्ड) देवता के मन्दिर बनवाये; और द्राक्षा (अंगूर) के बाग भी लगवाये। उन्होंने वितस्ता नदी के किनारे चक्रधर नामक स्थान पर रहट लगवाकर, ऊँचाई पर बसे ग्रामों तक, पानी पहुँचाने का प्रबन्ध किया था। ललितादित्य ने परिहासपुर में 'सहस्त्रभक्त' नामक एक उत्सव शुरू कराया था, जिसमें ब्राह्मणों को अन्नदान किया जाता था। (रा.त., 4/242-243)

ललितादित्य का राज्यकाल साहित्य, संगीत और स्थापत्य की दृष्टि से अविस्मरणीय है। 'राजतरंगिणी' के अनुसार महाकवि भवभूति और वाक्पतिराज कन्नौज-नरेश यशोवर्मा (यशोवर्मन) के राज्याश्रित थे। लेकिन जब कश्मीर-नरेश ललितादित्य ने यशोवर्मा को पराजित कर दिया, तब भवभूति और वाक्पतिराज भी कश्मीर आ गये।

कविर्वाक्पतिराज श्री भवभूत्यादि सेवित:
जित: ययौ यशोवर्मा तद्गुण स्तुतिवन्दिताम्।

(राजतरंगिणी, 4/115)

ललितादित्य एक गुणग्राही शासक थे। उन्होंने तुखार देश के प्रसिद्ध रसशास्त्री चंखुण को कश्मीर आमन्त्रित करके उसे अपने राजदरबार में स्थान दिया था। उसके पास एक बहुपयोगी मणि थी। राजा ने वह मणि उससे लेनी चाही; बदले में कोई भी मनचाही वस्तु देने को तैयार हो गये। चंखुण ने उसके बदले में ललितादित्य द्वारा मगध देश से हाथी की पीठ पर रखकर लायी गयी भगवान बुद्ध की मूर्ति माँग ली। राजा ने चंखुण की माँग को मान कर उसे वह बुद्ध-प्रतिमा दे दी। (रा.त., 4/246-261) चंखुण ने उस प्रतिमा को एक बौद्ध-विहार में विधिवत स्थापित कर दिया। इससे स्पष्ट है कि ललितादित्य शासित कश्मीर में वैदिक एवं बौद्ध-दोनों मतों का आदर किया जाता था।

उनके समय में संस्कृत की शिक्षा-दीक्षा, दर्शनशास्त्र, ललित-कलाएँ, धर्म, विज्ञान और वास्तुकला की दृष्टि से कश्मीर भारतवर्ष में शिखर पर विराजमान था। उनके समय में वाणिज्य-व्यापार के क्षेत्र में भी प्रगति हुई थी।

राजा ललितादित्य के राज्यकाल का अधिकांश समय कश्मीर के बाहर दिग्विजयों में बीता। उनकी मृत्यु भी कश्मीर के बाहर ही हुई थी। कल्हण ने उनका

बहुत गुणगान किया है। कल्हण कृत 'राजतरंगिणी' के चतुर्थ तरंग में श्लोक संख्या 126 से लेकर 371 तक ललितादित्य की सैन्य-विजयों का इतिहास वर्णित है। कल्हण ने उनको 'प्रतापादित्य' यानी सूर्य के समान तेजस्वी कहा है। (रा.त., 4/134) उनकी मुद्राएँ कश्मीर-मण्डल से बहुत दूर भिटवारी (फैजाबाद), बाँदा, राजघाट (वाराणसी), सारनाथ, पटना और मुंगेर तक प्राप्त हुई हैं।

ललितादित्य के राज्यकाल की दो घटनाएँ उसके चरित्र को लांछित करती हैं। एक बार शराब के नशे में उन्होंने प्रवरपुर नगर को जला देने का आदेश दिया। लेकिन बाद में उन्हें इस पर पछतावा भी हुआ; और यह जानकर क्रोध आने की बजाय खुशी हुई कि उनके मन्त्रियों ने इस सम्बन्ध में उसकी अवज्ञा की थी। दूसरी घटना वचनभंग से सम्बन्धित है। उन्होंने गौड़ (पश्चिम बंगाल) के राजा को कश्मीर बुलाया और विष्णुपरिहासकेशव की मूर्ति को साक्षी करके उसकी सुरक्षा का वचन दिया। लेकिन बाद में विश्वासघात करके उसकी हत्या करवा दी।

डॉ. रमेशचन्द्र मजूमदार ने लिखा है- "इस विश्वासघात के पीछे क्या उद्देश्य था, यह कहना कठिन है; और उसके लिए उसे किसी प्रकार क्षमा नहीं किया जा सकता। इस कथा का अन्त बहुत रोचक है। मारे गये राजा के कुछ समर्थक बंगाल से चल कर कश्मीर आये और जिस देवता को साक्षी बनाया गया था उसके मन्दिर पर आक्रमण किया। पुजारियों ने फाटक बन्द कर दिये, किन्तु उन्होंने उसे जबरदस्ती खोल दिया। बंगाली वीर विष्णुराम-स्वामिन की मूर्ति के पास पहुँचे और उसे परिहासकेशव की मूर्ति समझकर उलट दिया और उसके टुकड़े-टुकड़े कर दिये। कल्हण ने गौड़ के इन देशभक्तों की सराहना की है।"[5]

जो भी हो, ललितादित्य के राज्यकाल को कश्मीर के इतिहास का स्वर्ण-काल कहा जा सकता है। "कश्मीर के इतिहास का सर्वोत्तम युग वही है जिसमें उसने ललितादित्य के अधीन थोड़े दिनों तक साम्राज्य सुख का उपभोग किया। एक राष्ट्र की जो भी उत्तमता और प्रकाश की बातें थीं, वे उस काल में चमकीं और एक छोटा-सा प्रान्तीय राज्य कुछ योग्य राजाओं के शासन के कारण समृद्धि की चोटी तक पहुँच गया।"[6]

साहित्यानुरागी राजा जयापीड

ललितादित्य की मृत्यु (760 ई.) के बाद कई निर्बल राजे हुए, जो कर्कोटक वंश के गौरव की रक्षा करने में अक्षम थे। ललितादित्य के बाद उनका ज्येष्ठ पुत्र कुवलयादित्य (कुवलयापीड) राजा बना। फिर वज्रापीड और पृथिव्यापीड के दुखदाई राज्यकाल के बाद जयापीड (779-813 ई.) ने सत्ता सँभाली। जयापीड

ने खोयी हुई शक्ति को पुनः प्राप्त करने की कोशिश तो की, लेकिन उनको कोई विशेष सफलता नहीं मिली। वे अपने पितामह ललितादित्य को अपना आदर्श मानते थे; और उन्होंने अपना नाम विनयादित्य रख लिया था।

एक बार जब वे दिग्विजय के लिए कश्मीर से बाहर गये हुए थे, तभी उनके साले जज्ज ने कश्मीर के सिंहासन पर अधिकार कर लिया। यह समाचार पाकर कई सैनिक जयापीड का साथ छोड़कर कश्मीर लौट गये। इस परिस्थिति में जयापीड ने अपने सहयोगी राजाओं को अपनी-अपनी राजधानी लौट जाने को कहा; और वे स्वयं प्रयाग-क्षेत्र की ओर चल पड़े। प्रयागराज पवित्र दान-भूमि है। इसलिए प्रयाग पहुँचकर राजा जयापीड ने वहाँ के ब्राह्मणों को 99999 घोड़े दान किये और यथेष्ट दक्षिणा भी दी। उन्होंने प्रयागराज के संगम-तीर्थ से पवित्र जल को देश-विदेश ले जाने वाले कलशों पर 'श्रीजयापीडदेवस्य' खुदी हुई मुद्रा अंकित करने का आदेश दिया। जयापीड ने उन ब्राह्मणों से यह भी कहा कि "जो राजा पूरे एक लाख घोड़े दान करेगा वही मेरी मुद्रा को हटाकर अपनी मुद्रा चलाने का अधिकारी होगा।" (रा.त., 4/410-417)

प्रयाग से बाकी बचे सैनिकों को भी स्वदेश लौटने की अनुमति देकर राजा जयापीड रात्रि के समय अकेले ही अपने सेनाशिविर से कहीं चले गये। विभिन्न राज्यों में भ्रमण करते हुए वे गौड़देश के राजा जयन्त के द्वारा शासित पौंड्रवर्द्धन नगर जा पहुँचे। वहाँ की शासन-पद्धति से प्रजा को सुखी और सन्तुष्ट देखकर उनको प्रसन्नता हुई। वे कार्तिकेय मन्दिर में भगवान का दर्शन करके द्वार की एक शिला पर बैठकर नर्तकियों के नृत्य देखने लगे। उसी समय कमला नामक एक नर्तकी की नजर जयापीड पर पड़ी। उस सुन्दर पुरुष को बार-बार कन्धे पर हाथ ले जाते देखकर कमला कुछ विस्मित हुई। उसे लगा कि यह किसी ऊँचे कुल में उत्पन्न राजपुत्र है और किसी कारणवश अपनी पहचान छिपाकर घूम रहा है। लगता है कि इसे स्कन्धपृष्ठ से पर्णवीटिका (पान का बीड़ा) लेने की आदत है। इसीलिए बार-बार अपना हाथ कन्धे की ओर ले जाता है। यह सोचकर कमला ने सलाह करके अपनी एक विश्वस्त दासी को उसके पास भेजा। वह अपने साथ पान का बीड़ा भी लेती गयी। पास जाकर धीरे से उसने पान और सुपाड़ी के कुछ टुकड़े दिये। जयापीड ने पान को अपने मुख में रख लिया और मुड़कर कमला की ओर देखा। उस दासी ने पान देते समय भौहों के संकेत से ही पूछ लिया कि आप कौन हैं और कहाँ से आये हैं? इस प्रकार उसने उनका वृत्तान्त जान लिया। कमला द्वारा उदारता प्रकट करने तथा उसकी दासी के मधुर वचनों से जयापीड के हृदय में विश्वास पैदा हो गया। नृत्य का कार्यक्रम समाप्त होने पर वह दासी उसे अपनी

सखी के घर ले गयी। वहाँ पर कमला के आतिथ्य से जयापीड को सुखद आश्चर्य हुआ। कमला की प्रेमाकुलता को देखकर जयापीड ने कहा कि ''मैं किसी विशेष कार्य को पूरा करने का व्रत ले चुका हूँ। जब तक वह पूरा नहीं हो जाता, तब तक मैं किसी प्रकार का सुखोपभोग नहीं कर सकता।'' जयापीड ने यह भी कहा कि ''जब तक विजय की अभिलाषा पूरी न हो जाये, तब तक एक मनस्वी पुरुष स्त्री की कामना कैसे कर सकता है। क्योंकि सूर्यनारायण भी समस्त विश्व की परिक्रमा किये बिना सन्ध्या-सुन्दरी के पास नहीं जाते।'' (रा.त., 4/441) उस नर्तकी ने समझ लिया कि यह कोई सामान्य पुरुष नहीं है। उसने आग्रह करके उसे अपने यहाँ रहने के लिए राजी कर लिया।

एक दिन जयापीड सन्ध्या करने के लिए नदी के किनारे गये। वहाँ से लौटने पर कमला ने कहा कि उधर एक भयंकर सिंह रहता है, जो रात्रि में आक्रमण करके लोगों को मार देता है। उसके डर से यहाँ के लोग रात में घर से नहीं निकलते हैं। दूसरे दिन शाम को जयापीड नगर से बाहर जाकर एक वटवृक्ष के नीचे सिंह की प्रतीक्षा करने लगे। सिंह के आते ही उन्होंने फुर्ती से अपना बायाँ हाथ उसके मुख में डाल दिया और दाहिने हाथ में रखे छुरे से उसकी छाती फाड़ दी। सबेरे सिंह के मरने की खबर सुनकर राजा जयन्त स्वयं उसे देखने आये। उनको यह विश्वास हो गया कि इस सिंह को मारनेवाला कोई शूरवीर होगा। तभी एक व्यक्ति ने सिंह के जबड़े से एक केयूर (बाजूबन्द) निकालकर राजा को दिया। उसमें जयापीड का नाम खुदा हुआ देखकर राजा जयन्त को आश्चर्य हुआ। जयापीड के आगमन की आशंका से वहाँ के नागरिक भयभीत हो गये। लेकिन जयन्त ने कहा कि मैंने सुना है कि ''राजा जयापीड इन दिनों किसी अज्ञात कारणवश अकेले ही भ्रमण कर रहे हैं। मुझे कोई पुत्र नहीं है। मैंने अपनी पुत्री कल्याण देवी का विवाह उन्हीं से करने का निश्चय किया है। मुझे विश्वास है कि राजा जयापीड यहीं कहीं होंगे। जो व्यक्ति उन्हें खोजकर मुझे सूचना देगा, उसको पुरस्कार दिया जायेगा। नागरिकों ने पता लगाकर राजा को सूचित किया कि महाराज जयापीड कमला नर्तकी के घर ठहरे हुए हैं। यह जानकर राजा जयन्त अपने मन्त्रियों तथा अन्त:पुर की महिलाओं के साथ कमला के घर गये; और जयापीड को ससम्मान अपने यहाँ ले आये। इस आगमन के उपलक्ष्य में उन्होंने उत्सव भी मनाया। फिर राजा जयन्त ने अपनी पुत्री कल्याण देवी का जयापीड से विवाह कर दिया।

जयापीड ने भी अपनी शक्ति का परिचय देते हुए गौड़देश के पाँच राजाओं को पराजित करके उन्हें अपने ससुर राजा जयन्त के अधीन कर दिया।

कुछ दिनों बाद राजा जयापीड का मन्त्री देवशर्मा उनके पास आया, जिसने उसकी नायक-विहीन सेना को अब तक अपने नियन्त्रण में रखा था। उसके अनुरोध पर राजा जयापीड कल्याणदेवी तथा कमला को साथ लेकर कश्मीर की ओर चल पड़े।

मार्ग में जयापीड ने कान्यकुब्ज देश के शासक वज्रायुध को परास्त करके उसको अपदस्थ कर दिया। कश्मीर-नरेश ललितादित्य लगभग 740 ई. में ही कन्नौज के तत्कालीन राजा यशोवर्मा को पराजित कर चुके थे, लेकिन कन्नौज को अपने अधीन रख पाना कश्मीर के राजाओं के लिए सम्भव नहीं हो पा रहा था। इसलिए उसके पुनर्विजय की आवश्यकता पड़ी; और 810 ई. के आसपास जयापीड ने कन्नौज के राजा वज्रायुध को पराजित किया। लेकिन जयापीड ने कन्नौज को अपने राज्य में शामिल नहीं किया; और 810 ई. में इन्द्रायुध कन्नौज की राजगद्दी पर बैठा।

बहरहाल, अपने राज्य कश्मीर की सीमा पर पहुँचते ही शुष्कक्षेत्र के पास जयापीड और वहाँ के तत्कालीन शासक जज्ज के मध्य भीषण संग्राम हुआ। वहाँ की प्रजा जयापीड के साथ थी। अत: युद्धकाल में जज्ज के अत्याचारों से पीड़ित ग्रामीण तथा आटविक (भील) भी जयापीड की ओर आ मिले। तीन वर्ष तक अनधिकार राज करनेवाला जज्ज मारा गया और राजा जयापीड कश्मीर के सिंहासन पर पुनः विराजमान हुए।

कल्हण ने लिखा है कि ''जिस प्रकार पूर्वकाल में लुप्त वितस्ता नदी को महर्षि कश्यप ने कश्मीर में पुनः प्रकट किया था, उसी प्रकार राजा जयापीड ने सभी विद्याओं के उद्गमस्थल कश्मीर में समस्त लुप्तप्राय विद्याओं को पुनर्जीवित किया। (रा.त., 4/486) ज्ञान के प्रकाश को फैलाने के लिए उन्होंने बड़े-बड़े विद्वानों को नियुक्त किया। अपने देश में लुप्त व्याकरण-ग्रन्थ 'महाभाष्य' का पुनः प्रचार करने के लिए अन्य प्रदेशों से विद्वानों को बुलाकर उसके पठन-पाठन की ओर लोगों में उत्सुकता पैदा की।

क्षीरस्वामी नामक वैयाकरण को बुलवाकर राजा ने स्वयं उनसे व्याकरण पढ़ा और पतंजलि कृत 'महाभाष्य' का विधिवत् अध्ययन किया। भरतमुनि के नाट्यशास्त्र का अध्ययन करने के कारण वह नृत्य-संगीत कलाओं का मर्मज्ञ था। साहित्यानुरागी होने के कारण जयापीड की राजसभा में संस्कृत के प्रसिद्ध कवियों और शास्त्रज्ञ आचार्यों का जमावड़ा लगा रहता था। कल्हण ने अतिशयोक्तिपूर्ण शैली में यहाँ तक लिख दिया है कि ''उस समय कश्मीर में राजा के पद की अपेक्षा पण्डित का पद अधिक लोकप्रिय था।'' (रा.त., 4/491)

जयापीड के प्रधानमन्त्री दामोदरगुप्त ने 'कुट्टनीमत' नामक एक हास्योपदेशक काव्यग्रन्थ की रचना की थी। इस ग्रन्थ में तत्कालीन राजाओं की विलासिता और कुट्टनियों के प्रभाव के सजीव चित्रण तो है ही, अत्यन्त रोचक शैली में तत्कालीन समाज का यथार्थपरक वर्णन भी किया गया है। दामोदरगुप्त ने इसकी रचना समाज-सुधार को ध्यान में रखकर की थी। इसमें विकराला नामक एक कुट्टनी मालती को कामुक-जनों से धन ऐंठने की सीख इस ढंग से देती है कि यह काव्य कामकला का एक शास्त्रीय ग्रन्थ बन गया है।

जयापीड ने लगभग तीन दशकों तक कश्मीर पर शासन किया। विडम्बना यह है कि अपने राज्यकाल के आरम्भ में वे जितने लोकप्रिय थे, बाद में उतने ही अलोकप्रिय सिद्ध हुए। उनके राज्यकाल के परवर्ती भाग में कायस्थों (राजकर्मचारियों) का हस्तक्षेप बहुत बढ़ गया था।

वे दो बार दिग्विजय के लिए निकले, लेकिन उनको विशेष सफलता नहीं मिली। एक बार पूर्वदेश के राजा भीमसेन ने जयापीड को बन्दी बना लिया था। बाद में नेपाल-नरेश अरमुडी ने भी उनको बन्दी बना लिया, तब उनके मन्त्री देवशर्मा ने अपने प्राण देकर उनकी रक्षा की थी।

एक बार राजा जयापीड ब्रह्मचारी के वेश में अपने कुछ सहयोगियों के साथ पूर्व-देश के राजा भीमसेन के किले में घुस गये। लेकिन एक सिद्ध ने उनको पहचान लिया; और इस बात की सूचना राजा भीमसेन को दे दी। भीमसेन ने राजा जयापीड को बन्दी बना लिया। लेकिन जयापीड इस विपत्ति में भी अधीर नहीं हुए। वे शान्त मन से उस संकट से उबरने के उपाय सोचते रहे।

उसी समय राजा भीमसेन के राज्य में अतिशय कष्टदायी तथा संक्रामक लूतारोग फैल गया। वह रोग स्पर्श होते ही एक व्यक्ति से दूसरे व्यक्ति को लग जाता था; और फिर वह रोग रोगी के प्राण ही ले लेता था। इसलिए जनसाधारण की रक्षा के लिए उस रोग से ग्रस्त व्यक्ति को देश से बाहर निकाल दिया जाता था।

कारागार में बन्द राजा जयापीड को जब इस बात का पता चला, तब उन्होंने आपदा को अवसर में बदलने की युक्ति निकाल ली। उन्होंने इस रोग को ही अपनी मुक्ति का साधन बनाने का निश्चय किया। उन्होंने अपने सेवकों के द्वारा चुपके से बाजार से कुछ विशेष प्रकार की वस्तुएँ मँगवाईं और उसे खा लिया। उन पित्त-प्रदोषक वस्तुओं के खाने से जयापीड को बहुत तेज पित्त-ज्वर आ गया। उसके बाद उन्होंने अपने पूरे शरीर में सेंहुड़ का दूध लेप लिया, जिससे शरीर में बड़े-बड़े फफोले निकल आये।

कारागार के रक्षकों ने जयापीड के अस्वस्थ होने की सूचना अपने राजा को

दी। जयापीड के व्याधिग्रस्त होने की बात सुनकर राजा भीमसेन ने सोचा कि अब तो इस लूतारोग से वह मर ही जायेगा; और यदि उसको मुक्त नहीं किया तो बन्दीगृह में भी रोग फैल जायेगा। ऐसा विचार करके उसने बन्दी राजा जयापीड को अपने देश से निकाल बाहर किया। इस प्रकार अपने बुद्धि-कौशल से राजा जयापीड उस महासंकट को पार करने में सफल हुए।

जयापीड के बाद उसका बेटा ललितापीड राजा बना। वह कश्मीर के राजसिंहासन को अप्रतिष्ठित करनेवाले राजाओं में से एक है। वह आठवीं शताब्दी के अन्त या नौवीं शताब्दी के आरम्भ में गद्दी पर बैठा और उसने 12 वर्षों तक शासन किया। जयादेवी नामक उसकी एक रखैल थी, जो एक सुरा-निर्माता की बेटी थी। ''वह अपनी वासनाओं का दास और राजकर्तव्य से विमुख था। फलस्वरूप उसका राज्य वेश्याओं का शिकार हुआ और अनैतिकताओं से अपवित्र होने लगा।''

ललितापीड के बाद उसका भाई गद्दी पर बैठा और उसके बाद जयादेवी का पुत्र बृहस्पति उसका उत्तराधिकारी हुआ। बृहस्पति के राज्यकाल में जयादेवी के पाँच भाइयों ने मिलकर राजशक्ति का अपहरण कर लिया; और देश के साधनों को बर्बाद कर दिया। लेकिन आगे चलकर उनके बीच खूनी संघर्ष शुरू हो गया। इसके फलस्वरूप राज्य का ढाँचा चरमरा गया। प्रतिस्पर्द्धियों द्वारा ललितादित्य के वंश के कुछ कुठपुतली लोग राजगद्दी पर बैठाये जाते रहे। उन पाँच भाइयों में सबसे बड़े उत्पल के पौत्र अवन्तिवर्मा (अवन्तिवर्मन) को जब मन्त्री शूर ने राजगद्दी पर बैठाया तब जाकर इस संघर्ष का अन्त हुआ।

उत्पल राजवंश का शासन

855 ई. में कर्कोटक वंश का अन्त होने के बाद उत्पल वंश का शासन आरम्भ हुआ। **अवन्तिवर्मा** (855-883 ई.) इस वंश का पहला राजा था। अपने समृद्ध और सशक्त सम्बन्धियों के प्रबल हस्तक्षेप के कारण राज्यारोहण के आरम्भिक दिनों में उसको परेशानियों का सामना करना पड़ा था। लेकिन शीघ्र ही उसने उनका दमन करके अपने राज्य को निष्कंटक बना लिया। फिर अपने सद्व्यवहार से उसने अपने परिजनों को अपना सहयोगी बनाकर अपनी स्थिति सुदृढ़ कर ली।

अवन्तिवर्मा ने अपने सौतेले भाई शूरवर्मा को मन्त्री नियुक्त किया। शूरवर्मा कश्मीर के इतिहास के सुयोग्य प्रशासकों में से एक है। उसने अवन्तिवर्मा को राजगद्दी प्राप्त करने में सहयोग किया था, इसलिए कश्मीर राजदरबार में उसका असाधारण प्रभुत्व था। उसने खाधूय और हस्तिकर्ण नामक दो अग्रहार ब्राह्मणों को दान किये थे। उसने अपने नाम पर शूरपुर नामक नगर बसाया था। उसने मन्दिर

बनवाये और विहारों को दान दिया। वह विद्वानों का संरक्षक भी था। कहा जाता है कि वे विद्वान् जिन्हें वह धन और मान देकर सम्मानित करता था, राजसी सवारियों में बैठकर राजदरबार में आया करते थे।

राजा अवन्तिवर्मा और मन्त्री शूर परस्पर एक-दूसरे का आदर करते थे। इस सम्बन्ध में कल्हण ने एक घटना का जिक्र किया है। एक बार राजा एक शिव मन्दिर में पूजा करने गये। उस मन्दिर से सम्बद्ध गाँव को स्थानीय सामन्त ने छीन लिया था। वह सामन्त मन्त्री शूरवर्मा का नजदीकी था। राजा ने पुजारियों की दयनीय दशा देखकर उसका कारण पूछा। वास्तविक स्थिति ज्ञात होने पर राजा ने कहा तो कुछ नहीं, लेकिन अस्वस्थता का बहाना करके तुरन्त लौट गये। जब शूर को वास्तविक स्थिति का पता चला तब उसने उस सामन्त को बुलावा भेजा और जैसे ही वह आया शूर ने उसका सिर काट लिया। इसके बाद उसने राजा से उनके स्वास्थ्य की जानकारी ली और उन्हें उस मन्दिर में बुलवाकर अधूरी पूजा को पूर्ण कराया। कल्हण ने सच ही कहा है कि ''ऐसे राजा और ऐसे मन्त्री, जिनके पारस्परिक सम्बन्ध पारस्परिक घृणा से कभी मलिन नहीं हुए, न तो देखे गये, न सुने गये।''

पूर्ववर्ती राजा मेघवाहन के समान ही राजा अवन्तिवर्मा के राज्यकाल में भी दस वर्षों तक प्राणी-हिंसा बन्द थी। (रा.त., 5/64) उसके शान्तिपूर्ण राज्यकाल में होनेवाली महत्त्वपूर्ण घटनाओं में एक थी मन्त्री सुय्य (सूर्य) का प्रबन्धन-कौशल, जिसके द्वारा उसने कश्मीर घाटी के जल का प्रबन्धन करके सिंचाई की समुचित व्यवस्था सुनिश्चित की। सुय्य लोकहितकारी कार्यों के लिए प्रसिद्ध रहा है। सिंचाई सुविधाओं के विकास के लिए उसने झेलम नदी की धारा को मोड़कर कई नहरें निकलवायीं। इसके परिणामस्वरूप न केवल कश्मीर घाटी को बाढ़ की विभीषिका से मुक्ति मिली, बल्कि वहाँ की कृषि-योग्य भूमि की सिंचन क्षमता का विकास भी हुआ।

अवन्तिवर्मा के निधन के बाद कश्मीर में गृह-युद्ध छिड़ गया। अन्ततः रत्नवर्द्धन नामक प्रतिहार (मन्त्री) के सहयोग से शूरवर्मा का पुत्र **शंकरवर्मा** (885-902 ई.) कश्मीर का राजा बना। शूरवर्मा के दूसरे पुत्र सुखवर्मा के युवराज नियुक्त हो जाने क कारण सत्ता-संघर्ष चलता रहा। लेकिन शीघ्र ही युवराज सुखवर्मा को परास्त करके शंकरवर्मा ने अपनी स्थिति मजबूत कर ली।

शंकरवर्मा का शासनकाल उसके दिग्विजय के लिए प्रसिद्ध है। सबसे पहले उसने दार्वाभिसार और त्रिगर्त देश के राजाओं को पराजित किया। दार्वाभिसार और त्रिगर्त को जीतकर उसने कश्मीर के दक्षिण का वह पर्वतीय प्रदेश प्राप्त किया जो

कर्कोटकवंशीय शासन के अन्तिम दिनों में कश्मीर राज्य की सीमा से बाहर निकल गया था। उसने राजद्रोह की आशंका से दार्वाभिसार के राजा नरवाहन की धोखे से हत्या करवा दी। (रा.त., 5/209)

शंकरवर्मा की सबसे बड़ी सफलता पंजाब के गुर्जर प्रदेश[7] के विरुद्ध हुई, जिससे कश्मीर राज्य का उस दिशा में यथेष्ट विस्तार हो गया। झेलम और चिनाब नदियों के बीच स्थित गुर्जर प्रदेश के राजा अलखान ने शंकरवर्मा को भेंटस्वरूप टक्क-प्रदेश[8] देकर अपने देश की रक्षा की। (रा.त., 5/150) गुर्जर राज्य की सहायता सुप्रसिद्ध लल्लियशाही ने की थी। अलखान का संरक्षक राजा लल्लियशाही दरद और तुरुष्क देश के बीच में फँस गया था। कई पराजित राजा उसकी राजधानी उद्‌भाण्डपुर में आकर निर्भय होकर रहते थे। उत्तरापथ के राजाओं में राजा लल्लिय की बहुत ख्याति थी। वह राजा शंकरवर्मा का आश्रय पाना चाहता था। किन्तु शंकरवर्मा उसका राज्य हस्तगत कर लेना चाहता था। इसी कारण उसने लल्लिय की सेवा स्वीकार नहीं की। शंकरवर्मा ने लल्लियशाही को अपदस्थ करने का भी प्रयास किया, किन्तु वह विफल रहा। प्रतिहार राजा भोज से भी शंकरवर्मा की लड़ाई हुई, किन्तु उसका भी कोई परिणाम नहीं निकला।

दिग्विजय करके कश्मीर लौटने के बाद शंकरवर्मा ने पंचसत्र-प्रदेश में अपने नाम से शंकरपुर नामक नगर बसाया। (रा.त., 5/156) उत्तरापथ के राजा स्वामिराज की पुत्री सुगन्धादेवी उसकी प्रिय पत्नी थी। शंकरवर्मा ने शंकरपुर नगर में अपने नाम से शंकर-गौरीश एवं पत्नी के नाम से सुगन्धेश शिव का मन्दिर बनवाया। कल्हण ने लिखा कि "आजकल कवि तथा राजा पराये काव्य और पराये द्रव्य की चोरी करके उसी से अपनी कृति (नगर अथवा काव्य) को सजाते हैं। इस राजा ने अपने शंकरपुर नगर की प्रसिद्धि के लिए परिहासपुर की सभी उत्तम वस्तुओं को उखड़वाकर शंकरपुर में रखवा दिया। (रा.त., 5/160-161) परिहासपुर की ख्याति के मूल कारण दो व्यवसाय थे-कपड़े बुनने का कारखाना और पशुओं के क्रय-विक्रय की हाट। अत: इन दोनों कामों को उसने शंकरपुर में शुरू करा दिया। (रा.त., 5/162)

शंकरवर्मा के समय में चरित्रहीनता अपनी पराकाष्ठा पर पहुँच गयी थी। वह लोभी राजा प्रजा के उत्पीड़न का प्रतीक बन गया था। व्यसनों में फँसकर उसने कम समय में ही राजकोष खाली कर दिया; और अनुचित करों द्वारा उसकी भरपाई करना चाहा। अपनी दमनकारी नीतियों के कारण वह बहुत बदनाम हो गया था। धन की कमी होने पर उसने नये करों से देवमन्दिरों तक को लूटना शुरू किया। उसने नगर, ग्राम एवं गृह का कर वसूलने के लिए अट्टपतिभाग तथा गृहकृत्यभाग नामक दो नये विभाग स्थापित किये। (रा.त., 5/167) धूप, चन्दन, तेल आदि देवपूजन

के सामानों पर भी कर लगा दिया। (रा.त., 5/168) राजकर्मचारियों के माध्यम से मन्दिरों के प्रबन्धन के बहाने उसने लूट मचा दी; और चौंसठ देवमन्दिरों को हस्तगत कर लिया। उनके अग्रहार गाँव छीन लिये और नाममात्र का गुज़ारा देकर उनकी सारी आमदनी राजा स्वयं लेने लगा। (रा.त., 5/169-170)

प्रजा को लूटने के लिए उसने बेगार की प्रथा चलायी। किसानों से बेगार के रूप में उसने अनुचित माँगें कीं। कल्हण ने उसके राज्यकाल की कटु आलोचना करते हुए लिखा है कि उसके राज्य में जनता के शोषक राजकर्मचारियों की पूछ थी और विद्वानों को साधनविहीन कर दिया गया था।

कल्हण ने 'राजतरंगिणी' में लिखा है कि एक बार राजा शंकरवर्मा अपने राज्य में दौरे पर गया हुआ था। वहाँ के ग्रामीण उस वर्ष बेगार प्रथा के अनुसार राजा का बोझा ढोने नहीं आये। तब उस देश के बाजारभाव के अनुसार उन ग्रामीणों से भारवहन का मूल्य दण्डस्वरूप वसूला गया। (रा.त., 5/172) इसी प्रकार दूसरे वर्ष भी राज्य की सम्पूर्ण प्रजा से वह कर लिया गया। आगे चलकर बेगार के बदले नकद कर लेने की प्रथा ही चल पड़ी। (रा.त., 5/173) राजा शंकरवर्मा द्वारा चलाई हुई 'रूढभारोढि' नामक प्रथा को कल्हण ने 'दारिद्रय की दूती' कहा है। इसके कुल तेरह प्रकार थे। (रा.त., 5/174) इसके अतिरिक्त ग्राम-स्कन्दक (जमींदार) और ग्राम-कायस्थ (पटवारी) आदि कर्मचारियों के मासिक वेतन हेतु विविध दुःखदयी करों का भार लाद कर उसने ग्रामीण जनता को कंगाल बना दिया। (रा.त., 5/175) उसने भावी राजाओं एवं राजकर्मचारियों के लिए इस तरह से धन-उगाही करने का एक मार्ग खोल दिया।

युवराज गोपालवर्मा ने अपने धनलोलुप पिता राजा शंकरवर्मा से कहा था कि- ''लोभ राजा के प्रताप, भविष्य और शोभा को नष्ट कर देता है। (रा.त. 5/190) खर्च के डर से साहसिक कार्य शुरू न करनेवाले राजा के दायाद[9] शक्तिशाली होकर स्थान-स्थान पर विद्रोह करने लगते हैं; और सेवक भी योग्य सेवा करने के बावजूद उसके बदले में पारितोषिक मिलने की आशा नहीं रहने के कारण कोई राज्योचित कार्य नहीं करते हैं; और धनसंचय में ही लगे रहनेवाले राजा के आत्मीय जन भी द्रव्य-लोभ से प्राणों के ग्राहक बने रहते हैं। (रा.त. 5/191) उसने कहा था कि ''राजसंवाह नामक नया कर प्रजा के लिए घातक सिद्ध हो रहा है, इसलिए इसे समाप्त कर दीजिए।'' (रा.त. 5/192) लेकिन शंकरवर्मा ने अपने पुत्र के परामर्श को अनसुना कर दिया। विद्वानों की उपेक्षा का आलम यह था कि उस समय में भल्लट आदि कवियों को स्तरहीन कार्य करके अपना जीवनयापन करने को विवश होना पड़ा था। (रा.त. 5/204)

शंकरवर्मा के शासन का दु:खद अन्त हुआ। सिन्धु तट के अनेक प्रदेशों को जीतने के बाद जब वह उरशा (हजारा) होकर लौट रहा था, तब सेना के ठहरने के प्रश्न को लेकर स्थानीय लोगों से उसका विवाद हो गया। उन्हीं में से एक व्यक्ति ने उसे तीर से बेध दिया, जिससे 902 ई. में शंकरवर्मा की मृत्यु हो गयी।

शंकरवर्मा के निधन के बाद उसका पुत्र **गोपालवर्मा** (902-904 ई.) उसका उत्तराधिकारी हुआ; जिसने अपनी माता सुगन्धादेवी के संरक्षण में शासन किया। विधवा राजमाता सुगन्धादेवी एक स्वेच्छाचारिणी महिला थी। वह प्रभाकरदेव नामक एक मन्त्री के प्रति आसक्त हो गयी थीं। उसने राजकोष का भरपूर दोहन किया। राजा गोपालवर्मा ने जब रोक-टोक की, तब उसने जादू-टोना करके उसको मरवा दिया। गोपालवर्मा का भाई और उत्तराधिकारी संकटवर्मा तो राजसिंहासन पर बैठने के मात्र दस दिन बाद ही दिवंगत हो गया।

शंकरवर्मा के कुल का अन्त हो जाने के बाद प्रजाजनों के अनुरोध पर **सुगन्धा देवी** स्वयं सिंहासन पर बैठीं। (रा.त. 5/243) उस समय राजा को नियन्त्रित करने की सामर्थ्य रखनेवाला तन्त्रियों एवं पदातियों का एक पारस्परिक एकता सम्पन्न गुट था। (रा.त. 5/248) सुगन्धादेवी ने उन तन्त्रियों एवं एकांगों के साथ मैत्रिपूर्ण सम्बन्ध बनाकर दो वर्षों (904-906 ई.) तक शासन किया। उसने अपने नाम पर सुगन्धापुर नामक एक नगर बसाया; और गोपालपुर, गोपालमठ एवं गोपालकेशव नामक मन्दिरों की स्थापना की। (रा.त. 5/244)

सुगन्धा ने किसी योग्य व्यक्ति को सिंहासन देने के उद्देश्य से मन्त्रियों, सामन्तों, तन्त्रिनों और एकांगों को बुलाकर उनसे मन्त्रणा की। वह अपने एक सम्बन्धी निर्जितवर्मा को राजा बनाना चाहती थी, लेकिन मन्त्रियों ने उसका विरोध किया; और 906 ई. में शासकवर्ग के तन्त्रिनों एवं पदातियों ने मिलकर निर्जितवर्मा के दस वर्षीय पुत्र पार्थ (906-921 ई.) को राजा बना दिया। (रा.त. 5/251-255)

आठ वर्षों के बाद 914 ई. में सुगन्धा एक सेना लेकर लौटी, किन्तु पराजित हुई, बन्दी बनायी गयी तथा अन्ततः मार डाली गयी। उसके बाद तन्त्रिन लोग राज्य में सबसे शक्तिशाली हो गये। कश्मीर राज्य की शासन-व्यवस्था चौपट हो गयी; और वहाँ दमन एवं उत्पीड़न का दौर चल पड़ा। 904 ई. में गोपालवर्मा के निधन से लेकर 939 ई. तक कश्मीर में अराजकता का वातावरण रहा। इस बीच 917-918 में कश्मीर में भयंकर अकाल भी पड़ा। उस दौरान हजारों लोग मौत के मुँह में जाते रहे, जबकि राज्य के मन्त्रियों और तन्त्रिनों ने अपने पास बचे हुए अनाज को बहुत महँगे भाव पर बेचकर काफी धन अर्जित किया। (रा.त. 5/274)

राजदरबार में दुराचार का बोलबाला था। अन्ततोगत्वा 921 ई. में तन्त्रिनों ने पार्थ को अपदस्थ कर दिया; और स्वेच्छानुसार राजाओं को बनाने-बिगाड़ने लगे। जो उन्हें अधिक धन देता था, वे उसे ही राजगद्दी पर बैठा देते थे। इस प्रकार पहले चक्रवर्मा और फिर शूरवर्मा राजगद्दी पर बैठाये और उतारे गये। उसके बाद पार्थ को दुबारा राजा बनाया गया और पुनः हटाया गया। चक्रवर्मा काफी धन देने का वचन देकर पुनः राजा बना। लेकिन अपना वचन पूरा नहीं कर पाने के कारण भयभीत होकर भाग गया, तब तन्त्रिनों ने शम्भुवर्मा को राजा बनाया। फिर चक्रवर्मा ने कई सामन्तों से गँठजोड़ करके तन्त्रिनों के साथ संघर्ष किया और उनको पराजित करके तीसरी बार राजा बना। राजा बनने के बाद वह भी अनाचार में लिप्त हो गया। उसने डोम जाति की एक युवती को अपनी पट्टमहिषी (महारानी) बनाया। उस दौर में राजसभा से लेकर अन्तःपुर तक दुराचार फैला हुआ था। अन्ततोगत्वा पट्टमहिषी के भवन में ही चक्रवर्मा की हत्या हुई।

चक्रवर्मा का उत्तराधिकारी **उन्मत्त अवन्ति** (937-939 ई.) एक विक्षिप्त, क्रूर, दुराचारी, अत्याचारी और निरंकुश शासक था। राजगद्दी पर बैठने के बाद उसने अपने भाइयों को भूख से तड़पाकर मार डाला और फिर अपने पिता पार्थ की भी निर्ममतापूर्वक हत्या कर दी। 939 ई. में उसकी मृत्यु के बाद उसका पुत्र शूरवर्मा द्वितीय राजा बना। लेकिन कुछ दिनों के बाद ही सेनापति कमलवर्मा ने विद्रोह करके राजधानी पर अधिकार कर लिया। यह आश्चर्यजनक है कि स्वयं गद्दी पर न बैठकर कमलवर्मा ने राजा के निर्वाचन का अधिकार ब्राह्मण-परिषद् को दे दिया। बहरहाल, उन्मत्त अवन्ति उत्पल वंश का अन्तिम राजा सिद्ध हुआ।

उन्मत्त अवन्ति ने अपने समस्त सम्बन्धियों की हत्या कर दी थी। स्वाभाविक रूप से उत्पल राजवंश का कोई व्यक्ति जीवित नहीं बचा था। उत्पल वंश का अन्त होने पर एक नये ब्राह्मण राजवंश का सूत्रपात हुआ। ब्राह्मणों की परिषद् ने यशस्कर नामक एक युवा ब्राह्मण विद्वान् को राजा घोषित किया। वह कश्मीर के पूर्व राजा गोपालवर्मा के मन्त्री प्रभाकरदेव का पुत्र था। उसके राजा नियुक्त होने के बाद ही कश्मीर में शान्ति बहाल हुई।

यशस्कर (939-948 ई.) के उदार शासन ने यह सिद्ध कर दिया कि कश्मीर की ब्राह्मण-परिषद् ने एक सुयोग्य शासक का चयन किया था। कल्हण ने राजा यशस्कर के सद्गुणों और उनके उदार शासन की प्रशंसा की है। पुराने जमाने के राजाओं के समय से राजव्यवस्था सम्बन्धी जो अच्छी परम्पराएँ बन्द थीं, उन्हें यशस्कर ने पुनर्जीवित किया। (रा.त. 6/6) उसके राज्यकाल में कानून-व्यवस्था की स्थिति इतनी अच्छी थी कि बाजार में रात में भी दुकानें खुली रहती थीं; और मार्ग

में लुटेरों का कोई भय नहीं रहता था। (रा.त. 6/7) मार्गों के निरापद हो जाने के परिणामस्वरूप वाणिज्य और व्यापार में स्वाभाविक रूप से प्रगति हुई।

राजा यशस्कर ने राजकोष का अपव्यय करनेवाले राजकर्मचारियों को दण्डित किया। उसके शासनकाल में राजकर्मचारी अपने मूल दायित्व का पालन करने में जुट गये। राजा स्वयं नियोगियों (अधीक्षकों) का निरीक्षण करने लगे, जिसके कारण उनका काम केवल कृषि-कार्यों को देखना भर रह गया। यानी वे अपने मूल दायित्व पर अपना ध्यान केन्द्रित करने लगे। किसान अपनी खेती-बाड़ी में इतने व्यस्त रहने लगे और मुकदमेबाजी से इतना दूर रहने लगे कि उन्हें राजदरबार की ओर झाँकने का न अवसर मिलता था और न उसकी जरूरत पड़ती थी। उस दौर में ब्राह्मण लोग स्वाध्याय में लग गये; और उन्होंने शस्त्र उठाना छोड़ दिया। (रा.त. 6/9) ब्राह्मण गुरु सामगान यानी वेदपाठ पर अपना ध्यान केन्द्रित करने लगे; और उन्होंने मद्यपान करना छोड़ दिया। (रा.त. 6/10) मत्स्य यूप से यज्ञ करनेवाले नकली गुरुओं ने आर्ष दर्शन और सिद्धान्तों की आलोचना बन्द कर दी। गुरु-दीक्षा लेकर अपने को देवी समझनेवाली महिलाएँ उस आडम्बर का त्यागकर पतिव्रत धर्म का पालन करने लगीं। (रा.त. 6/6) कुल मिलाकर, यशस्कर के शासनकाल में राजव्यवस्था और अर्थव्यवस्था से लेकर सामाजिक व्यवस्था तक में बहुत ही रचनात्मक सुधार देखने को मिले। कृषि और व्यापार-वाणिज्य में तो प्रगति हुई ही, जनता के आचार-विचार में भी सकारात्मक बदलाव आया।

यशस्कर के निधन के बाद उसका अल्पवयस्क पुत्र **संग्रामदेव** (948-949 ई.) राजा बना। लेकिन एक साल बाद ही उसकी हत्या करके मन्त्री पर्वगुप्त ने राजसिंहासन पर कब्जा कर लिया। (रा.त. 6/116) उसने राजानक (मन्त्री) और राजा दोनों के चिह्न धारण कर लिये। पर्वगुप्त (949-950 ई.) के बाद उसका पुत्र **क्षेमगुप्त** (950-958 ई.) राजा बना। वह क्रूर होने के साथ ही, द्यूत एवं मदिरा का व्यसनी और परस्त्रीगामी था। अपना हित साधने के लिए उसके अधीनस्थ अधिकारियों ने उसके चारित्रिक दोषों को और बढ़ावा दिया।

शाहिय[10] राजा भीमशाह की नतिनी और पुंछ के लोहर-वंशीय सामन्त सिंहराज की पुत्री दिद्दा सुन्दर होने के साथ ही वीरांगना भी थी। राजा क्षेमगुप्त उस पर मोहित हो गया। फिर उसने खस[11] जाति के सामन्त सिंहराज को 36 गाँव जागीर के रूप में दिये। बदले में लोहर दुर्ग के स्वामी सिंहराज ने अपनी कन्या **दिद्दा** का विवाह क्षेमगुप्त से कर दिया। (रा.त. 6/175-176) उल्लेखनीय है कि दिद्दा के नाना भीमशाह ने श्रीनगर में एक भव्य मन्दिर बनवाया और उसमें भीमकेशव की प्रतिमा स्थापित की।

958 ई. में एक गुप्तरोग से क्षेमगुप्त की अकाल मृत्यु हुई; और उसके बाद दिद्दा देवी के अभिभावकत्व में उसका अल्पवयस्क पुत्र अभिमन्यु राजा बना। राजमाता दिद्दा यद्यपि क्रूर और स्वेच्छाचारी प्रवृत्ति की महिला थीं, तथापि उसमें कूटनीतिक दूरदर्शिता, राजनीतिक बुद्धिमत्ता और प्रशासनिक योग्यता कूट-कूट कर भरी हुई थी।

दिद्दा ने पहले अपने अल्पवयस्क पुत्र अभिमन्यु की अभिभाविका के रूप में और बाद में स्वतन्त्र शासक के रूप में शासन किया। अभिमन्यु की मृत्यु के बाद 972 ई. में उसका छोटा बेटा नन्दिगुप्त राजगद्दी पर बैठा। किन्तु नन्दिगुप्त तथा अपने दो अन्य पौत्रों की, जो उसके उत्तराधिकारी हुए, राजमाता दिद्दा ने हत्या करवा दी और 980 ई. में स्वयं सिंहासनारूढ़ हो गयी। राजपद प्राप्त करने के बाद दिद्दा की स्वेच्छाचारिता बढ़ गयी। वह पुंछ के रहनेवाले खस जाति के एक युवक तुंग से प्रेम करती थी, जिसे उसने कश्मीर का प्रधानमन्त्री एवं सेनापति और अपना 'उपपति' बना लिया था।

दिद्दा (980-1003 ई.) कश्मीर के इतिहास की सबसे शक्तिशाली महिला शासक थी। डामरों और ब्राह्मणों के प्रबल विरोध के बावजूद उसने कश्मीर को सुदृढ़ प्रशासन देने की भरपूर कोशिश की। उसने दरबार के कुछ शक्तिशाली एवं महत्त्वाकांक्षी अधिकारियों को निकाल बाहर किया। भ्रष्ट मन्त्रियों और अपने प्रधानमन्त्री तक को बर्खास्त कर दिया। अपनी शक्ति और प्रशासनिक कुशलता से उसने निरन्तर होनेवाले विद्रोहों और उपद्रवों को नियन्त्रित किया। कल्हण ने लिखा है कि छह दशकों तक जिन विश्वासघाती मन्त्रियों ने गोपालवर्मा से लेकर अभिमन्यु तक 16 राजाओं के मान, धन और जीवन का अपहरण किया था, उन्हें तथा उनके वंशजों और अनुयायियों को इस रानी ने निर्वासित कर दिया। इसके फलस्वरूप कश्मीर पर उसका एकछत्र शासन स्थापित हो गया।

उसके 23 वर्षीय राज्यकाल में कई बार तुंग के विरुद्ध विद्रोह हुए और ब्राह्मणों ने व्रतपूर्वक अनशन भी किये, किन्तु दिद्दा अविचल भाव से अपने मृत्युपर्यन्त शासन करती रही। उसने अपनी मृत्यु के पूर्व कश्मीर का सिंहासन अपने पिता के कुल को सौंप दिया।

प्रथम लोहर राजवंश

दिद्दा के बाद उसके भतीजे **संग्रामराज** (1003-1028 ई.) ने कश्मीर में लोहर राजवंश की नींव रखी। अभिसार क्षेत्र के अन्तर्गत पर्णोत्स (वर्तमान पुंछ) की

राजधानी लोहर थी। लोहर नगर से सम्बन्धित होने के कारण ही यह राजवंश 'लोहर राजवंश' कहलाया।

मध्यकालीन कश्मीर में चारित्रिक बुराइयाँ इतनी जड़ जमा चुकी थीं कि उनका दूर होना मुश्किल था। रानी दिद्दा के समय में कश्मीर का भारी चारित्रिक पतन हुआ; और संग्रामराज के समय में कायस्थों (राजकर्मचारियों) का उपद्रव बहुत बढ़ गया।

गौरतलब है कि संग्रामराज ने सुल्तान महमूद गजनवी के विरुद्ध हिन्दूशाही वंशीय राजा त्रिलोचनपाल की सहायता के लिए सेनापति तुंग के नेतृत्व में अपनी सेना भेजी थी। शुरू में तुंग को कुछ सफलता भी मिली, लेकिन बाद में उसको हार का सामना करना पड़ा। और कश्मीर लौटने के बाद तुंग और उसके पुत्र की हत्या कर दी गयी।

संग्रामराज के अक्षम होने के बाद उसकी रानी श्रीलेखा दुराचारिणी बन गयी थी। संग्रामराज के उत्तराधिकारी राजा हरिराज (1028 ई.) की मात्र 22 दिनों बाद ही मृत्यु हो गयी। कहते हैं कि चरित्रहीन राजमाता श्रीलेखा में ही अपने पुत्र की हत्या करवायी थी। वह सिंहासन पर स्वयं बैठना चाह रही थी, लेकिन उसके छोटे पुत्र अनन्तदेव को राजा बनाया गया।

राजा **अनन्तदेव** (1028-1063 ई.) के राज्यकाल के शुरुआती दिन बहुत ही चुनौतीपूर्ण थे, लेकिन उन्होंने साहसपूर्वक उनका सामना किया। सामन्तों के विद्रोह का दमन करने के साथ ही, वह दरदों और मुसलमानों के हमलों को रोकने में भी सफल हुआ। कश्मीर दरबार के एक असन्तुष्ट सरदार ब्रह्मराज ने राजा अनन्तदेव को अपदस्थ करने के लिए तुर्कों (मुसलमानों) को आमन्त्रित किया था। लेकिन अनन्तदेव ने तुर्कों की सेना को पराजित कर दिया था।

बिल्हण कृत 'विक्रमांकदेवचरित' के अनुसार राजा अनन्तदेव की राजधानी प्रवरपुर में थी। वे बड़े उदार और वीर थे। उन्होंने गंगा के किनारे तक चढ़ाई की; और मानस सरोवर तक के दर्शन किये। चम्बा और त्रिगर्त इत्यादि प्रसिद्ध नगरों को उन्होंने अपने अधीन किया। उनकी रानी का नाम सुभटा था। वह बड़ी दयावती, बुद्धिशीला और उदार थीं। न तो कुटिल लेखों के लिखनेवाले कायस्थ (राजकर्मचारी) ही उसके पास से फूटी कौड़ी पा सके और न ही झूठी-सच्ची बातें बनानेवाले खुशामदी विटों ने ही उससे धन पाया। उसने अपना सारा धन ब्राह्मणों, पण्डितों और देवालयों ही को समर्पित किया। उसने वितस्ता के किनारे एक मनोहर शिवालय का निर्माण कराया; और अपने नाम से एक महाविद्यालय भी बनवाया। कल्हण के अनुसार महारानी सुभटा का ही दूसरा नाम सूर्यमती था। (रा.त. 7/180)

कविवर क्षेमेन्द्र राजा अनन्त के समकालीन थे। क्षेमेन्द्र कृत 'नर्ममाला' में कश्मीर के राजा अनन्त के विक्रम और उनके द्वारा दुष्ट नियोगियों के दमन की प्रशंसा की गयी है। (नर्ममाला 1/3-4) 'राजतरंगिणी' से भी यह पता चलता है कि राजा अनन्त एक वीर पुरुष थे और समय-समय पर उन्होंने डामरों का डट कर मुकाबला किया था। उनके जीवन पर उनकी धर्मपरायण रानी सूर्यमती का पूरा प्रमाव था। परन्तु उनकी अपनी चारित्रिक कमजोरियाँ भी थीं। घोड़ों के प्रति उनके प्रेम का फायदा उठाते हुए अस्तबल के अधिकारी उनको ठगने लगे थे। डल्लक नामक एक विदूषक उनका मुँहलगा बन गया था। पद्मराज नामक मैदानी इलाके का एक बारी (तमोली) कश्मीर में पान मँगवाता था। पान के प्रति राजा अनन्त के गहरे लगाव का लाभ उठाकर पद्मराज भी उन्हें ठगने लगा था।

राजकार्य के सम्पादन में उन्हें मन्त्री हलधर से बड़ी सहायता मिली। लोगों के पास जमा सोने की राज्य द्वारा खोजबीन की प्रथा हटा दी गयी, अस्तबल के अधिकारियों को सजा दी गयी, देव मन्दिर पुनः चमक उठे और ब्राह्मणों को कई अग्रहार प्रदान किये गये।

अनन्त के राज्यकाल में रानी सूर्यमती ने शासन-व्यवस्था में महत्त्वपूर्ण भूमिका निभायी। वह त्रिगर्त (कुल्लू-काँगड़ा) के राजा की पुत्री थी। उसने राजा के अनपेक्षित कार्यों और अपव्ययों को नियन्त्रित किया और धीरे-धीरे समस्त राजकार्य अपने हाथों में ले लिया। उस दौर में कश्मीर का अधिकार पड़ोसी प्रदेशों पर भी स्थापित हो गया था। लेकिन रानी सूर्यमती के पुत्र-मोह ने उसके अच्छे कार्यों पर पानी फेर दिया। उसने राजा अनन्त से अपने दुराचारी पुत्र कलश के पक्ष में राजत्याग करने के लिए कहा। स्वभावतः पिता-पुत्र में संघर्ष हुआ और अन्ततोगत्वा राजा अनन्त ने आत्महत्या कर ली। इसके बाद रानी सूर्यमती को भी अपनी भूल का अहसास हुआ; और अपने पति के साथ सती होकर उसने प्रायश्चित किया।

बिल्हण ने लिखा है कि सुभटा से अनन्तदेव का पुत्र कलश हुआ। उसने बाणभट्ट कृत कादम्बरी में उल्लिखित अच्छाद सरोवर को देखा, कैलाश के दर्शन किये और यक्षों की नगरी अलका में प्रवेश किया। 'स्त्री-राज्य'[12] को जीतकर वह चन्द्रभागा और यमुना के आगे कुरुक्षेत्र तक गया और उसे अपने अधीन कर लिया।

माता-पिता के निधन के बाद **कलश** (1063-1089 ई.) के स्वभाव में बदलाव आया; और उसने कश्मीर राज्य को संगठित किया। लेकिन उसके पुत्र हर्ष ने उसके विरुद्ध विद्रोह कर दिया। राजा ने हर्ष को बन्दी बनाकर अपने दूसरे पुत्र उत्कर्ष को अपना उत्तराधिकारी घोषित किया; और राजकाज से विरत होकर भोग-विलास में डूब गया। अपने विलासी जीवन की अति के कारण 1089 ई. में

कलश की मृत्यु हो गयी।

इसके बाद उत्कर्ष राजा बना। उसने हर्ष को बन्दी बनाकर रखा था। लेकिन अचानक उसके विरुद्ध विद्रोह भड़क उठा, जिसका लाभ उठाकर हर्ष बाहर निकला और उसने कश्मीर के सिंहासन पर अधिकार कर लिया।

राजा हर्ष (1089-1101 ई.) का व्यक्तित्व बहुआयामी था। वे कश्मीर के इतिहास के एक प्रसिद्ध शासक हुए। राजा **हर्ष** को न केवल कई भाषाओं की जानकारी थी, बल्कि वे कई भाषाओं में कविताएँ रचने में समर्थ थे। बिल्हण के अनुसार राजा हर्षदेव शूरवीर तो थे ही, कविता रचने में श्रीहर्ष से भी आगे थे। विडम्बना यह है कि उनके व्यक्तित्व में परस्पर विरोधी गुणों-दुर्गुणों का एक विचित्र समन्वय था। दया और क्रूरता, उदारता और लोभ, आत्मविश्वास और कायरता, चतुराई और मूढ़ता आदि परस्पर विरोधी बातें हर्ष के जीवन में बारी-बारी से आती-जाती रहती थीं।

कल्हण ने राजा हर्ष के जीवन, उनके नैतिक पतन और दुखद अन्त का रोमांचक वर्णन किया है। किशोरावस्था में वे बहुत गुणग्राही और काव्यप्रेमी थे। उनके पिता राजा कलश विद्वानों से द्रोह रखते थे, पर हर्ष अपना धन पण्डितों और कवियों को दे देते थे। राज्यारूढ़ होने पर उन्होंने अपने काव्यानुराग को चरितार्थ किया। प्रजा की प्रार्थना सुनने के लिए उन्होंने राजप्रसाद के चारों ओर घण्टे लगवा दिये थे, जिनके बजते ही वे याचकों से मिलने पहुँच जाते थे। कर्नाटक के चालुक्यवंशी राजा से 'विद्यापति' की उपाधि पानेवाले कवि बिल्हण भी हर्ष के काव्यानुराग की कथा सुनकर उनके राज्य में रहने की कामना करते थे।

आरम्भ में हर्ष ने बहुत ही नीतिसम्मत और बुद्धिमत्तापूर्ण कार्य किये थे। उन्होंने विद्वान् को धन और मान देकर विद्या को प्रोत्साहित किया था। वे सहस्त्र दीपों से प्रकाशमान सभाभवन में रात्रि व्यतीत करते थे, जहाँ विद्वानों की गोष्ठियाँ होती थीं और नृत्य-संगीत भी होता था। लेकिन आगे चलकर हर्ष भी उसी भोग-विलास में डूब गये, जो उनके अनेक पूर्वजों के पतन का कारण बना था। धीरे-धीरे उनका अन्तःपुर सुन्दरियों से भर गया। उनके रनिवास में 360 स्त्रियाँ थीं। कर्नाटक के राजा पौडि (विक्रमादित्य षष्ठ) की पत्नी चन्दा (चन्द्रावती) का चित्र देखकर वे इतने कामातुर हो उठे कि कर्नाटक के राजा से युद्ध कर उसकी रानी को प्राप्त करने का प्रण किया। वह कर्नाटक तक आक्रमण करने नहीं पहुँचे, पर धूर्त लोग रानी चन्द्रा के नाम पर उनसे धन ऐंठते रहे। दरअसल, वह चाटुकारों से घिर गये थे। अविवेकी अमात्यों के परामर्श पर वे जनता को लूटने लगे।

हर्ष ने राजपुरी (राजौरी) के विरुद्ध सेना भेजकर वहाँ के राजा को कर देने के

लिए विवश किया था। जब हर्ष के विरुद्ध उसके सौतेले भाई ने षड्यन्त्र किया, तब उन्होंने उसका कठोरता से दमन किया। उन्होंने न केवल षड्यन्त्रकारियों का अन्त किया, बल्कि उनके निरपराध सम्बन्धियों की भी हत्या करायी।

अपनी फिजूलखर्ची के कारण वे आर्थिक समस्याओं से घिर गये। फिर धन पाने के लिए प्रजा पर नये-नये कर लगाये। धन की लिप्सा में उन्होंने मन्दिरों के धन को भी नहीं बख्शा। देवालयों से स्वर्ण और रत्न लूटने में भी कोई संकोच नहीं किया। कीमती धातु प्राप्त करने के लिए उन्होंने बहुमूल्य धातुओं से बनी देवमूर्तियों को गलाने के आदेश दिये थे।

कल्हण ने जहाँ एक ओर हर्ष की दानशीलता की प्रशंसा की है, वहीं दूसरी ओर 360 रानियों के साथ उसके विलास और खर्चीले सैन्य अभियानों के फलस्वरूप जनता पर कष्टदायक कर लादने, धन-प्राप्ति हेतु मन्दिरों की प्रतिमाओं को गलाने जैसे दुष्कृत्यों की भर्त्सना भी की है। कल्हण कहते हैं कि अपने पिता की विधवा के साथ व्यभिचार हर्ष की उन्मत्तता का द्योतक है।

संयोगवश उसी दौरान उच्चल और सुस्सल नामक दो भाई कश्मीर राज्य को पाने के लिए व्यग्र थे। हर्ष ने तमाम करद राजाओं की हत्या करवा दी थी। उसके अतिशय विलास, सनक और दुष्टता का दण्ड उसको मिलना ही था। अचानक उच्चल और सुस्सल के नेतृत्व में बचे हुए सामन्तों ने विद्रोह कर दिया। सेना और राजकर्मचारियों ने भी राजा का साथ छोड़ दिया और वह बिल्कुल अकेला पड़ गया। कहते हैं कि डामरों द्वारा परेशान किये जाने के कारण हर्ष ने अपना राजपाट त्याग दिया था। इसके बावजूद 1101 ई. में उच्चल ने राजा हर्ष की हत्या करवा दी (रा.त., 7/1711-1712) राजभवन में आग लगा दी गयी; और भागते हुए राजा को पकड़कर उसका सिर काट दिया गया; फिर कटे हुए सिर को लाठी में खोंसकर चारों ओर घुमाया गया।

द्वितीय लोहर राजवंश: सत्ता के लिए प्रबल संघर्ष का दौर

हर्ष की मृत्यु के बाद राज्य-प्राप्ति के सवाल पर उच्चल और सुस्सल में ठन गयी। संघर्ष के उस दौर में सभी अनुचर सात दिनों तक मार्ग में रोक दिये गये। कल्हण का संगीतज्ञ चाचा कनक भी उस रुके हुए समुदाय में शामिल था। लेकिन मौका मिलते ही वह निकल भागा। अपने गुरु राजा हर्ष के दु:खद अन्त से क्षुब्ध होकर उसने कश्मीर-मण्डल त्याग दिया; और वाराणसी जाकर काशीवास करने लगा। (रा.त., 8/12-13)

अन्ततः उच्चल और सुस्सल ने कश्मीर राज्य को आपस में बाँट लिया। बड़े

भाई उच्चल ने कश्मीर तथा सुस्सल ने लोहर का राज लिया। उच्चल (1101-1111 ई.) एक योग्य शासक और चतुर राजनीतिज्ञ था। उसने विद्रोही सामन्तों और कर्मचारियों को नियन्त्रित करके राजव्यवस्था को पुनर्गठित किया। लेकिन 1111 ई. में उसकी मृत्यु होने के बाद, कश्मीर में एक बार पुनः अराजकता फैल गयी। 1112 ई. में **सुस्सल** (1112-1120 ई.) राजा बना, जिसके कार्य-व्यवहार से क्षुब्ध होकर सामन्तों के विद्रोह होने लगे। हर्ष के पौत्र भिक्षाचर ने विद्रोहियों का नेतृत्व करते हुए 1120 ई. में सुस्सल को अपदस्थ कर दिया। लेकिन भिक्षाचर (1120-1121 ई.) के राज्य में अव्यवस्था का बोलबाला था। एक वर्ष के भीतर ही सुस्सल (1121-1128 ई.) ने एक बार फिर राजगद्दी प्राप्त कर ली। कुछ सामन्तों के सहयोग से भिक्षाचर ने संघर्ष जारी रखा; और 1128 ई. में सुस्सल मारा गया। सुस्सल की मृत्यु के बाद उसका पुत्र जयसिंह राजगद्दी पर बैठा। कश्मीरी कवि जल्हण ने अपनी कृति 'सोमपालविलास' में कश्मीर के राजा सुस्सल और राजपुरी के राजा सोमपाल का वर्णन किया है।

बारहवीं शताब्दी का पूर्वार्द्ध कश्मीर में वंशानुगत संघर्षों, विद्रोहों, षड्यन्त्रों एवं रक्तरंजित घटनाओं का काल था। उनके कारण वहाँ की प्रगति अवरुद्ध हो गयी थी। डामरों का एक नया जागीरदार वर्ग अस्तित्व में आ गया था। उनके षड्यन्त्रों से भविष्य की चार शताब्दियाँ त्रस्त रहीं। उस समय आन्तरिक संघर्ष के कारण कश्मीर की राजसत्ता निर्बल हो गयी थी। सामन्तों की शक्ति इतनी बढ़ गयी थी कि जयसिंह का सम्पूर्ण शासनकाल सैन्य-शक्ति द्वारा उनके दमन में ही बीता। उनके दमन के लिए जयसिंह ने कई अनुचित कार्य भी किये।

जयसिंह (1128-1155 ई.) के राजा बनने के बाद कश्मीर में लम्बे समय से चल रहे सत्ता-संघर्ष का अन्त हुआ और वहाँ शान्ति स्थापित हुई। जयसिंह ने कुल 27 वर्षों तक शासन किया, जिनमें से अन्तिम दस वर्ष ही उन्होंने सुख-शान्तिपूर्वक बिताये। कहते हैं कि इसी दौरान उन्होंने यवनों के विरुद्ध एक अभियान चलाया था, जिसमें उन्हें सफलता भी मिली थी। महाकवि कल्हण उसने समकालीन थे, जिन्होंने अपने 'राजतरंगिणी' शीर्षक संस्कृत इतिहास-ग्रन्थ में कश्मीर के महाभारतकालीन राजा गोनन्द से लेकर जयसिंह के राज्यकाल (1149 ई.) तक का वर्णन किया है।

राजा जयसिंह ने उजाड़ कश्मीर को धन-जन से पुनः सम्पन्न बनाने का प्रयास किया था। इसीलिए कहा गया है कि ललितादित्य और अवन्तिवर्मा जैसे राजा जो प्रतिष्ठा नहीं पा सके, वह जयसिंह को सुलभ हुई। प्रजावत्सलता, उदारता

एवं लोकोपकारी कार्यों के सहारे उन्होंने कश्मीर के राजाओं के बीच अपना एक गौरवपूर्ण स्थान बनाया।

सन्दर्भ और टिप्पणियाँ

1. कारस्करान् माहिष्कान् कुरण्डान् केरलांस्तथा कर्कोटकान् वीरकांश्च दुर्धर्मांश्च विवर्जयेत्। (महाभारत, कर्णपर्व, 44/43)
2. कामिल बुल्के; 'रामकथा', पृ. 76-77; हिन्दी परिषद् प्रकाशन, प्रयाग विश्वविद्यालय, प्रयाग; 1962 ई.।
3. महाभारत के सभापर्व में अर्जुन के दिग्विजय प्रसंग में कहा गया है कि ''बाह्लीक (बैक्ट्रिया) तक दखल कर लेने के बाद चुनी हुई सेना लेकर अर्जुन ने उत्तर-पूर्व की राह पकड़ी और वहाँ जो दस्यु या ईरानी बसे थे, उनसे लोहा लिया। उसके बाद उसने पामीर के पठार के भी उस पार चीनी तुर्किस्तान की ओर छापा मारा। अवश्य ही इसी प्रदेश में परमकम्बोज और उत्तर ऋषिक जातियों का निवास था। ऋषिकों के साथ अर्जुन का सबसे भयंकर युद्ध हुआ, जिसकी उपमा तारकासुर और कार्तिकेय के युद्ध से दी गयी है। ऋषिक लोगों की पहचान निश्चित रूप से यूची जाति से की जाती है, जिनकी भाषा 'आर्षी कहलाती थी। ऋषिकों के ही अन्तर्गत एक उपजाति तुषार या तुखार कहलाती थी। (डॉ. वासुदेवशरण अग्रवाल, 'भारत सावित्री', पृ. 152-153; सस्ता साहित्य मण्डल प्रकाशन, नयी दिल्ली; 2011 ई.)
4. डॉ. रमेशचन्द्र मजूमदार, प्राचीन भारत; अनुवादक: डॉ. परमेश्वरीलाल गुप्त; पृ. 245; मोतीलाल बनारसीदास, वाराणसी; 1962 ई.
5. वही; पृ. 246
6. वही; पृ. 252
7. राजपूताने के दक्षिण का एक प्रदेश, जिसमें जोधपुर से लेकर पूरा वर्तमान गुजरात प्रदेश शामिल था, प्राचीन काल में गुर्जर-प्रदेश कहलाता था। गुर्जर प्रतिहारों द्वारा रक्षित होने के कारण इस प्रदेश को 'गुर्जरत्रा' भी कहा जाता था।
8. पंजाब का एक भाग, जो कश्मीर के दक्षिण-पश्चिम में स्थित था, टक्क कहलाता था।
9. कुटुम्ब का ऐसा व्यक्ति, जो सम्पत्ति के बँटवारे में हिस्सा पाने का अधिकारी हो, वह 'दायाद' कहलाता है।
10. शाहिय कभी काबुल के राजा थे। उनके पूर्वजों ने शकों के रूप में दजला-फरात की घाटी, बाख्त्री, सीस्तान और भारतभूमि पर राज किया था। राष्ट्रीय जागरण की लहर में गुप्तों ने शकों को देश से निकाल बाहर किया। तब शक-मुरुण्ड काबुल की घाटी में, हिन्दुकुश की ढाल पर बस गये और सदियों तक भारत के सिंहद्वार की रक्षा की। एक बार ब्राह्मण हुए, दूसरी बार क्षत्रिय कहलाये, पर अपने कुलनाम 'शाहिय' में उन्होंने प्राचीन कुषाणों की उपाधि 'शाहिशाहानुशाही' जीवित रखी। (भगवतशरण उपाध्याय, 'इतिहास साक्षी है'; पृ. 121; भारतीय ज्ञानपीठ, काशी; 1960 ई.) ज्ञातव्य है कि समुद्रगुप्त के प्रयागराज स्थित स्तम्भ-लेख में कुषाण राजवंश के अवशेष को 'देवपुत्र शाहिशाहानुशाही' कहा गया है।

11. 'खश' या खस जाति शक जाति से उद्भूत मानी जाती है। तीसरी शताब्दी ई. पू. से प्रथम शताब्दी के बीच मध्य-एशिया के सप्तनद और आल्ताई प्रदेश में शक जाति की कई शाखाएँ रहती थीं। इन जातियों में (1) सकरौका (2) दाहै (3) खस (4) वू-सून और (5) यूची मुख्य थीं। इनमें से खस जाति के लोग तरिम घाटी, शिंज़ियांग, तिब्बत और कश्मीर में बसे हुए थे। इस जाति के लोग गिलगिट और चित्रल में कसकर, कश्मीर में कश या खस, काशगर में खशगिरि और नेपाल में खस या खसिया के नाम से जाने जाते हैं। इसी ज़ाति के नाम पर नेपाली भाषा का दूसरा नाम खसकुरा भी है। प्रो. सिल्वाँ लेवी के अनुसार खश किसी जाति-विशेष का नाम नहीं था, बल्कि इस शब्द से उन अर्द्ध-संस्कृत जातियों का बोध होता था, जो हिमालय-क्षेत्र में रहती थीं और जिन्होंने हिन्दू धर्म ग्रहण कर लिया था।

मार्कण्डेय पुराण में खश जाति को पर्वताश्रयी बताया गया है। 'महाभारत' में उनका निवास मेरु और मन्दर पर्वत के बीच शैलोद नदी के किनारे बताया गया है। 'बृहत्संहिता' में उनकी चर्चा काश्मीर, कुलूत तथा तंगण जातियों के साथ हुई है। डॉ. ऑरिल स्टीन (1862-1943 ई.) ने कल्हण कृत 'राजतरंगिणी' के आधार पर पीरपंजाल के दक्षिण-पश्चिम के समतल प्रदेश को खशों का प्रदेश बताया है, जिसके पश्चिम में वितस्ता का मध्यवर्ती प्रवाह है और पूर्व में काष्टवाट (कष्टवार) है। यानी खश लोग कश्मीर के दक्षिण-पश्चिम के पहाड़ी इलाकों में निवास करते थे। कल्हण कृत 'राजतरंगिणी' से पता चलता है कि खश लोग कष्टवार के पश्चिम में वितस्ता की घाटी तक निवास करते थे। कल्हण की 'राजतरंगिणी' में राजपुरी (राजौरी) के राजा को खशाधिपति और वहाँ के सैनिकों को खश कहा गया है।

'हरिवंश पुराण' में कहा गया है कि महाराजा सगर ने खश जाति के लोगों को पराजित किया था। मनु के मतानुसार खश जाति की उत्पत्ति व्रात्य क्षत्रियों से हुई हैं। महाभारत के सभापर्व में कहा गया है कि हिमालय की ओर से आनेवाले लोगों ने हस्तिनापुर नरेश युधिष्ठिर को सोना भेंट किया था।

खसाः एका सनाः ह्यर्हाः प्रदरादीर्घ वेणवः
पारदाश्च कुलिन्दाश्च तंगणाः परतंगणाः।
तद्वैपिपीलिकं नाम उद्धृतं यत्पिपीलिकैः
जातरूपं द्रोणमेय महार्षुः पुंजशो नृपाः। (महाभारत, सभापर्व, 52)

अर्थात्-हिमालय के उस पार रहनेवाले खस, तंगण, परतंगण आदि लोगों ने युधिष्ठिर को 'जातरूप' नामक सोना भेंट में दिया था। इस सोने को चींटियाँ अपने बिलों से निकालती थीं और लोग उसे एकत्र कर लेते थे। इसलिए इसे 'पिपीलक स्वर्ण' कहते थे। इसका उल्लेख मेगास्थनीज और सिकन्दर के साथ आये हुए इतिहासकारों ने भी कुछ अतिशयोक्ति के साथ किया है। दरअसल, यह सोना तिब्बत की सोने की खानों से निकाला जाता था।

'राजतरंगिणी' के अनुसार हूण शासक मिहिरकुल के समय में खश जाति के लोग कश्मीर के नरकुल नामक स्थान में रहते थे।

12. प्राचीन भारत का एक राज्य जहाँ केवल स्त्रियों की ही प्रधानता रहती थी, को 'स्त्री राज्य'

या त्रियादेश कहा जाता था। 'महाभारत' (वनपर्व 51/25) के अनुसार महाराज युधिष्ठिर के राजसूय यज्ञ में 'स्त्री राज्य' के राजा भी पधारे थे।

'योगिसम्प्रदायाविष्कृति' नामक ग्रन्थ में सिंहल द्वीप को त्रियादेश कहा गया है; परन्तु यह भ्रामक प्रतीत होता है। हिमालय के गढ़वाल-कुमायूँ क्षेत्र में ब्रह्मपुर के उत्तरी प्रदेश को पुराना स्त्रीराज्य बताया जाता है। हिमाचल प्रदेश में स्थित कुलूत देश (कुल्लू) को भी स्त्री देश कहा गया है। जबकि कुछ विद्वान कामरूप (असम) को ही स्त्रीदेश बताते हैं। ह्वेनत्सांग ने अपने विवरण में सतलज के उद्गम-स्थान पर किसी स्त्रीराज्य के होने का उल्लेख किया है। ऐसा प्रतीत होता है कि प्राचीन काल में हिमालय के पर्वतीय अंचल में पच्छिम से पूरब (यानी गढ़वाल से कामरूप) तक एक विशाल प्रदेश था, जहाँ के सामाजिक एवं राजनैतिक जीवन में स्त्रियों की प्रधानता थी।

अध्याय 4

प्राचीन कश्मीर में राजनीतिक व्यवस्था

प्राचीन काल में राजा और उसके कर्तव्य

धर्मात्मा राजा को 'महाभारत' में देवता के समान बताया गया है। 'नीलमत पुराण' में कहा गया है कि कश्मीर का राजा शिव के अंश से उत्पन्न हुआ है; अतः उसकी अवज्ञा नहीं करनी चाहिए। कल्हण कृत 'राजतरंगिणी' में भी राजा को शिव का अंश माना गया है और यहाँ तक कह दिया गया है कि राजा यदि दुष्ट हो तब भी उसकी अवज्ञा नहीं करनी चाहिए। नीलमत और राजतरंगिणी के इन कथनों पर विचार करने पर ऐसा प्रतीत होता है कि कश्मीर की राजव्यवस्था धीरे-धीरे निरंकुश राजतन्त्र की ओर बढ़ रही थी। यद्यपि नीलमत में राजा की दैवी शक्ति को स्वीकार किया गया है, तथापि तत्कालीन राजा निरंकुश नहीं थे। वह राजशास्त्रों और धर्मशास्त्रों के अनुसार ही राज्य का संचालन करता था। उसकी शक्ति ब्राह्मणों और मन्त्रियों के प्रभाव से नियन्त्रित थी।

राजा के कर्तव्यों के बारे में 'नीलमत' में कहा गया है कि उसे सभा में जाकर न्याय सम्बन्धी कार्य (व्यवहार) देखना चाहिए; और अपराधियों को अपराध के अनुसार ही दण्ड देना चाहिए। न तो दोषी को क्षमा करना चाहिए और न ही अपराध की तुलना में अधिक कठोर दण्ड देना चाहिए। राजा का कर्तव्य राज्य में पारस्परिक फूट को नियन्त्रित रखना भी है। दरअसल, कश्मीर बाहरी आक्रमण से तो सुरक्षित था, लेकिन जनता या मन्त्रियों के अन्तर्कलह से राज्य को क्षति पहुँचती रही। कहा गया है कि राजा को बाहर से आनेवाले लोगों का सम्मान करना चाहिए। 'नीलमत' में राजा के लिए विभिन्न देवालयों में अलग-अलग तिथियों पर जाने का विधान है, परन्तु अतिथिगृह में अतिथियों से भेंट करने वह कभी भी जा सकता था। ह्वेनत्सांग के वृत्तान्त से इस बात की पुष्टि होती है कि सातवीं शताब्दी ई. में कश्मीर के राजा विदेशी अतिथियों का बहुत सम्मान करते

थे। परन्तु दसवीं शताब्दी ई. के अन्त में स्थिति बदल चुकी थी। अल्बेरूनी के विवरण से ज्ञात होता है कि उस समय कश्मीर में विदेशियों के प्रवेश पर रोक लगी हुई थी।

लोकहितकारी कार्य

वहाँ चन्द्रापीड, अवन्तिवर्मन और यशस्कर जैसे राजा हुए जिनके न्याय और सुशासन सम्बन्धी आदर्श बहुत श्रेष्ठ और पवित्र थे। कल्हण की 'राजतरंगिणी' के अनुसार अकाल के समय राजा तुंजीन और उच्चल ने व्यापारियों से सारा अनाज खरीद करके उसे जनसामान्य को सस्ते दर पर उपलब्ध कराया था। जब तुंजीन ने यह देखा कि वहाँ के दरिद्र लोग सस्ती दर पर उपलब्ध अनाज खरीदने में भी असमर्थ हैं, तब उसने राजकोष रिक्त होने की चिन्ता किये बिना, भण्डारे चलवाये थे।

राजतन्त्रीय प्रशासन

वहाँ का राजपद प्रायः पैतृक और वंशानुगत था। कभी-कभार प्रजा द्वारा भी राजा चुने जाते थे। धर्माध्यक्ष, कोषाध्यक्ष, सेनाध्यक्ष, भूपति, दूत, पुरोहित और ज्योतिषी–ये सात अधिकारी राज्य प्रशासन में राजा की सहायता करते थे। वहाँ द्वारपति या द्वारेश नामक एक अधिकारी था, जिसके जिम्मे कश्मीर के सभी द्वारों (दर्रों या पहाड़ी घाटों) की सुरक्षा का दायित्व था। कल्हण के पिता 'चम्पक प्रभु' कश्मीर के तत्कालीन राजा हर्ष के महामात्य होने के साथ ही द्वारपति और मण्डलेश के पद पर भी नियुक्त थे। राजा ललितादित्य द्वारा कन्नौज-नरेश यशोवर्मा को पराजित करने के बाद पुराने अठारह कार्यस्थलों पर पाँच महाविरुद नियुक्त किये गये थे-महाप्रतिहारपीड, महासन्धिविग्रह, महाश्वशाला, महाभाण्डागार और महासाधनभाग। इनके कार्यकर्ता राजपरिवार के लोग ही होते थे। (रा.त., 4/141-143)

राजा जयापीड ने धर्माधिकरण नामक एक नये न्यायालय की स्थापना की थी। (रा.त., 4/588) उसने चलगंज नामक एक नये विभाग की स्थापना भी की थी। इस विभाग का काम यात्रा के समय अपने स्थायी कोष से आवश्यक धन को हाथियों पर लादकर तय स्थान पर पहुँचाना था। (रा.त., 4/589)

अपराधियों को मृत्युदण्ड भी दिया जाता था, परन्तु ब्राह्मणों को मृत्युदण्ड नहीं दिया जाता था। एक मान्त्रिक ब्राह्मण ब्रह्महत्या का दोषी पाया गया था; लेकिन राजा चन्द्रापीड ने उसको मृत्युदण्ड न देकर अन्य दण्ड दिया था। (रा.त., 4/105)

कश्मीर के हिन्दू राजाओं के शासनकाल में सभा नामक एक संस्था विद्यमान

थी। उसके सदस्य 'सभ्य' कहलाते थे। सभा एक सर्वसत्ता सम्पन्न संस्था थी। राजा सन्धिमति ने राज्यत्याग करने के बाद अपना कार्यभार सभा को ही सौंपा था (रा.त. 2/127)। राजा जयापीड के राज्यकाल में भद्रोभट्ट सभापति के पद पर कार्यरत था। (रा.त. 4/495) राजकार्य के अतिरिक्त सभा में संगीत का भी आयोजन होता था (रा.त. 5/661)।

मन्त्रिपरिषद्

नीलमत पुराण' में मन्त्रिचय (अर्थात् मन्त्रिपरिषद्) का उल्लेख तो हुआ है, लेकिन उसका विवरण नहीं दिया गया है। कल्हण की राजतरंगिणी से पता चलता है कि अशोक के पुत्र जलौक के पहले तक भारत के अन्य राज्यों की तरह कश्मीर में भी सात प्रशासनिक अधिकारी होते थे- धर्माध्यक्ष, धनाध्यक्ष, कोषाध्यक्ष, सेनाध्यक्ष, दूत (परराष्ट्रसचिव), पुरोधा (पुरोहित) और दैवज्ञ (ज्योतिषी)। जलौक ने युधिष्ठिर की तरह उनकी संख्या बढ़ाकर अठारह कर दी थी। (रा.त., 1/118-120)

कल्हण की राजतरंगिणी में मन्त्रिपरिषद्, पुरोहित-परिषद् एवं द्विज-परिषद् का उल्लेख किया गया है। इनमें से कौन अधिक शक्तिशाली था, यह कह पाना कठिन है। तीनों ने ही समय-समय पर राजाओं को चुनकर सिंहासन पर बैठाया और उतारा। वहाँ जनता, मन्त्रिपरिषद्, पुरोहित परिषद् एवं द्विज परिषद ने विभिन्न अवसरों पर एक दूसरे की सलाह लिये बिना स्वयं अपने निर्णय से राजा चुना।

मन्त्रिपरिषद् का क्षेत्र पूर्णतः राजनीतिक था। परन्तु द्विज-परिषद् एवं पुरोहित-परिषद् का क्षेत्र धार्मिक और राजनीतिक दोनों था। मन्त्रिपरिषद् की शक्ति का आधार राजशक्ति थी; जबकि पुरोहित एवं द्विज परिषद् की शक्ति का आधार उनका आध्यात्मिक बल और जनता की धर्मप्रियता थी।

राजा के अभाव एवं अस्तित्व दोनों परिस्थितियों में यह संस्था अबाध ढंग से अपना काम करती रही। मन्त्रिपरिषद् इतनी शक्तिशाली थी कि कभी वह सेना द्वारा राजभवन को घेर लेती थी (रा.त., 1/366, 367), कभी राजा को बन्दी बना लेती थी (रा.त., 2/4); और कभी राजा को पदच्युत कर दूसरे को राजा बना देती थी। (रा.त., 2/5) मन्त्रिपरिषद् ने ही दुर्लभवर्द्धन को राजा मनोनीत किया था। (रा.त., 3/528) राजा हिरण्य के निधन के बाद अराजक कश्मीर में वहाँ की मन्त्रिपरिषद् ने ही कुछ समय तक राजकाज सँभाला था। अवन्तिराज विक्रमादित्य ने मातृगुप्त को कश्मीर का राजा बनाने का विचार किया तो उसने मन्त्रिपरिषद् के पास दूत भेजा था। कवि मातृगुप्त को राजा नियुक्त करने के पूर्व वह कश्मीर की प्रजा एवं मन्त्रिपरिषद् का मन्तव्य भी जान लेना चाहता था।

आवश्यकता होने पर जनता राजा का चयन भी करती थी और अत्याचारी

होने पर उन्हें हटा भी देती थी। कश्मीर की जनता ने राजा जयेन्द्र के कुशासन से क्षुब्ध होकर वहाँ के जनप्रिय अमात्य सन्धिमति को अपना राजा मनोनीत किया था। (रा.त., 2/116) जनता ने ही गन्धार से मेघवाहन को आमन्त्रित करके कश्मीर के सिंहासन पर बैठाया था। (रा.त., 3/2) राजा वक को भी जनता ने ही राजा चुना था। (रा.त., 1/325)

पुरोहित एवं द्विज परिषद्

कल्हण ने द्विज परिषद् का प्रथम उल्लेख राजा लव के सन्दर्भ में किया है। (रा.त., 1/87) मन्दिरों में चढ़ायी गयी सम्पत्ति, अग्रहार, ग्राम तथा अन्य दान कालान्तर में परिषद् को मिल जाते थे। (रा.त., 2/132) कश्मीर में उत्पल वंश का अन्त होने के बाद द्विजों (ब्राह्मणों) ने एकत्र होकर राजा चुनने का निश्चय किया। यह द्विज-मण्डली कम्पनाधिपति कमलवर्द्धन के कहने पर एकत्र हुई थी, जो स्वयं राजा बनना चाहता था। लेकिन द्विज परिषद् द्वारा कोई निश्चय करने के पहले ही पुरोहित परिषद् ने सामान्य कुल के एक व्यक्ति यशस्कर को राजा घोषित कर दिया। (रा.त., 5/456-477)

इसी प्रकार, ब्राह्मण सभासदों ने तुंग के पतन के लिए द्विज तथा पुरोहित परिषद् को प्रेरित किया कि वे परिहासपुर में प्रायोवेशन[1] शुरू करें। (रा.त., 7/13) आगे चलकर परिषदों का रूप बदल गया था। ब्राह्मण लोग परिषद् तथा प्रायोवेशन को साधन बनाकर धनोपार्जन करने लगे। (रा.त., 7/14, 23) भीमकेशव का मन्दिर बहुत दिनों तक परिषद् के सदस्यों के पारस्परिक संघर्ष के कारण बन्द रहा। (रा.त., 7/1082) राजा सुस्सल के समय में पुरोहित परिषद् ने प्रायोवेशन किया था। (रा.त., 8/709) राजा भिक्षाचर के समय में भी पुरोहित परिषद् ने इसी प्रकार प्रायोवेशन द्वारा अपनी माँगें मनवायी थीं।

पुरोहित एवं द्विज परिषद् राजा लव के समय से कल्हण के काल तक यानी कई शताब्दियों तक दिखायी देती हैं। यह एक पुरानी और शक्तिशाली संस्था थी। पुरातन काल में प्रायोवेशन एक नैतिक अस्त्र था। दुर्बल लोग सबलों के विरुद्ध उसका प्रयोग करते थे। किन्तु बाद में वह राजनीतिक स्वार्थसिद्धि एवं धनोपार्जन का साधन हो गयी। प्रायोवेशन का दुरुपयोग इतना बढ़ गया था कि राज्य को एक प्रायोवेशन अधिकारी की नियुक्ति करनी पड़ी। (रा.त., 6/14) एक बार स्वयं राजा चन्द्रापीड ने मार्गदर्शन के लिए मन्दिर में प्रायोवेशन किया था। (रा.त., 4/99) यद्यपि कल्हण को अपने ब्राह्मणत्व एवं अभिजात कुलोत्पन्न होने का गर्व था, तथापि उसने पुरोहित-परिषद् के अनुचित व्यवहारों की निन्दा की है।

सेना एवं युद्ध

'नीलमत पुराण' में सेना के चार अंगों- पैदलसेना, हस्तिसेना, अश्वसेना और रथसेना का उल्लेख है। युद्धप्रियता को राजा का विशेष गुण बताया गया है। लेकिन राजा यदि बालक हो तो वह युद्ध में भाग नहीं ले सकता था। इसी कारण बाल गोनन्द को महाभारत युद्ध में नहीं बुलाया गया था। युद्धक्षेत्र से भागते हुए शत्रु की हत्या करना अनुचित माना जाता था। युद्ध में शत्रुराजा के मारे जाने पर उसका राज्य उसी के वंशजों को सौंप दिया जाता था। सन्तानरहित रानी यदि गर्भवती हो तो वह सिंहासन की अधिकारिणी हो सकती थी।

राज्याभिषेक

'अभिषेक' संस्कृत भाषा का शब्द है, जिसका शाब्दिक अर्थ हैं-छिड़काव। किसी देव-प्रतिमा या राजा के अनुष्ठानपूर्वक पवित्रीकरण को भारतीय परम्परा में 'अभिषेक' कहा गया है। इस अनुष्ठान के माध्यम से मन्दिर में स्थापित की जा रही देव-प्रतिमा या सिंहासन पर आरूढ़ हो रहा राजा पूर्णतः शुद्ध हो जाते थे। इसके अन्तर्गत अनुष्ठानपूर्वक जल तथा अन्य तरल पदार्थों को मन्त्रोच्चार के साथ प्रतिमा या व्यक्ति के सिर पर उड़ेला जाता था। राज्यारोहण समारोह और राज्य के उत्तराधिकारी के अभिषेक के समय सिंहासन पर विराजमान राजा के मस्तक पर स्वर्णपात्र में रखे हुए पवित्र नदियों के जल को उड़ेला जाता था।

'नीलमत पुराण' में कहा गया है कि राज्याभिषेक के दिन राजा के स्नान के लिए चारों वर्णों के प्रतिनिधि मिट्टी लाते थे; और जल से भरे चाँदी एवं सोने के घड़े लेकर चार दिशाओं से प्रवेश करके राजा को स्नान कराते थे। अन्त में गृह-पुरोहित राजा को सिंहासन पर बैठाता था। इसके बाद सभी वर्णों के प्रतिनिधियों द्वारा राजा के अभिषेक का विधान है। इस अवसर पर राजा से अपेक्षा की गयी थी कि वह पर्याप्त धन देकर पुरोहित तथा सांवत्सर (ज्योतिषी) को सम्मानित करे।

राजतरंगिणी से भी हमें कश्मीर में प्रचलित राज्याभिषेक प्रणाली के प्रचलन की जानकारी मिलती है। यह द्विजों, पौर जनों तथा मन्त्रियों द्वारा समयानुसार होता रहा है। जोनराज ने भी अपनी राजतरंगिणी में लिखा है कि हिन्दू राज्यकाल में पौरजनों द्वारा राज्याभिषेक किया जाता था। राज्याभिषेक के समय प्रमुख नागरिकों, व्यापारियों आदि की उपस्थिति से राजा पर जनता के प्रभाव का संकेत मिलता है।

श्रीकृष्ण ने द्विजों द्वारा रानी यशोवती का अभिषेक कराया था। (रा.त., 1/70) राजा गोनन्द द्वितीय का अभिषेक द्विजों ने किया था। (रा.त., 1/75) द्विजों ने ही एक उपवन में ले जाकर, वाद्य-ध्वनि के बीच, पवित्र जल से सन्धिमति का राज्याभिषेक किया था। (रा.त., 2/117) राजा वक का अभिषेक कश्मीर के पौर जनों ने किया

था। (रा.त., 1/325) राज्याभिषेक की प्रक्रिया शास्त्रनुसार होती थी। राजा के मस्तक पर स्वर्ण-कलश से तीर्थों का पवित्र जल डालने के बाद अन्य आनुष्ठानिक क्रियाएँ होती थी। (रा.त., 3/528) 'राजतरंगिणी' में कहा गया है कि ''एक सिंहासन पर पूर्वाभिमुख बैठाकर कश्मीर के मन्त्रियों ने मातृगुप्त का राज्याभिषेक किया। (रा.त., 3/239) उस समय उसके विशाल वक्षस्थल से बहनेवाला अभिषेक-जल विन्ध्यपर्वत के किनारों से टकराकर बहनेवाले नर्मदा नदी के प्रवाह-जैसा मनोरम लग रहा था। स्नान के बाद उसके शरीर पर दिव्य चन्दन लगाकर उसके सभी अंगों में आभूषण पहनाये गये। उसके बाद वह राजसिंहासन पर विराजमान हुआ।'' (रा.त., 3/240-241)

14वीं शताब्दी ई. में कश्मीर में सुल्तानों (मुसलमान शासकों) का शासन आरम्भ हुआ। सुल्तान राजगद्दी पर बैठते समय अभिषेक नाम रखते थे। शाही खाँ का अभिषेक नाम ज़ैनुल आब्दीन, हाजी खाँ का अभिषेक नाम हैदरशाह और मुहम्मद खाँ का अभिषेक नाम मुहम्मदशाह था। हिन्दुओं में भी अभिषेक नाम रखा जाता था।

श्रीवर (15वीं शताब्दी ई.) ने ज़ैनुल आब्दीन (1420-1470 ई.) के राज्यकाल के अन्तिम चरण का इतिहास लिखा है। लेकिन उन्होंने तीन सुल्तानों हैदरशाह, हसनशाह एवं मुहम्मदशाह के अभिषेक का वर्णन किया है। उनसे तत्कालीन अभिषेक प्रथा की समुचित जानकारी मिलती है। राज्याभिषेक के दिन नगर में दीपमालिका होती थी। राजधानी नगर को सजाकर उत्सव मनाया जाता था। (ज़ै. रा.त. 2/4) राजदरबार में सोने या चाँदी का सिंहासन रखा जाता था। ज़ैनुल आब्दीन का सिंहासन त्रिकोणीय था। (ज़ै.रा.त. 1/5/10) सुल्तान सिंहासन पर बैठता था। उसके भाई, पुत्र और अन्य सम्बन्धी उसके अगल-बगल बैठते थे। इस अवसर पर होम किया जाता था; और दान दिया जाता था। सुल्तान के राजतिलक के अवसर पर सम्बन्धियों को जागीर भी दी जाती थी।

हिन्दूकाल में राजा का राज्याभिषेक हिन्दू संस्कारों के अनुसार होता था। सल्तनत कायम होने के बाद सुलतानों का अभिषेक पहले इस्लामी परम्परा के अनुसार होता था; और फिर हिन्दू संस्कार के अनुसार छत्र और चँवर लगता था। राज्याभिषेक की यह परम्परा बहुत दिनों तक प्रचलित रही। सिकन्दर बुतशिकन (1386-1410 ई.) के पहले सुल्तान 'राजमुकुट' धारण करके राजसिंहासन पर बैठते थे, लेकिन सिकन्दर के समय से राजमुकुट का स्थान 'ताज' ने ले लिया।

राजकर्मचारियों का भ्रष्टाचार

यद्यपि यशस्कर-जैसे राजाओं ने अपने कुशल शासन द्वारा कश्मीर की न्याय-प्रणाली में शुचिता लाने का प्रयास किया था (रा.त. 6/41), तथापि रिश्वत मिलने

पर राजकीय अधिकरण लेखक जमीन-मकान का विक्रय-पत्र लिखने में गड़बड़ियाँ कर देते थे। (रा.त. 6/38-39) कल्हण के वर्णनों से पता चलता है कि राजकर्मचारी भ्रष्ट थे; और वे सब जनता का शोषण करके उनसे धन की अवैध वसूली करते थे। कल्हण ने उनकी तुलना हैजा-जैसे संक्रामक रोग से की है–

विषवृक्षो नियोगी च मदेवाश्रित्य वर्धते।
चित्रं करोति तस्यैव स्थानस्यानभिगभ्यताम्।।

अर्थात्- विषवृक्ष और राजकर्मचारी जिसके सहारे उत्पन्न होते हैं, उसी को समूल नष्ट कर देते हैं; ये उसके चिह्न भी नहीं रहने देते।

दूसरी ओर, क्षेमेन्द्र के वर्णनों से यह पता चलता है कि प्रजा के रक्षक ही उसके भक्षक बन रहे थे; और उनकी लूट से परेशान होकर जनता त्राहि-त्राहि कर रही थी। मध्यकालीन शासन की यह दुर्व्यवस्था केवल कश्मीर तक ही सीमित नहीं थी। उत्तर भारत के अन्य राज्यों में भी ऐसी ही दुर्व्यवस्था थी।

क्षेमेन्द्र द्वारा सामाजिक और धार्मिक चित्रण की यही पृष्ठभूमि थी। इतिहास लिखने में व्यस्त, कल्हण के पास इतना समय नहीं था कि वह सब बातों पर पूरा प्रकाश डाल सके, पर क्षेमेन्द्र एक सहृदय कवि थे। उन्होंने मध्यकालीन ह्रास का नंगा चित्र देखा और एक निर्भीक सुधारक की तरह तत्कालीन समाज का यथार्थपरक चित्रण किया। निरीह प्रजा पर अनगिनत अत्याचार से वे बहुत ही दुखी थे और उनका हृदय प्रतिकार का उपाय न देखकर कराह उठता था–

'हा प्रजे क्व गमिष्यसि' अर्थात् हाय जनता! तू कहाँ जायेगी![2]

राजधानी नगर

हिन्दू राजाओं के काल में (यानी महाभारतकाल से लेकर 1339 ई. तक) कश्मीर की राजधानी श्रीनगर या उसके आसपास रही। प्राचीन काल में कश्मीर की राजधानी को पुराधिष्ठान कहा जाता था। गोनन्द वंश के राजाओं ने राजधानी-नगर 'पुराधिष्ठान' की स्थापना की थी। इस स्थान को कश्मीरी भाषा में 'पानड्रेथान' कहा जाता था, जो 'पुरा-अधिष्ठान' (अर्थात 'पुराना मुख्य नगर') शब्द का अपभ्रंश है। कश्मीरी भाषा में 'पान' का अर्थ है- पुराना। प्राचीन राजधानी नगर 'पुराधिष्ठान' वर्तमान शंकराचार्य पहाड़ी के दो मील दक्षिण-पूर्व में स्थित थी।

अलबेरूनी ने झेलम नदी के किनारे स्थित 'अद्दिस्तान' को कश्मीर की राजधानी बताया है। 'अद्दिस्तान' संस्कृत शब्द 'अधिष्ठान' (अर्थात् मुख्य नगर) का अपभ्रंश है। दरअसल, यह वर्तमान समय का श्रीनगर है। तीसरी शताब्दी ई.पू. में सम्राट् अशोक ने 'पुराधिष्ठान' के पास ही श्रीनगर की स्थापना करके

उसे राजधानी बनाया था। ऐसा प्रतीत होता है कि अशोक ने 'पुराधिष्ठान' का विस्तार और नवनिर्माण कराकर उसे नया रूपाकार दिया था। आगे चलकर, छठी शताब्दी ई. के प्रारम्भ में राजा प्रवरसेन ने राजधानी श्रीनगर का पुनः विस्तार और नवनिर्माण कराया था। राजा ललितादित्य के पौत्र राजा जयापीड ने जयपुर नामक नयी राजधानी का निर्माण कराया था।

कश्मीर में मुसलमानों की सत्ता स्थापित होने के बाद राजधानी कई बार बदली गयी। कश्मीर के पहले सुल्तान शाहमीर ने जिस स्थान पर अन्तिम हिन्दू शासिका कोटा रानी की हत्या करके राजा का पद प्राप्त किया था, उसी अन्दरकोट को उसने अपनी राजधानी बनाया। उसके पुत्र और उत्तराधिकारी जमशेद के राज्यकाल में राजधानी को श्रीनगर लाया गया। लेकिन सुल्तान अलीशाह अपनी राजधानी को जयापीडपुर ले गया। फिर सुल्तान ज़ैनुल आब्दीन (1420-1470 ई.) के राज्यकाल में 1439 ई. में एक नयी राजधानी 'ज़ैननगर' का निर्माण कराया गया। (ज़ै.रा.त. 1/5/4) राजधानी परिवर्तित करने या नयी राजधानी बसाने-बनाने का मुख्य कारण मुस्लिम गुटों का आपसी टकराव और षड्यन्त्र था। सुल्तानों ने पुराने दूषित समाज को छोड़कर अपने अनुकूल लोगों और समर्थकों की बहुलतावाले नये स्थान को विकसित करके वहाँ राजधानी स्थानान्तरित की थी, ताकि वे पुराने षड्यन्त्रकारियों से बच सकें।

सन्दर्भ और टिप्पणियाँ

1. राजा की अनुपस्थिति में 'प्राङ् विवाक' (न्यायाधीश) न्याय करने का दायित्व निभाता था। ''यहाँ (कश्मीर) की प्रथा थी कि नीचे की अदालत में हार जाने पर राजधानी में 'प्राङ् विवाक' के नीचे जो पौर-धर्मसभा (उच्च न्यायालय) रहती थी वहाँ जाकर अपील करते थे। वहाँ भी हार जाने पर राजा की परिषद् में अपील करते और स्वयं राजा से न्याय करने की प्रार्थना करते। इस तरह न्याय करना राजा के राजत्व अधिकार में गिना जाता था। प्रजा उसके लिए आवेदन करती थी। आवेदक राजसभा के सामने बैठ जाता था (प्रायोपवेश)। इसकी खबर राजा को दी जाती थी। राजा परिषद् सहित उसकी अपील सुनते और सबूत फिर से ले सकते थे। ऐसी अपील का एक उदाहरण कश्मीर के इतिहास 'राजतरंगिणी' में है। कश्मीर के राजा यशस्कर देव की परिषद् से एक आदमी ने ऐसी अपील की थी।'' ('काशीप्रसाद जायसवाल संचयन', खण्ड-2, सं. रतन लाल; पृ. 271; सस्ता साहित्य मण्डल प्रकाशन, दिल्ली; 2018 ई.) यानी आवेदक को प्रायोपवेश कहा जाता था; और यह प्रक्रिया प्रायोपवेशन कहलाती थी।
2. डॉ. मोतीचन्द्र, 'क्षेमेन्द्र और उनका समाज', पृ. 20; उ. प्र. हिन्दी संस्थान, लखनऊ, 1984 ई.।

अध्याय 5

प्राचीन एवं पूर्व-मध्यकालीन समाज

जहाँ एक ओर, प्राचीन कश्मीरी समाज में जादू-टोने और अन्धविश्वासों का प्रतिबिम्ब दिखायी देता है; वहीं दूसरी ओर, वहाँ का शासक और समृद्धिशाली वर्ग वास्तुकला, संगीत, नृत्य, धर्म और दर्शन को प्रोत्साहन देता दिखायी देता है। नवहिमपातोत्सव के प्रसंग में मद्य (मदिरा) का उल्लेख किया गया है। (नी.पु., सं. 481) ऐसा प्रतीत होता है कि कश्मीरी समाज में आमोद-प्रमोद के विभिन्न साधनों का यथेष्ट प्रयोग किया जाता था।

कल्हण और क्षेमेन्द्र ने तत्कालीन समाज के विभिन्न पक्षों को निकट से देख-परख कर उनका वस्तुनिष्ठ वर्णन किया है। उन्होंने अपने ग्रन्थों में शासन-व्यवस्था और राज-कर्मचारियों के कुकृत्यों का भंडाफोड़ किया है। ऐसा लगता है कि उस समय पूरे कश्मीर में राजनीतिक अस्थिरता का वातावरण था।

कश्मीर की जनता एक तरफ राजा और सामन्तों के संघर्षों और दूसरी ओर राजकर्मचारियों की अवैध वसूलियों के बीच पिस रही थी। उत्तर-मध्यकाल में ही नहीं, बल्कि आठवीं सदी में राजा ललितादित्य के समय भी जनता की यही स्थिति थी। ललितादित्य-जैसे राजा का यह मानना था कि ग्रामीण जनता के पास केवल जरूरत भर का खाद्यान्न और खेत जोतने के लिए न्यूनतम बैल होने चाहिए। अगर उनके पास अधिक संसाधन रहे तो एक साल में ही उनके प्रबल डामर बनने की आशंका रहेगी; और फिर वे राजाज्ञा का उल्लंघन करने लगेंगे। (रा.त. 8/866-867) विडम्बना यह है कि मध्यकाल में जहाँ राजकर्मचारियों के लिए भुने गोश्त और सुगन्धित शराब उपलब्ध थी, वहीं जनसाधारण को केवल चावल और शाक पर ही गुजारा करना पड़ता था। (रा.त. 5/49)

'कथा-सरित्सागर' में ऐसी कई कहानियाँ है जिनमें तत्कालीन सामाजिक व्यवस्था का यथार्थ चित्रण करते हुए पाखण्डियों, धूर्तों और मूर्खों की हँसी उड़ाई गयी है। परन्तु क्षेमेन्द्र (11वीं सदी ई.) ने तो अपनी व्यंग्यपरक कथाओं के माध्यम

से सामाजिक विद्रूपताओं को उघाड़ कर रख दिया है। 'कलाविलास' शीर्षक ग्रन्थ के नवम सर्ग में उन्होंने मध्यकालीन धूर्तों की एक सूची दी है जिसमें वैद्य, ज्योतिषी, रसायनी, सिद्ध, वशीकरणी, सड़कों पर घूमने वाले लण्ठ गुरु, वेश्याएँ, बौद्ध भिक्षुणी, जुआरी, सेवक, बनिये, अधिकरण भट्ट, जालिये इत्यादि तमाम वर्गों के लोग शामिल हैं। यहाँ क्षेमेन्द्र ने मध्यकालीन भारतीय समाज की चारित्रिक दुर्बलताओं का पोस्टमार्टम करके रख दिया है। कुछ वैसे धूर्तों का उल्लेख है जो पितरों के तारने के बहाने लोगों से धन वसूल कर केवल घूमने-फिरने के लिए काशी और गया की यात्रा करते थे। (कलाविलास, 9/66) उनकी एक अन्य कृति 'समयमातृका' में कंकाली नामक कुट्टनी अपनी सुदीर्घ यात्रा में केदारनाथ, गया और काशी गयी या नहीं, यह तो नहीं कहा जा सकता, परन्तु लोगों से बहाना वह यही करती थी। (स. मा. 2/97)

क्षेमेन्द्र ने 'कला-विलास', 'समय-मातृका', 'देशोपदेश' और 'नर्ममाला' नामक कृतियों में जीवन के विभिन्न पहलुओं को समेटने का प्रयास किया है। 'दर्पदलन' में कुल, धन, मान, विद्या, रूप, शौर्य, दान और तप के ढोंगों का मजाक उड़ाया गया है; और देवताओं तक को नहीं छोड़ा गया है। 'कला-विलास' में दम्भी, लालची, बनियों, वैद्यों, वेश्याओं, ज्योतिषियों इत्यादि की हँसी उड़ाई गयी है। 'कला-विलास' के प्रथम सर्ग में दम्भ को लेकर गौड़ देश के विद्यार्थियों का अच्छा चित्रण किया गया है। 'देशोपदेश' में कंजूस, विट, कुट्टनी, गुरु इत्यादि के दम्भों की हँसी उड़ाई गयी है; और नर्ममाला में कायस्थों[1] की खबर ली गयी है।

क्षेमेन्द्र ने अपने व्यंग्य को सार्थक बनाने के लिए समाज की कई बुराइयों का उद्घाटन किया है। वैसे बौद्ध संघ, भिक्षुणियों, कायस्थों, वणिकों आदि के जो चित्र उनके ग्रन्थों में उभरते हैं, उनमें अतिरंजना भी कम नहीं है। परन्तु उनके मूल में तथ्य भी हैं। दरअसल, उत्तरमध्यकालीन समाज बहुत रूढ़िग्रस्त हो गया था। समाज में कर्मकाण्डों का घटाटोप छाया हुआ था। गुह्य मतों की विचारधारा प्राय: सभी सम्प्रदायों पर छा गयी थी। हम कह सकते हैं कि तत्कालीन समाज एक कृत्रिम वातावरण में साँस ले रहा था।

राजनीतिक उथल-पुथल और शासन व्यवस्था की शिथिलता का प्रभाव देश के आर्थिक जीवन पर पड़ता है। प्रजा का अधिकारियों द्वारा शोषण होता था। उन गरीबों के पास जो कुछ बचता था उसमें से अधिकांश दान-दक्षिणा और अन्धविश्वासों के पालन में समाप्त हो जाता था। इस अव्यवस्था के दुष्प्रभाव से व्यापारी वर्ग भी बच नहीं पाया था। उस काल में भी अनेक सदाशय व्यापारी थे जिन्होंने अपने धन से धर्म को प्रोत्साहन दिया और अनेक लोकोपयोगी कार्य किये।

पर एक दूसरा व्यापारी वर्ग भी था जो अपने हथकंडों से चूकता नहीं था। क्षेमेन्द्र ने ऐसे ही वर्ग पर प्रहार किया है। बनियें लेन-देन में कैसी गड़बड़ी करते थे, वे कैसे कंजूस होते थे, अतिवृष्टि और अनावृष्टि देखकर कैसे प्रसन्न होते थे, सोनार किस तरह लोगों को धोखा देते थे, इन सबका विनोदपूर्ण वर्णन क्षेमेन्द्र ने किया है।[2]

प्राचीन कश्मीर में चारों वर्णों की स्थिति

'नीलमत पुराण' में ब्राह्मणों के लिए 'वेद-वेदांगपारग' विशेषण से स्पष्ट है कि कश्मीर के ब्राह्मण धर्मपरायण और वेद-वेदांगों में पारंगत हुआ करते थे। उनको स्वाध्याय, यज्ञ और ध्यान-तप में लगे हुए दिखाया गया है। वे लोग गणित-ज्योतिष और फलित-ज्योतिष का भी अध्ययन करते थे। उन्हें इस दोनों विषयों में पारंगत बताया गया है। 'विष्णुप्रबोधन' के अवसर वे पुराणों का पाठ और कथाओं का वाचन करते थे। ऐसा प्रतीत होता है कि वे लोग कश्मीरी समाज की बौद्धिक एवं आध्यात्मिक संस्कृति के रक्षक थे। अतः स्वाभाविक रूप से कश्मीरी समाज में उनको सम्मान दिया जाता था। नीलराज तथा विश्वगश्व द्वारा चन्द्रदेव और महापद्म को दिये गये सम्मान से स्पष्ट है कि राजा भी ब्राह्मणों को आदर देते थे।

नीलमत पुराण में ब्राह्मण और राजा के परस्पर सम्बन्धों पर प्रकाश डाला गया है। उसमें यह निर्देश दिया गया है कि राजा अपने सांवत्सर (ज्योतिषी) और पुरोहित की सलाह से नित्य तथा नैमित्तिक कर्मों का सम्पादन करे। राजा से अपेक्षा भी की गयी है कि वह प्रतिदिन देवताओं और ब्राह्मणों की पूजा करे।

ब्राह्मणों को दी जानेवाली भेंट के लिए 'नीलमत' में तीन शब्दों-दान, दक्षिणा और प्रतिग्रह-का प्रयोग किया गया है। 'नवान्नविधान' के समय गुड़धानी देने तथा द्राक्षा (अंगूर) फल आने पर पहले ब्राह्मणों को द्राक्षा भेंट करने का विधान है। 'नीलमत पुराण' में दान देने और लेने की प्रक्रिया का एक बार उल्लेख है। दानदाता दान लेनेवाले के हाथ पर जल डालता है जिसे ग्रहण करके वह स्वस्तिवचन कहता है। इतिहासविद, ज्योतिषविद् तथा पुराणपाठी ब्राह्मणों को दान देने को कहा गया है।

बिल्हण कृत 'विक्रमांकदेवचरित' में कश्मीर के ब्राह्मणों को महाविद्वान् बताया गया है। यह भी कहा गया है कि ब्राह्मणों के यहाँ सदा अग्निहोत्र हुआ करता था।

प्राचीन कश्मीर के राजनीतिक और सामाजिक जीवन में ब्राह्मण वर्ण का प्रभुत्व था। वे राजा के मन्त्री और सलाहकार सहित तमाम राजनीतिक एवं सैनिक पदों पर नियुक्त थे। कुल मिलाकर, आर्थिक दृष्टि से यह वर्ग प्रायः सम्पन्न था।

समाज में ब्राह्मणों के बाद क्षत्रियों का स्थान था। महाभारत में 'कस्मीरज' के लोगों को क्षत्रिय बताया गया है। नीलमत पुराण में क्षत्रियों के सैनिक चरित्र

का उल्लेख हुआ है। उन्हें शस्त्रस्त्रों के प्रयोग में कुशल बताया गया है। कश्मीर में दुर्गापूजा से सम्बद्ध नीराजनापर्व में दुर्गामन्दिर में शस्त्रों की पूजा की जाती थी। सम्भवतः यह क्षत्रियों का सैनिक-पर्व था।

पौराणिक अनुश्रुतियों में कहा गया है कि परशुराम ने पृथ्वी को इक्कीस बार क्षत्रियरहित कर दिया था। इस बात को नीलमत पुराण में भी दुहराया गया है। नीलमत में कहा गया है कि परशुराम के इक्कीसवें घात के समय कुछ क्षत्रियों ने कश्मीर के गिरिदुर्ग में शरण ली थी। प्राचीन कथा के इस परिवर्द्धन से ऐसा प्रतीत होता है कि नीलमत पुराण के समय में कश्मीर में ब्राह्मणों और क्षत्रियों के बीच संघर्ष की स्थिति नहीं थी।

नीलमत पुराण में वैश्यों को वृत्तिरत कहा गया है। अमरकोश के अनुसार 'वृत्ति' का आशय खेती, पशुपालन और व्यापार करना है।

नीलमत पुराण में शूद्रों को द्विज-जातियों के सेवक के रूप में चित्रित किया गया है। शूद्र वेतनभोगी कर्मजीवी होने के साथ ही स्वतन्त्र शिल्पी के रूप में भी जीवनयापन करते थे। शिल्पियों में जुलाहे, सुनार, लुहार, चमार, कुम्हार आदि सम्मिलित थे। उच्च वर्गों के लोगों द्वारा अपने घरेलू सेवकों के साथ अच्छा व्यवहार किया जाता था। मित्रों और सम्बन्धियों के साथ गृहस्थों के सेवक भी गायन-वादन, भोजन आदि के कार्यक्रम में शामिल होते थे। 'महीमान उत्सव' में शिल्पी अन्य वर्णों के साथ उपहारों का आदान-प्रदान करते थे। राजा के राज्याभिषेक में उनकी भागीदारी से स्पष्ट है कि उन्हें समाज से अलग नहीं समझा जाता था।

नीलमत में औरभ्रिक (भेड़पालक), मल्ल (कुश्ती लड़नेवाले), नट (अभिनय करनेवाले) और नर्तक (नृत्य करनेवाले) जातियों का भी उल्लेख है।

प्राचीनकाल में कश्मीर की विभिन्न जनजातियाँ

भारतीय परम्परा में स्वर्ग में तीन तरह के जीव बताये गये हैं–देव, गणदेव और उपदेव। उपदेवों के दस प्रकार हैं- विद्याधर, अप्सरा, यक्ष, राक्षस, गन्धर्व, किन्नर, पिशाच, गुह्यक, सिद्ध और भूत। सच पूछा जाये तो ये सब प्राचीन भारत की विभिन्न जातियों के नाम हैं। नागों, पिशाचों, दैत्यों, दानवों, गरुड़ों आदि के एक ही साझा पूर्वज थे, जिनका नाम कश्यप था। विष्णु पुराण के अनुसार पिशाच, यक्ष और राक्षस–ये सभी कश्यप की सन्तान थे। एफ. ई. पार्जिटर के अनुसार दैत्य, दानव, नाग, राक्षस आदि नामों से यह तात्पर्य नहीं है कि ये जातियाँ मानवों, सौद्युम्नों या चन्द्रवंशी ऐलों से भिन्न हैं, बल्कि, ये भारतीय परम्परा के अन्तर्गत अर्द्ध-सभ्य और विद्रोही जातियाँ थीं।[3]

कल्हण की 'राजतरंगिणी' में निषाद, किरात, कैवर्त, कल्यपाल (कलवार)[4], डोम्ब (डोम), श्वपाक, चाण्डाल, पारधी आदि जातियों का उल्लेख भी मिलता है। उन्होंने गन्धार प्रदेश तथा कश्मीर की सीमान्त जातियों का भी उल्लेख किया है। पामीर की उत्तर दिशा में गुह्यक, यक्ष तथा दरद थे। दक्षिण दिशा में गान्धार एवं दरद थे। (रा.त., 1/66, 317) पूर्वोत्तर दिशा में भौट्ट[5] (भोट) थे। (रा.त., 1/312) पूर्व-दक्षिण दिशा में किन्नर थे। (रा.त., 1/199) जबकि पश्चिम दिशा में यवन, म्लेच्छ एवं अन्य अनार्य जातियाँ थीं। शबर (रा.त., 3/33) तथा निशाचर (रा.त., 3/39) जंगलों में रहनेवाली पौराणिक जातियाँ थी। कल्हण के अनुसार उनके स्थान तथा क्षेत्र विस्मृति-सागर में डूब गये थे। उनके कहने का आशय यह है कि इन पौराणिक जातियों के वंश-मूल के बारे में कोई विशेष जानकारी उपलब्ध नहीं है।

'नीलमत पुराण' में नाग, पिशाच, दार्व, अभिसार, गान्धार, जुहुण्डर, शक, खस, तंगण, माण्डव, मद्र, अन्तर्गिरि तथा बहिर्गिरि जातियों का उल्लेख है। इनमें नाग और पिशाच जातियों का निवासस्थान कश्मीर बताया गया है, शेष जातियाँ आसपास के प्रदेशों में रहती थीं। मद्र[6] जाति के लोग मूलतः उत्तर-पूर्वी पंजाब के निवासी थे। लेकिन प्रथम शताब्दी ई.पू. में दक्षिणी भाग में जाकर बस गये थे। इन्होंने अपना अस्तित्व चौथी शताब्दी ई. तक बनाये रखा था। बृहदारण्यकोपनिषद् में मद्र जाति के लोग यज्ञों में निष्णात बताये गये हैं। लेकिन 'महाभारत' में मद्र जाति के लोगों की निन्दा की गयी है।

अन्तर्गिरि तथा बहिर्गिरि हिमालय के मध्यवर्ती और निचले भूभागों में रहनेवाली पहाड़ी जातियाँ थीं। जुहुण्डर सम्भवतः वही हैं जिनका उल्लेख वायुपुराण में जुहुड, मत्स्यपुराण में जगुड, विष्णुधर्मोत्तरपुराण में जाहुत, मार्कण्डेयपुराण और महाभारत में जागुड के रूप में हुआ है। जागुड की पहचान दक्षिणी अफगानिस्तान से की गयी है। इस जाति का उल्लेख भारत के उत्तर पश्चिम में रहनेवाली लम्पाक, शूलिक, गान्धार आदि जातियों के साथ हुआ है।

बौद्ध धर्म से यक्ष जाति के लोगों का गहरा सम्बन्ध था। बौद्ध-युग में यक्ष और नाग समान रूप से प्रबल थे। यक्षों और नागों से सम्बन्ध रखनेवाली बौद्ध कथाएँ प्रायः एक जैसी प्रतीत होती हैं। भगवान् बुद्ध ने नागों और यक्षों को एक ही तरीके से वश में किया था। यक्षों और नागों के नामों में भी समानता दिखायी देती है।

किरात पर्वतीय वनों में रहनेवाली जाति थी। (रा.त., 3/39) ये मूलतः शिकारी थे और गजचर्म, हाथी-दाँत, मुक्ता आदि मूल्यवान वस्तुएँ व्यापारियों को उपलब्ध कराते थे या राजाओं को भेंट करते थे। कालिदास के अनुसार इनकी स्त्रियाँ राजपरिवार में चँवर डुलाने का कार्य करती थीं। एक आख्यान के अनुसार जब

अर्जुन से शिव का युद्ध हुआ था, तब शिव किरात-वेश में ही थे। किरातों की सबसे बड़ी देन शाक्त-मत का विकास है। तत्कालीन अन्य वर्गों की स्त्रियों की तुलना में किरात-समाज की स्त्रियाँ अधिक स्वतन्त्र या स्वच्छन्द थीं। शायद इसलिए भी प्राचीन काल में कश्मीर में वामाचार के प्रचार में कुछ आसानी हुई होगी।

पिशाच और नाग जातियों के लोग कश्मीर के मूल निवासी थे। उपर्युक्त अन्य जातियाँ कश्मीर की सीमावर्ती थीं। कल्हण ने 'राजतरंगिणी' में पिशाच के अर्थ में 'यक्ष' शब्द का प्रयोग भी किया है। (रा.त. 1/148) उन्होंने पिशाच जाति को अपवित्र बताया है। (रा.त. 6/155) अथर्ववेद में पिशाचों का उल्लेख मानवों (अर्थात् आर्यों) के शत्रु और भूत-प्रेत के रूप में किया गया है। लेकिन 'जैमिनी ब्राह्मण' में पिशाचों का उल्लेख स्पष्टतया मनुष्य रूप में किया गया है। उसके अनुसार इक्ष्वाकु-वंशीय राजा त्रायारुण की माता एक पिशाच-कन्या थीं। यही बात 'पंचविंश ब्राह्मण' और 'शातायण ब्राह्मण' में भी कही गयी है।

'महाभारत' में नर-भक्षियों के अर्थ में पिशाचों का उल्लेख किया गया है। उसमें उत्तर-पश्चिम प्रान्तों के निवासी दरद, खस, शक, यवन आदि के साथ ही पिशाच जाति का उल्लेख किया गया है। (महा. 8/398) उसमें कहा गया है कि राक्षस और पिशाच हिमवान की रक्षा करते हैं। (महा. 8/2104) उसमें यह भी कहा गया है कि पश्चिम पंचनद के निवासी बाह्लीक लोग विपासा (व्यास) नदी के तट पर रहनेवाले पिशाचों के वंशज हैं। (महा. 8/2064) उसके अनुसार श्रीकृष्ण ने पार्वतीयों, दाशरेकों, काश्मीरकों, आसुरकों और समुद्गलों के अलावा पिशाचों का भी नाश किया था। (महा. 7/398) उसमें कहा गया है कि पिशाचों ने क्षत्रियों की भाँति यज्ञ किये थे। (महा. 12/655, 9960) इससे स्पष्ट है कि पिशाच जाति के लोग वैदिक परम्परा के अनुयायी थे।

आचार्य धनंजय (10वीं शताब्दी ई.) के 'दशरूपक' नामक ग्रन्थ से ज्ञात होता है कि पिशाच और भूत निम्न श्रेणी की जातियाँ मानी जाती थीं। लक्ष्मीधर (16वीं शताब्दी ई.) नामक संस्कृत लेखक की 'षट्भाषा चन्द्रिका' में केकय, बाह्लीक, भोट, गन्धार आदि प्रदेशों को 'पिशाच देश' कहा गया है। ये सभी कश्मीर के आसपास के इलाके हैं। उल्लेखनीय है कि इन प्रदेशों का भौगोलिक नाम पिशाच नहीं था, बल्कि पैशाची भाषा के प्रयोग की दृष्टि से इनको 'पिशाच देश' कहा गया है। केकय देश में बोली जानेवाली पैशाची मानक भाषा थी।

डॉ. जॉर्ज अब्राहम ग्रियर्सन ने लिखा है कि- ''दर्दिस्तान के निवासियों का प्राचीन साहित्य में प्रायः उल्लेख मिलता है। संस्कृत साहित्य मे इन्हें 'दारद' अथवा

'दरद' कहा गया है। यह नाम केवल भौगोलिक ग्रन्थों में ही अनेक बार नहीं मिलता वरन् महाकाव्यों तथा पुराणों में भी इसका प्रयोग हुआ है। पश्चिमोत्तर भारत के अन्य निवासियों के साथ, भारतीय विद्वान् उन्हें 'बर्बर' कहकर पुकारते थे। उनके रीति-रिवाज भी बड़ी घृणा की दृष्टि से देखे जाते थे। उनके मनुष्यभक्षी होने की कथाएँ भी लोकप्रचलित थी। उन्हें 'पिशाच' शब्द से अभिहित किया गया, जिसका प्रयोग मनुष्य के मांस पर निर्भर रहनेवाले 'राक्षस' के अर्थ में किया जाता है। यह कहा नहीं जा सकता कि पिशाच उनका जातीय नाम था, जिसका अर्थ बाद में विस्तृत होकर इस प्रकार का दैत्य हो गया अथवा केवल बुराई करने के लिए दरद देश के निवासियों को कच्चा मांस खानेवाला कहा गया।"[7]

'नीलमत पुराण' में वर्णित एक दन्तकथा के अनुसार, नाग लोग सतीसर में रहते थे। भगवान शिव ने इस विशाल झील का पानी सुखा दिया, जिससे कश्मीर की उत्पत्ति हुई। तब नील नाग के पिता कश्यप ने उस घाटी को बसाना शुरू किया। कश्यप ऋषि ब्राह्मण थे और उनको नीलनाग का पिता बताया गया है। अथर्ववेद (4/2/6) में तक्षक नाग को ब्राह्मण कहा गया है। इससे प्रतीत होता है कि नाग कुल का सम्बन्ध ब्राह्मणों से भी था। बहरहाल, 'नीलमत पुराण' के अनुसार कश्यप ने कश्मीर घाटी में देवताओं, देवियों और नागों को बसाया। उनकी इच्छा वहाँ मानवों (मनु के वंशजों यानी आर्यों) को भी बसाने की थी, परन्तु नागों ने इसका विरोध किया। इस पर कश्यप ने उन्हें शाप दे दिया और उन्हें पिशाचों के साथ रहने पर विवश किया।

कश्मीर के मूल निवासी नागों की इच्छा न तो पिशाचों को अपने साथ वहाँ बसाने की थी और न ही मानवों को। परन्तु जब दोनों में से एक विकल्प चुनना था तब उन्होंने मानवों के साथ रहना पसन्द किया। बाद में उनके सम्बन्ध पिशाचों के साथ भी सामान्य हो गये प्रतीत होते हैं।

नाग वस्तुतः एक पहाड़ी जनजाति थी। कश्मीर में मानवों (आर्यों) के साथ नागों के सम्बन्ध अच्छे हो गये थे। लेकिन षडंगुल नामक एक नाग मानवों की पत्नियों का अपहरण कर लिया करता था। मानवों को प्रसन्न करने के लिए नागराज नील ने षडंगुल नाग को कश्मीर से निर्वासित कर दार्व प्रदेश में उशीरक पर्वत पर भेज दिया था।

सिद्ध गण (रा.त., 3/456) की भी एक जाति थी। कल्हण ने पुराणों के आधार पर खेचर (रा.त., 3/450) जाति का वर्णन किया है। कल्हण ने 'राजतरंगिणी' में 'कर्णीरथ' (पालकी) की सवारी का उल्लेख किया है। (रा.त. 5/219) ऐसे में उनको ढोनेवाले कहार भी निश्चित रूप से रहे होंगे।

अस्पृश्यता

कश्मीर के राजा चक्रवर्मन (924-935 ई.) के राजदरबार में डोम्ब (डोम) जाति के लागों का प्रभाव बहुत बढ़ गया था। मन्त्रिगण अपनी उन्नति के लिए उनकी सहायता लेने लगे थे। कुछ डोम्ब राजकर्मचारी भी बन बैठे थे। उस दौर में अस्पृश्य मानकर उनकी उपेक्षा करने के बारे में कोई सोच भी नहीं सकता था।

लगता है कि बौद्ध धर्म के प्रभाव से आठवीं शताब्दी के कश्मीर में वर्ण-व्यवस्था ढीली पड़ गयी थी। 'राजतरंगिणी' के अनुसार प्राचीन काल में असवर्ण विवाह तथा अछूतों के प्रति उदारता के कई उदाहरण हैं। पर यही उदारता आगे चलकर अछूतों के प्रति गहरी घृणा में परिणत हो गयी।[8]

एक बार जब अपने पुत्र अभिमन्यु की संरक्षिका के रूप में रानी दिद्दा कश्मीर पर शासन कर रही थी, तभी तुंगेश्वर नामक स्थान पर भीषण आग लग गयी। इस अग्निकाण्ड में अनेक घर जलकर खाक हो गये। कल्हण ने 'राजतरंगिणी' में उसका वर्णन करते हुए लिखा है कि "उस आग ने डोम और चाण्डालों के सम्पर्क से दूषित राजाओं द्वारा भ्रष्ट किये गये सभी बड़े-बड़े घरों को जलाकर उस नगर तथा (कश्मीर) मण्डल को शुद्ध कर दिया।" (रा.त., 6/192) कल्हण के इस कथन से अन्त्यज जातियों के प्रति उच्च जातियों के नजरिये का पता चलता है। परन्तु यह भी उल्लेखनीय है कि प्राचीन कश्मीर में अस्पृश्यता के बहुत कम उल्लेख मिलते हैं। तथाकथित निम्न कुलो्भव जातियों का उल्लेख सामान्यत: क्षुद्र सन्दर्भों में नहीं हुआ है। तथाकथित शूद्र जातियों के लोग राजाओं के अभिषेक में भी भाग लेते थे।

कल्यपाल (कलवार) जाति की जयादेवी नामक एक वेश्या की सुन्दरता पर मुग्ध होकर राजा ललितापीड (785-797 ई.) ने उसे अपनी रखैल बना लिया था। उससे उत्पन्न चिप्पट जयापीड अपने पिता के बाद कश्मीर का राजा बना। (रा.त., 4/677) हीन-मातृकुल के कारण उसके राजा बनने में किसी प्रकार का कोई अवरोध उत्पन्न नहीं हुआ था। कल्हण ने उत्पल राजवंश के राजा शंकरवर्मा को भी कल्यपाल वंश में उत्पन्न बताया है। (रा.त., 5/206) इन उदाहरणों से पता चलता है कि कश्मीर में महत्त्वपूर्ण पद पाने के क्रम में गोत्र से अधिक गुण को महत्त्व दिया जाता था।

हिन्दुओं और मुसलमानों में पारस्परिक विवाह

'नीलमत पुराण' में बाल-विवाह का उल्लेख नहीं है। प्राचीन कश्मीर में प्राय: वयस्क होने के बाद ही विवाह होता था।

कश्मीरी इतिहासकार जोनराज के अनुसार प्रारम्भिक मुस्लिम काल में हिन्दुओं

और मुसलमानों में विवाह-सम्बन्ध होता था। हिन्दू लोग मुसलमान कन्याओं को प्रायः ग्रहण नहीं करते थे, जबकि मुसलमान लोग हिन्दू वधुओं को सहर्ष स्वीकार करते थे।

कश्मीर में एक वर्ग या एक जाति के हिन्दुओं और मुसलमानों में पारस्परिक विवाह करने की प्रथा सत्रहवीं शताब्दी तक बनी रही। जैसे शैवों, शाक्तों, वैष्णवों, बौद्धों आदि में परस्पर-विवाह होने में मत का भेद बाधक नहीं होता था, वैसे ही हिन्दुओं और मुसलमानों में भी। जैसे हिन्दू की लड़की मुस्लिम के घर जा कर मुस्लिम हो जाती थी, वैसे ही मुस्लिम की लड़की हिन्दू के घर आ कर हिन्दू हो जाती थी। पत्नी की मृत्यु के बाद उसके मृत शरीर को उसके पति के धर्म के अनुसार जलाया या दफनाया जाता था। शाहजहाँ ने अपने प्रशासन में इस प्रथा को एकतरफा करने के लिए अक्टूबर 1634 ई. में यह आदेश जारी किया कि कोई भी हिन्दू युवक मुस्लिम-स्त्री से ब्याह करने के पहले मुस्लिम बने, अन्यथा उसको त्याग दे। इस आदेश का कड़ाई से पालन कराये जाने के बाद पूर्व-प्रचलित प्रथा बदल गयी।[9]

स्त्रियों की दशा

कश्मीर के सामाजिक जीवन में स्त्रियों को महत्त्व दिया गया है। 'नीलमत पुराण' में पुत्रहीन राजा की मृत्यु होने पर उसकी गर्भवती पत्नी को राज्य का अधिकार दिया है। (नी.पु. 9) कश्मीर की सामाजिक व्यवस्था में नारियों को जितनी स्वतन्त्रता प्राप्त थी, उत्तर भारत में अन्यत्र कहीं दिखायी नहीं देती। किशोरियों को कला की शिक्षा दी जाती थी। प्राचीन कश्मीर में पर्दा-प्रथा प्रचलित नहीं थी। कश्मीर के स्वच्छन्द झरनों की तरह वहाँ की स्त्रियाँ भी स्वतन्त्रता के साथ समाज में विचरण करती थीं। नीलमत के अनुसार गृहस्थ अपने परिवार की स्त्रियों के संग उपवनों में जाया करते थे। कौमुदी महोत्सव के अवसर पर स्त्रियाँ अपने पति, बच्चों, मित्रों और सेवकों के साथ अग्निपूजन करती थीं। उन्हें उत्सवों और धार्मिक पर्वों में भाग लेने की अनुमति प्राप्त थी। वह बीजारोपण जैसे कृषि उत्सवों के दौरान खेतों में मनाये जा रहे नाच-गान में भी भाग लेती थी। स्त्रियाँ उपवनों में जाकर फलद्रुमों की पूजा करती थीं। झीलों, नदियों, झरनों से सुशोभित कश्मीर घाटी के सामाजिक जीवन में जलक्रीड़ा आनन्द का एक प्रमुख साधन थीं। नीलमत पुराण के अनुसार श्रावणी उत्सव के अवसर पर कश्मीरी कुमारियाँ जलक्रीड़ा करती थीं। महीमान उत्सव के अन्तिम दिन स्त्रियाँ वस्त्रभूषणों से सजधज कर पुरुषों के संग खेलती थीं।

नवहिमपातोत्सव के दिन स्त्रियों की पूजा की जाती थी। माघ मास की शुक्लचतुर्थी,

आश्विन चतुर्थी तथा ज्येष्ठ चतुर्थी पर बहनों तथा सौभाग्यवती स्त्रियों की पूजा का विधान था। मार्गशीर्ष की पूर्णिमा पर ऐसी ब्राह्मण-स्त्री को लाल वस्त्र देने को कहा गया है जिसके पति और पुत्र जीवित हों। उस अवसर पर बहन, बुआ तथा मित्र की पत्नी को भी वस्त्र भेंट करने की प्रथा थी। मदनत्रयोदशी के दिन पति स्वयं अपनी पत्नी को पवित्र जल से स्नान कराता था, जो उसके प्रति प्रेमभाव का द्योतक था।

'राजतरंगिणी' से भी तत्कालीन स्त्रियों की दशा का स्पष्ट बोध होता है। कल्हण के अनुसार, यशस्कर के राजा बनने के बाद कश्मीर की गृहणियाँ वंचक गुरुओं से दीक्षा लेकर अपने में देवत्व की मिथ्या भावना करके मस्तक हिलाती हुई अपने पतियों के पवित्र शील का निषेध नहीं करती थीं। (रा.त. 6/12) लगता है कि पूर्व में स्त्रियाँ वंचक गुरुओं से दीक्षा लेती थी; और ऐसा करने के बाद अपने पतियों के प्रति उनका व्यवहार उचित नहीं होता था।

राजाओं के राज्याभिषेक के समय रानियों का भी पवित्र जल से अभिषेक किया जाता था। सुगन्धा और दिद्दा-जैसी रानियों ने राजकार्य के साथ ही सैन्यकार्यों में भी भाग लिया था। यद्यपि दिद्दा, सूर्यमती, सुगन्धा और कोटादेवी विलासप्रिय रानियाँ थीं, तथापि उन्होंने प्रशासनिक योग्यता भी प्रदर्शित की। यह सच है कि वहाँ की अधिकांश रानियाँ स्वेच्छाचारिणी थीं, फिर भी दिद्दा, सुगन्धा और सूर्यमती के कार्यों से पता चलता है कि स्त्रियों को सार्वजनिक जीवन में कितने अवसर मिलते थे।

राजा शंकरवर्मा के निधन के बाद उसकी विधवा सुगन्धादेवी के संरक्षण में गोपालवर्मा राजा बना। उस समय राजमाता सुगन्धा ने विधवा होने के बावजूद सुखोपभोग किया और कामासक्त होकर प्रभाकरवर्मा नामक एक मन्त्री से प्रेम करने लगी। (रा.त. 5/230) बहरहाल, कश्मीर में स्त्रियों के प्रति अत्याचार और दुराचार के उदाहरण भी मिलते हैं। कल्हण ने राजा चक्रवर्मा द्वारा एक ब्राह्मण की स्त्री के साथ बलात्कार करने का भी उल्लेख किया है। (रा.त. 5/402)

क्षेमेन्द्र का स्त्री-सम्बन्धी दृष्टिकोण कुछ संकुचित प्रतीत होता है। उन्होंने घरेलू स्त्रियों के चरित्र पर भी छींटाकशी की है। उसके अनुसार, कई भेष में ऐसी स्त्रियाँ होती हैं जो सभ्य परिवार की औरतों को कुमार्ग पर ले जाती है। इनमें वे भस्म रमाये हुई वेश्याओं, बूढ़ी बौद्ध भिक्षुणियों एवं गणकों की स्त्रियों को रखते हैं (कलाविलास, 9/23)। ये सभी धार्मिक वर्ग की स्त्रियाँ हैं। क्षेमेन्द्र के इस उद्धरण से ऐसा प्रतीत होता है उत्तर-पश्चिमी भारत में बौद्ध भिक्षुणियों का अध:पतन हो चुका था। 'समयमातृका' के तृतीय समय में वर्णित कंकाली के चरित्र से इसकी पुष्टि होती है। राय कृष्णदास के मतानुसार, "आज जो प्रचलित द्वन्द्वसमास है-

रण्डी-मुण्डी, उसमें मुण्डी शब्द का मूल मुण्डिता (मूड़ मुड़ाई, साधुनी) स्त्री हो सकता है।''[10]

सोमदेव ने स्त्रियों के स्वभाव के विश्लेषण में बहुत रुचि ली है। स्त्री-चरित्र की अनेक कहानियाँ उनके ग्रन्थ 'कथासरित्सागर' में वर्णित है। स्त्रियों के स्वभाव के गुण-दोषों का चित्रण उन्होंने खुलकर किया है। 11वीं शताब्दी का कश्मीर स्त्रियों के विषय मे कुछ अधिक सम्मानसूचक भाव से प्रभावित नहीं था। चरित्र सम्बन्धी हीनता और अमर्यादित उच्छृंखलता प्राय: स्त्री-चरित्र के ऐसे पक्ष को सामने रखती है, जो किसी प्रकार भव्य नहीं कही जा सकती। सोमदेव का गुण इतना ही है कि वे कुछ भी कहने में खटक का अनुभव नहीं करते। जैसे बरसाती नदियों की मटमैली धाराओं के ऊपर चारों ओर का खर-पतवार आकर बहने लगता है, वैसे ही सोमदेव की कथाओं की शैली बुराइयों को समेटकर सामने ले आती है।[11]

बिल्हण कृत 'विक्रमांकदेवचरित' में कश्मीरी स्त्रियों को परम सुन्दरी और विदुषी बताया गया हैं। उसमें कहा गया है कि कश्मीर के हर घर में स्त्रियाँ मातृभाषा की तरह प्राकृत और संस्कृत भाषाओं का प्रयोग करती थीं। नाटकालयों में स्त्रियों को अभिनय करते देख रम्भा, चित्रलेखा और उर्वशी आदि अप्सराएँ लज्जित हो जाती थीं। दामोदरगुप्त कृत 'कुट्टनीमत' के अनुसार स्त्रियों को शिक्षा प्राप्त करने का अधिकार प्राप्त था। कुल मिलाकर, प्राचीन कश्मीर में स्त्रियों को न केवल पर्याप्त स्वतन्त्रता प्राप्त थी, अपितु उन्हें सम्मान की दृष्टि से भी देखा जाता था।

विधवाओं की स्थिति

समाज में विधवाओं की स्थिति असन्तोषजनक थी। उनके रहन-सहन पर कुछ प्रतिबन्ध अवश्य थे। उनकी वेशभूषा सधवाओं से भिन्न होती थी। उनके पुनर्विवाह का विधान नहीं था। परन्तु पति के मरने के बाद सम्पत्ति का अधिकार विधवा को ही मिलता था।

कल्हण की 'राजतरंगिणी' के अनुसार राजा तुंजीन के निधन के बाद उनकी रानी वाक्पुष्टा सती हो गयी थीं। (रा.त., 2/56) कल्हण ने रानी वाक्पुष्टा को कश्मीर की प्रथम सती कहा है। प्रवरसेन प्रथम के पुत्र युवराज तोरमाण के निधन के बाद उसकी पत्नी अंजना ने भी सती होना चाहा था, लेकिन अपने पुत्र प्रवरसेन (द्वितीय) के समझाने पर उसने वैसा नहीं किया था। उत्पलवंशीय राजा शंकरवर्मा के देहान्त के बाद सुरेन्द्रवती आदि उसकी तीन रानियाँ सती हो गयीं। न केवल रानी, बल्कि एक स्वामिभक्त सेवक जयसिंह भी राजा के साथ चितारूढ़ हो गया था। (रा.त. 5/226) राजा यशस्कर के निधन के बाद उनकी पतिव्रता पत्नी त्रैलोक्यदेवी

सती हो गयी थीं। (रा.त. 6/107) इन दो-चार अपवादों को छोड़कर कश्मीर के सामाजिक जीवन में सती-प्रथा जैसी कुरीति को प्रश्रय नहीं दिया गया था।

देवदासी-प्रथा

'नीलमत पुराण' के एक पद्य में सुकुमारियों से युक्त देवालय का उल्लेख किया गया है। (नी. पु. 20) इससे देवदासी प्रथा का संकेत मिलता है। 'राजतरंगिणी' में भी देवदासी प्रथा के अनेकत्र उल्लेख हैं। उसमें कश्मीर के राजाओं द्वारा देवदासियों के भोग का भी वर्णन है। कर्कोटक काल में नोण नामक एक सेठ द्वारा देवमन्दिरों में नृत्य-गायन के लिए अपनी रूपवती पत्नी नरेन्द्रप्रभा को देवदासी के रूप में अर्पित किये जाने के संकल्प का उल्लेख किया गया है। (रा.त., 4/36) परन्तु इसकी नौबत नहीं आयी और राजा दुर्लभक ने नरेन्द्रप्रभा को अपनी महारानी बना लिया था। कर्कोटक वंश के प्रसिद्ध राजा चन्द्रापीड राजा दुर्लभक प्रतापादित्य और रानी नरेन्द्रप्रभा के पुत्र थे।

एक बार निर्जन वन में राजा ललितादित्य ने दो सुन्दरियों को देखा, जिनमें से एक गा रही थी और दूसरी नृत्य कर रही थी। नाच-गान समाप्त करने के बाद उस स्थान को प्रणाम करके वे दोनों लौट रही थीं। परिचय पूछने पर उन्होंने बताया कि "हम दोनों देवदासियाँ हैं। यहाँ से कुछ ही दूर शूरवर्द्धन नामक गाँव में हमारा निवास है। अपनी माता के आदेश पर हमारे कुल की नर्तकियाँ प्रतिदिन इस स्थान पर आकर नृत्य करती हैं।" उन्होंने यह भी कहा कि वे लोग यहीं की जीविका पर निर्वाह करती हैं; और उनके कुल में यह परम्परा पुराने समय से चली आ रही है। (रा.त., 4/266-271) 'राजतरंगिणी' के इस वर्णन से स्पष्ट है कि कश्मीर में देवदासी प्रथा की जड़ें बहुत गहरी थीं। एक अन्य स्थान पर कवि कल्हण कहते हैं-"इस देश में देवदासियाँ भी राजा के विरुद्ध विद्रोह में आनन्द लेती हैं।"

राजा जलौक ने भगवान ज्येष्ठेश (शिव) की पूजा के समय मन्दिर में नृत्य, गायन एवं सेवा के लिए नृत्यकला में प्रवीण अन्तःपुर की सौ स्त्रियों को नियुक्त किया था। (रा.त. 1/148) कश्मीर के इतिहास में यह प्रथम अवसर था जब मन्दिरों में नृत्य-गायनशील महिलाओं का देव-सेविका के रूप में प्रवेश हुआ था। वह प्रथा कालान्तर में देवदासी प्रथा में बदल गयी।

वेश्यावृत्ति और दुराचरण

'नीलमत पुराण' में गणिकाओं द्वारा देह-व्यापार करने का कोई उल्लेख नहीं मिलता है, जबकि कल्हण, सोमदेव और क्षेमेन्द्र के ग्रन्थों में उनके देह-व्यापार करने का उल्लेख है। 'नीलमत' में गणिकाओं के नृत्य और संगीत को महत्त्व दिया गया है।

लेकिन क्षेमेन्द्र ने 'समयमातृका' नामक अपनी रचना में वेश्याओं और वेश का वास्तविक चित्रण करके उनके चक्कर में फँसनेवालों की हँसी उड़ाई है। उनकी एक अन्य रचना में एक बूढ़ी वेश्या कहती है कि "मैं तो वाराणसी चली जाती, पर उसमें एक बड़ी तकलीफ है। वहाँ बिना प्याज के मैं जिऊँगी कैसे?" (देशोपदेश, 3/45)

कश्मीर के राजा ललितापीड (785-797 ई.) के विलासमय जीवन में क्षेमेन्द्र द्वारा वर्णित वेश्या-जीवन की झलक मिलती है। वह अपना धन-वैभव वेश्याओं और नर्तकियों पर लुटाता था। वेश्याओं की मदद से उसके अधीनस्थ अधिकारी जो चाहे वह करवा लेते थे। कल्हण के अनुसार वह वेश्याओं के पदांकित कपड़े पहनने के लिए मन्त्रियों को बाध्य करता था। (रा.त. 5/660-672)

क्षेमेन्द्र ने वेश और वेश्याओं का यथार्थपरक वर्णन किया है। नाच-गाकर ग्राहक का दिल बहलाना और उनसे भरपूर धन ऐंठना ही उनका मुख्य पेशा था। इस कार्य में कुट्टनियाँ उनकी सहायक होती थीं। तत्कालीन विट वेश्याओं के दलाल बनकर रह गये थे। साज-सिंगार करके बूढ़ी वेश्याएँ भी अपना शरीर बेचती थीं।

प्राचीन भारतीय साहित्य में स्त्री-चरित्र की पवित्रता पर बहुत बल दिया गया है। मध्यकालीन साहित्य में भी पातिव्रत धर्म की महिमा गायी गयी है, पर साथ ही साथ उसमें स्त्रियों के दुराचरण का रोना भी रोया गया है। पति को धोखा देकर जार के संग रमण मध्यकालीन साहित्य का एक अभिप्राय-सा बन गया था। क्षेमेन्द्र ने काफी खुलकर कुलांगनाओं, विशेषकर राजकर्मचारियों की स्त्रियों, विधवाओं और परदेस गये बनियों की स्त्रियों की चरित्रहीनता का वर्णन किया है। क्षेमेन्द्र के अनुसार मध्यकालीन कौल-कापालिक क्रियाएँ भी स्त्रियों को चरित्र-भ्रष्ट करने में सहायक थीं।[12]

क्षेमेन्द्र के अनुसार सभी वर्गों में मदिरापान प्रचलित था, विशेषकर कौल-कापालिक तो सामूहिक रूप से मदिरापान को एक मुख्य धार्मिक प्रक्रिया का रूप मानते थे।

वस्त्र और पगड़ी

राजा हर्ष से पूर्व कश्मीर में रेशमी वस्त्रों तथा पगड़ी का प्रचार था। 'बद्धपट्टान्व्यधात्' शब्द से उनके रेशमी कपड़े पहने जाने की बात सिद्ध होती है। पगड़ी के विषय में कल्हण का कथन है कि "हर्ष से पूर्व सभाभवन में जगमगाने वाले अगणित दीपों की दीप्ति एवं सभासदों की साफ-सुथरी पगडियों से वह राजसभा फणिमण्डल पर चमकते हुए मणियों से शोभायमान शेष-शय्या सरीखी दिखती थी। स्वयं हर्ष भी बहुत ऊँची पगड़ी बाँधता था, जिस पर ऊँचा मुकुट बँधा रहता था।" स्पष्ट है कि

राजा हर्ष (1089-1101 ई.) से पूर्व और उसके समय में रेशमी वस्त्रों तथा पगड़ी का प्रचार बढ़ गया था। फ्यरन (एक लम्बा-जामा) पहनने की प्रथा कश्मीर में सूफी-सन्तो तथा मुस्लिम धर्मावलम्बियों के प्रवेश के बाद ही प्रारम्भ हुई थी जिसको वे अपने साथ फारस तथा मध्य-एशिया से लाये थे। डोगरा-शासन तक पतलून का रिवाज शुरू हो गया था।

शाला एवं जनाश्रय

कल्हण ने आरोग्यशाला तथा जनाश्रय (धर्मशाला) का उल्लेख किया है। उसने बौद्ध भिक्षुओं के रहने के लिए चतुःशाला (रा.त., 3/13) बनवाने का भी उल्लेख किया है। राजा सुरेन्द्र ने नरेन्द्रभवन विहार, सौरस विहार, जनक ने जालोर, अशोक ने धर्मारण्य, जलौक ने कृत्याश्रम, जुष्क ने जुष्कपुर, अमृतप्रभा ने अमृतभवन विहार, सादना रानी ने सादना विहार, सम्मा रानी ने सम्मा विहार और रानी भिन्ना ने भिन्ना विहार का निर्माण कराया था।

राजाओं ने चैत्य एवं स्तूप भी बनवाये थे। अशोक ने शुष्कलैव तथा वितस्तात्रा में स्तूप बनवाया था। (रा.त., 1/102) रानी अमृतप्रभा ने स्तोन्या स्तूप और इन्द्रदेवी ने इन्द्रभवन स्तूप का निर्माण कराया था। अशोक तथा कनिष्क ने स्तूपों तथा चैत्यों की शृंखला से कश्मीर मण्डल को आच्छादित कर दिया था।

विद्यावेश्म और शिक्षा-पद्धति

यद्यपि गुप्तकाल के कुछ पहले ही भारतवर्ष में तक्षशिला-जैसे पुराने विद्या-केन्द्र उपेक्षित हो चुके थे, तथापि उस दौर में कुछ नये केन्द्र भी बने। विद्या के ये नये केन्द्र बहुत सीमित संख्या में थे। आरम्भिक गुप्तकाल में कश्मीर बौद्ध अध्ययन का सबसे बड़ा केन्द्र था। लेकिन गुप्तकाल में नालन्दा महाविहार की स्थापना के बाद अध्ययन का केन्द्रबिन्दु पश्चिमोत्तर भारत से धीरे-धीरे पूर्वी भारत की ओर बढ़ता चला गया। नालन्दा करीब तीन शताब्दियों–छठी से नौवीं शताब्दी ई.–तक बौद्ध ज्ञान-परम्परा का केन्द्रबिन्दु बना रहा। और फिर पाल वंशीय राजाओं के आश्रय में विक्रमशिला, ओदन्तपुरी आदि कुछ अन्य संस्थाएँ भी विकसित हुईं।

जहाँ तक कश्मीर की बात है, वहाँ प्राचीनकाल में विद्यावेश्म एक प्रकार के आवासीय विद्यालय थे। वहाँ विद्वानों एवं विद्यार्थियों के पढ़ने के साथ ही रहने-खाने का भी समुचित प्रबन्ध था। कल्हण ने 'राजतरंगिणी' में लिखा है कि कश्मीर में कुछ आचार्यों के घर ही विद्यालय थे। (रा.त., 8/100) मन्दिरों में भी विद्यालयों का संचालन होता था। कश्मीर के राजा अवन्तिवर्मा (855-883 ई.) के राज्यकाल में मन्त्री शूरवर्मा के महोदय नामक प्रधान द्वारपाल ने 'महोदयस्वामी' मन्दिर बनवाया;

और उस मन्दिर में प्रसिद्ध वैयाकरण रामट उपाध्याय को व्याख्याता नियुक्त किया था। (रा.त., 5/29) विद्यार्थियों के लिए राजाओं की ओर से मठों का भी निर्माण होता था। मन्त्री शूरवर्मा ने विभिन्न प्रदेशों से विद्वानों को कश्मीर बुलाकर वहाँ की ज्ञान-परम्परा को पुनर्जीवित किया था। (रा.त., 5/32)

पूर्वमध्यकालीन साहित्य से पता चलता है कि मठ शिक्षा के प्रधान केन्द्र बन गये थे। कश्मीर और वाराणसी में अनेक मठ थे जिसमें विद्यायियों के पठन-पाठन का प्रबन्ध था। लेकिन प्रत्येक मठ में शिक्षा की आदर्श स्थिति ही नहीं थी। क्षेमेन्द्र ने ऐसे ही एक मठ का वर्णन किया है। यह कश्मीर में आये गौड़ विद्यार्थियों का मठ था। उसमें पढ़ना-लिखना तो नाममात्र ही का था...। एक अनपढ़ शिक्षक अपने विद्याथियों को कैसे अण्ड-बण्ड पाठ पढ़ाते थे इसका मनोरंजक चित्र क्षेमेन्द्र ने दिया है।[13] 'राजतरंगिणी' से पता चलता है कि उस समय अज्ञानी लोग भी ज्योतिषी, वैद्य, मन्त्री, गुरु, अमात्य, पुरोहित, वकील, न्यायाधीश अथवा लेखक बन जाते थे। (रा.त. 6/13) राजा यशस्कर के समय में इस स्थिति में बहुत सुधार हुआ था।

मठ, प्रतिष्ठान एवं सत्र

साधु-सन्तों के लिए मठ बनाये जाते थे। राजाओं द्वारा चतु:शाला मठ, पाशुपत मठ, ब्रह्ममठ, मध्यमठ, खेरीमठ, थेडामठ, भीयामठ और मेघमठ स्थापित किये गये थे। रानी दिद्दा मठ बहुत प्रसिद्ध था। मठों के निर्माण का सम्बन्ध पहले केवल शैव सम्प्रदाय से था। कल्हण ने रानी रणारम्भा द्वारा ब्रह्मविदों के लिए बनवाये गये ब्रह्ममण्डप का उल्लेख किया है। राजा तथा धनवान लोग गरीबों और यात्रियों के लिए प्रतिष्ठान (रा.त., 1/347) और सत्र (रा.त., 2/58) बनवाते थे।

सन्दर्भ और टिप्पणियाँ

1. क्षेमेन्द्र के काल (11वीं सदी ई.) तक 'कायस्थ' एक जाति का नाम नहीं था, वरन् एक पेशे का नाम था। उस समय राजकीय कर्मचारी वर्ग को कायस्थ कहा जाता था। डॉ. वासुदेवशरण अग्रवाल ने इसकी व्युत्पत्ति निम्नवत् की है- काय (कार्यालय) + स्थ (में रहने वाला)।
2. डॉ. मोतीचन्द्र, 'क्षेमेन्द्र और उनका समाज', पृ. 5; उ. प्र. हिन्दी संस्थान, लखनऊ, 1984 ई.।
3. There are, however, abundant indications that India contained many folk of rude culture or aboriginal stock, such as Nisadas, Dasas and Pulindas. Powerful races of hostile character are often mentioned, such as Danavas, Daityas, Raksasas, Nagas and Dasyus. Some of these were partially civilized, while others were rude and savage and were sometimes cannibals. Those races were reduced to subjection and their barbarous practices were

repressed; and, as they came under the influence of Aryan civilization, those names became opprobrions, until at length they ceased to possess any ethnological force and turned into purely evil appellations, just like the word asura, and all became synonymous with the meaning demon's. This process has gone on continuously; thus, Pisaca was originally the name of a tribe and ultimately turned to mean an impish goblin. (F. E. Pargiter, Ancient Indian Historical Tradition; page 290; Oxford University Press, London; 1922)

4. शराब बनाने और बेचने का वंशानुगत व्यवसाय करने के कारण कल्यपाल (कलवार या कलाल) जाति को निम्न वर्ग का माना जाता रहा है। परन्तु बीसवीं शताब्दी के आरम्भ में उन्होंने अपने परम्परागत व्यवसाय को त्यागकर अपने को खत्री या राजपूत मूल के रूप में प्रस्तुत करना शुरू किया।
5. दरद जाति के लोग बलुचिस्तान के निवासी थे और भौट्ट जाति के लोग बाल्टिस्तान के निवासी थे।
6. नकुल और सहदेव नामक पाण्डव कुमारों की माता माद्री मद्रदेश की राजकुमारी थीं। मद्र जाति की लोगों का देश मद्रदेश कहलाता था। वैदिक काल में मद्रों का स्थान बहुत ऊँचा था। मद्रों की राजधानी शाकल (आधुनिक स्यालकोट) थी।
7. भारत का भाषा-सर्वेक्षण; खण्ड-1, भाग-1; लेखक: सर जॉर्ज अब्राहम ग्रियर्सन, अनुवादक: डॉ. उदयनारायण तिवारी; पृ. 211-212; उत्तर प्रदेश हिन्दी संस्थान, लखनऊ; तृ. सं. 1979 ई.।
8. डॉ. मोतीचन्द्र; 'क्षेमेन्द्र और उनका समाज', पृ. 18; उ. प्र. हिन्दी संस्थान, लखनऊ, 1984 ई.।
9. जदुनाथ सरकार, 'हिस्ट्री ऑफ औरंगजेब', खण्ड-1; पादटिप्पणी, पृ. 62-63; एम. सी. सरकार एंड सन्स, कलकत्ता; 1912 ई.।
10. राय कृष्णदास द्वारा लिखित 'दो शब्द' पृ. पन्द्रह; (डॉ. मोतीचन्द्र; 'क्षेमेन्द्र और उनका समाज', उ. प्र. हिन्दी संस्थान, लखनऊ, 1984 ई.।)
11. 'महाकवि सोमदेव विरचित कथासरित्सागर'; प्रथम भाग, अनुवादक: केदारनाथ शर्मा सारस्वत; भूमिका-लेखक डॉ. वासुदेवशरण अग्रवाल, भूमिका पृ. 24 पर उद्धृत; बिहार राष्ट्रभाषा परिषद्, पटना; 1960 ई.।
12. डॉ. मोतीचन्द्र, 'क्षेमेन्द्र और उनका समाज', पृ. 6; उ. प्र. हिन्दी संस्थान, लखनऊ, 1984 ई.।
13. डॉ. मोतीचन्द्र, 'क्षेमेन्द्र और उनका समाज', पृ. 7; उ. प्र. हिन्दी संस्थान, लखनऊ, 1984 ई.।

अध्याय 6

प्राचीन एवं पूर्व-मध्यकालीन अर्थव्यवस्था

कल्हण की 'राजतरंगिणी' और क्षेमेन्द्र (11वीं शती ई.) की 'नर्ममाला', 'देशोपदेश' एवं 'समय मातृका' से प्राचीन कश्मीर की आर्थिक स्थिति की समुचित जानकारी मिलती है। ह्वेनत्सांग (7वीं शती ई.) एवं अलबेरूनी (11वीं शती ई.) के वृत्तान्त भी इस दृष्टि से उपयोगी हैं।

कृषि-उत्पादन

कृषि वहाँ के लोगों के जीविकोपार्जन का प्रमुख साधन थी। वहाँ के निवासी मुख्यत: कृषि पर ही निर्भर थे। अधिकांश लोग कृषि सम्बन्धी कार्यों में ही लगे रहते थे। कल्हण के अनुसार, राजा यशस्कर के शासनकाल में प्रशासनिक सुदृढ़ता के कारण किसी राजकर्मचारी के लिए धन-उगाही करने के लिए कोई अवसर नहीं था। उस समय राजकर्मचारियों के पास कृषि-कर्म की देखरेख के अलावा अन्य कोई काम नहीं था। (रा.त. 6/8) इस बात से स्पष्ट है कि राज्य द्वारा कृषि-कार्यों को बहुत महत्त्व दिया जाता था।

प्राचीनकाल से ही कश्मीर की भूमि सिंचाई के समुचित साधनों के कारण कृषि के लिए उत्तम रही है। वहाँ पैदा की जाने वाली प्रमुख फसल धान थी। 'नीलमत पुराण' में धान्य का खाद्यान्न के रूप में प्रयोग किये जाने एवं पूजन के समय देवी-देवताओं पर चढ़ाये जाने का उल्लेख है। राजतरंगिणी से पता चलता है कि जलप्लावन के परिणामस्वरूप वर्षाकाल में उत्पन्न होनेवाले धान की फसल नष्ट हो जाती थी। (रा.त. 5/270) कृषि कार्य में हल चलाने के लिए बैलों का प्रयोग होता था। (रा.त. 4/347) आश्विन मास में फसल की कटाई के बाद नवान्न-उत्सव आयोजित किया जाता था। राजतरंगिणी में चावल को हाथ की चक्की से पीसने का उल्लेख किया गया है। कल्हण ने चावल के आटे (शालिचूर्ण) का उल्लेख किया है। (रा.त. 4/102) वहाँ जौ एवं दालें भी पैदा की जाती थी। नीलमत पुराण के

अनुसार कश्मीर में जौ की फसल पकने पर यवाग्रायण उत्सव मनाया जाता था। उस दिन यवान्न से देवताओं और पितरों की पूजा की जाती थी। फिर मंगलध्वनि और ब्राह्मणों के मन्त्रोच्चार के बाद जौ से तैयार भोजन किया जाता था। जौ की फसल वैशाख या ज्येष्ठ मास में तैयार होती थी, जैसा कि ज्येष्ठ मास में की जानेवाली यवाग्रायण विधि से प्रतीत होता है।

ओदन (भात) वहाँ का सामान्य भोजन रहा है। खाद्य पदार्थों में कृशर (खिचड़ी), इक्षु (ईख), कूष्माण्ड (कुम्हड़ा) और कुल्माष (कच्चे जौ) का भी उल्लेख मिलता है। इन खाद्य पदार्थों का उल्लेख प्रायः देवपूजन के सन्दर्भ में हुआ है। गौरतलब है कि मनुष्य जिन खाद्य पदार्थों को ग्रहण करता है, प्रायः उन्हीं को देवताओं को अर्पित करता है। इसलिए नीलमत पुराण में उल्लिखित उपर्युक्त खाद्य पदार्थ ही दरअसल कश्मीर के लोगों के भोज्य पदार्थ थे।

'नीलमत पुराण' से कृषि के सम्बन्ध में जानकारी मिलती है। उसमें कश्मीर प्रदेश को फलदार वृक्षों और धान की क्यारियों से समन्वित बताया गया है। जैसा कि 'कृष्यारम्भ उत्सव' के विधिविधान से सूचित होता है, धान के लिए बीज फाल्गुन में बोये जाते थे।

फल-उत्पादन

कश्मीर में अन्नोत्पादन के साथ ही फलों के उत्पादन पर भी बहुत ध्यान दिया जाता था। खेती और बागवानी वहाँ के किसानों की जीविका के मूल आधार थे। ह्वेनत्सांग कहता है कि, "यहाँ की भूमि उपजाऊ है; और यहाँ फल-फूल भी बहुत होते हैं। अन्न और फल के उत्पादन की ऐसी छटा अन्यत्र देखने को नहीं मिलती।" कश्मीर में सेव पैदा होता था। (रा.त. 6/356-357) इसके अलावा वहाँ नाशपाती, वन्य बेर, आड़ू, खूबानी, दाड़िम (अनार) एवं द्राक्षा (अंगूर) भी पैदा होता था। कल्हण और बिल्हण ने वहाँ अंगूर की खेती का उल्लेख किया है। अंगूर के लिए 'राजतरंगिणी' में द्राक्षा और 'नीलमत पुराण' में मृद्वीका शब्द का प्रयोग किया गया है।

हिमालय क्षेत्र में आलूचे के पेड़ गढ़वाल से लेकर कश्मीर तक पाये जाते हैं। इसका फल गोल, पकने पर पीला और स्वाद में खटमिट्ठा होता है, और पंजाब में बहुत खाया जाता है। अबुल फजल ने 'आईन-ए-अकबरी' में इस फल का उल्लेख किया है। अफगानिस्तान में आलूचे की प्रजाति का एक फल पैदा होता है, जिसे आलूबुखारा कहते हैं।

केसर पूरी दुनिया का सबसे महँगा मसाला है। इसको संस्कृत भाषा में कुंकुम भी कहते हैं; जबकि अरबी भाषा में इसको जाफरान कहा जाता है। करीब 75000

फूलों से आधा किलोग्राम केसर प्राप्त होता है। केसर के फूलों को सुखाने के बाद इनका प्रयोग खाने में सुगन्ध और रंग के लिए किया जाता है। भारत में केसर के उत्पादन में कश्मीर की एकछत्र प्रसिद्धि रही है। कश्मीर में श्रीनगर से 15 किमी दूर पामपुर (पद्मपुर) केसर की खेती के लिए प्रसिद्ध है। सातवीं शताब्दी में कश्मीर आनेवाले चीनी यात्री ह्वेनत्सांग का कहना है कि "यहाँ केसर और कुछ अन्य औषधीय पौधे भी भरपूर उगते हैं।"

अबुल फज़ल के अनुसार बादशाह अकबर फलों को ईश्वरीय देन मानकर उन पर बहुत ध्यान देता है। इस कारण ईरान और तूरान के उद्यानकला-विशेषज्ञ भारत आकर बस गये थे; और उनकी खेती-बाड़ी बढ़ गयी थी। यहाँ अच्छी किस्म के खरबूजे तथा अंगूर अधिकता से पैदा होने लगे थे। इसी प्रकार तरबूज, आड़ू बादाम, पिस्ता और अनार आदि फलने लगे थे। 'आईन-ए-अकबरी' में अबुल फज़ल ने लिखा है-

"जब से काबुल, कन्धार और कश्मीर के प्रदेश मुगल साम्राज्य में सम्मिलत हो गये हैं, तब से फलों की मोटों पर मोटें आने लगी हैं। साल भर उनसे मेवाफ़रोशों के घर भरे रहते हैं और बाजारों में खलिहान लगे रहते हैं।

हिन्दुस्तान के ख़रबूजे इलाही महीने फ़रवरदीन (चैत्र-वैशाख) से फलने लगते हैं और उर्दीबिहिश्त (वैशाख-ज्येष्ठ) में बहुत ज्यादा पैदा होते हैं। नाशपाती, बाबाशेखी, अलीशेरी, अल्वह बर्गेनै और दूदे-चिराग इत्यादि प्रजातियों के ख़रबूजे मीठे, कोमल और सुगन्धित होते हैं। वे दो मास तक और रहते हैं। शहरेवर (लगभग क्वार) के आरम्भ में कश्मीर से ख़रबूजे आने लगते हैं। इनके समाप्त होने के पहले से ही काबुली ख़रबूजे आने शुरू हो जाते हैं। आजुर (पूस) महीने में बदख़्शाँ से व्यापारियों के कारवाँ द्वारा ये आने लगते हैं; और दई (माघ) मास तक आते हैं।

खुरदाद (आषाढ़) से अमुरदाद (सावन-भादो) तक कई प्रकार के अंगूर मिलते हैं। शहरेवर में कश्मीरी अंगूर फलता है, जिससे बाज़ार भरा रहता है। कश्मीर में एक दाम के आठ सेर अंगूर मिलते हैं, और एक मन पर दो रुपये किराया लगता है। कश्मीरी लोग उनको शंकुकार (गाजर के आकार की) टोकरियों में पीठ पर लादकर चलते हैं। मेहर (कार्तिक) से उर्दीबिहिश्त महीने तक काबुल से अंगूर आते हैं।"[1]

सिंचाई के प्रबन्ध

'नीलमत' में कश्मीरमण्डल के लिए 'अदेवमातृक' विशेषण के प्रयोग से ऐसा प्रतीत होता है कि वहाँ के झरनों, झीलों और नदियों का जल सिंचाई के लिए भी

प्रयुक्त होता था। दरअसल, कश्मीर घाटी की बनावट इस प्रकार की सिंचाई के लिए उपयुक्त भी है।

कश्मीर के राजा दामोदर, बालादित्य और ललितादित्य ने फसलों को बाढ़ से बचाने के लिए बाँध बनवाये थे। ललितादित्य ने वितस्ता नदी के किनारे चक्रधर नामक स्थान पर रहट लगवाकर गाँवों में जल पहुँचाने का प्रबन्ध किया था। (रा.त., 4/191) नदियों और सरोवरों के जल का प्रबन्धन करने के कारण ललितादित्य के समय में कृषि-क्षेत्र और अन्न-उत्पादन में वृद्धि हुई थी। लेकिन राजा जयापीड के बाद के दौर में जल-प्रबन्धन पर समुचित ध्यान नहीं देने के कारण कश्मीर में अकाल पड़ गया था; और अनाज की कीमतें बहुत बढ़ गयी थीं। (रा.त., 5/68-71) राजा अवन्तिवर्मा के समय में सुय्य नामक एक मन्त्री ने नदियों के जल का समुचित प्रबन्धन करके कृषि-व्यवस्था के लिए अनुकूल स्थितियों का निर्माण किया था। (रा.त., 5/102-103) उसने वितस्ता नदी के दोनों किनारों पर पाषाण-सेतु बनवाकर महापद्म सरोवर के जल को नियन्त्रित किया था। सुय्य ने जिन ग्रामों को पानी देने की आवश्यकता समझी, वहाँ नदी से नहरें निकालकर पानी पहुँचाया गया। (रा.त., 5/110) इस प्रकार राजा अवन्तिवर्मा के समय में कश्मीर के खेतों में फसलें लहलहाने लगीं। और फिर स्वाभाविक रूप से कश्मीर में अनाज की कीमतें नियन्त्रित हो गयीं। (रा.त., 5/117) महापद्म सरोवर से निकली हुई भूमि और वितस्ता नदी के तट पर सुय्य ने सुय्यपुर नामक एक नगर भी बसाया था।

भूमि का अधिपति : राजा

'राजतरंगिणी' एवं 'नीलमतपुराण' में कश्मीर की भूमि को पार्वती का स्वरूप एवं वहाँ के राजा को शिव का अंश कहा गया है। इस प्राचीन परम्परा से स्पष्ट है कि कश्मीर में भूमि का अधिपति वहाँ का राजा होता था। यह उल्लेख भूमि पर राजा के स्वामित्व का द्योतक है। राजतन्त्र के उत्कर्ष के कारण राज्य का विस्तार हुआ और उसके साथ ही विजित भूभाग पर राजा का अधिकार स्थापित होता गया। 'राजतरंगिणी' में राजाओं द्वारा ब्राह्मणों, श्रमणों, मन्दिरों एवं विहारों को भूमिदान और ग्रामदान करने के कई उल्लेख मिलते हैं।

कश्मीर में अग्रहार

'नीलमत पुराण' में केवल एक बार, महापद्म की कथा में, भूमि-दान का उल्लेख हुआ है। 'राजतरंगिणी' में कल्हण ने तीन प्रकार के अग्रहारों का वर्णन किया है- राजकीय अग्रहार, द्विज-परिषद् अग्रहार एवं व्यक्तिगत पुण्यकार्य के लिए दिये गये

अग्रहार। कश्मीर के राजाओं द्वारा गन्धार-देशीय एवं कश्मीरी ब्राह्मणों को अग्रहार दिये जाने के कई उल्लेख मिलते हैं। राजा लव ने लेहरी नदी के तट पर बसे हुए लेवर नामक ग्राम को ब्राह्मणों को दान किया था। (रा.त. 1/87) उसके पुत्र और उत्तराधिकारी कुशेषय ने कुरुहार नामक अग्रहार ब्राह्मणों को दिया था। (रा.त. 1/88) कुशेषय के पुत्र और उत्तराधिकारी राजा खगेन्द्र ने खागि और खोनमुष नामक दो अग्रहारों का दान किया था। (रा.त. 1/89) राजा गोधर ने ब्राह्मणों को गोधर एवं हस्तिशाला नामक दो अग्रहार प्रदान किया था। (रा.त. 1/96) सुवर्ण के पुत्र राजा जनक ने जालौन नामक अग्रहार का निर्माण कराया था। (रा.त. 1/98) जनक के पुत्र राजा शनीचर ने शमांगार और शनार नामक अग्रहार का निर्माण कराया था। (रा.त. 1/99-100) कल्हण के अनुसार राजा जलौक ने वारवल; राजा अभिमन्यु ने कण्टकोत्स, राजा गोपादित्य ने स्कन्दपुर समाजस, रानी वाक्पुष्टा ने कनीमुप एवं रामुप; और राजा मेघवाहन ने मेघवन अग्रहार का दान किया था। हूण राजा मिहिरकुल ने गन्धार देश के ब्राह्मणों को एक हजार अग्रहार दान में दिये थे। (रा.त. 1/314) राजा यशस्कर ने ब्राह्मणों को वितस्ता नदी के किनारे स्थित 55 अग्रहार प्रदान किये थे। (रा.त. 6/89) यशस्कर ने अपनी पैतृक भूमि में आर्यदेशीय विद्यार्थियों के लिए एक मठ बनवाया; और वहाँ के मठाधिपति को उसने छत्र, चामर आदि राजचिह्न दे दिये; केवल टंक (यानी सिक्के ढालने का अधिकार) एवं अन्तःपुर नहीं दिया। (रा.त. 6/87-88) इन अनुदानों एवं अग्रहारों से कश्मीर के ब्राह्मणों की भूमि से सम्बद्धता का पता चलता है। चूँकि ब्राह्मणों के पास बहुत अधिक भूखण्ड थे, इसलिए उन सब पर स्वयं खेती कर पाना उनके लिए सम्भव नहीं था।

भू-सामन्त वर्ग का उदय

सम्भव है कुछ ब्राह्मण स्वयं भी भूमि जोतते हों, लेकिन मन्दिर और मठ दूसरों से खेती कराते थे। धार्मिक अनुदान प्राप्त पुरोहित और मन्दिर अपने अस्थायी या स्थायी काश्तकारों से लगान वसूल करने के लिए अधिकृत थे। अन्य कृषकों और भूस्वामियों को उपज का छठा भाग राजस्व के रूप में देना होता था। परन्तु मन्दिर, मठ एवं विहार और अग्रहार प्राप्त ब्राह्मण वसूल किये गये लगान की सम्पूर्ण राशि अपने भरण-पोषण के लिए रखने के लिए अधिकृत थे। उसका कोई भी भाग राजस्व के रूप में राजकोष में जमा करने की आवश्यकता नहीं थी। इसके परिणामस्वरूप ऐसे किसान अस्तित्व में आये जो राज्य (या राजा) के स्थान पर अग्रहारधारकों को लगान चुकाते थे।

भूमि अर्थव्यवस्था के गठन में याज्ञवल्क्य ने तीन चरण बताये हैं- महीपति (राजा), क्षेत्रस्वामी (जमींदार) और कृषक (किसान)। अग्रहारधारक कालक्रम में क्षेत्रस्वामी की भूमिका में आ गये। ये क्षेत्रस्वामी (यानी जमींदार) अस्थायी किसानों को पट्टे पर भूमि देने लगे; और काश्तकारों से प्राप्त लगान से उनका जीवनयापन होने लगा। ऐसे अनुदानों (अग्रहारों) का परिणाम यह हुआ कि कालक्रम में आर्थिक एवं राजनीतिक शक्ति से सम्पन्न एक प्रभावशाली मध्यवर्ती वर्ग पैदा हो गया। जैसे-जैसे भूमिधर ब्राह्मणों की संख्या बढ़ती गयी, उनमें से कई लोग धीरे-धीरे पुरोहिताई का काम छोड़कर अपना ध्यान अपनी भू-सम्पदा की व्यवस्था पर केन्द्रित करने लगे। ऐसे ब्राह्मणों के लिए सांसारिक दायित्व धार्मिक कर्तव्यों से अधिक महत्त्वपूर्ण हो गये। इसी प्रक्रिया द्वारा आठवीं शताब्दी ई. के आसपास कश्मीर में राजा एवं किसानों के मध्य डामर नामक सामन्तों का एक मध्यवर्ती वर्ग अस्तित्व में आया।

डामर ग्रामीणों की भूमि पर निर्वाह करनेवाला कुलीन वर्ग था। उनके विवाह-सम्बन्ध क्षत्रिय-कुलों तथा राजवंशों में होने लगे। डामरों की बढ़ती हुई शक्ति ने कश्मीर के राजाओं को चिन्तित और परेशान कर दिया था। तभी तो ललितादित्य-जैसे शक्तिशाली राजा ने अपने मन्त्रियों से यह कहा था कि "किसानों के पास केवल एक वर्ष तक निर्वाह करने के लिए पर्याप्त अन्न तथा खेती के लिए जितने आवश्यक हो, उतने ही बैल रहने देना चाहिए। अन्यथा वे प्रबल और त्रासद डामर बन जायेंगे और राजाज्ञा की अवहेलना करने लगेंगे।" (रा.त. 4/347-348)

राजा अवन्तिवर्मा के समय में लहर प्रान्त का धन्व नामक एक डामर बहुत शक्तिशाली हो गया था। भगवान भूतेश्वर के मन्दिर को मिले अग्रहारों पर उसका आधिपत्य था। वह शस्त्रधारी सैनिक रखने लगा था। (रा.त. 5/51-52)

राजा चक्रवर्मा को जब तन्त्रिनों द्वारा राज्यच्युत कर दिया गया था, तब मडव राज्य के संग्राम नामक एक डामर ने सशस्त्र संघर्ष में तन्त्रिनों को हराकर चक्रवर्मा को पुनः राजा बनाया था। लेकिन उस राजा ने डामरों के उपकारों को भुलाकर कई निरपराध डामरों की हत्या करवा दी। (रा.त. 5/405) इस बात से क्षुब्ध होकर डामरों ने घात लगाकर आक्रमण किया और राजा चक्रवर्मा को मौत के घाट उतार दिया। (रा.त. 5/406-413) कल्हण ने लिखा है कि चक्रवर्मा के मरने के बाद डामरों ने कश्मीर को लूट लिया था। (रा.त. 5/439)

रानी दिद्दा के समय में डामरों के दमन के लिए सैनिक दल भेजना पड़ा था। लोहर राजवंश के शासनकाल में डामरों की शक्ति बहुत बढ़ गयी। वे प्रशासनिक कार्यों में हस्तक्षेप करने के साथ ही सत्ता-परिवर्तन के लिए ताना-बाना भी बुनने लगे थे। भूमिपतियों का यह वर्ग किसानों पर अत्याचार करके,

अधिक कर वसूल करके, समृद्ध होने के बाद राज्य की राजनीति में प्रबल हस्तक्षेप करने लगा था।

वाणिज्य एवं व्यापार

कश्मीर की आर्थिक समृद्धि का आधार केवल कृषि नहीं थी। कश्मीर के व्यापारी मध्य एशिया, तुर्किस्तान, अफगानिस्तान, तिब्बत और चीन के साथ व्यापार करते थे। सिन्धु घाटी सभ्यता के निवासी सम्भवत: कश्मीर और हिमालय-क्षेत्र के जंगलों से देवदार की लकड़ी, औषधीय उपयोग के लिए शिलाजित और बारहसिंघे की सींग का आयात करते थे।[2] रोम देश को म्यांमार और कश्मीर से नीलम का निर्यात किया जाता था। पाणिनि कृत 'अष्टाध्यायी' में कश्मीर के व्यापारियों के लिए 'काश्मीरवाणिज' शब्द का प्रयोग किया गया है। जातकों में कहा गया है कि प्राच्य-देश विदेह के व्यापारी कश्मीर और गन्धार में जाकर व्यापार करते थे। कुषाण शासकों के समय में व्यापारिक गतिविधियों में सुदृढ़ता आयी। लेकिन हूणों के हमलों के बाद विदेश-व्यापार अवरुद्ध हो गया। उसके बाद कश्मीर की अर्थव्यवस्था कृषि के अलावा पंजाब एवं तिब्बत के साथ व्यापार पर आश्रित हो गयी। इस दौर में स्वाभाविक रूप से कृषि पर निर्भरता बढ़ गयी थी।

लवण का उल्लेख नीलमत में कई बार हुआ है, लेकिन यह कश्मीर में नहीं पाया जाता था। सम्भवत: देश के अन्य भागों से इसका आयात पीरपंचाल मार्ग से किया जाता होगा। क्षेमेन्द्र ने इस मार्ग को लवणसरणि नाम दिया है। 'नीलमत' में चीनांशुक के उल्लेख से प्रतीत होता है कि रेशमी वस्त्रों का आयात चीन से होता था।

निर्यात की वस्तुओं में केसर प्रमुख था। कश्मीर के केसर को सर्वोत्तम बताया गया है। प्राचीन भारतीय कोशों में केसर के पर्यायवाची 'काश्मीरज' शब्द से स्पष्ट है कि भारत के अन्य भागों में कश्मीर से ही केसर का निर्यात होता था।

यदि महाभारत के सभापर्व में उल्लिखित हैमवत प्रदेशों में कश्मीर को सम्मिलित माना जाये, तो कहा जा सकता है कि कश्मीर से केवल चीन के रेशमी वस्त्रों और बाह्लीक प्रदेश में बने वस्त्रों का ही नहीं, अपितु कश्मीर में बने ऊनी वस्त्रों तथा चमड़े की वस्तुओं का भी निर्यात होता होगा।

क्षेमेन्द्र ने मध्यकालीन व्यापार पर प्रकाश डाला है। ऊनी कपड़ा, चमड़ा और आभूषण उद्योग प्रमुख थे। सोने की चूड़ियाँ, बाजूबन्द, अँगूठी और अन्य आभूषण राजपरिवार के लोगों एवं दरबारियों की माँग पर तैयार किये जाते थे। 'नीलमत

पुराण' के अनुसार समाज में व्यवसायियों और व्यापारियों को प्रतिष्ठा प्राप्त थी। 'राजतरंगिणी' के अनुसार पान-फूल बेचनेवाले माली गर्मी के दिनों में सड़क किनारे किसी छायादार जगह पर बैठकर अपना सामान बेचते थे। (रा.त. 6/19)

'राजतरंगिणी' के अनुसार कश्मीर में महाजनी-प्रथा भी प्रचलित थी। ऋण चुकाने में कई व्यापारी कंगाल हो जाते थे। साहूकारों के तकाजा करने पर लोगों को अपनी जमीन, मकान और जायदाद तक बेचने को विवश होना पड़ता था। (रा.त. 6/15-17)

प्राचीन काल में एक महापथ गन्धार से लाहौर होते हुए गुजरात तक जाता था। उस महापथ से कश्मीर का रास्ता फूट कर भीमबर, नौशेरा, राजौरी, थाना, शादीमर्ग और हीरपुर होते हुए श्रीनगर पहुँचता था। राजौरी से पुंछ होते हुए एक अन्य मार्ग बारामूला को जाता था। टीफेन्थलर के अनुसार 18वीं सदी के अन्त की अराजकता के कारण व्यापारी लोग कश्मीर जाने के लिए नजीबगढ़ आजमगढ़, धरमपुर, सहारनपुर, ताजपुर, नहान, बिलासपुर, हरीपुर, मफरोटा, विसूली, भदरवा और कष्टवार का मार्ग अपनाते थे। यह मार्ग घुमावदार तो था, लेकिन व्यापारियों के लिए सुरक्षित था। शिमला की पहाड़ियों के बीच से होकर जानेवाला यह रास्ता व्यापारियों को लूटपाट से बचाता था।[3]

राजा यशस्कर की राजसभा में एक व्यापारी के कथन से पता चलता है कि उस समय सुशासन के कारण मार्ग में चोरों का भय समाप्त हो गया था। (रा.त. 6/46)

वाल्मीकि कृत 'रामायण' और मूलसर्वास्तिवादियों के 'विनय' में तक्षशिला से लेकर मथुरा तक जानेवाले व्यापारिक मार्ग का विवरण दिया गया है। मूलसर्वास्तिवादियों के विनय से पता चलता है कि मगध के प्रसिद्ध वैद्य जीवक कुमारभृत्य तक्षशिला से भद्रंकर (साकल/स्यालकोट), उदुम्बर (पठानकोट) और रोहीतक (रोहतक) होते हुए मथुरा पहुँचे थे। भौगोलिक स्थिति के कारण इस मार्ग पर औदुम्बरों का काफी प्रभाव था। पठानकोट-निवासी उदुम्बर लोग मगध और कश्मीर के बीच के व्यापार में हिस्सा बँटाते थे। प्राचीन काल में इस प्रदेश में बहुत अच्छा ऊनी कपड़ा बनता था, जिसे 'कोटुम्बर' कहते थे।

प्राचीन काल से ही कश्मीर में हस्तकलाओं को प्रश्रय दिया जाता रहा है। मध्यकाल में ज़ैनुल आब्दीन के राज्यकाल (1420-1470 ई.) में काष्ठ-कला, ताम्र-कला और पेपरमैशी की कला को राजाश्रय दिये जाने के कारण उनमें निखार आ गया था।

कश्मीरी शॉल

मुगलकाल में कश्मीरी कढ़ाईवाले शॉल की गुणवत्ता और निखर गयी। कश्मीर में बुनी जानेवाली ऊनी शॉल को अंग्रेजी में 'कैश्मीयर' कहते हैं। अबुल फज़ल ने अपनी किताब 'आईन-ए-अकबरी' में लिखा है-"पहले समय में लोग शॉलों को बहुधा कश्मीर से समय-समय पर लाते थे और मुद्दतों तक ओढ़ते थे। बादशाह के प्रोत्साहन देने से कश्मीर में शॉल बुनाई के उद्योग ने बहुत उन्नति की है। लाहौर में भी इसके एक हजार से ज्यादा कारखाने हैं।"[4] ब्रिटिश इतिहासकार मोरलैण्ड के अनुसार मुगलकाल में शॉल बनाने का काम मुख्यतः कश्मीर में ही होता था, मगर अकबर के संरक्षण के फलस्वरूप यह व्यवसाय लाहौर तथा मैदानी इलाकों के कुछ अन्य स्थानों में भी प्रतिष्ठित हो गया था।[5]

ऊनी वस्त्र, पुराने साधनों द्वारा, मुख्यतः कश्मीर में और कम्बल मुजफ्फरनगर में बुने जाते थे। मुजफ्फरनगर के कम्बल मोटे होते थे, और सर्वसाधारण में उनका चलन था। परन्तु कश्मीर में प्रायः उच्च कोटि का ऊनी माल तैयार होता था। वह विदेशी माल से खासी टक्कर लेता था। कश्मीर के दुशाले पुराने समय से ही प्रसिद्ध रहे हैं। उनके उत्कष्ट नमूने यूरोप, अमेरिका तथा अन्य देशों में और भारतवर्ष के राजा-महाराजाओं के संग्रहालयों में सुरक्षित हैं।

कश्मीर में इस शॉल-उद्योग के संस्थापक 15वीं शताब्दी में कश्मीर के शासक ज़ैनुल-अब्दीन थे, जिन्होंने तुर्किस्तान से बुनकरों को बुलाकर कश्मीर में बसाया था। यद्यपि ऊनी शॉलों का उल्लेख तीसरी सदी ई.पू. और 11वीं सदी के लेखों में भी मिलता है, परन्तु कश्मीरी काम के विशिष्ट सन्दर्भ 16वीं शताब्दी में ही दिखायी देते हैं। 'नीलमत पुराण' में ऊन के लिए भेड़ पालनेवालों को वरुण की पूजा करने को कहा गया है।

कश्मीर में तूस नामक बकरी के रोएँ से तैयार किये गये ऊन से शाल, दुशाले, शाहतूस आदि बुने जाते थे। तूस नामक यह बकरी कश्मीर से लेकर मध्य एशिया में अल्ताई पर्वत तक पायी जाती है। इसके शरीर पर घने और मुलायम रोएँ की एक मोटी तह होती है, जिसकी भीतरी ऊन को कश्मीरी लोग तूस कहते हैं। ऊपर का ऊन मोटा होता है, उससे पट्टू आदि बुने जाते हैं और रस्सियाँ बनायी जाती हैं। किन्तु अन्दर के मुलायम ऊन से शाल या तूस बुने जाते हैं। इस ऊन पर वहाँ की जलवायु का भी असर पड़ता है, जिसके कारण वह अधिक मुलायम, बहुरंगी, गर्म और नफीस होता है।

कश्मीरी शॉल पुराने ढर्रे के चरखों, करघों तथा अन्य साधनों द्वारा तैयार किये जाते थे। सबसे पुराने नमूनों में कपड़े की सादा सतह के साथ आसपास बॉर्डर या

किनारी होती थी, जिसमें फूलों की बेलें, गुलदस्ते और चीड़ के शंकुफल काढ़े जाते थे।

कश्मीर की उत्तम कोटि की शॉलें बकरी के वैसे बालों से बुनी जाती थीं, जिसे 'पश्म' कहते हैं। पश्म कश्मीरी ऊन से भी बढ़िया किस्म का होता है। यह प्राय: यारकन्द में पैदा होता था, जिसे लद्दाख होकर कश्मीर लाया जाता था। कश्मीरी दुकानदार इसे सौदागरों से खरीद कर कातनेवाली स्त्रियों को बेच देते थे। पश्म रूई-जैसा मुलायम होता है; उसे धुनकी से धुना नहीं जाता था, बल्कि नम चावल के आटे का पुट देकर कंघी से साफ़ किया जाता था।

19वीं शताब्दी में शॉलों को पश्म शॉल (पालतू बकरियों के बालों से बनी हुई) और असली तूश (जंगली बकरियों के बालों से बनी हुई) में वर्गीकृत किया जाता था। इस समय तक कश्मीरी शॉलें यूरोप में फैशन बन चुकी थीं। विदेशी माँग की पूर्ति के लिए परम्परागत डिजाइनों के स्थान पर विदेशी व्यापारियों द्वारा दी गयी आकृतियाँ काढ़ी जाने लगीं। फ्रांस और ब्रिटेन ने मशीनीकृत शॉल उद्योग स्थापित कर दिये। इनमें से स्कॉटलैंड में पेज्ली सबसे महत्त्वपूर्ण उत्पादन केन्द्र था, जहाँ कश्मीरी शॉलों की नकल पर मशीनों से शॉलें बनायी जाने लगीं। इस सस्ते उत्पादन ने असली उत्पादन के सामने कड़ी प्रतियोगिता खड़ी कर दी और कश्मीरी बुनकरों को अपने माल की किस्म गिराने और पेज्ली के कारखानों के डिजाइनों की नकल करने को बाध्य होना पड़ा। यह प्रयत्न भी सफल नहीं हुए और 1870 ई. तक कश्मीरी शॉल उद्योग लगभग नष्ट हो गया।[6] बाद में बीसवीं शताब्दी के मध्य में इस उद्योग को पुनर्जीवित करने के लिए सरकारी संरक्षण में गम्भीर प्रयास शुरू हुए।

रेशम-उद्योग के उत्पादों के सम्बन्ध में मोरलैण्ड ने लिखा है कि मुगलकाल में "जितने माल का उत्पादन कश्मीर में होता था, वह वहीं के उद्योग में खप जाता था। लेकिन ऐसा नहीं लगता कि वहाँ उसका बहुत उत्पादन होता था।"[7] इसका कारण यह है कि उस समय भारत में गुजरात के रेशमी वस्त्रों की ख्याति और माँग बहुत अधिक थी।

अबुल फजल ने उल्लेख किया है कि बंगाल, इलाहाबाद, आगरा, बरार, गुजरात, दिल्ली और कश्मीर सूबे में लोहे का उत्पादन होता था। मोरलैण्ड का मानना है कि इस (लौह) धातु का उपयोग मुख्यत: औजार, शस्त्रस्त्र, कील, नाल, पेंच आदि छोटी-छोटी चीजें बनाने में ही किया जाता था।[8]

कश्मीर के व्यापारी लोग व्यवसाय के आधार पर वर्गों में बँटे हुए थे। व्यापारी वर्ग मुख्यतया कृषि और व्यापार का कार्य करता था। कल्हण के समय में व्यापारियों

के धन के साथ-साथ स्वयं उनका महत्त्व भी घटने लगा था। 'राजतरंगिणी' में धोखेबाज व्यापारियों का उल्लेख है। व्यापारी के अतिरिक्त शिक्षक, दुकानदार, कारीगर, ज्योतिषी, चिकित्सक, सैनिक आदि वृत्तिजीवियों का भी उल्लेख इस काव्य में है। भूमि की देखरेख और कर-वसूली के लिए कायस्थ रखे गये थे। धर्म या जाति के किसी आग्रह के बिना कायस्थ पद पर नियुक्ति होती थी। यहाँ कायस्थ का आशय राजकर्मचारी से है।

राजा मातृगुप्त की त्याग-भावना का उल्लेख करते हुए कल्हण ने उसके सत्कार्यों की परम्परा को चरखे से लगातार निकलते सूत के समान बताया है। (रा.त., 3/254) इस उपमा से स्पष्ट है कि 12वीं शताब्दी ई. में कश्मीर में चरखे से सूत कात कर कपड़ा तैयार करने का व्यवसाय प्रचलित था।

वहाँ बेगार की प्रथा प्रचलित थी, जिसको 'रूढ़िभारोढ़ि' या 'रूढ़भारोढ़ि' कहा जाता था। कल्हण ने इस कुप्रथा को 'दरिद्रता की दूती' कहा है। उसके अनुसार चौथी शताब्दी ई. के अन्त में इस प्रथा को राजा शंकरवर्मा ने शुरू किया था।

अपनी सफल दिग्विजय-यात्रा पूरी करके कश्मीर लौटने के बाद ललितादित्य ने अपने सेवकों को पुरस्कारस्वरूप जालन्धर, लोहर आदि प्रदेश प्रदान करके उन्हें भी राजपद प्रदान किया था। (रा.त., 4/177) 'राजतरंगिणी' में कर्मचारियों को नकद वेतन के स्थान पर जागीरें मिलने का भी उल्लेख है। इन बातों से कश्मीर में सामन्तवाद के प्रसार का संकेत मिलता है।

कश्मीर में सुल्तान ज़ैनुल आब्दीन के शासनकाल (1420-1470 ई.) में खिराज के तौर पर कहीं चौथा भाग और कहीं सातवाँ भाग वसूल किया जाता था। कश्मीर से बाहर जानेवाले लोगों को मुक्तपत्र लेना अनिवार्य था; और उसके एवज में उन्हें पारगमन शुल्क भी देना पड़ता था। लेकिन ज़ैनुल आब्दीन के समय में इस पारगमन शुल्क को हटा लिया गया था। (ज़ैनराजतरंगिणी, 1/5/22) दुर्भिक्ष का लाभ उठाकर धनी व्यापारी (ऋणदाता) गरीब लोगों (ऋणी) से भोजपत्रों पर ऋण-पत्र लिखवा कर रख लेते थे। यह महाजनी-प्रथा का पूर्व-रूप था, जो गरीब लोगों के आर्थिक शोषण का एक ज़रिया बन जाता था। ज़ैनुल आब्दीन ने जनहित में भोजपत्रों पर लिखे गये इस प्रकार के ऋण-पत्रों को अमान्य कर दिया था। (ज़ैनराजतरंगिणी, 1/2/34)

कश्मीर के राजाओं के सिक्के

'नीलमत पुराण' में सौ सुवर्णों के दान का उल्लेख है, जो सोने के सिक्कों की ओर संकेत करता है। कश्मीर के सब से पुराने सिक्के हूण वंशीय राजाओं के हैं।

कश्मीर के हूण शासकों में खिंगिल, तोरमाण, मिहिरकुल और लखन उदयादित्य के सिक्के मिले हैं। 'राजतरंगिणी' के अनुसार खिंगिल मिहिरकुल के बाद हुआ था। प्रसिद्ध पुरातत्त्ववेत्ता राखालदास बन्द्योपाध्याय के मतानुसार सिक्कोंवाला खिंगिल और कल्हण वाला खिंगिल दोनों एक ही प्रतीत होते हैं। खिंगिल का दूसरा नाम नरेन्द्रादित्य था। उसके चाँदी और ताँबे के सिक्कं प्राप्त हुए हैं। चाँदी के सिक्कों पर राजा की मुखाकृति और 'देवशाहि खिंगिल' अंकित है। ताँबे के सिक्कों पर एक ओर मुकुट पहने हुए राजा का मस्तक और दूसरी ओर एक घड़ा अंकित है। घड़े के बगल में खिंगिल लिखा हुआ है।[9]

तोरमाण नामक श्वेत-हूण शासक ने कुषाण राजाओं के सिक्कों की शैली का अनुकरण करके ताँबे के सिक्के बनवाये थे। उन पर एक ओर राजा का पूरा नाम 'श्रीतुर्यमान' या 'श्रीतोरमाण' लिखा हुआ है। सिक्के के अग्र-भाग में खड़े राजा की आकृति और ब्राह्मी लिपि में लेख मिलता है; जबकि पृष्ठ-भाग में गुप्त-शैली की लक्ष्मी की आकृति पायी जाती है।

तोरमाण के बाद उसका पुत्र मिहिरकुल उसका उत्तराधिकारी बना। 'राजतरंगिणी' के अनुसार मिहिरकुल के पुत्र का नाम प्रवरसेन था। प्रवरसेन के समय से कश्मीर के राजाओं के सिक्कों पर, कुषाण और गुप्तवंशी राजाओं के सोने के सिक्कों की तरह, एक ओर खड़े हुए राजा की आकृति अंकित है और दूसरी ओर देवी लक्ष्मी की। प्रवरसेन, गोकर्ण, प्रतापादित्य प्रथम, दुर्लभक या प्रतापादित्य द्वितीय, विग्रहराज, यशोवर्मा, विनयादित्य (यानी जयापीड) आदि राजाओं के सिक्के इसी प्रकार के हैं। इन सब सिक्कों पर लक्ष्मी की आकृति के बगल में राजा का नाम लिखा हुआ है।

सातवीं शताब्दी में गढ़े गये प्रतापादित्य के सोने के सिक्कों का वजन (120 ग्रेन) भी कुषाण-शैली के सिक्कों के बराबर है। इसी वजन और कुषाण-सिक्कों की शैली के ताँबे के सिक्के भी मिले हैं, जिन पर विनयादित्य लिखा हुआ है। मुद्राविदों का अनुमान है कि कश्मीर के राजा जयापीड ने आठवीं शताब्दी में ताँबे के ये सिक्के ढलवाये थे; और उन पर अपनी उपाधि 'विनयादित्य' का अंकन कराया था। कल्हण की 'राजतरंगिणी' से पता चलता है कि कर्कोटक वंशीय राजा जयापीड ने बड़ी संख्या में दीनार नामक ताँबे के निजनामांकित सिक्के ढलवाये थे। (रा.त., 4/617)

कश्मीर में नौवीं शताब्दी ई. में उत्पल वंश का शासन आरम्भ हुआ। उनके सिक्कों पर राजा या रानी के नाम का आधा अंश एक ओर और बाकी आधा दूसरी ओर लिखा हुआ है। इस वंश के राजाओं ने ताँबे के ढेर सारे सिक्के ढलवाये।

यद्यपि उन्होंने सिक्के ढालने की कुषाण शैली का त्याग कर दिया, तथापि अपने सिक्कों पर कुषाण-सिक्कों वाले चिह्नों को बनाये रखा।

प्रथम और द्वितीय लोहर वंश के सिक्कों पर भी उत्पल-वंशीय राजाओं के सिक्कों का ही अनुकरण किया गया है। उस पर भी लेख दोनों ओर विभक्त मिलते हैं। कश्मीर के राजाओं के सिक्कों में द्वितीय लोहर वंश के राजा जागदेव के सिक्कों की प्राप्ति के बाद अधिक सिक्के नहीं मिले हैं।

कश्मीर के उत्पल राजवंश के निम्नलिखित राजाओं के सिक्के प्राप्त हुए हैं-

(1) शंकरवर्मा (883-902 ई.)
(2) गोपालवर्मा (902-904 ई.)
(3) सुगन्धा रानी (904-906 ई.)
(4) पार्थ (906-921 ई.)
(5) क्षेमगुप्त और दिद्दा (950-958 ई.)
(6) अभिमन्यु गुप्त (958-972 ई.)
(7) नन्दिगुप्त (972-973 ई.)
(8) त्रिभुवन गुप्त (973-975 ई.)
(9) भीम गुप्त (975-980 ई.)
(10) रानी दिद्दा (980-1003 ई.)

प्रथम लोहर वंश के मात्र चार राजाओं के सिक्के प्राप्त हुए हैं-

(1) संगमराज (1003-1028 ई.)
(2) अनन्त (1028-1063 ई.)
(3) कलश (1063-1089 ई.)
(4) हर्ष (1089-1101 ई.)

द्वितीय लोहर वंश के तीन राजाओं के सिक्के मिले हैं-

(1) सुस्सल (कृ2-1128 ई.)
(2) जयसिंहदेव (1128-1155 ई.)
(3) जागदेव (1198-1214 ई.)

राजा मेघवाहन के पौत्र और प्रवरसेन के पुत्र युवराज तोरमाण ने 'बालाहत' नामक पुराने सिक्कों को बन्द करके उसके स्थान पर स्वनामांकित 'दीनार' नामक नये सिक्के चलाये। (रा.त., 3/103) आगे चलकर अपने राज्याभिषेक के बाद राजा मातृगुप्त ने कश्मीर राज्य में पूर्व प्रचलित सिक्कों की जगह 'करम्भक' नामक नयी स्वर्णमुद्रा चलायी थी। (रा.त., 3/256) दीनार और करम्भक दोनों ही स्वर्ण मुद्राएँ थी। तोरमाण-कालीन दीनार कश्मीरी सुल्तान हसनशाह (1472-1484 ई.)

के राज्यकाल में भी प्रचलित था। वैसे इसका मूल्य कम हो गया था। हसनशाह ने नागयुक्त द्विदीनारी सिक्के भी चलाये थे। स्वर्ण मुद्राओं के प्रचलन से स्पष्ट है कि प्राचीन काल में कश्मीर का आर्थिक स्थिति सुदृढ़ थी।

सन्दर्भ एवं टिप्पणियाँ

1. आईन-ए-अकबरी, प्रथम खण्ड, अनुवादक : रामलाल पाण्डेय, पृ. 146; (प्रकाशन वर्ष: 1935 ई.); पब्लिकेशन स्कीम, जयपुर; पुनर्मुद्रण 2000 ई.।
2. डॉ. मोतीचन्द्र, 'सार्थवाह', पृ. 31; बिहार राष्ट्रभाषा परिषद्, पटना; 1953 ई.।
3. डॉ. मोतीचन्द्र, 'सार्थवाह', पृ. 22; बिहार राष्ट्रभाषा परिषद्, पटना; 1953 ई.।
4. आईन-ए-अकबरी, प्रथम खण्ड, अनुवादक : रामलाल पाण्डेय, पृ. 216; (प्रकाशन वर्ष: 1935 ई.); पब्लिकेशन स्कीम, जयपुर; पुनर्मुद्रण 2000 ई.।
5. डब्लू. एच. मोरलैण्ड, अनुवादक : सुधाकिरण सिनहा; 'अकबर की मृत्यु के समय का भारत'; पृ. 143; दि मैकमिलन कम्पनी ऑफ इण्डिया लि., नयी दिल्ली। (प्र. हिन्दी संस्करण 1986 ई.)
6. भारत ज्ञानकोश, खण्ड 1, मु. सम्पादक : इन्दु रामचन्दानी; पृ. 338-339; एन्साइक्लोपीडिया ब्रिटैनिका (इण्डिया) प्रा. लि. नयी दिल्ली; 2002 ई.।
7. मोरलैण्ड, अनुवादक : सुधाकिरण सिनहा; 'अकबर की मृत्यु के समय का भारत'; पृ. 141
8. मोरलैण्ड, अनुवादक : सुधाकिरण सिनहा; 'अकबर की मृत्यु के समय का भारत'; पृ. 121
9. राखालदास बन्द्योपाध्याय, 'प्राचीन मुद्रा', पृ. 251-252, नागरीप्रचारिणी सभा, काशी; 1924 ई.।

अध्याय 7

कश्मीर की सांस्कृतिक पृष्ठभूमि

कश्मीर के लोगों की सांस्कृतिक चेतना बहुत प्रखर थी। राजा और प्रजा दोनों को ललित कलाओं से बहुत लगाव था। अत: स्वाभाविक रूप से कश्मीर में संस्कृति के विविध उपादानों–साहित्य, वास्तुकला और गीत-संगीत के क्षेत्र में बहुत उन्नति हुई। यहाँ तक कि दुश्चरित्र राजाओं और अधीनस्थ अधिकारियों तक ने मन्दिर और विहार बनवाने के पवित्र कार्य को बदस्तूर जारी रखा। धर्म और दर्शन के क्षेत्र में कश्मीर ने विशेष प्रगति की। वहाँ शैव धर्म का एक नया सम्प्रदाय विकसित हुआ, जो व्यावहारिक दृष्टि से पूर्ववर्ती शैव सम्प्रदायों के भिन्न था।

कार्तिक पूर्णिमा के दूसरे दिन अर्थात् कृष्णपक्ष की प्रतिपदा को कश्मीर में नवसंवत्सर महोत्सव मनाया जाता था क्योंकि पौराणिक अनुश्रुतियों के अनुसार इसी दिन कश्यप ऋषि ने कश्मीर प्रदेश की स्थापना की थी।

संस्कृत भाषा और काव्यशास्त्र के वैभव के कारण वहाँ के विद्वानों का सम्पूर्ण भारतवर्ष में आदर होता था। 'नीलमत पुराण' से पता चलता है कि कश्मीर में नाट्योत्सवों का प्रचलन था; और वहाँ के लोगों की उसमें गहरी अभिरुचि थी। विशेष अवसरों पर प्रेक्षादान (अर्थात नाट्य-प्रदर्शन) करने का विधान किया गया था। त्रयोदशी के दिन अभिनेताओं को नि:शुल्क नाट्य-प्रदर्शन करने के लिए कहा गया था। 'नीलमत' में कश्मीर के धर्मनिष्ठ लोगों को अपने देवी-देवताओं का पूजन करते हुए, अपनी भूमि की पवित्रता पर विश्वास रखते हुए, विभिन्न पर्वों-उत्सवों को मनाते और सुखमय जीवन बिताते हुए चित्रित किया गया है।

'नीलमत' में कहा गया है कि कश्मीर की धरती सदा प्रसन्न रहकर उत्सव मनानेवाले लोगों से भरी हुई है। वनों, उपवनों, उद्यानों से सुशोभित कश्मीर घाटी के लोग अपने देवों को प्रसन्न करने के लिए, दैत्यों को सन्तुष्ट रखने के लिए, अपने दुख-दर्द को भुलाने के लिए तथा मन के उल्लास को व्यक्त करने के लिए नाचते, गाते और खेलते थे। (नील. पु., 21-22)

मध्यकाल में मुसलमान सुल्तानों के समय में भी कश्मीर की यह उत्सवधर्मिता बदस्तूर कायम रही। सुल्तान जैनुल आब्दीन (1420-1470 ई.) 'वितस्ता जन्मोत्सव' उत्साह से मनाता था। उस अवसर पर गायन, वादन और नृत्य के अलावा दीपमालिका भी होती थी। सुल्तान सुसज्जित नाव पर वितस्ता नदी में विहार करता था। संगीत की सुरलहरियों से उसके तट गूँज उठते थे। वितस्ता नदी में दीपदान किया जाता था। तटों पर दीपमालिका सजायी जाती थी। कश्मीर की स्त्रियाँ वितस्ता के तट पर पूजा करने आती थीं। इसी प्रकार, चैत्रोत्सव भी हर्षोल्लास से मनाया जाता था। (ज़ैनराजतरंगिणी, 1/4/2) मध्यकाल में हिन्दू प्रजा नागयात्रा और चैत्रोत्सव जैसे उत्सव मनाती थी।

खीर भवानी मन्दिर में देवी का प्राकट्योत्सव

कश्मीर के गान्दरबल जिले के तुलमुला गाँव में एक झरने के ऊपर महारज्ञा (राग्याना) देवी का मन्दिर है। यह श्रीनगर से कुछ ही दूरी पर स्थित है। ज्येष्ठ शुक्ल पक्ष अष्टमी को देवी महारज्ञा का प्राकट्योत्सव मनाया जाता है। देवी के दर्शन-पूजन के बाद उन्हें खीर का भोग लगाये जाने की परम्परा है। इसीलिए देवी महारज्ञा 'खीर भवानी' के नाम से प्रसिद्ध हैं। प्रतिवर्ष ज्येष्ठ शुक्ल पक्ष अष्टमी को उल्लासपूर्वक 'खीर भवानी पर्व' मनाया जाता है। आस्थावान हिन्दुओं के लिए कश्मीर में अमरनाथ की गुफा के बाद 'खीर भवानी का मन्दिर' ही सबसे पवित्र धर्मस्थल है।

पौराणिक अनुश्रुतियों के अनुसार लंकापति रावण देवी महारज्ञा का परम भक्त था। उसने लंका की कुलदेवी के रूप में उनकी एक प्रतिमा भी स्थापित कर रखी थी। लेकिन जब रावण ने देवी सीता का हरण कर लिया, तब देवी उससे क्षुब्ध हो गयीं। उसी समय देवी ने लंका को त्यागकर अन्यत्र निवास करने का मन बना लिया। लंका-युद्ध में जब रावण का अन्त हुआ, तब श्रीराम ने देवी से पूछा कि अब वे कहाँ निवास करने की इच्छुक हैं? देवी ने कश्मीर में निवास करने की इच्छा प्रकट की। तब श्रीराम के निर्देश पर श्री हनुमान जल-स्वरूप में स्थित देवी महारज्ञा को अपने कमण्डल में रखकर कश्मीर ले गये; और तुलमुला नामक स्थान पर उनको प्रतिष्ठित कर दिया।

इस स्थान पर एक मन्दिर बना हुआ है। वर्तमान मन्दिर को कश्मीर के महाराजा प्रतापसिंह (1885-1925 ई.) ने 1912 ई. में बनवाया था। आगे चलकर महाराजा हरिसिंह (1925-1949 ई.) ने इसके निर्माण को पूरा कराया था। यह मन्दिर लोक-आस्था का एक महत्त्वपूर्ण केन्द्र तो है ही, झील के आसपास चिनार के वृक्षों की हरीतिमा के कारण अनुपम प्राकृतिक सुषमा से मण्डित भी है।

केसर और कविता की भूमि

प्राचीनकाल से ही कश्मीर अपनी प्राकृतिक सुषमा के लिए जितना प्रसिद्ध रहा है, उतना ही अपने विद्या-वैभव के लिए भी। यहाँ के पण्डितों ने संस्कृत के विविध विभागों को अपनी अमूल्य कृतियों से गौरवान्वित किया है। कश्मीर को दर्शन, साहित्य और व्याकरण की ललित क्रीड़ाभूमि कहा जा सकता है। वहाँ शारदा पीठ के बाद विजयेश्वर संस्कृत भाषा-शास्त्र के अध्ययन का सबसे महत्त्वपूर्ण केन्द्र था।

लेकिन उत्पलवंशीय राजा शंकरवर्मा (884-903 ई.) स्वयं लोकभाषा का प्रयोग करने लगे थे (रा.त. 4/165), इसलिए उनके राज्यकाल में संस्कृत के कवियों की कोई कद्र नहीं रह गयी थी। लेकिन यह अपवादस्वरूप ही था। अन्यथा कश्मीर में संस्कृत भाषा-साहित्य का अपूर्व विकास हुआ। मुसलमानों द्वारा कश्मीर की राजसत्ता पर अधिकार कर लेने के बाद भी 15वीं शताब्दी ई. तक उन्होंने संस्कृत की परम्परा को कुछ हद तक जीवित रखा था।

कश्मीर भारतीय ज्ञान-परम्परा की सारस्वत भूमि है। यहाँ के निवासी सुकवि माने जाते थे। महाकवि बिल्हण ने कविता और केसर को कश्मीर की दो मुख्य विशेषताएँ माना है। उनके अनुसार कश्मीर के बाहर न तो केसर उत्पन्न होता था और न ही संस्कृत भाषा की श्रेष्ठ कविताएँ रची जाती थीं।

सहोदराः कुंकुमकेसराणां भवन्ति नूनं कविताविलासाः।
न शारदादेशमपास्य दृष्टस्तेषां यदन्यत्रा मया प्ररोहः।।

(बिल्हण, विक्रमांकदेवचरित 1/12)

अर्थात्-"कविता-विलास केसर की सहोदर हैं, इसीलिए शारदाक्षेत्र (कश्मीर) को छोड़कर कविता और केसर के अंकुर अन्यत्र नहीं उगते।"

यह अकारण नहीं है कि 'नैषधीयचरितम्' के रचयिता श्रीहर्ष को अपने काव्य की श्रेष्ठता प्रमाणित करने के लिए कश्मीर आना पड़ा था।

कविवर बिल्हण ने 1085 ई. के आसपास अठारह सर्गों में निबद्ध 'विक्रमांकदेवचरित' नामक ऐतिहासिक ग्रन्थ की रचना की थी। इसमें कल्याण के चालुक्यवंशीय राजा विक्रमादित्य त्रिभुवनमल्ल के जीवन का काव्यात्मक वर्णन किया गया है। इस ग्रन्थ से न केवल चालुक्य-वंश के इतिहास की जानकारी मिलती है, बल्कि कवि की जन्मभूमि कश्मीर और भारत के प्रमुख नगरों के बारे में भी पता चलता है। बिल्हण ने 'विक्रमांकदेवचरित' के अन्तिम सर्ग में पहले कश्मीर की प्राचीन राजधानी का, फिर उसके कुछ राजाओं का, फिर अपने पूर्वजों का और अपना चरित लिखा है।

बिल्हण के अनुसार प्रवरपुर से तीन मील दूर जयवन के निकट खोनमुष नामक ग्राम था। उसके चारों ओर केसर और अंगूर उत्पन्न होते थे। वहाँ कुछ कौशिकगोत्रीय ब्राह्मण रहते थे। कश्मीर को पवित्र करने के लिए ही मानो उन्हें महाराज गोपादित्य ने मध्यदेश से लाकर बसाया था। उन ब्राह्मणों में मुक्तिकलश नामक एक ब्राह्मण चारों वेदों में पारंगत थे। उनके पुत्र राजकलश वेदज्ञ थे। राजकलश के पुत्र ज्येष्ठ कलश शब्दशास्त्र के आचार्य थे। उन्होंने व्याकरण के महाभाष्य की टीका लिखी थी। उनकी सभा विद्यार्थियों से भरी रहती थी।

महाकवि बिल्हण पं. ज्येष्ठ कलश और नागादेवी के पुत्र थे। बाल्यकाल में ही उन्होंने वेदों का अध्ययन आरम्भ कर दिया था। आगे चलकर वे वेद, व्याकरण और सम्पूर्ण साहित्य-शास्त्र में पारंगत हुए। उनकी सरस कविता उसकी कीर्ति के साथ देश-देशान्तर में व्याप्त हो गयी। कश्मीर में अपनी कीर्ति को सब ओर फैलाकर बिल्हण ने देशान्तर के लिए प्रस्थान किया था। लेकिन कल्याण के चालुक्य राजाओं की सभा सहित पूरे देश में अपार यश प्राप्त करने के बावजूद अन्त में उन्होंने स्वदेश लौटकर काश्मीरक विद्वानों के साथ वार्तालाप करने की कामना की थी।

बिल्हण का जन्म कश्मीर के खोनमुष (वर्तमान खुनमोह) में हुआ था। केसर की क्यारियाँ खोनमुष में भी थीं, लेकिन श्रीनगर के दक्षिण-पूर्व में स्थित पद्मपुर (वर्तमान पामपुर) केसर की क्यारियों के लिए प्रसिद्ध था।

भारतीय संस्कृति का एक प्रमुख केन्द्र : कश्मीर

षोडश संस्कार हमारी सनातन संस्कृति की अन्यतम विशेषता है। इसके अन्तर्गत गर्भाधान से लेकर अन्त्येष्टि तक कुल सोलह संस्कारों का समावेश किया गया है। उपनयन या यज्ञोपवीत इनमें से एक महत्त्वपूर्ण संस्कार है; और इसके बाद ही वेदारम्भ संस्कार का विधान किया गया है।

उल्लेखनीय है कि भारत के किसी भी कोने में यज्ञोपवीत संस्कार हो रहा हो, जिसका संस्कार होता है, उसे उस समय कश्मीर की ओर मुँह करके बैठाया जाता है; और तब वह प्रार्थना करता है-''नमस्ते शारदे देवी कश्मीरपुरवासिनि त्वामहं प्रार्थये नित्यं विद्यादानं च देहि मे' अर्थात् कश्मीरपुर, कश्मीर क्षेत्र, कश्मीर-मण्डल में निवास करनेवाली शारदा देवी, मैं आपको प्रणाम करते हुए आपसे यह विनती करता हूँ कि मुझे विद्या दान दें।'' भारत के पुरातन षोडश संस्कारों में यज्ञोपवीत ही एक ऐसा संस्कार है जिसमें माना जाता है कि इसके बाद मनुष्य का पुनर्जन्म होता है। वह प्राकृत मनुष्य से ज्ञान की ओर बढ़नेवाला परिवर्तित मनुष्य होता है;

और यज्ञोपवीत संस्कार बिना कश्मीर को, बिना शारदा पीठ की देवी शारदा को याद किये हुए नहीं हो सकता है। एक बात तो स्पष्ट है कि पूरे भारत में शास्त्रों के अन्तर्गत, हिन्दू संस्कारों की परम्परा के अन्तर्गत यह मान्यता है कि ज्ञान का केन्द्र और ज्ञान की देवी शारदा हैं और वह कश्मीर में निवास करती हैं।[1]

शारदा लिपि और पैशाची भाषा

देवी शारदा को कश्मीर की अधिष्ठात्री देवी माना गया है। उनके नाम पर ही कश्मीर की प्राचीन लिपि को 'शारदा लिपि' कहा जाता था। कश्मीर में शारदा पीठ की प्रतिष्ठा सबसे अधिक थी। यानी वहाँ ज्ञान (सरस्वती) को सर्वाधिक महत्त्व दिया जाता था। यही कारण है कि भारत भर के विद्वान अपने ग्रन्थों की गुणवत्ता की परीक्षा के लिए शारदा पीठ आया करते थे। इसी शारदा देश की लिपि होने के कारण उसको शारदा लिपि कहा गया। इस लिपि के दो रूप मिलते हैं-जम्मू-कश्मीर क्षेत्र की शारदा लिपि और गिलगिट-क्षेत्र की शारदा लिपि। जम्मू-कश्मीर क्षेत्र की अधिकांश प्राचीन पाण्डुलिपियाँ शारदा लिपि में ही प्राप्त हुई हैं। इस लिपि में कुल 12 स्वर तथा 33 व्यंजन हैं।

यह लिपि कश्मीर के अलावा हिमाचल प्रदेश के काँगड़ा और चम्बा के प्राचीन शिलालेखों, दानपत्रों, सिक्कों और हस्तलिखित पोथियों में मिलती है। नागरी लिपि की तरह ही यह भी कुटिल लिपि से विकसित हुई है। आठवीं शताब्दी ई. के लेखों में पता चलता है कि उस समय तक कश्मीर में कुटिल लिपि का ही प्रचार था। उसके बाद के समय के स्वाइम् (सइ) गाँव से प्राप्त भगवती की मूर्ति के आसन पर खुदे हुए सोमट के पुत्र राजानक भोगट के लेख की लिपि भी शारदा की अपेक्षा कुटिल लिपि से अधिक मेल खाती है। शारदा लिपि का सर्वप्रथम लेख सराहाँ की प्रशस्ति है, जो दसवीं शताब्दी ई. के आसपास की है। इसके आधार पर यह माना गया है कि शारदा लिपि की उत्पत्ति नौवीं-दसवीं शताब्दी ई. में हुई होगी। प्रारम्भिक कश्मीरी साहित्य की रचना शारदा लिपि में ही की गयी थी। आगे चलकर फारसी और देवनागरी लिपियों में कश्मीरी साहित्य की रचना हुई। कश्मीरी पण्डित शुरू से यात्रा-प्रेमी रहे हैं; और कश्मीर के बाहर अक्सर जाते रहे हैं। इसीलिए शारदा लिपि में लिखे हस्तलिखित ग्रन्थ उत्तर-पूर्वी भारत में काशी तक प्राप्त हुए हैं। शारदा लिपि की हजारों पाण्डुलिपियाँ काशी हिन्दू विश्वविद्यालय के पुस्तकालय में उपलब्ध हैं। दुर्भाग्यवश यह लिपि अब लुप्तप्राय है।

पिशाच और नाग जातियाँ कश्मीर की मूल निवासी थी। पिशाच जाति के लोगों की भाषा पैशाची कहलाती थी। पैशाची पश्चिमोत्तर भारत, विशेषकर, कश्मीर की

लौकिक भाषा थी। इस लोकभाषा का सबसे प्रसिद्ध ग्रन्थ 'बड्डकहा' है। प्रथम शताब्दी ई. में गुणाढ्य[2] ने पैशाची भाषा में 'बड्डकहा' (संस्कृत : बृहत्कथा) नामक आख्यायिका की रचना की थी। उद्योतन सूरि ने 779 ई. में लिखित अपने प्राकृत ग्रन्थ 'कुवलयमालाकहा' में बृहत्कथा को 'बड्डकहा' कहा है। 12वीं शताब्दी ई. तक यह ग्रन्थ उपलब्ध था, लेकिन उसके बाद इस ग्रन्थ के कोई चिह्न नहीं मिलते हैं।

11वीं शताब्दी ई. में 'बड्डकहा' के संस्कृत भाषा में दो कविताबद्ध अनुवाद कश्मीर में हुए, जो कश्मीर निवासी कवि क्षेमेन्द्र और सोमदेव द्वारा किये गये थे। कश्मीर के राजा अनन्त के समय (1028-1080 ई.) में क्षेमेन्द्र द्वारा 1020-1040 ई. के दौरान 'बृहत्कथा मंजरी' की रचना की गयी।

शारदा मन्दिर के सर्वज्ञपीठ पर शंकराचार्य

शारदा देवी का प्राचीन मन्दिर आज भी विद्यमान है, लेकिन वह पाक-अधिकृत कश्मीर में स्थित है। शारदा देवी के इस मन्दिर के पास ही एक चमत्कारी कुण्ड था। लोकमान्यता के अनुसार उस कुण्ड में प्राण-संजीवन करने की विलक्षण शक्ति विद्यमान थी। कहते हैं कि शारदाकुण्ड के पवित्र जल का स्पर्श होते ही मृत व्यक्ति भी जी उठता था। एक अनुश्रुति के अनुसार कर्नाटक देश के एक राजा के कान भैंसे के कान जैसे थे। इसलिए उसको 'महिषकर्ण' कहा जाता था। एक बार राजा महिषकर्ण अपने शारीरिक दोष के निवारण के लिए कश्मीर आया। लेकिन दुर्भाग्य ने वहाँ भी उसका पीछा नहीं छोड़ा। वह राजकन्या का अकारण कोपभाजन बना; और दण्डस्वरूप उसका अंग छिन्न-भिन्न कर दिया गया। संयोगवश एक भक्त सेवक उसके विच्छिन्न शरीर को बटोरकर शारदा कुण्ड के पास ले आया। कुण्ड के जल का स्पर्श पाते ही वह राजा पुनर्जीवित हो गया। यद्यपि इस कथा पर विश्वास करना कठिन है, तथापि इससे लोकमानस में शारदा-देश की अधिष्ठात्री देवी शारदा के प्रति गहरी आस्था का संकेत मिलता है।

देवी शारदा के इस मन्दिर में एक सर्वज्ञपीठ था। उस पीठ पर आसीन होने का अधिकार उसी व्यक्ति को था जो समस्त ज्ञान-विज्ञान-कलाओं तथा शास्त्रों में पारंगत हो। यानी जो सर्वज्ञ हो वही व्यक्ति उस पीठ पर बैठने का अधिकारी था। लोगों का मानना था कि मन्दिर में भगवती शारदा का साक्षात् निवास है। इसलिए कोई भी अपवित्र व्यक्ति मन्दिर में प्रवेश नहीं करता था।

शारदा मन्दिर में चारों दिशाओं की ओर एक-एक द्वार था। वहाँ उपस्थित विद्वानों के प्रश्नों के उत्तर देने के बाद पूर्व के रहनेवाले पूर्वी द्वार से और दक्षिण

के रहनेवाले दक्षिणी द्वार से इस मन्दिर में प्रवेश कर सकते थे।

आदि शंकराचार्य ने भी यह बात सुनी कि शारदा मन्दिर के दक्षिण का द्वार अब तक खुला ही नहीं है। उन्होंने भी सुना था कि उन दरवाजों से होकर वही व्यक्ति प्रवेश कर सकता है जो सर्वज्ञ हो। दाक्षिणात्यों के लिए यह कलंक की बात थी। इसे धोने की इच्छा से शंकराचार्य वैदिक धर्म का प्रचार करते हुए अपने शिष्यों के साथ कश्मीर के शारदा मन्दिर पहुँचे। अपने आध्यात्मिक ज्ञान के बल से उन्होंने दक्षिणी द्वार को खोल दिया। लेकिन द्वार खुलने के बाद ज्यों ही उन्होंने मन्दिर में प्रवेश करना चाहा, त्यों ही विद्वत्-मण्डली कहने लगी कि- ''पहले अपनी सर्वज्ञता की परीक्षा दीजिये, तब इस द्वार से प्रवेश कीजियेगा।'' शंकराचार्य ने इस शर्त को स्वीकार कर लिया।

वहाँ प्रत्येक शास्त्र के पण्डितों का जमावड़ा था। उन्होंने अपने-अपने शास्त्रों—वैशेषिक, न्याय, सांख्य आदि–से सम्बन्धित प्रश्न उनसे किये। शंकराचार्य ने उन प्रश्नों का समुचित उत्तर देकर स्थानीय पण्डितों को चमत्कृत कर दिया। वे उस परीक्षा में सफल हुए। विभिन्न दर्शनों के जटिल प्रश्नों का यथार्थ उत्तर देकर आचार्य ने अपनी सर्वज्ञता सिद्ध कर दी। उसके बाद मन्दिर के भीतर जाकर उन्होंने उस सर्वज्ञपीठ की ओर दृष्टि डाली। लेकिन ज्योंही उन्होंने उस पीठ पर बैठना चाहा, त्योंही उन्हें ऐसा लगा कि देवी शारदा उनसे कह रही हैं कि- ''इस पीठ पर आसीन होने के लिए सर्वज्ञता ही एकमात्र योग्यता नहीं है, पवित्रता भी उसकी सहायक है। आप संन्यासी हैं, संसार के प्रपंच का परित्याग कर चुके हैं। परन्तु संन्यासी होकर मृतक शरीर में प्रवेश करके कामिनियों के साथ रमण करना तथा कामकला सीखना क्या संन्यासी का न्यायानुमोदित आचरण है?''

(उल्लेखनीय है कि आचार्य मण्डन मिश्र के साथ हुए शास्त्रर्थ में जब शंकराचार्य ने उनको पराजित कर दिया, तब मण्डन मिश्र की विदुषी पत्नी भारती ने उनको चुनौती दी। उनका मूल नाम अम्बा या उम्बा था। परन्तु शास्त्रों में निष्णात होने के कारण वह भारती, उभयभारती या शारदा के नाम से प्रसिद्ध थीं। उनके वैदुष्य को देखते हुए शंकर-मण्डन शास्त्रर्थ के दौरान उनको मध्यस्थ बनाया गया था। उस शास्त्रर्थ में पति के पराजित हो जाने के बाद भारती ने शंकराचार्य को शास्त्रर्थ के लिए ललकारा। उन्होंने तर्क दिया कि मैं मण्डन मिश्र की अर्द्धांगिनी हूँ, इसलिए शास्त्रर्थ में मुझको पराजित किये बिना मेरे पति पर आपकी विजय अधूरी है। फिर उन्होंने शंकर से कामशास्त्र-सम्बन्धी कुछ गूढ़ प्रश्न पूछे। ''काम की कितनी कलाएँ होती हैं ? इनका स्वरूप क्या है ? वे किस स्थान पर निवास करती हैं ? शुक्ल-पक्ष और कृष्ण-पक्ष में इनकी स्थिति

एक समान रहती है अथवा भिन्न-भिन्न हुआ करती है ? पुरुष तथा युवती में इन कलाओं का निवास किस प्रकार से होता है ?'' ब्रह्मचारी संन्यासी होने के कारण शंकराचार्य कामशास्त्र-सम्बन्धी इन प्रश्नों के सामने निरुत्तर हो गये; और उन्होंने इन प्रश्नों के समुचित उत्तर देने के लिए भारती से एक माह का समय माँगा।

लेकिन काम-शास्त्र का परिचय पाना उनके लिए एक जटिल समस्या थी। दुविधा यह थी कि उन्हें संन्यास-धर्म की रक्षा भी करनी थी और भारती के प्रश्नों के उत्तर भी जानने थे। उपाय खोजने के लिए अपने योग-बल से वे आकाश में विचरण करने लगे। अचानक उन्होंने देखा कि अमरुक नामक एक युवा राजा का मृत शरीर भूमि पर पड़ा हुआ है और उसके पास कुछ सुन्दर स्त्रियाँ विलाप कर रही हैं। वहाँ उपस्थित मन्त्रिगण राज्य-संचालन की चिन्ता से शोकाकुल हैं। ऐसा लगा कि कुछ देर पहले ही उस राजा की मृत्यु हुई थी।

शंकराचार्य परकाया-प्रवेश की अलौकिक विद्या जानते थे। बहुत सोच-विचार करके वे उस मृत राजा के शरीर में परकाया-प्रवेश विधि से प्रवेश कर गये। ऐसा करते ही मृत राजा अचानक जीवित हो उठा। अब शंकराचार्य राजा अमरुक के रूप में राज-भोग कर रहे थे और उनके शिष्यगण एक गुफा में उनके मूल शरीर की रक्षा कर रहे थे। राज-भोग के दौरान पर्याप्त विषय-भोग करके शंकराचार्य ने काम-कला सम्बन्धी प्रश्नों के बारे में यथेष्ट ज्ञान अर्जित किया; और फिर अपने मूल शरीर में वापस लौटकर भारती के प्रश्नों का समुचित उत्तर दिया; और अन्ततोगत्वा मण्डन मिश्र पर पूर्ण विजय प्राप्त की।)

शारदा मन्दिर में देवी द्वारा पूछे गये उक्त प्रश्न का उत्तर देते हुए शंकराचार्य ने कहा कि- ''मैंने इस शरीर से जन्म लेकर अब तक कोई पाप नहीं किया है। परकाया में प्रवेश करके मैंने कामकला का रहस्य अवश्य सीखा, परन्तु अब मैंने अपना पूर्व पावन शरीर पुनः धारण कर लिया है। उस कर्म से यह भिन्न शरीर किसी प्रकार लिप्त नहीं हो सकता।'' देवी शारदा ने आचार्य के इस तर्क को मान लिया और उनकी पवित्रता पर मुहर लगाते हुए उन्हें सर्वज्ञपीठ पर आसीन होने की अनुमति दे दी।

कश्मीर की विद्वत्-मण्डली अवाक् रह गयी; और शंकराचार्य पवित्र शारदापीठ के सर्वज्ञपीठ पर आसीन हुए। फिर, इसी जगह उन्होंने अपने दार्शनिक सिद्धान्तों का प्रचार आरम्भ किया। इसके फलस्वरूप यह अद्‌भुत स्थान उन्हें ही मिल गया और वहाँ उन्होंने अपना मठ स्थापित करके ब्रह्मविद्या की शिक्षा को प्रवृत्त किया। यहाँ उन्होंने अपने शिष्यों में से कुछ को छोड़ दिया और स्वयं बदरीनारायण की ओर चले गये।

डॉ. गोविन्दचन्द्र पाण्डेय के अनुसार, "...कश्मीर में शंकर ने सर्वज्ञपीठ का अधिरोहण किया था और पीठादिदेवता सरस्वती के समक्ष अपनी सर्वज्ञता सिद्ध करने के लिए अपनी काम-कला की अभिज्ञता भी सिद्ध की थी। यह असम्भव नहीं है कि कामकला की अभिज्ञता मूलतः तान्त्रिक अभिज्ञता थी, न कि लौकिक कामशास्त्र की अभिज्ञता।"[3]

शंकराचार्य ने 'प्रपंचसार' नामक एक ग्रन्थ की रचना की थी। उसका मंगल श्लोक देवी शारदा की स्तुति में है। 'प्रपंचसार' की एक टीका 'प्रयोगक्रमदीपिका' के अनुसार शंकराचार्य ने 'प्रपंचसार' की रचना कश्मीर प्रवास के दौरान की थी। शारदा कश्मीर की अधिष्ठात्री देवी हैं। आचार्य शंकर ने अपने ग्रन्थ में उन्हीं शारदा की स्तुति की है। 'शारदा-तिलक' नामक ग्रन्थ के टीकाकार राघवभट्ट, 'षट्चक्र-निरूपण' नामक ग्रन्थ के टीकाकार कालीचरण आदि तन्त्र-निष्णात विद्वानों ने भी 'प्रयोगक्रमदीपिका' में कही गयी बातों का समर्थन किया है।

कश्मीर में अपने प्रतिद्वन्द्वी विद्वानों को अपने ज्ञान-बल से पराजित करके शारदा मन्दिर के सर्वज्ञपीठ पर आरोहण करने के बाद शंकराचार्य ने कांची में भी एक सर्वज्ञपीठ की स्थापना की थी। इस प्रकार आठवीं शताब्दी ई. में अपने प्रतिपक्षियों को शास्त्रर्थ में पराजित करके, सर्वज्ञपीठ पर आसीन होकर, सांस्कृतिक-दिग्विजय द्वारा शंकराचार्य ने कश्मीर से लेकर कांचीपुरम् तक (आसेतु-हिमालय) वैदिक धर्म की पुनर्प्रतिष्ठा की थी।

कश्मीर स्थित शारदा मन्दिर के प्रभाव-स्वरूप ही शंकराचार्य ने भारतवर्ष के चारों कोनों में जिन चार पीठों की स्थापना की, उनमें से द्वारका स्थित पीठ का नाम उन्होंने 'शारदा पीठ' (या शारदामठ) रखा था। इसके अलावा कांची के शृंगेरी मठ में शंकराचार्य की उपास्य देवी 'शारदाम्बा' की स्वर्ण प्रतिमा स्थापित की गयी थी।[4]

साहित्य, व्याकरण एवं दर्शन की ललित क्रीड़ाभूमि

हिन्दू धर्म के उत्कर्ष में कश्मीर के कवियों, लेखकों, दार्शनिकों और धर्मप्रचारकों का महत्त्वपूर्ण योगदान रहा है। बौद्ध-दर्शन, शैव-दर्शन और वैष्णव-दर्शन के माध्यम से भारत की आध्यात्मिक परम्परा को कश्मीर की धरती ने पल्लवित-पुष्पित किया। यह आनन्दवर्द्धन, कुन्तक, अभिनवगुप्त, शंकरानन्द, जयन्तभट्ट, भामह, रुद्रट, कैयट, जैयट एवं मम्मट जैसे विद्वान आचार्यों; और सोमदेव, क्षेमेन्द्र, कल्हण एवं बिल्हण जैसे कवियों की जन्मभूमि है। कवि जयानक भी मूलतः कश्मीर के निवासी थे। उन्होंने संस्कृत भाषा में 'पृथ्वीराजविजय' नामक ग्रन्थ की रचना की थी।[5]

'राजतरंगिणी' (1/174, 176) के अनुसार एक समय पतंजलि कृत 'महाभाष्य' का एक प्रकार से लोप हो गया था। तब कश्मीर के राजा अभिमन्यु (प्रथम शताब्दी ई.) ने उसका उद्धार किया था। उन्हीं के आदेश से बौद्ध आचार्य चन्द्रगोमी ने लुप्त हो चुके महाभाष्य का फिर से प्रवर्तन किया। चन्द्रगोमी ने स्वयं भी एक नये व्याकरण की रचना की, जो 'चान्द्र व्याकरण' कहलाया। चन्द्रगोमी वैयाकरण होने के साथ ही नाटककार भी थे। उनके द्वारा लिखे गये एक बौद्ध नाटक 'लोकानन्द' का तिब्बती अनुवाद प्राप्त हुआ है। पाणिनि से अलग स्वतन्त्र रूप से चलनेवाली व्याकरण की पद्धतियों में शर्ववर्मन का 'कातन्त्र' कश्मीर प्रदेश का विशेष व्याकरण है। 12वीं से 16वीं शताब्दी के बीच कातन्त्र पर कश्मीर में कई भाष्य लिखे गये। राजा जयापीड के गुरु और प्रसिद्ध वैयाकरण क्षीरस्वामी ने 'अव्ययवृत्ति', धातु-तरंगिणी' और 'काशिका' की रचना की थी।

राजा अवन्तिवर्मा (855-883 ई.) ने आनन्दवर्द्धन, शिवस्वामी, मुक्ताकण और राजानक जैसे विद्वानों को संरक्षण प्रदान किया था। (रा.त., 5/34) संस्कृत के प्रसिद्ध आचार्य राजशेखर ने अपने ग्रन्थों में आदिकवि वाल्मीकि से लेकर कवि रत्नाकर तक का उल्लेख किया है। राजा अवन्तिवर्मा की विद्वत्-सभा को सुशोभित करनेवाले कवि रत्नाकर (855-883 ई.) आचार्य आनन्दवर्द्धन के समकालीन थे।

संस्कृत की समृद्ध काव्यशास्त्र परम्परा कश्मीर की धरती पर जन्मे आचार्यों की सर्वाधिक ऋणी है। वहाँ पैदा हुए आचार्यों की संख्या इतनी है कि गिनते-गिनते उँगलियाँ थक जायें।

आचार्य **भामह** कश्मीर के निवासी थे। उनका समय 500 ई. से 600 ई. के बीच माना जाता है। वे भरत मुनि के बाद कविता के 'शब्दार्थ' को लेकर चिन्तन करनेवाले प्रथम आचार्य हैं। इनके पिता का नाम रक्रिल गोमिल था। इन्हें बौद्ध कहा गया है, परन्तु विभिन्न प्रमाणों के आधार पर भामह वैदिक परम्परा के अनुयायी प्रतीत होते हैं। उन्होंने बौद्ध-दर्शन का अध्ययन करके बौद्ध मत के 'अपोहवाद' का खण्डन किया था। इनकी लोकप्रियता का प्रमाण यह है कि आगे चलकर उद्भट जैसे विद्वान ने उन पर 'भामह विवरण' नामक टीका लिखी।

भरत के 'नाट्यशास्त्र' के समानान्तर कविता का अपना स्वतन्त्र शास्त्र रचनेवालों में भामह का नाम सबसे ऊपर है। भामह द्वारा महाकाव्य के महत्त्व को स्थापित करने के कारण ही काव्य पर व्यवस्थित चिन्तन आरम्भ हुआ। इन्होंने अलंकारों की प्रतिष्ठा में भी योगदान दिया। अपने प्रसिद्ध ग्रन्थ 'काव्यालंकार' में इन्होंने शब्दार्थ के माध्यम से कविता का विवेचन किया है। इन्होंने अलंकारों की संख्या 38 बतायी और 'वक्रोक्ति' को कविता का मुख्य आधार मानते हुए

अतिशयोक्ति को केन्द्र में स्थापित किया। भामह का 'काव्यालंकार' अलंकार-सिद्धान्त का आधारभूत ग्रन्थ है।

संस्कृत के प्रसिद्ध अलंकारशास्त्री **उद्भट** (750-850 ई.) कश्मीर-नरेश जयापीड के मन्त्री थे। उन्होंने 'काव्यालंकार सार संग्रह' नामक पुस्तक की रचना की थी। छह भागों में विभक्त इस ग्रन्थ में 41 अलंकारों के लक्षण दिये गये हैं। 'काव्यालंकार सार संग्रह' पर प्रतिहारेन्दु राज ने 'लघुवृत्ति' नामक एक भाष्य भी लिखा है। उद्भट को 'अलंकार-तन्त्र प्रजापति' कहा गया है। भट्टलोल्लट एक अन्य कश्मीरी आचार्य थे। अभिनवगुप्त ने 'अभिनव भारती' में उद्भट के मत का खण्डन करने के लिए इनके मत का उल्लेख किया है। इस आधार पर इनका समय उद्भट के बाद (यानी नौवीं सदी का पूर्वार्द्ध) माना गया है।

रुद्रट (नौवीं शताब्दी ई.) कश्मीर की काव्यशास्त्र परम्परा में अलंकार सम्प्रदाय के प्रमुख आचार्य हैं। उन्होंने 'काव्यालंकार' नामक एक ग्रन्थ की रचना की, जिसमें 16 अध्याय हैं। अलंकारों का वैज्ञानिक विभाजन पहली बार रुद्रट ने ही किया। उन्होंने अलंकारों के दो भाग किये-शब्दगत एवं अर्थगत। रुद्रट के 'काव्यालंकार' पर कश्मीर के बल्लभदेव नामक विद्वान ने 'रुद्रटालंकार' नामक टीका लिखी है। 'काव्यालंकार' के आरम्भ में रुद्रट ने गणेश एवं गौरी की वन्दना की है; और अन्त में भवानी, मुरारि और गजानन की स्तुति की है। 'काव्यालंकारसूत्र' के रचयिता आचार्य **वामन** भी राजा जयापीड के राज्याश्रित थे।

कश्मीरी आचार्य **मुकुलभट्ट** नौवीं शताब्दी के उत्तरार्द्ध में हुए थे। उनकी एकमात्र रचना 'अभिधावृत्ति मातृका' है। इसमें कुल पन्द्रह कारिकाएँ हैं, जिन पर उन्होंने वृत्ति भी लिखी है। इस ग्रन्थ में उन्होंने उद्भट, कुमारिल भट्ट, आनन्दवर्द्धन, भर्तृहरि और शबरस्वामी जैसे आचार्यों का उल्लेख किया है। इनके पुत्र का नाम आचार्य भट्ट कल्लट था, जो कश्मीर नरेश अवन्तिवर्मा के शासनकाल में विद्यमान थे। 'काव्यालंकार सारसंग्रह' के टीकाकार प्रतिहारेन्दुराज ने मुकुल भट्ट को अपना गुरु माना है।

कश्मीर-निवासी आचार्य **मम्मट** ने 11वीं शताब्दी ई. में 'काव्यप्रकाश' नामक महत्त्वपूर्ण ग्रन्थ की रचना की थी। 'काव्यप्रकाश' में 10 उल्लास और 150 कारिकाएँ हैं। यह ग्रन्थ सूत्रात्मक शैली में लिखा गया था, इसलिए उन बातों को समझाने के लिए इस ग्रन्थ पर 75 टीकाएँ लिखी गयी। आचार्य मम्मट अपने 'काव्यप्रकाश' को पूरा नहीं कर पाये थे; इसे कश्मीर के एक अन्य आचार्य अल्लट ने पूरा किया था।

कश्मीर-निवासी आचार्य **महिमभट्ट** ने 11वीं शताब्दी ई. में 'व्यक्तिविवेक'

नामक महत्त्वपूर्ण ग्रन्थ की रचना की थी। इनके पिता का नाम श्रीधैर्य और गुरु का नाम श्यामल था। महिमभट्ट ध्वनि-सिद्धान्त के विरोधी थे। उनकी कृति 'व्यक्तिविवेक' पर रुय्यक नामक कश्मीरी आचार्य ने ''व्यक्तिविवेक व्याख्यान' शीर्षक टीका लिखी थी।

कश्मीर-नरेश अवन्तिवर्मा के राज्य में मुक्ताकण, शिवस्वामी, आनन्दवर्द्धन और राजानक रुय्यक नामक संस्कृत के चार विद्वानों ने प्रसिद्धि प्राप्त की थी। (रा.त., 5/34) आचार्य रुय्यक के नाम से जुड़ी राजानक उपाधि से इनके कश्मीरी होने की बात सिद्ध होती है। रुय्यक विरचित ग्रन्थों में 'सहृदय लीला', 'व्यक्ति-विवेक की टीका' और 'अलंकार सर्वस्व' प्रमुख हैं। 'अलंकार सर्वस्व' अलंकार-शास्त्र सम्बन्धी एक प्रामाणिक ग्रन्थ है। जबकि 'सहृदय लीला' स्त्रियों के प्रसाधन से सम्बन्धित एक संक्षिप्त रचना है। 'श्रीकण्ठचरित्र' के रचयिता मंखक कवि को आचार्य रुय्यक का शिष्य कहा गया है।

आचार्य **आनन्दवर्द्धन** (10वीं शताब्दी ई.) संस्कृत काव्यशास्त्र परम्परा में ध्वनि-सम्प्रदाय के प्रवर्तक थे। उन्होंने 'ध्वन्यालोक' नामक काव्यशास्त्रीय ग्रन्थ की रचना की थी। संस्कृत काव्यशास्त्र की परम्परा में 'ध्वन्यालोक' का वही महत्त्व है, जो संस्कृत व्याकरण की परम्परा में पाणिनि के 'अष्टाध्यायी' का है। संस्कृत काव्यशास्त्र में ध्वनि-सिद्धान्त का वही स्थान है, जो दर्शन के क्षेत्र में शांकर-अद्वैतवाद का है।

पर्याप्त रचना हो चुकने के बाद उसके विषय में चिन्तन आरम्भ होता है। उसकी उत्पत्ति के कारण, प्रक्रिया और औचित्य पर विचार प्रारम्भ होता है। काव्यशास्त्र के विषय में भी ऐसा ही हुआ। रामायण-महाभारत के अतिरिक्त जब अन्य बहुत-से काव्यों एवं नाटकों की रचना हो गयी, तब उनके वैज्ञानिक विवेचन की आवश्यकता अनुभव की गयी। स्वतन्त्र रूप से काव्य विषयक चिन्तन पाँचवीं शताब्दी ई. से प्रारम्भ हुआ प्रतीत होता है। सम्भव है, इसके पहले भी कोई कार्य हुआ हो, किन्तु उसका कोई लिखित प्रमाण उपलब्ध नहीं है। प्रत्यक्ष सौन्दर्य पर टिका हुआ चिन्तन धीरे-धीरे अमूर्त-अप्रत्यक्ष की ओर बढ़ा और ध्वनि पर जाकर रुका। आनन्दवर्द्धन इस अनाहत नाद के प्रथम श्रोता थे। अनेक विरोधों के बावजूद आनन्दवर्द्धन का सिद्धान्त विद्वानों को मान्य हो गया। एक बार सिद्धान्त रूप में प्रतिष्ठित हो जाने के बाद ध्वनि का प्रतिपादन काव्यशास्त्र का एक आवश्यक अंग बन गया।[6]

आचार्य कुन्तक ने 'वक्रोक्ति जीवित' नामक प्रसिद्ध ग्रन्थ की रचना की थी। वे शैव थे और इसलिए अपने ग्रन्थ के आरम्भ में इन्होंने शिव की स्तुति की–

जगत् त्रितय वैचित्र्य चित्रकर्म विधायिनः।
शिवं शक्ति परिस्पन्दमात्रोपकरणम् नमः।।

भर्तृमेण्ठ या मेण्ठ विक्रम संवत् पाँचवीं शताब्दी के प्रसिद्ध संस्कृत कवि हैं। वे कश्मीर के राजा मातृगुप्त के समकालीन थे। संस्कृत के प्रसिद्ध आचार्य राजशेखर (880-920 ई.) ने इन्हें अपना आदर्श माना है। मेण्ठ महावत जाति के थे। कहते हैं कि उन्होंने 'हयग्रीव-वध' नामक महाकाव्य की रचना करके राजा मातृगुप्त की सभा में सुनाया था। मातृगुप्त स्वयं कवि थे। उन्होंने काव्य समाप्त होने तक उनके सम्बन्ध में किसी प्रकार की प्रतिक्रिया नहीं दी। अन्त में 'काव्य का लावण्य छलक कर भूमि पर न गिर जाये' इसलिए मानो उन्होंने सोने की थाल मँगवाकर उस काव्यग्रन्थ को उसमें रखवा दिया। काव्यकृति का इस प्रकार से सम्मान देखकर स्वयं मेण्ठ और सभी सभ्य चकित रह गये थे। यद्यपि 'हयग्रीव-वध' महाकाव्य अब अनुपलब्ध है, तथापि उसके कई श्लोक संस्कृत के विभिन्न अलंकार एवं सुभाषित ग्रन्थों में उद्धृत किये गये हैं।

संस्कृत की मुक्तक काव्य परम्परा में कविवर **अमरुक** का महत्त्वपूर्ण स्थान है। उन्होंने श्रृंगारपरक सौ से अधिक श्लोकों की रचना की थी, जो 'अमरुक शतक' के नाम से प्रसिद्ध है। सूक्तिसंग्रहों में अमरुक के नाम से निर्दिष्ट पद्यों की कुल संख्या 163 है। आचार्य आनन्दवर्द्धन ने अपने ग्रन्थ 'ध्वन्यालोक' के तृतीय उद्योत में अमरुक के मुक्तकों को उद्धृत करते हुए उन्हें काव्यकला का श्रेष्ठ उदाहरण बताया है। इससे स्पष्ट है कि वे आनन्दवर्द्धन के पहले हुए होंगे। इसीलिए अमरुक को नौवीं शताब्दी ई. से पहले का माना गया है। इनके पद्यों पर भर्तृहरि के श्रृंगारिक पदों का प्रभाव होने के कारण इन्हें भर्तृहरि के कुछ समय बाद का या उनका समकालीन बताया गया है। अमरुक को कश्मीर का राजा भी बताया गया है। रविचन्द्र ने 'अमरुक शतक' की अपनी टीका के उपोद्घात में आदि शंकराचार्य और अमरुक को एक ही व्यक्ति माना है। उल्लेखनीय है कि आदि शंकराचार्य द्वारा अमरुक नामक राजा के मृत शरीर में प्रवेश करने तथा 'कामतन्त्र' नामक एक ग्रन्थ की रचना करने का उल्लेख 'शंकरदिग्विजय' नामक ग्रन्थ में किया गया है। हिन्दी के रीतिकालीन कवि बिहारी और पद्माकर ने अमरुक के कई पद्यों का सरस अनुवाद किया है।

शिवाद्वय दर्शन के महान् आचार्य : अभिनवगुप्त

अभिनवगुप्त (950-1030 ई.) एक दार्शनिक, योगी और सौन्दर्यशास्त्री थे। वे कश्मीर के अद्वैतवाद के प्रत्यभिज्ञा मत के विशिष्ट प्रतिनिधि थे। इस मत में भगवान शिव (परम सत्य के अभिन्न रूप), वैयक्तिक आत्मन् और ब्रह्माण्ड को एक माना गया है। प्रत्यभिज्ञा इस अभिज्ञान (पहचान) को यथार्थ बनाने का मार्ग है।

यह अभिज्ञान कोई नयी सृष्टि नहीं है, बल्कि यह उसकी चिरन्तन उपस्थिति की पहचान है।

अभिनवगुप्त दर्शन और सौन्दर्यशास्त्र के सृजनशील लेखक थे। उनकी प्रसिद्ध दार्शनिक कृतियों में 'तन्त्रालोक', 'मालिनी-विजय-वर्तिका' और उत्पल की रचना ईश्वर प्रत्यभिज्ञा पर टीका 'ईश्वर-प्रत्यभिज्ञा-विवृत्ति-विमर्शिनी' शामिल हैं। वे भरतमुनि के नाट्यशास्त्र की ऐतिहासिक टीका 'अभिनवभारती' और आनन्दवर्द्धन की रचना 'ध्वन्यालोक' की मौलिक टीका 'ध्वन्यालोकलोचन' के भी लेखक थे। 'अभिनवभारती' और 'ध्वन्यालोकलोचन' काव्यशास्त्रीय ग्रन्थ हैं। अभिनवगुप्त एक असाधारण व्याख्याता और मौलिक चिन्तक थे। यद्यपि 'अभिनवभारती' और 'ध्वन्यालोकलोचन' टीका-ग्रन्थ हैं, तथापि ये दोनों ग्रन्थ मौलिक ग्रन्थों से भी बढ़कर हैं।

अभिनवगुप्त ने अपने दो ग्रन्थों- 'तन्त्रालोक' और 'परात्रिंशिकाविवरण' में अपने जीवन और पूर्वजों के विषय में कुछ जानकारी दी है। अपने प्रथम पूर्वज के रूप में उन्होंने अगस्त्य गोत्र के अत्रिगुप्त का नाम लिया है। अत्रिगुप्त (या अभिगुप्त) मध्यदेश या अन्तर्वेदी (वर्तमान उत्तर प्रदेश) के निवासी थे। वे शैव शास्त्र में पारंगत थे; और उन्हें कन्नौज के राजा यशोवर्मा का संरक्षण प्राप्त था। कश्मीर-नरेश ललितादित्य उनकी विद्वता से प्रभावित थे। इसलिए 740 ई. के आसपास जब उन्होंने राजा यशोवर्मा को पराजित किया था; तब महाकवि भवभूति और वाक्पतिराज के साथ ही अत्रिगुप्त को भी अपने साथ ससम्मान कश्मीर ले आये थे। अभिनवगुप्त इन्हीं अत्रिगुप्त के वंश में पैदा हुए थे। स्पष्ट है कि अभिनवगुप्त ने जिस कुल में जन्म लिया था, वह आठवीं शताब्दी के मध्य में मध्यदेश से आकर कश्मीर में बसा था। राजा ललितादित्य ने झेलम नदी के किनारे सितांशुमौलि (शिव) के मन्दिर के सामने एक भूखण्ड पर अत्रिगुप्त के रहने के लिए एक सुन्दर भवन बनवाया था; और उनके जीवन-निर्वाह के लिए एक जागीर भी दी थी।

अभिनवगुप्त के वंश में पाण्डित्य की परम्परा कई पीढ़ियों तक बनी रही। उनके पितामह वराहगुप्त भी एक श्रेष्ठ विद्वान् और शिव-भक्त थे। अभिनवगुप्त के पिता नरसिंहगुप्त 'चुखुलक' के नाम से प्रसिद्ध थे। नरसिंहगुप्त और उनकी पत्नी विमलकला भी शिव-भक्त थे। स्वभावत: अभिनवगुप्त ने अपने जीवन में शैव योगी की जीवन-पद्धति को अपनाया। शैव दर्शन का प्रतिपादन करके उन्होंने शैव सम्प्रदाय के आचार्य का पद प्राप्त किया। कश्मीर की शैव-परम्परा में यह विश्वास प्रचलित है कि केवल 'योगिनीभू' (अर्थात् योगिनी से उत्पन्न) को ही शैवाद्वैत के सिद्धान्तों का समुचित ज्ञान हो सकता है। अत: अभिनवगुप्त को योगिनीभू माना गया है।

परवर्ती रचनाकारों ने अभिनवगुप्त का 'अभिनवगुप्तपाद' कहकर याद किया है। 'गुप्तपाद' शब्द का अर्थ सर्प या शेषनाग है। इस प्रकार 'अभिनवगुप्तपाद' का अर्थ होगा- 'शेष का एक नूतन अवतार'। व्याकरण महाभाष्यकार पतंजलि शेषनाग के अवतार माने गये हैं। अभिनवगुप्त भी व्याकरण में पारंगत थे। उन्होंने अपने पिता चुखुलक से 'महाभाष्य' पढ़ा था। व्याकरण में उनकी प्रवीणता उनकी कृतियों से भी स्पष्ट है। सम्भवत: इस शास्त्र में उनके अधिकार को सूचित करने के लिए ही उन्हें 'अभिनवगुप्तपाद' कहा गया है।

एक कथा के अनुसार अपने बाल्यकाल में अभिनव एक पाठशाला में भेजे गये। उनके अध्यापक उनकी बहुमुखी प्रतिभा और तीव्र स्मरण-शक्ति से बहुत प्रभावित हुए। उनके सहपाठीगण उनसे वैसे ही भय खाते थे जैसे लोग सर्प से भयभीत होते हैं। अत: अध्यापक उन्हें अभिनवगुप्तपाद कहकर पुकारने लगे। इन दोनों आख्यानों से यह पता चलता है कि अभिनवगुप्त उनका मूल नाम नहीं था, बल्कि उनके गुरुओं द्वारा दिया गया नाम था।

उन्होंने अनेक गुरुओं से अनेक शास्त्र पढ़े और इसके लिए वे कश्मीर से बाहर भी गये। उन्होंने 'तन्त्रालोक' में लिखा है कि "भले ही मनुष्य ऐसे गुरु को पाने का सौभाग्य अर्जित कर ले जो स्वयं पूर्णता प्राप्त कर चुका हो और अपने शिष्य को भी सरलता से पूर्णता की ओर ले जा सके, फिर भी इसका यह अर्थ नहीं कि मनुष्य अन्य शास्त्रों और अन्य मार्गों के ज्ञान के लिए अन्य गुरुओं के पास न जाये।" उन्होंने इसकी शिक्षा- उपदेश और उदाहरण, दोनों के माध्यम से दी। शैव शास्त्रों के सिद्धान्तों और शिक्षाओं से सन्तुष्ट होते हुए भी, अपनी असीम जिज्ञासा के कारण, उन्होंने बौद्ध और जैन सम्प्रदायों के उपाध्यायों से भी विद्या प्राप्त की।

उनके ग्रन्थों में उनके अध्यापकों और उनसे पढ़े हुए विषयों की जानकारी मिलती है। उन्होंने अपने पिता नरसिंहगुप्त से व्याकरण, वामनाथ से द्वैततन्त्र, भूतिराज से ब्रह्मविद्या, भूतिराजतनय से द्वैताद्वैत शैवागम, लक्ष्मणगुप्त से क्रम एवं त्रिक् दर्शन, भट्टेन्दुराज से ध्वन्यालोक, भट्ट तौत से नाट्यशास्त्र और जालन्धर निवासी शम्भुनाथ से कौलागम पढ़ा था।

बाल्यावस्था में ही मातृ-पितृ विहीन हो जाने के कारण अभिनव का हृदय सांसारिक आसक्तियों से विमुख हो गया और वे शिव भक्ति के मार्ग पर चल पड़े। लौकिक वाङ्मय और घरेलू जीवन में उनकी रुचि नहीं रह गयी। वे अपनी आध्यात्मिक प्रवृत्तियों को तृप्त करनेवाले आगम-ज्ञान की खोज में आचार्यों के पास घूमने लगे।

उनका प्रसिद्ध ग्रन्थ 'तन्त्रालोक' आगम-साहित्य के अध्ययन में उनकी

आस्था और उनके पाण्डित्य का साक्षी है। आगमों का उनका अध्ययन लक्ष्मणगुप्त की देख-रेख में हुआ, जिन्होंने उनका परिचय क्रम-दर्शन से कराया। अभिनव ने आगम-विद्या की तीनों शाखाओं–क्रम, त्रिक् और कुल–का अध्ययन किया था। प्रत्यभिज्ञा दर्शन त्रिक् सम्प्रदाय की एक शाखा है। वे त्रिक-दर्शन और फिर कुल-दर्शन की ओर उन्मुख हुए। अपनी आध्यात्मिक खोज में पूर्ण तृप्ति उन्हें केवल कुल-दर्शन से ही प्राप्त हुई। कुल-दर्शन में उनके गुरु जालन्धर पीठ के शम्भुनाथ थे। 'तन्त्रालोक' में कई स्थलों पर उन्होंने अपने गुरु शम्भुनाथ का सादर उल्लेख किया है।

1014 ई. में अभिनवगुप्त ने प्रत्यभिज्ञादर्शन पर 'विद्याविवृत्ति' नामक टीका लिखी थी। 'तन्त्रालोक' और 'प्रत्यभिज्ञाविमर्शिनी' जैसे ग्रन्थ लिखने से पूर्व अभिनवगुप्त आध्यात्मिक महत्ता प्राप्त कर चुके थे। अभिनव के परमार्थसार पर योगराज की टीका में इसका उल्लेख हुआ है। योगराज कहते है कि अभिनवगुप्त भैरव की अवस्था प्राप्त कर चुके थे। कश्मीर के परम्परानिष्ठ पण्डित अभिनवगुप्त को भैरव का अवतार मानते हैं।

अभिनवगुप्त ने आनन्द को तीन रूपों में व्याख्यायित किया है- विषयानन्द, काव्यानन्द और परमानन्द। उनके अनुसार आत्मा के स्वरूप के परामर्शमय निज स्वभाव के परिपूर्ण प्रकाशन को आनन्द कहते हैं। विषयानन्द की कोटि में वह आनन्द आता है जिसमें स्थूल धरातल पर आत्म-परामर्श का अवसर प्राप्त होता है। जैसे, यदि किसी भूखे को रोटी मिल जाये तो भूख मिटने के कारण उसे क्षणिक आत्म-परामर्श का अवसर मिलता है। अत: उसे आनन्द का एक अंश मिलता तो है, किन्तु यह स्थायी नहीं होता; क्योंकि उसकी आकांक्षा निरन्तर बढ़ती ही रहती है। क्षुधा-तृप्ति के बाद किसी सुन्दर नारी का आलिंगन करने की उसकी आकांक्षा बलवती हो उठेगी, अथवा कोई अन्य प्रकार की आकांक्षा जागृत हो जायेगी। इस कारण उसे जो आनन्द प्राप्त होगा, वह क्षणिक ही होगा। समस्त वैषयिक आनन्द में उसी प्रकार का अस्थायित्व रहेगा।

काव्यानन्द दूसरे प्रकार का आनन्द है। इस प्रकार के आनन्द की प्राप्ति में बाधाएँ आती हैं। इस कारण इस आनन्द को रसना, चर्वणा, निवृति, प्रतीति, प्रमातृत्व, विश्रान्ति आदि कहते हैं। हृदय पक्ष की प्रधानता के कारण काव्यानन्द को परमानन्द के समकक्ष नहीं रखा जा सकता।

स्वात्म परामर्श ही परमानन्द है। इसमें किसी प्रकार का कोई व्यवधान नहीं होता है। स्वात्म परामर्श से उत्पन्न आनन्द और कुछ नहीं, बल्कि चमत्कार है। अभिनवगुप्त ने अपने इसी दार्शनिक सिद्धान्त के आधार पर रस को प्रकाशमय,

आनन्दमय और चमत्कार सिद्ध किया है।

शैवदर्शन पर लिखे गये उनके ग्रन्थ भारत के दर्शन-साहित्य को उनकी बहुमूल्य देन है। वैसे, संस्कृत साहित्य के अध्येता उन्हें काव्यशास्त्र के विद्वान् के रूप में देखते हैं।

क्षेमेन्द्र

क्षेमेन्द्र (ग्यारहवीं शताब्दी ई.) कवि और आचार्य होने के साथ ही इतिहासकार भी थे। उनको क्षेमंकर भी कहा गया है। 'बृहत्कथामंजरी', 'कलाविलास', 'देशोपदेश', 'समयमातृका', 'अवदानकल्पलता', 'नर्ममाला', 'औचित्यविचार चर्चा' और 'कविकण्ठाभरण' इनकी प्रमुख कृतियाँ हैं। कल्हण कृत 'राजतरंगिणी' में क्षेमेन्द्र के एक ग्रन्थ 'नृपावली' का उल्लेख किया गया है। 'नृपावली' में कश्मीर के राजाओं की सूची दी गयी है। क्षेमेन्द्र कश्मीर-नरेश अनन्त (1028-1064 ई.) और उनके पुत्र राजा कलश के समकालीन थे। उनके समय में कश्मीर का राजनीतिक वातावरण बहुत अशान्त था। क्षेमेन्द्र ने अपनी रचना 'नर्ममाला' में राजा अनन्त का उल्लेख किया है। इससे प्रतीत होता है कि उन्होंने अपना लेखनकार्य राजा अनन्त के राज्यारोहण (1028 ई.) के पूर्व ही आरम्भ किया होगा।

क्षेमेन्द्र लौकिक प्रवृत्ति के कवि थे। इनकी काव्य-रचनाओं से इनके जीवन पर प्रकाश पड़ता है। 'कवि कण्ठाभरण' तथा 'औचित्य विचार चर्चा' के अन्त में कवि ने ग्रन्थ की समाप्ति के समय राजा अनन्त का राज्यकाल बताया है।

क्षेमेन्द्र ने गुणाढ्य द्वारा पैशाची भाषा में लिखे गये 'बड्डकहा' नामक आख्यायिका के आधार पर 'बृहत्कथा मंजरी' की रचना की। इसमें 18 लम्बक हैं और उनके नाम भी सोमदेव कृत 'कथासरित्सागर' से मिलते-जुलते हैं। 'कथासरित्सागर' में 2195 श्लोक हैं जबकि 'बृहत्कथा मंजरी' में 1206 श्लोक हैं। वेताल-पचीसी नामक 25 कहानियों का एक गुच्छा 'कथासरित्सागर' (तरंग 75-99) में भी है और 'बृहत्कथा मंजरी' में भी। क्षेमेन्द्र ने कश्मीर में प्रचलित तन्त्र-आख्यायिका का भी उपयोग किया था, क्योंकि मूल पंचतन्त्र में अप्राप्य किन्तु 'बृहत्कथा मंजरी' में प्राप्त पाँच कहानियाँ ऐसी हैं जो तन्त्र-आख्यायिका में पायी जाती हैं।

'बृहत्कथा मंजरी' में क्षेमेन्द्र ने 'ज्ञान के समुद्र विद्या-विवृति के लेखक' आचार्य अभिनवगुप्त को अपना साहित्यिक गुरु बताया है। 'कविकण्ठाभरण' में भी उन्होंने कहा है कि उन्हें अभिनवगुप्त से कवित्व का ज्ञान प्राप्त हुआ था।

क्षेमेन्द्र के पुत्र सोमेन्द्र के अनुसार इन्होंने 1052 ई. में 'अवदान कल्पलता'

नामक ग्रन्थ की रचना की थी। इन्होंने 1037 ई. में 'बृहत्कथा मंजरी' की, 1050 ई. में 'समय मातृका' की और 1065 ई. में 'दशावतार चरित' की रचना की थी। उन्होंने 'महाभारत' और 'रामायण' के आधार पर क्रमशः 'भारत मंजरी' और 'रामायण मंजरी' नामक ग्रन्थों की रचना की थी। 'दशावतार चरित' इनकी अन्तिम रचना है। इससे प्रतीत होता है कि 1070 ई. के आसपास इनकी मृत्यु हुई होगी। इनका जीवनकाल 990 से 1070 ई. तक तथा काव्यकाल 1015 से 1066 ई. तक माना गया है।

अपने परिवार का परिचय इन्होंने स्वयं दिया है। इनके पिता प्रकाशेन्द्र कश्मीर में इतने प्रसिद्ध थे कि उन्हें उस भूभाग का प्रकाश कहा जाता था। उनका यज्ञानुष्ठान निरन्तर चलता रहता था। उन्होंने ब्रह्माजी का एक मन्दिर बनवाकर उसमें षोडशमातृकाओं की प्रतिष्ठा की थी। वे उस मन्दिर में गौ, भूमि तथा मृगचर्म का ब्राह्मणों को दान देते-देते पंचतत्त्व में विलीन हो गये थे। क्षेमेन्द्र के पितामह सिन्धु तथा प्रमितामह भोगेन्द्र थे। उनके वृद्ध प्रपितामह नरेन्द्र कश्मीर-नरेश जयापीड के राज्याश्रित थे।

उन्होंने तत्कालीन सामाजिक जीवन का व्यापक अनुभव प्राप्त किया था। शैव, वैष्णव, कश्मीरी, गौड़देशीय, लुहार, चमार, महाजन, वेश्या आदि विभिन्न प्रकार के लोगों को उन्होंने बहुत निकट से देखा-परखा था। उनकी दृष्टि बहुत प्रखर थी। इसीलिए उन्होंने सूक्ष्मता के साथ तत्कालीन कश्मीरी समाज का वर्णन किया है। मध्यकालीन कश्मीरी समाज में व्याप्त कमियों की उन्होंने बारीकी से पड़ताल की। ह्रासोन्मुख कश्मीरी समाज के उत्थान को लक्ष्य बनाकर उन्होंने व्यंग्यपरक, यथार्थपरक और नीतिपरक काव्यों की रचना की। उनकी कृतियों से पता चलता है कि उनके समय में कश्मीर की सामाजिक दशा पतनोन्मुख थी।

ग्यारहवीं शताब्दी के कश्मीर में बौद्ध धर्म के सामाजिक आदर्श प्रबल थे। इसलिए शैव होने के बावजूद 'अवदान कल्पलता' में उन्होंने भगवान् बुद्ध की प्रशंसा की और 'दशावतार चरित' नामक अपने ग्रन्थ में सबसे पहले उन्हें भगवान मानकर दस अवतारों में स्थान दिया। बुद्ध को सबसे पहले क्षेमेन्द्र कृत 'दशावतार चरित' में ही विष्णु का अवतार घोषित किया गया था।

क्षेमेन्द्र कृत 'देशोपदेश' आठ उपदेशों में विभक्त वर्णनात्मक रचना है। इसमें कश्मीर देश की दुर्बलताओं का चित्रण किया गया है। उनकी रचना के विषय हैं- कंजूस, वेश्या, कुट्टनियाँ, विट, कश्मीर में पढ़ने के लिए आया हुआ गौड़ विद्यार्थी, बूढ़ा वर, कवि, शेखीखोर, वैयाकरण इत्यादि। उन पर व्यंग्य करना कवि

का लक्ष्य है। परन्तु इनके व्यंग्य कहीं-कहीं भद्दे हो गये है।

क्षेमेन्द्र कृत 'नर्ममाला' भी एक व्यंग्य रचना है। इसका प्रधान विषय है धूर्त कायस्थ (यानी राजकर्मचारी)। इसमें कायस्थों के व्यक्तिगत जीवन के कुत्सित रूप–दम्भ, रिश्वतखोरी, धूर्तता आदि–का विस्तार से चित्रण हुआ है। इसमें नौसिखिया वैद्य, ज्योतिषी, गुरु आदि का भी वर्णन किया गया है। 'कला विलास' शीर्षक रचना में इन्होंने विभिन्न व्यवसायों के कपटपूर्ण व्यवहारों पर तीखा व्यंग्य किया है।

'देशोपदेश' तथा 'नर्ममाला' में कश्मीर के देशीय जीवन में व्याप्त अत्याचार, दाम्भिक व्यवहार और व्यभिचार का चित्रण किया गया है। 'देशोपदेश' में हवाई किले बनानेवाले खल, लालची कृपण, दूसरों के हाथों की कठपुतली बुद्धिहीन वेश्या, सर्पिणी-जैसी कुटिल कुट्टनी, भड़कीले वेश में बन्दर-सा दिखनेवाला विट, दुर्बल गौड़-पुरुष जो कश्मीर की जलवायु के प्रभाव से दुःसाहसी बन गया है, नवविवाहित वृद्ध पुरुष, पतित शैव, धूर्त कायस्थ (राजकीय कर्मचारी) और उसकी चंचलचित्त पत्नी, चालाक व्यापारी, शेखीखोर रासायनिक, मिथ्याचारी तपस्वी, अहंकारी वैयाकरण आदि के हृदयग्राही रेखाचित्र दिये गये हैं। 'नर्ममाला' में भी उसी प्रकार विविध रेखाचित्र दिये गये हैं पर इसमें कश्मीर में कायस्थों (राजकीय कर्मचारियों) द्वारा राज्य में फैलाये गये व्यभिचार का वर्णन विशेष रूप से हुआ है। इन रचनाओं में कश्मीर के स्थानीय जीवन का यथार्थपरक चित्रण किया गया है।

'लोकप्रकाश कोष'[7] नामक एक ग्रन्थ में व्यापारियों के हुण्डी परचों का परिचय, कश्मीरी अधिकारियों की उपाधियाँ तथा वहाँ के परगने आदि के नाम दिये गये हैं। इस ग्रन्थ में वर्णित कश्मीर देश के भूगोल, शासन तथा व्यापार सम्बन्धी विवरण बहुत उपयोगी हैं।

क्षेमेन्द्र ने अपने को 'सर्व मनीषी शिष्य' कहा है। वे वेदव्यास, वाल्मीकि और गुणाढ्य के प्रशंसक थे। व्यास को अपना गुरु मानकर उन्होंने स्वयं को 'व्यासदास' भी कहा है। इसके अलावा तीन अन्य आचार्यों–अभिनवगुप्त, गगक और सोमपाद–को उन्होंने अपना गुरु कहा है।

कथासरित्सागर

सोमदेव भट्ट (11वीं शताब्दी) राजा अनन्त के राज्याश्रित एक शैव मतानुयायी कश्मीरी विद्वान् थे। उन्होंने भारतीय लोककथाओं को संस्कृत भाषा की छन्दबद्ध कहानियों के रूप में संकलित किया।

राजा अनन्त की रानी सूर्यमति के मनोविनोद के लिए सोमदेव को कहानियों की शृंखला तैयार करने को कहा गया था। तत्क्रम में सोमदेव ने 1063 से 1081 ई. के बीच इस ग्रन्थ की रचना की थी। उन्होंने पैशाची भाषा के लेखक गुणाढ्य द्वारा सदियों पहले लिखी गयी 'बड्डकहा' नामक आख्यायिका से अपनी कहानियों का आधार लिया। उन्होंने 'बड्डकहा' का संक्षेपण करके संस्कृत में उसकी पुनर्रचना की। सोमदेव द्वारा किया गया 'बड्डकहा' (बृहत्कथा) का भाषान्तर 'कथासरित्सागर' के नाम से प्रसिद्ध है। कथा की सुव्यवस्थित योजना के कारण 'बड्डकहा' के अन्य संस्कृत भाषान्तरों की अपेक्षा कथासरित्सागर का महत्त्व अधिक है। यह कालजयी ग्रन्थ अपने वर्तमान रूप में अनेक छोटी-बड़ी कहानियों का संग्रह है। 21388 पद्य वाले इस ग्रन्थ को 124 तरंगों में बाँटा गया है। इसका एक दूसरा विभाग लम्बकों में है, जिनकी संख्या 18 है। कुल मिलाकर यह ग्रन्थ 18 खण्डों और 24 उपखण्डों में विभक्त है।

सोमदेव ने इसे 'कथा-रूपी नदियों का सागर' कहा है। अपने ग्रन्थ के आरम्भ में ही उन्होंने बताया है कि उनकी रचना 'बड्डकहा' का संक्षिप्त रूप है।

सोमदेव ने सोचा कि जैसे हिमालय से आयी हुई अनेक धाराएँ आगे-पीछे बहती हुई समुद्र में ही पहुँच जाती है, वैसे ही छोटी-बड़ी सभी कहानियाँ उनके इस महान् ग्रन्थ में इकट्ठी हो जायें; और यह सच्चे अर्थ में कहानी-रूपी नदियों का सागर बन जाये। कथासरित्सागर में अद्भुत कन्याएँ, उनके साहसी प्रेमी, राजा, राजतन्त्र एवं षड्यन्त्र, जादू-टोने, छल-कपट, हत्या, युद्ध, रक्तपायी वेताल, पिशाच, यक्ष, प्रेत तथा पशु-पक्षियों की सच्ची एवं गढ़ी हुई कहानियाँ और भिखमंगे, साधु, पियक्कड़, जुआरी, वेश्या, विट एवं कुट्टनी–इन सभी की कहानियाँ एकत्र हो गयी है। कथासरित्सागर भारतीय कल्पना जगत् का दर्पण है, जिसे सोमदेव भविष्य की पीढ़ियों के लिए छोड़ गये है।''[8]

सोमदेव ने मूर्खों की कहानियाँ कहने में बहुत रस लिया है। इसके अतिरिक्त चोर, जुआरी, धूर्त, वेश्यागामी, चालबाज, हँसोड़, कपटी, बदमाश, ठग, लुच्चे, रँगीले भिक्षु आदि की कहानियों की तह जमाने में सोमदेव को अद्भुत सफलता मिली है। उनकी दृष्टि में समाज का पूरा चित्र समाया हुआ है। भले और बुरे, ऊँच और नीच, धनी और कंगाल, धर्मात्मा और गुण्डे सभी के चित्र उनके ग्रन्थ में पाये जाते हैं। जैसे समुद्र सब रत्नों की खान है, वैसे ही मानव-स्वभाव का जितना वैचित्र्य है, उसका पूरा अंकन सोमदेव ने अपने ग्रन्थ में किया है।[9] भारतीयों का विश्वास था कि कहानी सुनने से पाप नष्ट होता है। इसका अभिप्राय यह है कि अच्छी कहानी

तनाव को दूर करती है और मनुष्य को स्वाभाविक स्थिति में पहुँचा देती है।[10]

लल्लेश्वरी

भारत की सांस्कृतिक परम्परा में कश्मीर की सन्त कवयित्री लल्लेश्वरी का महत्त्व वही है, जो तमिलनाडु की आण्डाल का, कर्नाटक की अक्क महादेवी का और राजस्थान की मीराँबाई का है। लल्लेश्वरी को ललद्यद या लल भी कहा गया है। मुस्लिम फकीर पीर अली हमदानी के सम्पर्क में आने के बाद उन्हें लल्ला आरिफा भी कहा गया है। 14वीं शताब्दी ई. में उनका जन्म एक कश्मीरी ब्राह्मण परिवार में हुआ था। स्त्री होने के कारण उनको अपने परिवार और रूढ़िवादी समाज में अवमानना का दंश भी सहना पड़ा था।

पुरातनकाल से ही कश्मीर में शैव दर्शन का बोलबाला था। वहाँ की शैव दार्शनिक परम्परा से प्रभावित होकर लल्लेश्वरी ने भक्ति भावना से भरी कविताएँ लिखीं, जो कश्मीर में 'वाख' के नाम से प्रसिद्ध हैं। वाख का अर्थ है-वाणी। गौरतलब है कि कश्मीरी भाषा में आध्यात्मिक भक्तिकाव्य का आरम्भ लल्लेश्वरी के 'वाख' (वाक्) अथवा पदों से ही होता है। उनके वाख में प्रेम-तत्त्व की प्रधानता है, जिसकी एक उच्च दार्शनिक भावभूमि है। उनके द्वारा रचे गये समस्त साहित्य में आध्यात्मिक स्वर मुखर है, परन्तु उनमें बाह्याडम्बरों का विरोध भी है। खास बात यह है कि शैव मत तथा त्रिक्-दर्शन से प्रभावित लल्लेश्वरी का काव्य सूफी मत के सम्मिश्रण के परिणामस्वरूप आध्यात्मिक मिलन का संगम-स्थल बन गया है। हिन्दुओं और मुसलमानों दोनों की प्रिय कवयित्री लल्लेश्वरी ने कबीर की भाँति दोनों धर्मों के बाह्याडम्बरों का उपहास किया है। उन्होंने अपने समय में प्रचलित संस्कृत और फारसी की जगह लोकभाषा कश्मीरी में कविताएँ लिखीं और इस प्रकार कश्मीरी भाषा को प्रतिष्ठित किया।

कश्मीर के प्राचीन मन्दिर

श्रीनगर के पास एक पहाड़ी पर आदि शंकराचार्य द्वारा स्थापित एक शिवलिंग है। इस पहाड़ी को 'शंकराचार्य पहाड़ी' कहते हैं। पहाड़ी की तलहटी में शंकरमठ है। पुरातन काल में कश्मीर के प्रत्येक गाँव में मन्दिर थे। राजा अशोक ने अशोकेश्वर, जलौक ने ज्येष्ठेश्वर भूतेश, अभिमन्यु ने शशांकशेखर, मिहिरकुल ने मिहिरेश्वर, वक ने वकेश, गोपादित्य ने गोपाद्रि पर ज्येष्ठेश्वर, गोकर्ण ने गोकर्णेश्वर, उग्र ने उग्रेश, तुंग ने तुंगेश्वर, सन्धिमति ने सन्धीश्वर, रणादित्य ने माहेश्वर रणेश्वर, रानी रणारम्भा ने रणारम्भा, रानी अमृतप्रभा ने अमृतेश्वर, विक्रमादित्य ने विक्रमेश्वर एवं उसकी रानी बिम्बा ने विश्वेश्वर नामक मन्दिरों का निर्माण कराया था।

निर्माणकर्ताओं ने अपना नाम चिरस्थायी करने के लिए अपने नाम पर मन्दिरों के नाम रखे थे। बिल्हण कृत 'विक्रमांकदेवचरित' में कहा गया है कि प्रवरपुर में भट्टारक-मठ, संग्रामक-क्षेत्रमठ और क्षेमगौरीश्वर का मन्दिर इत्यादि स्थल दर्शनीय हैं।

शंकराचार्य पहाड़ी के शिखर पर कश्मीर का प्राचीनतम ज्येष्ठरुद्र मन्दिर था, जिसका निर्माण जलौक ने करवाया था। पहाड़ी को मूल रूप से ज्येष्ठेश्वर कहा जाता था। ज्येष्ठेश्वर के मन्दिर कश्मीर में तीन जगह थे। एक हरमुकुट पर्वत के नीचे नन्दिक्षेत्र में, दूसरा डल झील के उत्तरपूर्वी छोर से तीन मील पूरब त्रिपुरेश्वर (त्रिफर गाँव) के पास; और तीसरा शंकराचार्य पहाड़ी पर, जहाँ ज्येठेर गाँव है।

विशिष्ट भौगोलिक स्थिति के कारण कश्मीर के स्थापत्य की कुछ निजी विशेषताएँ हैं। यद्यपि यह भूभाग ऊँचे पर्वतों से घिरा हुआ है, तथापि मध्य एशिया तथा ईरान का मार्ग यहीं से होकर जाता है। आवागमन की सुविधा के कारण कश्मीर घाटी में मध्य एशिया तथा ईरान की संस्कृतियों का प्रवेश हुआ, जिसके परिणामस्वरूप कश्मीर की वास्तुशैली पर विदेशी प्रभाव भी पड़ा। राजा ललितादित्य मुक्तापीड (724-760 ई.) के राज्यकाल को कश्मीर के स्थापत्य का स्वर्णयुग कहा गया है। इस काल के भवनों में वैदिक धर्म के मन्दिर प्रमुख है। इस्लाम के आगमन के पहले कश्मीर में दो भिन्न संस्कृतियाँ प्रचलित थीं-

1. बौद्ध संस्कृति : 200 ई. से 700 ई. और
2. पौराणिक संस्कृति : 700 ई. से 1200 ई.।

कश्मीर में मन्दिर-निर्माण का महान् युग वस्तुतः आठवीं शताब्दी से शुरू हुआ। उस समय घाटी में विशाल मन्दिरों का निर्माण हुआ। उन मन्दिरों का निर्माण शिलाखण्डों को तराश कर हुआ। मन्दिर-निर्माण का यह दौर प्रायः दो सौ वर्षों तक चलता रहा। फिर मन्दिर-निर्माण के ह्रास का दौर शुरू हुआ। विदेशी प्रभाव के कारण ये मन्दिर उत्तरी भारत के मन्दिरों से कुछ अलग पहचान रखते हैं। स्तम्भों की स्थिति, दीवार की सतह की बनावट और अधिरचना की ऊँचाई पर अधिक ध्यान दिया गया। कश्मीर की स्थापत्य शैली यूनानी-रोमन शैली से प्रभावित है। अफगानिस्तान के यूनानी-बौद्ध स्थापत्य से इस पर्वतीय प्रदेश के मन्दिरों का विकास हुआ। कश्मीर के मन्दिरों के स्तम्भ रोमन-शैली के डारिक स्तम्भों-जैसे हैं। दूसरी विशेषता मदिरों के छत की है, जो लकड़ी या पत्थर से तैयार किये गये। रोमन इमारतों में चूने-गारे का प्रयोग किया जाता था; कश्मीर के स्तम्भों के निर्माण में यही शैली अपनायी गयी। श्रीनगर से दूर परिहासपुर के मन्दिर में भी यही शैली दिखायी पड़ती है।

प्रसंगवश उल्लेखनीय है कि कश्मीर में वैदिक (हिन्दू) धर्म से सम्बन्धित मन्दिरों के भग्नावशेष तो मिल भी जाते हैं लेकिन बौद्ध-मन्दिरों का तो नामोनिशान ही मिटा दिया गया।

कश्मीर का मार्तण्ड मन्दिर

कश्मीर के मन्दिरों में मार्तण्ड का सूर्य मन्दिर सर्वप्रमुख है। यह श्रीनगर से पहलगाम के रास्ते में अनन्तनाग के निकट मटन कस्बे में स्थित है। 'मटन' प्राचीन 'मार्तण्ड' का अपभ्रंश है। इसके पास एक पहाड़ी पर मार्तण्ड का यह भग्न मन्दिर स्थित है। मार्तण्ड का अर्थ है-सूर्य। चूँकि कश्मीर में उस स्थान पर भगवान् मार्तण्ड का प्रसिद्ध मन्दिर बना हुआ था इसलिए उस स्थान का नाम ही मार्तण्ड रख दिया गया था। इस मन्दिर के भग्नावशेष को देखकर इसकी भव्यता का अनुमान लगाया जा सकता है।

'मार्तण्ड मन्दिर' स्वयं घोषित करता है कि इसके निर्माणकाल में बौद्ध प्रभाव लुप्त हो गया था। बौद्ध मत का स्थान वैदिक (हिन्दू) धर्म ने ले लिया था। पौराणिक देवताओं के मन्दिर बनने लगे थे। उन मन्दिरों की एक विशेषता यह है कि गर्भगृह का निर्माण एक अहाते के बीच में हुआ है; और उसके चारों ओर स्तम्भयुक्त बारामदे हैं। मार्तण्ड मन्दिर में सभामण्डप के लिए स्थान भी था। गर्भगृह के सामने कोई कक्ष नहीं था, लेकिन उसके चारों ओर बारामदा था।

मार्तण्ड मन्दिर को स्थानीय लोग अनुश्रतियों के आधार पर पाण्डवों का भवन कहते थे, परन्तु वास्तव में यह सूर्य देवता का मन्दिर था। कल्हण की 'राजतरंगिणी' के अनुसार कश्मीर में सबसे पहले राजा रणादित्य ने सिंहरोत्सिक नामक ग्राम में 'रणपुरस्वामी' के नाम से एक सूर्य मन्दिर बनवाया था। इसके प्रमाण 'मार्तण्ड मन्दिर' के पहले चबूतरे पर मिलते हैं। 8वीं शताब्दी के मध्य में राजा ललितादित्य मुक्तापीड ने मार्तण्ड मन्दिर का जीर्णोद्धार करवाकर दूसरा चबूतरा और नया मन्दिर बनवाया; और अन्त में श्रीवर्मन ने फिर से सूर्य प्रतिमा की स्थापना करवायी। संस्कृत भाषा और शारदा लिपि में लिखे गये एक शिलालेख के अनुसार श्रीवर्मन ने अपने शासन के 70वें वर्ष में इस मन्दिर में मार्तण्ड की प्रतिमा स्थापित करवायी थी।

रणादित्य को एक मिथकीय राजा माना गया है। ऐतिहासिक दृष्टि से मार्तण्ड मन्दिर का वास्तविक निर्माणकर्ता ललितादित्य मुक्तापीड (724-760 ई.) ही था। इस मन्दिर की स्थापत्य-कला उच्च कोटि की है। आगे चलकर कश्मीर में इस शैली के कई मन्दिर बनवाये गये। वानगढ़ और अवन्तिपुर के मन्दिर उसी शैली के हैं।

वास्तुगत विशेषताओं की दृष्टि से यह मन्दिर गुप्तकालीन प्रतीत होता है। मन्दिर के अन्तराल के सामने की दीवार पर गंगा-यमुना नदियों की मूर्तियाँ उत्कीर्ण हैं, जिन्हें उनके अलग-अलग वाहनों के साथ चित्रित किया गया है। नदी देवी गंगा मकर पर सवार हैं, जबकि देवी यमुना कच्छप पर सवार हैं। वाहन सहित गंगा-यमुना की ये मूर्तियाँ गुप्तकालीन कला की प्रमुख विशेषता है। कल्हण की 'राजतरंगिणी' के अनुसार रणादित्य ने सम्राट् विक्रमादित्य के बाद शासन किया था। यदि विक्रमादित्य की पहचान चन्द्रगुप्त द्वितीय विक्रमादित्य से की जाये तो हम यह मान सकते हैं कि इस मन्दिर का निर्माण छठी शताब्दी ई. के आरम्भ में हुआ होगा; और फिर राजा ललितादित्य के समय में इसको भव्यता प्रदान की गयी होगी।

यह पौराणिक हिन्दू परम्परा का मन्दिर है। कश्मीर के परवर्ती पौराणिक मन्दिरों के लिए यह आदर्श स्वरूप है। इसे कश्मीरी वास्तु शैली का अनुपम उदाहरण माना गया है। यह एक ऊँचे पठार पर स्थित है, जहाँ से घाटी का विहंगम दृश्य देखा जा सकता है। इसके पीछे ऊँची पर्वतश्रेणियाँ हैं और सामने हरी-भरी घाटी है। मन्दिर एक विस्तृत प्रांगण के भीतर बना हुआ है। गर्भगृह के चारों ओर जालीदार स्तम्भोंवाला बारामदा और पंक्तिबद्ध कक्ष हैं। इसका प्रवेश-द्वार भव्य है।

मुख्य संरचना के सामने प्रत्येक पार्श्व भाग में दो कमरों वाला एक अलग मण्डप है। इसका अतिरिक्त भाग सौर-सम्प्रदाय के अनुयायियों के निवास और आनुष्ठानिक क्रियाकलाप से सम्बन्धित प्रतीत होता है। प्रसिद्ध कलाविद् फर्ग्युसन के अनुसार इसकी छत लकड़ी की थी। छत पिरामिड के आकार की थी और छत का भीतरी तल लालटेन का आकार लिये हुए था।

चौरस आधार पर निर्मित यह मन्दिर आयताकार है। भारी शिलाखण्डों को बहुत ही कुशलता से एक के ऊपर एक रखकर इस मन्दिर को बनाया गया था। इसकी लम्बाई 62 फीट और चौड़ाई 35 फीट है। मुख्य मन्दिर का भीतरी भाग 185 फीट लम्बा और 14 फीट चौड़ा है। मुख्य इमारत की ऊँचाई लगभग 70 फीट है। इसके चारों ओर का प्रांगण अधिक महत्त्वपूर्ण है। यह आयताकार प्रांगण 220 फीट लम्बा और 142 फीट चौड़ा है। इसमें लगे स्तम्भों की कुल संख्या 84 है। प्रत्येक स्तम्भ 95 फीट ऊँचा है; और स्तम्भों के बीच का अन्तराल सवा छह फीट है। गौरतलब है कि वर्ष में 12 मास होते हैं; और एक सप्ताह में 7 दिन होते हैं। 12 को 7 से गुणा करने पर उसका गुणनफल 84 होता है। सम्भवतः इसीलिए कालचक्र के नियन्ता सूर्य देवता के इस मन्दिर में 84 स्तम्भ बनवाये गये थे। प्रांगण में कुल तीन प्रवेश द्वार थे। मुख्य द्वार पश्चिम दिशा में अनन्तनाग की ओर है।

मन्दिर के चारों ओर लगभग 1 फुट पानी भरा रहता था। लेदरी नदी से

नहर निकालकर यहाँ पानी लाया गया था। मन्दिर उस जल-कुण्ड के मध्य में स्थित था। मन्दिर में प्रवेश करने के लिए मुख्य द्वार से मन्दिर के द्वार तक पत्थर के टुकड़े सेतु के समान रखे हुए थे। उन्हीं पर से होकर श्रद्धालु जन मन्दिर में पहुँचते रहे होंगे।

प्रांगण की स्तम्भावलि का निर्माण राजा ललितादित्य ने कराया था। इस मन्दिर के तीन खण्ड हैं- अर्द्धमण्डप, अन्तराल (अर्थात् मध्य-मन्दिर) तथा गर्भगृह। गर्भगृह में अधिक मूर्तियाँ नहीं थीं। अन्तराल एवं अर्द्धमण्डप में कलात्मक दृष्टि से उत्कृष्ट मूर्तियाँ विद्यमान थीं। मुसलमान सुल्तानों के दौर में उन मूर्तियों को खण्डित कर दिया गया।

कश्मीर के सुल्तान सिकन्दर बुतशिकन (1390-1417 ई.) ने आग लगवाकर इस मन्दिर को नष्ट कर दिया। यद्यपि अब यह भग्न अवस्था में है, तथापि अपने आकर्षक आकार-प्रकार के कारण कश्मीरी मन्दिरों में सर्वाधिक महत्त्वपूर्ण है।

गौरतलब है कि 1947 ई. में जब कबाइलियों ने कश्मीर पर हमला किया तब मार्तण्ड का क्षेत्र उनके प्रकोप से बच गया था। प्रसिद्ध प्रकाशक रमेश ग्रोवर के कथनानुसार 1953 ई. में अपने विवाह के बाद, अपनी नवविवाहिता के साथ, जब वे कश्मीर गये तब वे उन्हें मार्तण्ड (मटन) स्थित अपना मकान दिखाने भी ले गये थे। तालाब के किनारे लकड़ियों से बने दोमंजिले मकान का एक हिस्सा एक कश्मीरी पण्डित को दे दिया गया था, जो उनके पुरोहित थे। उस मनोरम तालाब का पानी इतना निर्मल था कि उसके तल पर तैरती मछलियाँ स्पष्ट दिखायी देती थीं। लेकिन आगे चलकर मुसलमान दहशतगर्दों ने उस कश्मीरी पण्डित को वहाँ से खदेड़कर उस मकान पर कब्जा कर लिया। बलपूर्वक निष्कासन, बेदखली और कब्जा–केवल मटन की ही नहीं, बल्कि पूरी कश्मीर घाटी की नियति रही है।

बहरहाल, नौवीं शताब्दी ई. से राजा अवन्तिवर्मन ने एक नये युग की शुरुआत की, जिसकी स्थापत्य-कला वैष्णव धर्म से सम्बन्धित है। श्रीनगर से 30 किलोमीटर दूर अवन्तिपुर में आज भी विष्णु मन्दिर अंशतः विद्यमान है। यह मन्दिर परिष्कृत कला का नमूना है। मन्दिर के चारों ओर स्तम्भों की शृंखला है। प्रवेश-द्वार के सामने एक स्तम्भ पर गरुड़ की काँस्य प्रतिमा है। दसवीं शताब्दी ई. में राजा शंकरवर्मन द्वारा निर्मित शिवमन्दिर मार्तण्ड मन्दिर-जैसा ही है। इसकी स्थापत्य-शैली में पहले की अपेक्षा अधिक स्तम्भ जुड़े हुए हैं, जिन्हें चट्टानों को तराश कर बनाया गया है।[11]

अन्त्येष्टि और श्राद्ध

कश्मीर में जन्म से लेकर मृत्यु तक के अनुष्ठान देश के अन्य प्रदेशों के समान ही होते रहे हैं। वहाँ भी अन्त्येष्टि-संस्कार के बाद अस्थि-भस्म को गंगा आदि पवित्र नदियों में प्रवाहित करने की परम्परा थी। 'राजतरंगिणी' में कहा गया है कि प्रधानमन्त्री फल्गुण के पुत्र कर्दमराज ने कश्मीर के दिवंगत राजा क्षेमगुप्त (950-958 ई.) के अस्थि-भस्म को गंगा नदी में प्रवाहित किया था। (रा.त. 6/200) कश्मीरी हिन्दुओं की मान्यता रही है कि मार्तण्ड (मटन साहिब) में श्राद्ध करने से गया में श्राद्ध करने के बराबर पुण्य मिलता है।

डल झील के पास वितस्ता और मारी नदियों का संगम है। श्रीनगर का प्राचीन श्मशान उस संगम-क्षेत्र में ही स्थित था। कल्हण (12वीं शताब्दी ई.) के समय से लेकर श्रीवर (15वीं शताब्दी ई.) के समय तक वह प्रसिद्ध श्मशान वहीं स्थित था। इतिहासकार श्रीवर ने लिखा है कि वहीं संगम के किनारे मृतकों का दाह-संस्कार किया जाता था। श्रीनगर की उस श्मशान भूमि पर दाह-संस्कार करना पुण्यप्रद और मुक्तिप्रद माना जाता था। (जै़. रा.त. 1/5/56)

शवयात्रा और शिविका (अर्थी) का हिन्दू और मुस्लिम दोनों समाजों में प्रचलन था। दाह-संस्कार के समय क्षेत्रपाल और पंचवारिक भृत्य लोगों से शवदाह का शुल्क लेते थे। (जै़. रा.त. 1/5/57) एक बार अपने पिता की मृत्यु के बाद जब श्रीवर ने सुल्तान से श्मशान-शुल्क की बात कही, तब किरातों को दण्ड देकर, शवदाह शुल्क हटा दिया गया। (जै़. रा.त. 1/5/58) उसी समय से नगर में उस स्थान पर सामान्य लोगों का दाह-संस्कार भी आरम्भ हो गया। (जै़. रा.त. 1/5/59) लेकिन कट्टरपन्थी सुल्तान सिकन्दर बुतशिकन (1386-1410 ई.) के समय में कश्मीर में शवयात्रा एवं शवदाह पर प्रतिबन्ध लगा दिया था; और अस्थि-भस्म को पवित्र नदियों में प्रवाहित करने पर भी रोक लगा दी गयी। लेकिन उसके पुत्र ज़ैनुल आब्दीन (1420-1470 ई.) के राज्यकाल में ये हिन्दू-विरोधी प्रतिबन्ध हटा लिये गये।

कश्मीर में नगर-निर्माण

कल्हण की राजतरंगिणी में कई नगरों के निर्माण का उल्लेख किया गया है। राजा लव ने लोलोर, सुरेन्द्र ने सोरकपत्तन, अशोक ने श्रीनगर (रा.त., 1/104), हुष्क ने हुष्कपुर, जुष्क ने जुष्कपुर, जयस्वामीपुर, सम्राट कनिष्क ने कनिष्कपुर (रा.त. 1/168), अभिमन्यु ने अभिमन्युपुर, हिरण्याक्ष ने हिरण्याक्षपुर, मिहिरकुल ने हिरण्यपुर एवं मिहिरेश्वर, बक ने लवणोत्स, तुंजीन ने कतिकापत्तन और राजा

विजय ने विजयेश्वर नगर की स्थापना की थी। कश्मीर-नरेश सुरेन्द्र ने दरद देश की सीमा पर सोरक नामक प्रसिद्ध नगर बसाया; और वहाँ नरेन्द्र भवन तथा सौरभ नामक दो विहार भी बनवाये थे। (रा.त. 1/93-94)

कश्मीर के प्रमुख प्राचीन नगर इस प्रकार हैं- पुराधिष्ठान (प्राचीन राजधानी), श्रीनगर, प्रवरसेनपुर, खागेन्द्रपुर, खुनामुष और शूरपुर। कनिष्कपुर, हुष्कपुर तथा जुष्कपुर नगरों के नाम उनके संस्थापक कुषाण राजाओं के नाम पर रखे गये थे। वहाँ के अन्य नगर थे- ललितादित्य द्वारा निर्मित परिहासपुर, राजा बृहस्पति (832-844 ई.) के मन्त्री पद्म द्वारा बसाया गया पद्मपुर तथा राजा अवन्तिवर्मा द्वारा बसाया गया अवन्तिपुर।

राजा अवन्तिवर्मा ने अवन्तिपुर में अवन्तीश्वर शिव का मन्दिर भी बनवाया था। बनिहाल-श्रीनगर राजमार्ग पर वन्तपुर, वन्तपोर या वानपोर नामक स्थान है। ये तीनों शब्द अवन्तिपुर के अपभ्रंश हैं। यह ऊलर परगना में झेलम नदी के दक्षिणी तट पर बसा हुआ है। यहाँ अवन्तीश्वर और अवन्तिस्वामी नामक दो मन्दिरों के ध्वन्सावशेष विद्यमान हैं। वानपोर ग्राम में अवन्तिस्वामी मन्दिर है, जबकि वहाँ से आधे मील उत्तर-पश्चिम जौवार ग्राम में अवन्तीश्वर का मन्दिर है। 1860 ई. में वहाँ पुरातात्त्विक उत्खनन का कार्य किया गया था, लेकिन कोई महत्त्वपूर्ण सामग्री नहीं मिल पायी थी।

'श्रीनगर' शब्द का उल्लेख जोनराज, श्रीवर और शुक की राजतरंगिणियों में नहीं मिलता है; वहाँ प्रवरपुर तथा प्रवरेशपुर का उल्लेख मिलता है। प्रवरसेनपुर की 'नयी राजधानी' का निर्माण छठी शताब्दी ई. के प्रारम्भ में राजा प्रवरसेन द्वितीय ने करवाया था। कल्हण के अनुसार यह नगर दो नदियों के संगम पर स्थित था और इसके रास्ते में एक पहाड़ी थी। ह्वेनत्सांग तथा कल्हण द्वारा दिये गये विवरणों से स्पष्ट है कि यह वहीं स्थित था, जहाँ वर्तमान श्रीनगर है।

बिल्हण कृत 'विक्रमांकदेवचरित' के अनुसार कश्मीर में प्रवरपुर नामक एक प्रमुख नगर था। वह वितस्ता (झेलम) और सिन्धु के संगम पर बसा एक पवित्र नगर था।

प्रवरसेनपुर का 'नवीन-नगर' श्रीनगर से एकदम मिला हुआ था इसलिए आगे चलकर उसका पुराना नाम श्रीनगर पुनः प्रचलित हो गया। शूरपुर वुलर झील के पश्चिम में बेहात नदी के दोनों किनारों पर अवस्थित है। पाँचवीं शताब्दी के प्रारम्भ तक इसको 'काम्बुवा' कहा जाता था। 854 से 883 ई. के बीच राजा अवन्तिवर्मा के मन्त्री शूर ने इसका पुनर्निर्माण कराया था, और तभी से इस नगर को शूरपुर कहा जाने लगा।

ईस्वी सन् के प्रारम्भ में कनिष्क ने कनिष्कपुर का निर्माण करवाया था। बौद्ध

अनुश्रुतियों के अनुसार पाटलिपुत्र से आये बौद्ध विद्वान् अश्वघोष को सम्राट् कनिष्क ने कनिष्कपुर नगर में ही ठहराया था। बोलचाल की भाषा में इसे कनिकपुर कहते थे, जिसे स्थानीय भाषा में और बिगाड़ कर अब कानिसपोरा कहा जाता है। यह श्रीनगर के 10 मील दक्षिण में, पीर पंचाल दर्रे की ओर जानेवाले मार्ग पर स्थित है।

हुष्कपुर का निर्माण कश्मीर के तीसरे और अन्तिम कुषाण शासक हुष्क (या हुविष्क) ने कराया था। अलबरूनी ने इसे 'उश्कर' कहा है, जो बेहात नदी के दोनों तटों पर स्थित वराहमूल (वर्तमान बारामूला) नगर का एक भाग है। ह्वेनत्सांग ने भी इस नगर का उल्लेख 'उश्कर' नाम से ही किया है। 'वराहमूल' आज भी उश्कर गाँव के रूप में विद्यमान है। राजा ललितादित्य ने 723 से 760 ई. के बीच वहाँ एक बौद्ध स्तूप बनवाया था। कल्हण की 'राजतरंगिणी' में 913 ई. में रानी सुगन्धा के निवास्थान के रूप में इसका उल्लेख है। इस नगर का प्राचीन नाम पाँचवीं शताब्दी के प्रारम्भ तक प्रचलित था। परन्तु बौद्ध धर्म के पतनोन्मुख होने के बाद हुष्कपुर नाम का लोप हो गया और केवल वराहमूल नाम ही प्रचलन में रहा। 'राजतरंगिणी' में 12वीं शताब्दी के आरम्भ में हर्ष और सुस्सल के राज्यकाल में वराहमूल का पुनः उल्लेख मिलता है।

जुष्कपुर का निर्माण कनिष्क के उत्तराधिकारी और कश्मीर के दूसरे कुषाण शासक जुष्क (वासिष्क) ने करवाया था। स्थानीय कश्मीरी ब्राह्मण इस स्थान की पहचान जुक्र अथवा जुकुर के रूप में करते थे, जो राजधानी से उत्तर 4 मील की दूरी पर बसा एक बड़ा गाँव है। नवम्बर 1847 ई. में अलेक्जेंडर कनिंघम इस स्थान पर गये थे, जहाँ उन्होंने पाया कि कश्मीर की प्राचीन वास्तुकला शैली के विभिन्न पाषाण-स्तम्भ आदि को उखाड़कर और फिर उन्हें काटकर मकबरों एवं मस्जिदों के निर्माण में उनका प्रयोग कर लिया गया था।[12]

ललितादित्य ने कश्मीर में जिस स्थान पर दिग्विजय करने का निश्चय किया था, वहाँ पर सुनिश्चितपुर; और दिग्विजय पूरा होने के बाद अपने दर्प के स्मारक के रूप में दर्पितपुर नगर बसाया था। (रा.त., 4/183) जहाँ फल ग्रहण किया था वहाँ फलपुर, जहाँ पर्ण लिया था वहाँ पर्णोत्स (पुंछ)[13] नगर का निर्माण कराया था। (रा.त., 4/184) कल्हण ने लिखा है कि "इन्द्र के समान प्रतापी राजा ललितादित्य ने अमरावती का परिहास करनेवाला 'परिहासपुर' नगर बसाया था।" (रा.त., 4/194) यह नगर आधुनिक सम्बल गाँव के पास बेहात नदी के पूर्वी तट पर स्थित था। कल्हण का जन्म परिहासपुर में ही हुआ था। ललितादित्य के निधन के बाद इस नगर को त्याग दिया गया था।

ललितादित्य के पौत्र जयापीड ने जयपुर नामक नयी राजधानी का निर्माण

कराया था। वहाँ उसने श्री द्वारवती नामक एक दुर्ग भी बनवाया था, जिसको आम लोग 'भीतरी दुर्ग' कहते हैं। कनिंघम का अनुमान है कि यह नगर परिहासपुर के ठीक सामने बेहात नदी के किनारे रहा होगा। राजा शंकरवर्मा (883-901 ई.) द्वारा इस नगर का विनाश करके वहाँ के पत्थरों को नवीन नगर 'शंकरपुर' लाया गया था।

हिन्दू राजाओं के बाद विदेशी शासक रिंचन ने अपने नाम पर रिंचनपुर नामक नगर बसाया था (द्वि.रा.त., 215) मुसलमान सुल्तानों में शहाबुद्दीन के बाद ज़ैनुल आब्दीन ने ज़ैनपुरी (द्वि.रा.त., 864), सफला (द्वि.रा.त., 867), ज़ैन नगरी (द्वि. रा.त., 869), ज़ैन गिरि (द्वि.रा.त., 872), सुरत्राणपुर या सुल्तानपुर (द्वि.रा.त., 947) ज़ैनपत्तन (द्वि.रा.त., 950) का निर्माण कराया था।

प्राचीन एवं पूर्वमध्यकाल में नृत्य-संगीत

भारतीय संस्कृति में संगीत का एक महत्त्वपूर्ण स्थान है। कश्मीरी समाज में पुरातन काल से नृत्य, संगीत, अभिनय तथा मनोरंजन के अन्य साधनों के प्रति आसक्ति देखने को मिलती है। इन सबसे वहाँ के लोगों के स्वच्छन्द मन का परिचय मिलता है। 'नीलमत' में सप्त छन्दों की पूजा का विधान किया गया है, जो संगीत के दैवी-सम्बन्ध की ओर संकेत करता है। यहाँ सामगान का उल्लेख हुआ है; तथा संगीत से सम्बद्ध गन्धर्वों की चर्चा की गयी है।

नीलमत पुराण के अनुसार वसन्त के आगमन पर कश्मीर के लोग नृत्य और विभिन्न क्रीड़ाओं के माध्यम से अपने मन के उल्लास को व्यक्त करते थे। (नी. पु. 22) अशोकिका अष्टमी के अवसर पर झरनों और वृक्षों से सुशोभित उद्यानों में एकत्र होकर कुछ क्रीड़ाएँ की जाती थीं। भाद्रपद के शुक्लपक्ष के तीन दिनों तक चलनेवाले इस उत्सव में उमा और अशोकिका देवी की पूजा की जाती थी। भाद्रपद के शुक्लपक्ष की त्रयोदशी तिथि को वितस्ता नदी का जन्मदिन माना गया है। इस तिथि के तीन दिन पहले और तीन दिन बाद तक वितस्तोत्सव मनाया जाता था। सात दिनों तक वितस्ता के जल में स्नान, दीप-प्रज्ज्वलन आदि द्वारा वितस्ता नदी की पूजा की जाती थी। नीलमत पुराण में कहा गया है कि वितस्ता के जन्मदिन के बाद तीन दिनों तक नाटकों का मंचन करना चाहिए और नटों को सम्मानित किया जाना चाहिए।

प्राचीन कश्मीर में प्रत्येक समारोह का मुख्य आकर्षण संगीत ही होता था; चाहे वह विष्णु देव का प्रबोधन उत्सव हो, पिशाचराज निकुम्भ के आगमन या विदाई का अवसर हो, प्रथम हिमपातोत्सव हो या कृषि से सम्बन्धित बीजारोपण का अनुष्ठान

हो। नीलमत पुराण में चार प्रकार के पेशेवर गायकों-सूत, मागध, वन्दी और चारण का उल्लेख है, जिनकी जीविका दूसरों के गुणगान पर निर्भर थी।

नीलमत में सामान्य रूप से वाद्ययन्त्र के लिए वाद्य, वादिन तथा वाद्यभाण्ड शब्दों का प्रयोग हुआ है। विष्णुधर्मोत्तरपुराण तथा कामसूत्र की जयमंगला टीका में वाद्यों के चार प्रकारों-घन (करताल आदि), तन्त्री (तारों वाले/सितार, वीणा) सुषिर (हवा भरनेवाले/बाँसुरी आदि) तथा आनद्ध (थपथपाने वाले/ढोलक आदि) का उल्लेख है। इनमें से दो प्रकार आनद्धवाद्य तथा तन्त्रीवाद्य का नामोल्लेख नीलमत में किया गया है। तन्त्रीवाद्य कश्मीर का सर्वाधिक लोकप्रिय वाद्य रहा है। आधुनिक कश्मीर के सौ तन्त्रियोंवाले सन्तूर की पहचान तैत्तिरीय संहिता में उल्लिखित शततन्तु वाद्य से की जा सकती है।

कश्मीर में नृत्य-संगीत की लोकप्रियता की पुष्टि पुरातात्विक साक्ष्यों से भी होती है। कश्मीर में हारवन नामक स्थान से चौथी शताब्दी ई. की टाइलें मिली हैं जिन पर खरोष्ठी लिपि के अक्षर खुदे हुए हैं। एक टाइल पर तीन कलाकार अंकित हैं। बाँयीं ओर का व्यक्ति बाँसुरी बजा रहा है, बीच वाले के हाथों में करताल है और तीसरा व्यक्ति मृदंग बजा रहा है। एक अन्य टाइल पर ढोलक बजाती हुई एक स्त्री अंकित है, जबकि दूसरी टाइल पर एक नर्तकी है। पुरावशेषों की खोज के दौरान कोटिसर मन्दिर के परिसर से भी एक नर्तकी की मूर्ति मिली थी।

एक नृत्य-संगीत-मण्डली को दर्शाती हाथी-दाँत से बनी एक प्रतिमा (क्र.सं. 1988.148.1) अमेरिका के ओहियो प्रान्त के क्लीवलैंड म्यूजियम ऑफ आर्ट में संरक्षित है। कश्मीर से प्राप्त यह प्रतिमा आठवीं शताब्दी ई. की बनी हुई है। इसमें दो पुरुष एवं एक स्त्री का अंकन है। स्त्री मध्य भाग में त्रिभंगी मुद्रा में है, जिसकी साड़ी पर चुन्नटों के निशान हैं। उसकी लम्बी चोटी कमर के साथ मुड़ी हुई है; और उसके केशों को आभूषणों से सजाया गया है। स्त्री के बायीं ओर एक पुरुष प्रत्यालीढ़ मुद्रा में है, जो हाथों में ऊपर की ओर मंजीरा लेकर बजा रहा है; और उसकी कमर को स्त्री ने अपने हाथों से पकड़ रखा है। दायीं ओर का पुरुष प्रलम्बपाद मुद्रा में दाहिने हाथ से ढोल बजा रहा है; और उसका बायाँ हाथ ऊपर की ओर है। इसमें वादकों एवं नर्तकी की प्रत्येक भाव-भंगिमा को सूक्ष्मता से उकेरा गया है। यह कश्मीरी कला में नृत्य एवं संगीत के प्रदर्शन की अद्‌भुत प्रतिमा है।

कल्हण की राजतरंगिणी में नाच-गान सम्बन्धी कई उद्धरण हैं। संगीत की लोकप्रियता इतनी बढ़ गयी थी कि बौद्ध भिक्षुओं के मध्य भी इसका चलन हो गया था। मन्दिरों में नर्तकियों के नर्तन की प्रथा प्रचलित थी। राजा जलौक ने

अपने अन्तःपुर की सौ स्त्रियों को ज्येष्ठेश के मन्दिर को समर्पित कर दिया था। कल्हण के अनुसार नर्तकियों के प्रति अभिरुचि रखनेवाले राजा कलश ने अन्य देशों में प्रचलित गीत कश्मीर में प्रारम्भ कराये थे। राजा हर्ष स्वयं नर्तकियों को अभिनय की शिक्षा देते थे। कवि बिल्हण ने भी कश्मीरी स्त्रियों की नृत्य में निपुणता का उल्लेख किया है। उन्होंने अतिश्योक्तिपूर्ण शैली में यह कहा है कि ''नाटकों में कश्मीरी स्त्रियों के अभिनय को देखकर रम्भा, चित्रलेखा और उर्वशी-जैसी स्वर्ग की अप्सराएँ भी विस्मित हो जाती थीं।'' वसुगुप्त ने अपने दार्शनिक ग्रन्थ 'शिवरात्रविमर्शिनी' में नृत्यकला से सम्बद्ध उपमानों का प्रयोग करके आत्मा को नर्तक, अन्तरात्मा को प्रेक्षागृह तथा इन्द्रियों का प्रेक्षक कहा है।

कल्हण की 'राजतरंगिणी' से पता चलता है कि उनके घर का वातावरण संगीतमय था। लेकिन क्षेमेन्द्र मध्यकालीन गायकों से रुष्ट दिखायी देते हैं। वे गवैयों के चारित्रिक दोषों के कटु आलोचक थे। परन्तु जब वे राजाओं को यह आदेश देते हैं कि अगर वे अपना कल्याण चाहते हैं तो गवैयों को अपने राज में घुसने न दें, तब इससे उनकी विनोदप्रियता सिद्ध होती है।[14]

कश्मीर के राजा हर्ष अपने समय के एक श्रेष्ठ गायक, गीतकार एवं संगीतज्ञ थे। कल्हण के चाचा कनक ने राजा हर्ष से गायन विद्या सीखकर संगीतकला में दक्षता प्राप्त की थी। कहते हैं कि कनक के उत्कृष्ट गायन से प्रसन्न होकर राजा हर्ष ने उसे पुरस्कारस्वरूप एक लाख स्वर्णमुद्रा दिया था।

ऐसा लगता है कि मध्यकालीन कश्मीर के जनसाधारण में संगीत के प्रति गहरा आकर्षण था। 'राजतरंगिणी' में राजा चक्रवर्मा (924-935 ई.) की राजसभा में श्वपाक (डोम) जाति के रंग नामक एक विदेशी गायक द्वारा गायन प्रस्तुत करने का वर्णन किया गया है। (रा.त. 5/354) कल्हण ने लिखा है कि रंग के गायन को सुनने के लिए आये हुए सामन्त, मन्त्री आदि प्रतिष्ठित व्यक्तियों को द्वारपालों ने यथोचित स्थान पर बैठाकर राजा के लिए काफी जगह छोड़ दी थी। (रा.त. 5/355) राजकुल की स्त्रियाँ और अन्य महिलाएँ भी अपने जूड़े में सुगन्धित फूल लगाये हुए वहाँ उपस्थित थीं। (रा.त. 5/357) संगीत कार्यक्रम को देखने के लिए उत्सुक अन्तःपुर की मृगनयनियों के मधुर मद्य से सुवासित मुख से पूरा वातावरण सुशोभित था। (रा.त. 5/358) तभी कंकण, केयूर, कटक आदि आभूषणों से अलंकृत होकर रंग नामक गायक सभा-स्थल पर उपस्थित हुआ। हंसी और नागलता नामक दो सुन्दरियाँ भी उसके साथ आयी थीं। उन्होंने अपने गायन से पूरी सभा को मन्त्रमुग्ध कर दिया। (रा.त. 5/363-365) राजा चक्रवर्मा हंसी नामक उस गायिका पर ऐसा मुग्ध हुआ कि उसने उस श्वपाक-कन्या को अपनी महारानी ही बना लिया। राजा

द्वारा गायक रंग को हेलू नामक एक ग्राम ईनाम में दिया गया था।

ऐसा लगता है कि क्षेमेन्द्र ने इन्हीं गायकों को ध्यान में रखकर 'कला-विलास' नामक ग्रन्थ में उनकी हँसी उड़ाई है और राजाओं को उनसे सावधान रहने को कहा है।

कश्मीरी लोकसाहित्य में लोकजीवन

किसी भी देश या प्रदेश के लोकसाहित्य में वहाँ की संस्कृति की झाँकी मिलती है। अतः किसी प्रदेश के सामाजिक एवं सांस्कृतिक इतिहास के अध्ययन की दृष्टि से लोकसाहित्य की भूमिका महत्त्वपूर्ण हो जाती है। लोकगीत ऐतिहासिक तथ्यों, सामाजिक जीवन के विभिन्न पहलुओं और उनसे सम्बन्धित कुछ विशेष शब्दों को सँजोये रहते हैं। इसलिए लोकगीतों का अध्ययन ऐतिहासिक, सामाजिक एवं भाषा-वैज्ञानिक दृष्टि से बहुत महत्त्वपूर्ण है।

बहरहाल, कश्मीर के सांस्कृतिक एवं सामाजिक जीवन का परिचय पाने के लिए वहाँ के लोकसाहित्य का अध्ययन अनिवार्य है। कश्मीरी लोकगीतों की परम्परा बहुत पुरानी और समृद्ध है। वहाँ लोकगीतों के कई रूप मिलते हैं, जिनमें शुर्य-बाथ (बाल-गीत), 'रोव' (स्त्री-नृत्य-गान), 'कमिल्य-बाथ' (कृषक-गान), 'लडी शाह' (हास्य-व्यंग्य-गीत), 'छकरि-बाथ' (विवाह के अवसर पर सवाद्य गाये जानेवाले गीत) तथा 'वनुवुन' (मंगल-गीत) प्रमुख हैं।

कश्मीरी लोकगीतों में 'शुर्य-बाथ' यानी बालगीत के भी दो रूप हैं- मजुल्य-बाथ (लोरी) तथा गिन्दन-बाथ (अन्य बाल गीत)। 'मजुल्य-बाथ' दरअसल लोरियाँ हैं, जिन्हें कश्मीरी माताएँ अपने बच्चों को थपकियाँ देकर सुलाते समय अपने विशेष अन्दाज़ में गाती हैं। इन गीतों में शिशु के चिरंजीवी होने, जीवन में सफलता एवं समृद्धि पाने, पढ़-लिख कर ज्ञानी बनने तथा सुखी रहने की कामना की जाती है। 'गिन्दन-बाथ' (अन्य बाल गीत) का सम्बन्ध कश्मीरी बच्चों के विभिन्न खेलों और उनके मनोरंजन से है। इन गीतों में शब्द चमत्कार प्रमुख होता है; और कई बार निरर्थक शब्दों के माध्यम से भी बच्चों का मनोरंजन किया जाता है।

'गिन्दन-बाथ' में ऐसे गीत भी सम्मिलित है जिनका उद्देश्य बच्चों को उन शब्दों का शुद्ध उच्चारण सिखाना है जिनके उच्चारण में बच्चे प्रायः गलतियाँ करते हैं। 'गिन्दन-बाथ' में से अधिकांश बालगीत कश्मीरी बच्चे 'काठ शाले बम,' 'तुले ल्वंगुन,' 'गोर-माजि-गोरस', 'हिकुट' आदि कश्मीरी खेल खेलते समय गाते हैं। आधुनिक खेलों के प्रचार से कश्मीरी बच्चों में इन खेलों की लोकप्रियता घट गयी है। अतः इस प्रकार के क्रीड़ा-गीत खत्म होते जा रहे हैं।

कश्मीरी लोकगीतों में 'रोव' यानी 'स्त्री-नृत्य-गान' का विशेष स्थान है। इसका विषय प्राय: यौवन की उमंग, प्रेम और मायके-ससुराल का जीवन होता है। इस प्रकार के गीत गाते समय कश्मीरी युवतियाँ दो दलों में बँटने के बाद पंक्तिबद्ध होकर एक-दूसरे की ओर मुँह किये खड़ी रहती हैं। दोनों दलों की युवतियाँ अपना दायाँ हाथ अपने दायीं ओर की युवती के कन्धे पर रखती हैं; और बायाँ हाथ बायीं ओर की युवती की कमर पर रखकर छोटे-छोटे लयबद्ध कदमों से आगे-पीछे होती हैं। गीत की लय के अनुसार पद-संचालन करते हुए शरीर के ऊपरी भाग को आगे-पीछे करती हैं। क्रम से एक दल गीत के बोल द्रुत-लय में गाता है और दूसरा दल उसे दुहराता है। 'रोव' का एक नमूना देखिए–

नृप बम्बुर ने खूब निबाही रीत प्रीत की,
लोलरि पर अपना सब कुछ कर दिया निछावर।
इश्क निबाहा सुन लो लैला के आशिक ने,
नज़दावन को ही कर डाला उसने निज घर।
रोव करें आओ हम पीर के आस्ताने पर !

(भावानुवाद : पृथ्वीनाथ मधुप)

उल्लेखनीय है कि 'राजतरंगिणी' के अनुसार लोलरि नामक एक युवती के प्रेम में पड़कर बम्बुर नामक एक कश्मीरी राजा ने अपना राजपाट तक त्याग दिया था। इस लोकगीत में उस प्रेमासक्त राजा के साथ ही लैला-मजनूँ के प्रेम का भी वर्णन किया गया है।

'कमिल्य-बाथ' खेती-बाड़ी के दौरान गाये जानेवाले कृषक-गीत हैं। खेतों में काम करते समय किसानों के दल में से एक किसान ऊँचे स्वर में गीत के बोल गाता है और अन्य किसान उसे दुहराते हैं। एक 'कमिल्य-बाथ' का हिन्दी भावानुवाद देखिए–

उपज वृद्धि हो, फसलें सरसें
धान पनीरी रोपवाऊँ।
अटाला बनाने समधी बुलाऊँ,
ताजे दूध से इसे सिंचाऊँ,
धान पनीरी रोपवाऊँ।

(भावानुवाद : पृथ्वीनाथ मधुप)

चावल कश्मीरियों का मुख्य भोजन है। वह कश्मीरी किसानों के कड़े परिश्रम के बाद पैदा होता है। इस कृषक-गीत से पता चलता है कि धान को कश्मीरी किसान बहुत मान देते हैं।

'लडीशाह' हास्य-व्यंग्य के ऐसे लोकगीत हैं, जिसके गायक भी लडीशाह ही कहलाते हैं। कोई अकेला व्यक्ति, 'दुकरु' नामक वाद्य बजाते हुए, अपने खास लहजे में इसे गाता है। 'दुकरु' एक कश्मीरी वाद्य है, जिसमें लगभग पौन मीटर लम्बी लोहे की छड़ में बीस-पच्चीस लोहे के छल्ले लगे रहते हैं। छड़ दोनों ओर से इस प्रकार मुड़ा होता है कि छल्ले बाहर न निकलें। लडीशाह इन्हीं छल्लों को अपने दायें हाथ से संचालित करके मधुर ध्वनि उत्पन्न कर उसी लय के साथ गाता है। कश्मीरी लोकगीतों में 'लडीशाह' सर्वाधिक लोकप्रिय है।

'लडीशाह' में लडीशाह द्वारा विनोदात्मक लहजे में किसी दैवी प्रकोप, दुर्घटना, देश या समाज को प्रभावित करनेवाली कोई विशेष घटना आदि प्रस्तुत की जाती है। इसके प्रस्तुतीकरण में हास्य-व्यंग्य के साथ ही ऐतिहासिक-सत्य भी निहित रहता है। यदि लोकगीतों की इस विधा का समुचित अध्ययन किया जाये तो कश्मीर की कुछ ऐतिहासिक घटनाओं पर नया प्रकाश पड़ सकता है। 'नूनुद्राग' (लवण का अकाल) नामक 'लडीशाह' की निम्नलिखित पंक्तियाँ देखिए :

एक विमान नमक से भरकर जब मँगवाया,
और हवाई अड्डे पर उसको बैठाया।
हमें भगाया नमक ले गये हाकिम सारे,
नमक न मिलने से कितने जन विकल हो गये।

(भावानुवाद : पृथ्वीनाथ मधुप)

प्राचीन काल से ही कश्मीर में नमक उपलब्ध नहीं था; और इसे बाहर से आयात करना पड़ता था। 11वीं शताब्दी ई. के कश्मीरी लेखक क्षेमेन्द्र ने अपनी एक रचना 'समयमातृका' में लवणसरणि (यानी नमक का मार्ग) का उल्लेख किया है। प्राचीन काल में इसी रास्ते से होकर पंजाब और कश्मीर के बीच नमक का व्यापार चलता था। गौरतलब है कि उपर्युक्त 'लडीशाह' में नमक के अकाल से जुड़ी किसी घटना का ही वर्णन किया गया है।

'छकरि-बाथ' एक प्रकार का समूहगान है। यह खुशी के मौकों और त्यौहारों पर सवाद्य गाये जानेवाले लोकगीत हैं। कश्मीरी लोकगीतों में ये सबसे मधुर एवं जीवन्त हैं। इसे गाते समय जिन परम्परागत कश्मीरी वाद्यों का प्रयोग किया जाता है वे हैं-तुम्ब खनार, मिट्टी की पाइपनुमा ढोलकी, जिसकी लम्बाई लगभग दो फुट होती है तथा जिसके एक सिरे का व्यास दूसरे सिरे के व्यास की अपेक्षा अधिक होता है; और इसी सिरे पर चमड़ा मढ़ा रहता है। इनके अलावा घड़ा

तथा सारंगी नामक वाद्यों का भी प्रयोग होता है, जिन्हें गायकों में से ही कोई बजाता है।

'वनुवुन' यानी मंगल-गीत यज्ञोपवीत संस्कार, विवाह आदि के अवसर पर महिलाओं द्वारा गाये जाते हैं। ये गीत बिना वाद्यों के एक विशेष लहजे में सामूहिक रूप से गाये जाते हैं। वैवाहिक रीतियों, भाषा तथा गायन-शैली की दृष्टि से कश्मीरी पण्डितों एवं कश्मीरी मुसलमानों के 'वनुवुन' में अन्तर है। जहाँ कश्मीरी पण्डितों के वनुवुन में संस्कृत शब्दावली की बहुलता है वहाँ कश्मीरी मुसलमानों के वनुवुन में फ़ारसी शब्दों की अधिकता है। कुल मिलाकर, ये लोकगीत कश्मीरियों के सामाजिक जीवन के दर्पण हैं।[15]

सन्दर्भ और टिप्पणियाँ

1. 'बहुवचन' (त्रैमासिक पत्रिका) अंक 64-65-66 में रजनीश कुमार शुक्ल का लेख 'जम्मू-कश्मीर का सांस्कृतिक अवबोध', पृ. 9; महा. गाँधी अन्तरराष्ट्रीय हिन्दी वि.वि. वर्धा, जनवरी-सितम्बर 2020।
2. गुणाढ्य कश्मीर के निवासी नहीं थे। क्षेमेन्द्र एवं सोमदेव के अनुसार गुणाढ्य का जन्म गोदावरी नदी के किनारे स्थित प्रतिष्ठान नगर में हुआ था। प्रतिष्ठान सातवाहन वंशीय राजा हाल या शालिवाहन की राजधानी थी। राजा हाल का समय प्रथम शताब्दी ई. है।
3. डॉ. गोविन्दचन्द्र पाण्डेय, 'शंकराचार्य : विचार और सन्दर्भ', पृ. 29; नेशनल पब्लिशिंग हाउस, नयी दिल्ली; 1996 ई.।
4. डॉ. गोविन्दचन्द्र पाण्डेय के शब्दों में "मण्डन-प्रसंग में कुछ चरितों के अनुसार यह कथा प्रसिद्ध है कि उनकी पत्नी भारती सरस्वती का अवतार थीं, उन्होंने अपने पति की ओर से शंकर से शास्त्रर्थ किया और कामशास्त्र विषयक प्रश्न किये, शंकर ने इस प्रसंग में देहान्तर-परिग्रह के द्वारा कामशास्त्र का परिशीलन किया और भारती को पराजित किया, फिर भारती ने उनका शृंगेरी तक अनुसरण किया जहाँ शंकर ने उनकी प्रतिष्ठा की।" (शंकराचार्य : विचार और सन्दर्भ', पृ. 28-29; नेशनल पब्लिशिंग हाउस, नयी दिल्ली; 1996 ई.।)
5. कश्मीर में संस्कृत पाण्डुलिपियों के अन्वेषण के दौरान बुलर को 1875 ई. में 'पृथ्वीराजविजय' महाकाव्य की एक अधूरी प्रति प्राप्त हुई थी। सम्भवतः इसमें कुल 18 सर्ग थे, लेकिन बुलर को मिली प्रति में केवल 11 सर्ग ही थे। इसका रचनाकाल सम्भवतः 1191 से 1193 ई. है। ग्रन्थकार ने उसमें अपने नाम का उल्लेख तो नहीं किया है, लेकिन यह कहा है कि वह उपमन्यु के वंश में पैदा हुआ था और शारदा ने मातृवत् उसका पोषण किया था। प्राचीनकाल में कश्मीर को 'शारदादेश' कहा जाता था; और देवी शारदा वहाँ की अधिष्ठात्री मानी जाती थीं। इसके आधार पर पाश्चात्य संस्कृतज्ञ ए. बी. कीथ का अनुमान है कि 'पृथ्वीराजविजय' का रचयिता जयानक कश्मीर का निवासी था।
6. डॉ. रेवाप्रसाद द्विवेदी, आनन्दवर्द्धन, प्रस्तावना; पृ. 1-2; मध्यप्रदेश हिन्दी ग्रन्थ अकादमी, भोपाल; 1972 ई.।

7. पाश्चात्य संस्कृतज्ञ वेबर ने 'लोकप्रकाश कोष' को क्षेमेन्द्र की कृति नहीं माना है, जबकि वुलर ने सबल प्रमाणों के आधार पर इसको क्षेमेन्द्र की रचना सिद्ध किया है।
8. 'महाकवि सोमदेव भट्ट विरचित कथासरित्सागर'; प्रथम भाग, अनुवादक: केदारनाथ शर्मा सारस्वत; भूमिका-लेखक डॉ. वासुदेवशरण अग्रवाल, भूमिका पृ. 21-22 पर उद्धृत; बिहार राष्ट्रभाषा परिषद्, पटना; 1960 ई.।
9. वही, पृ. 24
10. वही, पृ. 26
11. डॉ. वासुदेव उपाध्याय, 'प्राचीन भारतीय स्तूप, गुहा और मन्दिर', पृ. 256-257; बिहार हिन्दी ग्रन्थ अकादमी, पटना; 1972 ई.।
12. अलेक्जेंडर कनिंघम, 'हिस्ट्री ऑफ द ऐन्शिएन्ट ज्योग्रफी ऑफ इण्डिया', पृ. 85; इण्डोलॉजिकल बुक हाउस, वाराणसी; 1963 ई.।
13. प्राचीन काल में पुंछ अभिसार क्षेत्र का हिस्सा था। 326 ई.पू. में सिकन्दर द्वारा विजित भारतीय प्रदेशों में यह भी शामिल था। कल्हण की 'राजतरंगिणी' में इस क्षेत्र को पर्णोत्स कहा गया है, जिसकी राजधानी लोहर थी। कश्मीर के लोहर राजवंश को यह नाम लोहर नगर के कारण ही मिला था।
14. डॉ. मोतीचन्द्र, 'क्षेमेन्द्र और उनका समाज', पृ. 7; उत्तर प्रदेश हिन्दी संस्थान, लखनऊ, 1984 ई.।
15. 'वाणी वितस्ता की' (कश्मीरी लोकगीत); संकलन एवं अनुवाद : पृथ्वीनाथ मधुप; पूर्वपीठिका, पृ. 2-8; जम्मू एवं कश्मीर अकादमी ऑफ आर्ट, कल्चर एण्ड लैंग्वेजिज़, जम्मू; 1975 ई.।

अध्याय 8

प्राचीन कश्मीर में धर्म

पुरातन काल से कश्मीर में शैव, वैष्णव एवं शाक्त धर्म-मत का प्रचलन था। 'नीलमत पुराण' से प्राचीन कश्मीर में प्रचलित धार्मिक सम्प्रदायों और विश्वासों के बारे में यथेष्ट जानकारी मिलती है। वहाँ सर्वप्रथम नीलमुनि द्वारा नागपूजा पर आधारित दर्शन का विकास हुआ। 'नीलमत पुराण' के अनुसार प्राचीन कश्मीर में नागों की पूजा की जाती थी। कश्मीर घाटी के भद्रवा में वासुकी नाग का एक मन्दिर है।

कश्मीर शैव-दर्शन का भी उद्गम स्थल है। शैव-दर्शन वहाँ के लोकजीवन की आत्मा है। राजा जलौक और उसकी पत्नी ईशानदेवी शिव के उपासक थे। जलौक के समय में वहाँ बौद्धमत के स्थान पर शैवमत को बढ़ावा दिया गया। परन्तु इस धार्मिक बदलाव का साधन शास्त्रर्थ ही रहा। न किसी विहार को तोड़ा गया, और न बौद्धों की पूजा-पद्धति में व्यवधान डाला गया।

कश्मीर में ऋतुओं और झीलों की भी पूजा होती थी। लोग शिव और विष्णु के अलावा सूर्य देवता की भी पूजा करते थे। कल्हण ने यागोत्सव (रा.त., 1/331) तथा लिंग अर्चनोत्सव (रा.त., 2/135) का भी उल्लेख किया है। वहाँ देवी एवं शक्ति पूजा का भी प्रचार था। कल्हण ने सिंहवाहिनी देवी (रा.त., 3/412) भ्रमरवासिनी देवी (रा.त., 3/416), दुर्गा, योगिनी (रा.त., 2/100) और महायोगिनी (रा.त., 1/131) का उल्लेख किया है।

वहाँ का प्रत्येक परिवार शारिका, याज्ञा, ज्वाला और बाला नामक चार देवियों में से एक या दो देवियों का भक्त होता था। नीलमत पुराण में निम्नलिखित देवियों का उल्लेख किया गया है–दुर्गा, चण्डिका, गौरी, ब्रह्मचारिणी, श्यामा, श्री, चक्रेश्वरी, गृहदेवी, सुविजया, अशोकिका, करीषिणी, भद्रकाली, कापिंजली, सुरेश्वरी, भद्रेश्वरी, गौतमेशी, कालशिला, उद्योगश्री, गवाक्षी, शकुनी और भेड़ा। कश्मीर में नदियों को भी देवियों के रूप में पूज्य माना गया है। वितस्ता (झेलम)

नदी को उमा का, त्रिकोटि नदी को अदिति का, हर्षपथा नदी को शची का, चन्द्रवती नदी को दिति का और विशोका नदी को लक्ष्मी का रूप कहा गया है।

'नीलमत' में लक्ष्मी को क्षीरसागर से उत्पन्न बताया गया है। कश्यप के अनुरोध पर देवी लक्ष्मी ने कश्मीर की धरती को पवित्र करने के लिए विशोका नदी का रूप धारण किया था। सुखसुप्तिका, रामजन्मोत्सव, इरामंजरीपूजन जैसे उत्सवों पर उनकी पूजा का विधान है। चैत्र शुक्लपक्ष पंचमी को श्रीपंचमी कहते हैं; उस दिन लक्ष्मी की पूजा होती है। प्रारम्भ में श्री और लक्ष्मी अलग-अलग देवियाँ थीं, परन्तु 'नीलमत' में यह भेद समाप्त हो गया है। लक्ष्मी को श्री एवं करीषणी तो कहा ही गया है, उन्हें उमा और कश्मीरा भी बताया गया है।

वैष्णव धर्म-मत

'नीलमत' के अनुसार, कुछ सम्प्रदाय विष्णु, रुद्र आदि वैदिक देवताओं पर केन्द्रित थे और कुछ लोकदेवताओं पर। नीलमत में विष्णु को तीनों लोकों का नाथ कहा गया है। उसमें उल्लिखित वैष्णव धर्म की लोकप्रियता की पुष्टि विष्णुधर्मोत्तरपुराण से भी होती है जिसमें कश्मीर को चक्री (अर्थात चक्रधारी विष्णु) का स्थान बताया गया है। (वराहं कन्दमाले च कश्मीरेषु चक्रिणम्। विष्णुधर्मोत्तर पु., 3/125/10) कल्हण की राजतरंगिणी में उल्लिखित है कि कश्मीर के कई राजाओं, उनके सम्बन्धियों और मन्त्रियों ने विष्णु-मन्दिर बनवाये थे। रणादित्य, प्रवरसेन द्वितीय, दुर्लभवर्द्धन और उसके पुत्र मल्हण, चन्द्रापीड, उसकी पत्नी, उसके गुरु मिहिरदत्त, चन्द्रापीड का नगरपाल, ललितादित्य और उसकी रानी कमलावती ने विष्णु मन्दिर बनवाये थे।

कश्मीर को विष्णु और उनके व्यूहों से सम्बद्ध पांचरात्र साहित्य की जन्मभूमि माना गया है। कश्मीर के जनसामान्य पर वैष्णव साहित्य का प्रभाव था। यह इस बात से स्पष्ट है कि प्रसिद्ध शैव आचार्य अभिनवगुप्त ने 'परमार्थसार' में शैव सिद्धान्तों को एक वैष्णव कृति के रूप में प्रस्तुत किया है।

नीलमत (पद्य सं 1212 से 1274) में परशुराम की कथा वर्णित है। उन्होंने इक्कीस बार पृथ्वी को क्षत्रियरहित किया था। इक्कीसवें आक्रमण में वे क्षत्रियों का पीछा करते हुए कश्मीर तक पहुँचे। वहाँ उन्होंने मधुमती और रजनिर्मला के तटवर्ती क्षेत्र में क्षत्रियों का वध करने के बाद वहाँ केशव की मूर्ति की स्थापना की। रौद्र भाववाली राजावास नामक इस देवमूर्ति की पूजा पशु-बलि देकर की जाती थी।

'नीलमत पुराण' में देवप्रबोधन उत्सव के प्रसंग में भागवतों और सात्वतों की विशेष पूजा का विधान किया गया है। यहाँ वैदिक मतानुयायी ब्राह्मणों को

अपेक्षाकृत कम महत्त्व दिया गया है; और पांचरात्र-विधि से विष्णु का पूजन करने का निर्देश दिया गया है। इससे कश्मीर में पांचरात्र सम्प्रदाय की लोकप्रियता का पता चलता है। लगता है कि 'नीलमत' के समय में ही लोकधर्म पर आधारित विभिन्न सम्प्रदायों का वैदिक वैष्णव सम्प्रदाय के साथ मिलन हो गया था।

शैव धर्म-मत

'नीलमत पुराण' में शिव को त्रिदेवों में एक माना गया है। उसमें भूतेश्वर और कपटेश्वर नामक दो शैव-तीर्थों से सम्बन्धित कथा विस्तार से वर्णित है। कपटेश्वर की कथा में शिव काष्ठ के रूप में प्रकट होते हैं, जिन्हें छूकर मुनिगण रुद्र रूप धारण करते हैं।

'नीलमत' में शिव के अवैदिक रूप की कुछ स्मृतियाँ बची हुई हैं। पिशाचों और राक्षसों के साथ उनका निकट का सम्बन्ध है। शिवचतुर्दशी के अवसर पर पिशाचराज निकुम्भ को शिव की पूजा करते दिखाया गया है। शिव को भूतेश्वर कहा गया है। शिव के इस स्वरूप में अवैदिक लोकदेवता की झलक दिखती है, जिसे वैदिक रुद्र से अभिन्न माना गया है।

कल्हण के अनुसार कश्मीरमण्डल के पापसूदन तीर्थ में विराजमान काष्ठरूपधारी उमेश का दर्शन एवं स्पर्श मोक्षदायी है। (रा.त.; 1/32) वहाँ के कंकड़-कंकड़ में शंकर का वास रहा है। चक्रधर, विजयेश, केशव, ईशान आदि पवित्र देवालयों से युक्त कश्मीरमण्डल का कोई भी स्थान ऐसा नहीं है जो किसी तीर्थ से कम हो। (रा.त.; 1/38) कल्हण के समय सुरेश्वरी तीर्थ में अर्द्धनारीश्वर की पूजा होती थी। उसने अपनी 'राजतरंगिणी' के प्रत्येक तरंग में अर्द्धनारीश्वर का स्मरण किया है। जोनराज ने अपने ग्रन्थ 'द्वितीय राजतरंगिणी' और श्रीवर ने अपने ग्रन्थ 'ज़ैनराजतरंगिणी' का आरम्भ भी भगवान् शिव की स्तुति से ही किया है।

शिवायास्तु नमस्तस्मै त्रौलोक्यैमहीभुजे ।
अशेषक्लेशनिर्मुक्त नित्यैश्वर्यदशाजुषे ।। (ज़ैनराजतरंगिणी, 1/1/1)

कवि कहता है कि अशेष क्लेश से मुक्त और नित्य ऐश्वर्य से युक्त भगवान् शिव को मैं नमस्कार करता हूँ। दूसरे श्लोक में कवि ने शक्ति और शिव के अर्द्धनारीश्वर रूप से अद्वैत-भावना प्रदान करने की याचना की है। श्रीवर ने अपने गुरु के बारे में लिखा है कि राजतरंगिणी की रचना करते हुए विद्वान् जोनराज ने 35वें वर्ष में शिवसायुज्य प्राप्त किया था। (ज़ै.रा.त. 1/1/6) यहाँ कवि ने अपने गुरु के निधन के लिए वैकुण्ठगमन या स्वर्गारोहण शब्द का प्रयोग न करके

शिवसायुज्य प्राप्त करने की बात कही है, जिससे स्पष्ट है कि कवि जोनराज और श्रीवर-दोनों शैव मतानुयायी थे।

कश्मीरी शैववाद की दार्शनिक पृष्ठभूमि

शैवागम की एक अद्वैतवादी दार्शनिक विचारधारा का विकास कश्मीर में हुआ; और इस शैवदर्शन पर उपलब्ध साहित्य के प्राय: सभी रचयिता कश्मीर के निवासी थे, इसलिए इसे 'काश्मीर शैव-दर्शन' कहा जाता है।

भारतवर्ष में शैव धर्म का जिन विविध सम्प्रदायों के रूप में विकास हुआ, उनमें 'काश्मीर शैव-सम्प्रदाय' का विशेष महत्त्व है। इस सम्प्रदाय का प्रारम्भ आठवीं शताब्दी के अन्तिम भाग या नौवीं शताब्दी के प्रारम्भ में वसुगुप्त नामक आचार्य द्वारा किया गया था। कश्मीरी शैव परम्परा में कहा गया है कि वसुगुप्त को स्वयं भगवान् शिव ने शिव-सूत्रों का दर्शन कराया था। ये शिवसूत्र महादेव पर्वत की एक शिला पर उत्कीर्ण थे।

कश्मीरी शैव मत की दो शाखाएँ हैं- स्पन्दशास्त्र और प्रत्यभिज्ञाशास्त्र। स्पन्दशास्त्र के प्रवर्तक वसुगुप्त थे, जिसके मुख्य ग्रन्थ हैं- 'शिवसूत्राणि' (या शिवसूत्रम्) और 'स्पन्दकारिका'। शिवसूत्रणि की रचना वसुगुप्त द्वारा ही की गयी थी, पर शैव लोगों की दृष्टि मे उसका इतना अधिक आदर था कि वे उसे साक्षात् शिव द्वारा प्रदत्त मानते थे। वसुगुप्त के शिष्य कल्लट ने अपने गुरु के मत का प्रतिपादन करने तथा अपने शिष्यों को शिक्षा देने के उद्देश्य से स्पन्दकारिका की रचना की थी। आचार्य कल्लट राजा अवन्तिवर्मा (855-883 ई.) के समयकालीन थे। काश्मीर के शैव सम्प्रदाय के विकास एवं प्रचार में उनका महत्त्वपूर्ण योगदान था। इस सम्प्रदाय के अन्य आचार्यों में उत्पल, रामकण्ठ और अभिनवगुप्त के नाम उल्लेखनीय हैं। स्पन्दशास्त्र के इन आचार्यों के अनुसार शिव ही एकमात्र सत्य सत्ता है, जो अपनी इच्छा से समस्त पदार्थों का सृजन करता है। वह स्वयं जगत् को इस प्रकार से प्रतिभासित करता है, जैसे वह उससे भिन्न हो, पर वस्तुत: ऐसा नहीं है।

कश्मीर के शैव सम्प्रदाय की प्रत्यभिज्ञा शाखा के प्रवर्तक सोमानन्द थे, जिनका समय दसवीं शताब्दी ई. के अन्त में माना जाता है। सोमानन्द की रचना है-'शिवदृष्टि', जिसके सूत्रों पर सोमानन्द के प्रशिष्य अभिनवगुप्त ने टीकाएँ लिखी हैं। सोमानन्द के मतानुसार यद्यपि हम सब ईश्वर के अंश हैं या वस्तुत: ईश्वर हैं, पर हम इस तथ्य की प्रत्यभिज्ञा नहीं कर पाते। 'प्रत्यभिज्ञा' एक संस्कृत शब्द है जिसका शाब्दिक अर्थ है- अभिज्ञान यानी पहचान। जीव ईश्वर के स्वरूपगत

विशुद्ध आनन्द का अनुभव नहीं कर पाता, क्योंकि उसे यह ज्ञान नहीं होता कि वह स्वयं ईश्वर है और जो गुण ईश्वर में हैं, वे उसमें भी हैं। परन्तु जब गुरु के उपदेशों से मनुष्य को यह ज्ञान हो जाता है कि वह भी ईश्वर के गुणों से युक्त है, तब वह अपने में ईश्वर की प्रत्यभिज्ञा करने में समर्थ हो जाता है और उसमें उत्कृष्ट आनन्द का उदय होने लगता है।

'प्रत्यभिज्ञा' भारत की एक महत्त्वपूर्ण दार्शनिक पद्धति है, जिसमें शिव की सर्वोच्च सत्ता के रूप में उपासना की जाती है।

कश्मीरी शैव सम्प्रदाय के निम्नलिखित महत्त्वपूर्ण ग्रन्थ हैं- वसुगुप्त कृत 'स्पन्द-कारिक' (आठवीं-नौवीं सदी), उत्पल कृत 'प्रत्यभिज्ञा-शास्त्र' (900 ई.), अभिनवगुप्त (10वीं सदी ई.) कृत 'परमार्थसार', 'प्रत्यभिज्ञानविमर्शिनी' एवं 'तन्त्रालोक' और क्षेमराज का 'शिव-सूत्र विमर्शिनी'। 'स्पन्द-कारिक' में स्पन्दन पर सूत्र हैं, 'प्रत्यभिज्ञा-शास्त्र' में अभिज्ञान के बारे में निर्देश हैं, 'परमार्थसार' में सर्वोच्च सत्य का सार है, 'प्रत्यभिज्ञानविमर्शिनी' में अभिज्ञान पर चिन्तन है, 'तन्त्रालोक' में तन्त्र या सिद्धान्त पर प्रकाश डाला गया है और 'शिव-सूत्र विमर्शिनी' में शिव सूत्रों पर चिन्तन प्रस्तुत किया गया है।

विश्व को एकमात्र सत्ता और सृष्टि के द्रव्य निमित्त एवं फलोत्पादक निमित्त के रूप में देखा गया है। उनकी शक्ति के पाँच पक्ष माने गये हैं: चित्त, आनन्द, इच्छा, ज्ञान एवं क्रिया। कश्मीरी शैववाद के अनुयायियों के मतानुसार, आत्मा एवं परमात्मा की समानता की पहचान और ध्यान द्वारा मुक्ति प्राप्त होती है। इस प्रकार, कश्मीर मे जिस शैव सम्प्रदाय का विकास हुआ, उसके अपने पृथक् दार्शनिक मन्तव्य थे।

तन्त्र-मन्त्र की परम्परा

कालचक्रयान 10वीं शताब्दी ई. के उत्तरार्द्ध में मध्यभारत में और फिर वहाँ से कश्मीर होते हुए तिब्बत में प्रचारित हुआ। दसवीं शताब्दी में उत्तर भारत, कश्मीर और नेपाल में आसुर बुद्धों (या ऐन्द्रजालिक बुद्धों) से युक्त बहुदेवतावादी एक तान्त्रिक सम्प्रदाय विकसित हुआ। इस सम्प्रदाय में मन्त्रयान की साधनाएँ भी सम्मिलित की गयी। इसने अपने को वज्रयान कहा था।

कश्मीर के तान्त्रिक शैव ग्रन्थों में काल या प्राण-अपान की साधना का विवेचन मिलता है। अभिनवगुप्त ने इन सिद्धान्तों को तान्त्रिक शैव परम्परा से ही ग्रहण किया है। उन्होंने अपने ग्रन्थ 'तन्त्रालोक' में प्राण-अपान की तान्त्रिक साधना और काल-सिद्धान्त का विवेचन किया है।

तान्त्रिक बौद्ध साधना के पूर्व भारत में अद्वैत शैव दर्शन प्रकट हो चुका था, जिसे 'कश्मीर शैव दर्शन' के नाम से जाना जाता है। प्राचीनकाल में शिव के आदेश से दुर्वासा ने त्रयम्बक, आमर्दक और श्रीनाथ को क्रमशः अद्वैत, द्वैत तथा द्वैताद्वैत का उपदेश दिया था। शिवसूत्रों का दर्शन वसुगुप्त ने आठवीं शताब्दी के अन्त में या नौवीं शताब्दी के प्रारम्भ में किया था। वसुगुप्त के शिष्य थे-कल्लट और सोमानन्द। वसुगुप्त का समय 850-900 ई. माना गया है। सोमानन्द अपने को अद्वैतवादी शैव त्रयम्बक की 16वीं पीढ़ी में बतलाते हैं। अत: एक पीढ़ी के लिए 25 साल का समय मानने पर त्रिक्दर्शन, प्रत्यभिज्ञा या कश्मीर शैव दर्शन का आविर्भाव काल पाँचवीं शताब्दी ई. में सिद्ध होता है। तान्त्रिक प्रभावापन्न अद्वैतवादी शैव दर्शन लगभग दसवीं शताब्दी में पूर्णत: विकसित हो चुका था, यह बात अभिनवगुप्त के 'तन्त्रालोक' से स्पष्ट है। 'तन्त्रालोक' में कालचक्र का विस्तृत विवेचन मिलता है। इस कालचक्र का अभ्युदयकाल 965 ई. माना गया है।

कश्मीर के लोग मन्त्र-सिद्धि में भी विश्वास करते थे। कल्हण ने तारकेश्वर मन्त्र तथा वशीकरण मन्त्र के प्रभाव का वर्णन किया है। राजा मेघवाहन के समय में नरबलि भी होती थी। चण्डिकापत्तन में देवी के सम्मुख बलि देने की परम्परा थी। योगेश्वरी भट्ट द्वारा राजा वक तथा उसके पूरे परिवार को देवी चक्र पर उपहारस्वरूप चढ़ा दिया गया था।

गुणाढ्य की बृहत्कथा पर आधारित संस्कृत में तीन संक्षिप्त कृतियाँ–क्षेमेन्द्र कृत बृहत्कथामंजरी, सोमदेव कृत कथासरित्सागर और बुधस्वामी कृत बृहत्कथाश्लोकसंग्रह मिलती हैं। इनसे पता चलता है कि प्रथम शताब्दी ई.पू. में तान्त्रिक प्रणालियाँ प्रचलित थीं। वाममार्गियों की पूजा-पद्धति तब भी आजकल से भिन्न नहीं थी और उसे कोई अच्छी दृष्टि से नहीं देखता था। कल्हण के अनुसार अशोक के समय में बौद्धधर्म का कश्मीर में प्रवेश और विकास हुआ; और उनके पुत्र जलौक के समय में तन्त्र का प्रचार हुआ। तन्त्र की एक दुरुह पद्धति 'मत्स्यायूप याग' प्रचलित थी। गुरुदीक्षा की प्रथा भी थी। (रा.त., 6/13) राघवानन्द ने 'पद्धति रत्नमाला' में कश्मीरी तान्त्रिकों की इस पद्धति का उल्लेख किया है। गौरतलब है कि कश्मीर में महिलाएँ भी तान्त्रिक गुरु होती थीं। ऐसा प्रतीत होता है कि आगे चलकर वहाँ तन्त्र का व्यापक प्रचार हो गया था।

कल्हण ने 'मत्स्यायाग' एवं 'अपूपयाग' विधि के प्रचारकों को 'मूर्ख गुरु' कहकर, उनकी निन्दा की है। ऐसे मूर्ख-गुरु परम्परागत आगम ग्रन्थों का कपोलकल्पित भाष्य किया करते थे। राजा कलश के गुरु प्रमदकण्ठ ने धार्मिकता की आड़ में रतिसुख की ओर प्रेरित करके उसे कामुक बना दिया था। राजा अपने

गुरु के साथ तान्त्रिक क्रियाओं में, मध्यरात्रि में सम्पन्न की जानेवाली 'महासमय रात्रि' में मद्यपान भी करता था। (रा.त., 7/523)

15वीं शताब्दी के संस्कृत कवि श्रीवर ने अपने इतिहास-ग्रन्थ 'जैन-राजतरंगिणी' (1/3/46) में गण चक्रोत्सव आदि तान्त्रिक क्रियाओं का उल्लेख किया है।

सूर्योपासना

कश्मीर की नाग जनजाति के लोग शिव के अलावा सूर्य की उपासना भी करते थे। गुप्तकाल में कश्मीर सूर्योपासना का एक प्रमुख केन्द्र था। वहाँ सूर्योपासना को राजकीय संरक्षण प्राप्त था। अनन्तनाग के निकट स्थित मार्तण्ड मन्दिर से स्पष्ट है कि कश्मीर में सूर्य की उपासना होती थी। पश्चिमोत्तर भारत में ग्यारहवीं शताब्दी ई. तक सूर्योपासना प्रचलित थी। कश्मीर में मुसलमानों के बसने के बाद हिन्दू धार्मिक परम्पराओं का क्रमशः लोप होता चला गया।

गौरतलब है कि शैव, वैष्णव एवं शाक्त पूजा की तीन अलग पद्धतियाँ थीं–ये तीन अलग धर्म नहीं थे। उनके बाह्यरूपों, क्रिया-अनुष्ठानों और प्रतीकों में अन्तर भले ही हो, उनकी विचारधाराओं, सिद्धान्तों और पूजा के सूत्रवर्गों में भेद नहीं था। ये सभी सम्प्रदाय एक ही विचारधारा (अर्थात् वेदान्तीय विचारधारा) पर अवलम्बित थे। तीनों का लक्ष्य भी एक ही, अर्थात् मोक्ष था। तीनों की पूजापद्धति की मुख्य-मुख्य बातें एकसार थीं और वे वेदों ही पर नहीं, प्रत्युत् आगमों पर आधारित थीं। शैवों के धार्मिक प्रतीक थे रुद्राक्ष, भस्म और लिंग। वैष्णवों के प्रतीक इनसे भिन्न थे। वैष्णवों और शैवों में मतभेद केवल इतना ही था कि दोनों अपने-अपने आराध्य देवों को एक ब्रह्म का स्वरूप मानते थे। इसके अलावा उन दोनों के बीच कोई खाई नहीं थी। यह केवल नाम-संज्ञा का अन्तर था। सभी ग्रन्थों का यही अभिमत है कि ब्रह्मा, विष्णु और शिव तीनों एक ही ब्रह्म के विभिन्न रूप हैं।[1]

कश्मीर में बौद्ध धर्म

भगवान बुद्ध ने अपने महापरिनिर्वाण के पहले बौद्ध-शासन अपने प्रधान शिष्य महाकाश्यप को सौंपा था; और महाकाश्यप ने आनन्द को। आनन्द ने बौद्ध-शासन साणवासी को सौंपा। जीवन के अन्तिम समय में निर्वाण प्राप्त करने के लिए आनन्द मगध से वैशाली की ओर चले। गंगा नदी के मध्य भाग में पहुँचने पर एक ऋषि ने आनन्द से बौद्ध धर्म की दीक्षा प्रदान करने की प्रार्थना की। आनन्द ने योगबल से गंगा के मध्य में एक द्वीप का निर्माण किया; और वहीं उस ऋषि तथा उनके 500 शिष्यों को बौद्ध धर्म की दीक्षा दी। दीक्षा ग्रहण करते ही उस ऋषि को अर्हत्व प्राप्त

हुआ; और वे 'माध्यन्दिन' (या माध्ययोदक) के नाम से प्रसिद्ध हुए। वे आनन्द के पहले ही निर्वाण प्राप्त करना चाहते थे। परन्तु आनन्द ने कहा कि "शास्ता (भगवान बुद्ध) ने तुम्हें कश्मीर में बुद्ध-शासन का विकास करने के लिए निर्देशित किया है। अतः तुम उनकी भविष्यवाणी के अनुसार कार्य करो।" यह सुनकर माध्यन्दिन ने बुद्धदेव की भविष्यवाणी और आनन्द के दिशानिर्देश के अनुसार कार्य करने की प्रतिज्ञा की।

लामा तारानाथ द्वारा वर्णित एक बौद्ध अनुश्रुति के अनुसार मगधराज अजातशत्रु के पुत्र और उत्तराधिकारी सुबाहु के निधन के बाद उनके पुत्र सुधनु ने शासन किया। वह अर्हत माध्यन्दिन का समकालीन था, जो उन दिनों कश्मीर पर अपना धार्मिक प्रभाव डाल रहे थे। माध्यन्दिन को भिक्षु आनन्द ने कश्मीर में बौद्ध धर्म का संरक्षण करने की आज्ञा दी थी।

तदनुसार माध्यन्दिन कश्मीर पहुँचे और नदी-तट पर वे वहाँ ठहरे, जहाँ नागों का निवासस्थान था। उस समय नागराज औदुष्ट ने क्रोधित होकर उन पर आँधी-पानी बरसाया, लेकिन उससे माध्यन्दिन के चीवर का छोर तक विचलित नहीं हुआ। नागों द्वारा बरसाये गये तमाम शस्त्रस्त्र फूलों में बदल गये। तब नागराज को उनकी महिमा का बोध हुआ। उसने माध्यन्दिन उशीर के समक्ष उपस्थित होकर उनसे पूछा—

"आर्या! आप क्या चाहते हैं?"

"मुझे भूमि दान करो।"

"कितनी भूमि?"

"पालथी भर।"

"ठीक है, मैं उतनी भूमि आपको समर्पित करता हूँ।"

जब उन्होंने अपनी दिव्य-शक्ति से एक ही पालथी में कश्मीर के नौ प्रदेशों को व्याप्त कर लिया, तब नागराज ने माध्यन्दिन से पूछा :

"आपके कितने अनुयायी हैं?"

"पाँच सौ।"

"यदि उन पाँच सौ में से एक भी अनुपस्थित रहा, तो मैं यह भूमि वापस ले लूँगा।"

"इस स्थान को शास्ता (बुद्ध) ने विपश्यना के लिए उपयुक्त बताया है। जहाँ दायक रहता है, वहाँ याचक भी रहता है। अतः, ब्राह्मणों और गृहपतियों को भी इसमें सम्मिलित कर लेना चाहिए।"

इसके बाद आर्य उशीर के 500 माध्यन्दिन अनुयायी और वाराणसी के हजारों धर्मनिष्ठ ब्राह्मण और गृहपति कश्मीर चले आये। फिर धीरे-धीरे विभिन्न देशों के अनेक लोग वहाँ पहुँचे। फलतः माध्यन्दिन के जीवनकाल में ही कश्मीर में नौ महानगर, अनेक पर्वतीय गाँव, एक राजप्रासाद तथा कई भिक्षुसंघ सहित बारह बौद्ध विहारों की स्थापना हुई। इसके बाद माध्यन्दिन अपनी दिव्य-शक्ति से कश्मीर के जलपुंज को गन्धमादन पर्वत पर ले गये, जहाँ उन्होंने अग्नि-प्रज्ज्वलन की दिव्य-शक्ति द्वारा नागों को नियन्त्रित किया। इसके बाद वे दुबारा कश्मीर पहुँचे; और फिर वहाँ के निवासियों को बौद्ध धर्म में दीक्षित करने के बाद उन्होंने निर्वाण प्राप्त कर लिया।[2] गौरतलब है कि ह्वेनत्सांग ने भी अपने वृत्तान्त में थोड़े अलग ढंग से इस कथा का उल्लेख किया है।

बहरहाल, ऐतिहासिक दृष्टि से देखें तो सम्राट् अशोक के समय यहाँ बौद्ध मत का विधिवत प्रवेश हुआ; और शीघ्र ही यह कश्मीर का राजधर्म बन गया। अशोक के राज्यकाल में हुई तृतीय बौद्ध महासभा के आयोजन के बाद उसके सभापति मोग्गलिपुत्त तिस्स (तिष्य) ने थेर मज्झन्तिक को कश्मीर-गन्धार में बौद्ध धर्म का प्रचार करने के लिए भेजा था।[3] अशोक की धर्मसहिष्णु नीति के कारण कश्मीर में बौद्ध मत के प्रसार के बावजूद वहाँ पूर्व-प्रचलित वैदिक धर्म अप्रभावित रहा और ब्राह्मणों ने अपने कर्मकाण्डों की पवित्रता बनाये रखी। 'नीलमत पुराण' में बुद्ध को विष्णु का अवतार बताया गया है। यानी बौद्धमत को वैष्णव सम्प्रदाय से सम्बद्ध दिखाया गया है। उसमें बौद्ध उपासनास्थल को चैत्य और बौद्ध भिक्षुओं के निवासस्थान को शाक्यावास कहा गया है। चैत्य में उपासनास्थल के चारों ओर एक प्रदक्षिणा-पथ बनाया जाता था, जबकि शाक्यावास में आँगन के चारों ओर रहने के लिए कमरे बने होते थे।

बौद्ध-ग्रन्थ 'महावंश' के अनुसार हिमालय प्रदेश के 84,000 नागवंशियों ने और गन्धार-कश्मीर के 80,000 लोगों ने प्रवज्या ली थी, यानी बौद्ध धर्म को स्वीकार किया था।[4] गन्धार-कश्मीर के 80,000 लोगों में नाग-वंशीय लोग भी निश्चित रूप से रहे होंगे। बुद्ध के समय से ही नागवंशियों को बौद्ध मतानुयायी बनाने के प्रयास किये जा रहे थे। हर्ष कृत 'नागानन्द' नाटक में जीमूतवाहन बोधिसत्व द्वारा एक नाग के लिए किये गये आत्मबलिदान का वर्णन किया गया है। ह्वेनत्सांग के वृत्तातों और अन्य स्रोतों में कश्मीर प्रदेश में नागों और बौद्धों के संघर्ष के कई उदाहरण मिलते हैं, लेकिन यह भी सच है कि बौद्ध धर्म-प्रचारकों ने शैव-मतावलम्बी नाग-वंशियों को भी बौद्ध मतानुयायी बना लिया था। यही कारण

है कि बौद्ध-स्थापत्य सम्बन्धी विभिन्न मूर्तियों में नागों को बुद्ध के शरणागत के रूप में चित्रित किया गया है।

पाकिस्तान अधिकृत कश्मीर के गिलगिट नामक स्थान से प्राचीन संस्कृत के 'विनयवस्तु' (विनयपिटक) की हस्तलिखित प्रति प्राप्त हुई थी। उस ग्रन्थ से भारत की भीतरी पथ-पद्धति पर कुछ प्रकाश पड़ता है। उसमें वर्णित पहला मार्ग कश्मीरमण्डल में बुद्ध की यात्रा का है। कहते हैं कि अपनी यात्रा में बुद्ध भ्रष्टाला, कन्था, धान्यपुर और नैतरी गये। (दुर्भाग्यवश इन स्थानों की पहचान नहीं हो पायी है।) शाद्वला में उन्होंने पालितकोट नाग को दीक्षा दी; नन्दिवर्द्धन में अश्वक और पुनर्वसु नामक नागों और नाली तथा उदर्या नामक यक्षिणियों को दीक्षा दी। यहाँ से वे कुन्तिनगर पहुँचे जहाँ बच्चों को खा जानेवाली कुन्ती नामक यक्षिणी को परास्त किया। खजुरिका में उन्होंने बच्चों को मिट्टी के स्तूपों से खेलते देखा और यह भविष्यवाणी की कि उनकी (यानी बुद्ध की) मृत्यु के पाँच सौ वर्ष बाद कनिष्क एक बहुत बड़ा स्तूप खड़ा करेंगे।[5] इस सन्दर्भ से यह पता चलता है कि बुद्धदेव ने कश्मीर के मूल निवासी नाग और पिशाच (यक्ष) जनजाति के लोगों को, जो परम्परागत रूप से वैदिक मत के अनुयायी थे, बौद्ध धर्म में दीक्षित करने का प्रयास किया।

ऐतिहासिक दृष्टि से देखा जाये तो कश्मीर में अशोक के समय (273 ई. पू.) में बौद्धधर्म ने पहली बार प्रवेश किया। बौद्ध प्रमाणों के अनुसार अशोक के शासनकाल में पाटलिपुत्र में मोग्गलिपुत्र की अध्यक्षता में तृतीय बौद्ध परिषद् का आयोजन किया गया था। उसके बाद अशोक ने देश-दुनिया में विभिन्न स्थानों पर अपने धर्मदूत भेजे थे। इसी क्रम में उसने कश्मीर में बौद्ध धर्म के प्रसार के लिए अपना दूत भेजा था। उसके प्रयास से ही कश्मीर घाटी में बौद्ध धर्म का व्यापक प्रसार हुआ था। बौद्धधर्म के प्रति आस्थावान होने के बाद अशोक ने शुष्कलेत्र और वितस्तात्र नामक दो स्थानों पर कई स्तूप बनवाये थे। उस प्रतापी राजा ने वितस्तात्रपुर के धर्मारण्य विहार में एक बहुत ऊँचा बौद्ध-मन्दिर भी बनवाया था।

कुषाणकाल में बौद्ध धर्म

अशोक के प्रयास से बौद्ध धर्म पहले कश्मीर में और फिर मध्य-एशिया, तिब्बत और चीन पहुँचा। प्रथम शताब्दी ई. में कुषाण-वंशीय राजाओं ने कश्मीर को मध्य-एशिया तक फैले हुए अपने विशाल साम्राज्य का अंग बनाया। कुषाणों के दौर में वहाँ बौद्ध धर्म का आधार सुदृढ़ हो गया। कनिष्क ने बौद्ध धर्म को प्रश्रय दिया। कुषाण वंश के तीनों राजाओं- कनिष्क, हुष्क और जुष्क ने शुष्कलेत्र आदि क्षेत्रों

में अनेक मठों एवं चैत्यों का निर्माण कराया था। (रा.त., 1/170) जुष्क ने जुष्कपुर एवं जयस्वामिपुर नामक नगरों में कई विहार बनवाये थे। (रा.त., 1/169)

कश्मीर और उत्तर-पश्चिम भारत में रहनेवाले भारतीय लोग अनुकूल अवसर देखकर खोतान और काशगर की ओर आगे बढ़े; और वहाँ पहुँचकर उन्होंने अपने छोटे-छोटे उपनिवेश स्थापित किये, जिनके वंशज भारतीय सभ्यता और परम्परा पर गर्व करते थे।

चौथी शताब्दी ई. की एक कश्मीरी परम्परानुसार सुराष्ट्र के रहनेवाले प्रसिद्ध बौद्ध विद्वान् संघरक्ष कनिष्क के गुरु थे। ताओ-आन के एक ग्रन्थ की भूमिका से भी, जो 384 ई. में लिखी गयी, हमें यही सूचना मिलती है। इसमें कहा गया है कि अपनी प्रव्रज्या के बाद संघरक्ष सुराष्ट्र से गन्धवती (गन्धार) गये, जहाँ चन्दन कनिष्क ने उन्हें अपना गुरु बनाया। इतना ही नहीं, ताओ-आन हमें यह भी बताता है कि यह सूचना उसे स्वयं कश्मीरी धर्मप्रचारक संघभद्र से मिली थी। चीनी कैटेलॉगों के अनुसार संघरक्ष के एक ग्रन्थ 'योगाचारभूमि' अथवा उसके एक अंश का चीनी भाषा में अनुवाद प्रसिद्ध पार्थियन धर्म-प्रचारक आन शि-काओ ने किया था।[6]

पहली शताब्दी ई. में कुषाण वंशीय सम्राट् कनिष्क ने अपने शासनकाल में वसुमित्र की अध्यक्षता में चतुर्थ बौद्ध महसभा का आयोजन कश्मीर के हारवन (कुण्डलवन) में किया था। अश्वघोष इस बौद्ध परिषद् के उपाध्यक्ष थे।

सिक्कों के अध्ययन से पता चलता है कि कनिष्क पहले किसी ईरानी धर्म का अनुयायी था, लेकिन बाद में वह बौद्ध हो गया। सम्भवत: 100 ई. में उसके संरक्षण में कश्मीर में चौथी बौद्ध महासभा का आयोजन हुआ। लेकिन सिंहली बौद्ध-ग्रन्थों में इस महासभा का कहीं कोई उल्लेख नहीं है। बहरहाल, कनिष्क के समय तक आते-आते बौद्ध संघ के भिक्षुगण 18 सम्प्रदायों में विभक्त हो चुके थे। ह्वेनत्सांग के अनुसार कनिष्क हर रोज एक नये बौद्ध भिक्षु को अपने पास बुलाता था और उससे धर्म-चर्चा करके यह अनुभव करता था कि प्रत्येक का मत दूसरे से भिन्न है। भ्रम के निवारण के लिए उसने बौद्ध आचार्य पार्श्व से चर्चा की; और उनसे पूछा कि इन मतों में से सच्चा कौन है? तब उन्होंने बौद्धसंघ की महासभा बुलाने की सलाह दी।

कनिष्क ने पाँच सौ भिक्षुओं के रहने के लिए एक विहार बनवाया; और फिर उन भिक्षुओं को त्रिपिटकों पर भाष्य लिखने के लिए प्रेरित किया। इस परिषद् का मुख्य कार्य इन भाष्यों को अन्तिम रूप देना था। लगता है कि इस परिषद् में सर्वास्तिवाद मत के भिक्षु अधिक थे। महायान शाखा का कोई प्रतिनिधि इस

महासभा में सम्मिलित नहीं हुआ होगा, क्योंकि यह मत नागार्जुन के बाद विकसित हुआ। 'राजतरंगिणी' के अनुसार नागार्जुन तुरुष्क राजा कनिष्क के बाद हुए थे। ह्वेनत्सांग ने लिखा है कि भाष्यों की रचना के बाद उनको ताम्र-पत्रों पर अंकित किया गया और उन्हें पत्थर की पेटियों में रखकर एक स्तूप में गाड़ दिया गया, ताकि वे सुरक्षित रह सकें। लगता है कि चतुर्थ बौद्ध महासभा के दौरान आचार्य वसुमित्र के निर्देशन में लिखे गये त्रिपिटकों के भाष्य की प्रतिलिपि भी तैयार की गयी थी, जिसे किसी बौद्ध-स्तूप में सुरक्षित रख दिया गया था।

बौद्ध धर्म की चार संगितियों में से पहली तीन संगीतियाँ मगध और वैशाली में हुई थीं, इसलिए उन तीनों में मागधी भाषा में बौद्ध-ग्रन्थों का संकलन किया गया था। लेकिन चौथी संगीति का आयोजन कश्मीर में हुआ था, इसलिए यहाँ संकलित बौद्ध-ग्रन्थों के भाष्य की भाषा मागधी के स्थान पर संस्कृत हो गयी। बहरहाल, चौथी बौद्ध परिषद का महत्त्व इस बात को लेकर भी है कि इस महासभा के बाद बौद्ध-दर्शन संस्कृत भाषा में सूत्रबद्ध हो गया।

उस दौर में काशी और कश्मीर संस्कृत विद्या के दो प्रमुख केन्द्र थे। कल्हण ने राजा शंकरवर्मा के सन्दर्भ में कहा है कि "वह देववाणी (संस्कृत) में बोल नहीं पाता था, बल्कि मद्यपों (शराबियों) के समान अपभ्रंश भाषा में बातचीत करता था।" (रा.त. 5/206) इससे स्पष्ट है कि कुषाणकाल में कश्मीर के भद्र पुरुष से यह अपेक्षा की जाती थी कि वह संस्कृत भाषा में संवाद करने में सक्षम हो।

कुषाणों द्वारा बौद्ध-धर्म को अपनाने का कारण

कुषाणों ने कश्मीर में परम्परागत रूप से प्रचलित नाग-उपासना को बन्द करके बौद्ध धर्म को प्रश्रय दिया था। डॉ. काशीप्रसाद जायसवाल के अनुसार, "एक बौद्ध धर्म ही ऐसा था जिसके द्वारा विदेशी शक लोग उस प्राचीन सनातनी और अभिमानी समाज का मुकाबला कर सकते थे जो मनुष्यों के प्राकृतिक तथा जातीय विभागों के आधार पर संघटित हुआ था। ब्राह्मणों की वर्ण-व्यवस्था के कारण ये म्लेच्छ शासक बहुत ही उपेक्षा और घृणा की दृष्टि से देखे जाते थे, जिससे उन म्लेच्छों को बहुत बुरा लगता था और इसीलिए उस सामाजिक व्यवस्था के नाश के लिए वे लोग अनेक प्रकार के उपाय करते थे जो उन्हें बहिष्कृत रखती थी। इसके परिणामस्वरूप कश्मीर में बहुत बड़ा आन्दोलन हुआ था; और इस बात का उल्लेख मिलता है कि राजा गोनर्द (गोनन्द) तृतीय ने उस नाग उपासना को फिर से प्रचलित किया था जिसका हुष्क, जुष्क और कनिष्क के तुरुष्क अर्थात कुषाण शासन ने नाश कर डाला था।"[7]

कुषाणों के बाद बौद्ध धर्म

कुषाणों के बाद शकों ने बौद्ध धर्म को अपना राजधर्म बनाकर उसका प्रचार किया। कश्मीर सम्बन्धी प्राचीनतम ग्रन्थ 'नीलमत पुराण' में महात्मा बुद्ध और उनके द्वारा प्रवर्तित बौद्ध धर्म के प्रति आदर व्यक्त किया गया है। 'नीलमत पुराण' में शैव, वैष्णव और बौद्ध धर्म को एक साथ फलते-फूलते हुए दिखाया गया है।

गुप्तयुग और उसके बाद के दौर में भारतीय संस्कृति का मध्य एशिया और चीन में प्रसार करने का श्रेय मुख्यत: बौद्ध भिक्षुओं को जाता है। चीनी भाषा के त्रिपिटक से ऐसे भिक्षुओं के बारे में जानकारी मिलती है। धर्म-प्रसार के लिए बौद्ध भिक्षुओं का उत्साह अद्वितीय था।

गुप्तयुग में धर्मयशस् नामक एक कश्मीरी बौद्ध भिक्षु मध्य-एशिया के रास्ते से, 397 से 403 ई. के बीच, चीन पहुँचे। चीन का भ्रमण करते हुए उन्होंने कई संस्कृत-ग्रन्थों का चीनी में भाषान्तर किया। पुष्पत्रत नामक एक अन्य बौद्ध-भिक्षु 398 से 415 ई. के बीच चीन पहुँचे; और कई बौद्ध-ग्रन्थों का चीनी भाषा में अनुवाद किया।

गुप्तकाल में भारत से चीन जानेवाले बौद्ध विद्वानों में **कुमारजीव** का महत्त्वपूर्ण स्थान था। इनके पिता कुमारदत्त, कश्मीर से कूचा पहुँचे और वहाँ के राजा की बहन से विवाह कर लिया। इसी माता से कुमारजीव का जन्म हुआ था। नौ वर्ष की अवस्था में, वे अपनी माता के साथ कश्मीर आये और वहाँ बौद्ध-साहित्य का अध्ययन किया। कश्मीर में तीन वर्ष रहने के बाद कुमारजीव अपनी माता के साथ काशगर पहुँचे। वहीं कुछ दिन रहने के बाद, वे तुरफान पहुँचे। 383 ई. में कूचा चीनियों के अधिकार में आ गया और कुमारजीव बन्दी बनाकर लांगचाउ लाये गये। बाद में, वे चांगतांग चले गये और वहीं उनकी मृत्यु हो गयी। बारह वर्षों में कुमारजीव ने करीब 100 बौद्ध ग्रन्थों का चीनी भाषा में अनुवाद किया था। चीनी भाषा पर उनका असाधारण अधिकार था। उनकी (चीनी) भाषा-शैली ह्वेनत्सांग से भी अच्छी मानी गयी है। फाहियान उन्हीं का शिष्य था।

एक अन्य बौद्ध-भिक्षु, बुद्धयशस् कश्मीर से घूमते हुए काशगर पहुँचे, जहाँ उन्होंने कुमारजीव को विनय पढ़ाया। 413 ई. में वे कश्मीर लौट आये।

कपिलवस्तु निवासी बुद्धभद्र ने तीस वर्ष की अवस्था में बौद्धधर्म का समुचित ज्ञान प्राप्त किया। इसके बाद उन्होंने धर्म-प्रचार के लिए अपने साथी संघदत्त के साथ यात्रा करने का विचार किया। वे कुछ दिनों तक कश्मीर में रहे। कश्मीर के बौद्ध-संघ द्वारा उनको चीन जाने के लिए चुन लिया गया। फाहियान के साथी चेयेन् के साथ वे पामीर के रास्ते चीन पहुँचे। लेकिन वहाँ के राजा से मतभेद हो जाने के

कारण उन्हें दक्षिण-चीन छोडना पड़ा।

कश्मीर की बौद्ध-परम्परा में गुप्तयुगीन भिक्षु गुणवर्मन का नाम उल्लेखनीय है। वे कश्मीर के राजपरिवार में उत्पन्न हुए थे। बीस वर्ष की अवस्था में राजकुल का सुख त्यागकर वे बौद्ध भिक्षु बन गये। वे धर्म, दर्शन, ज्योतिष, शिल्प और चित्रकला में निपुण थे। वे बहुत दिनों तक इधर-उधर घूमते रहे; और अन्ततः लंका पहुँच कर बौद्धधर्म का प्रचार किया। लंका से वे जावा पहुँचे और वहाँ के राजा को बौद्धधर्म में दीक्षित किया। बौद्ध धर्म का प्रचार करने के लिए वे जावा, सुमात्रा आदि देशों में भी गये। उनकी विद्वता की ख्याति पूरे दक्षिण-एशिया मे फैल गयी थी। थोड़े ही समय में उन्होंने जावावासियों को बौद्ध धर्म में दीक्षित करने में सफलता पायी। 424 ई. में उन्हें चीन-सम्राट् का आमन्त्रण मिला, परन्तु गुणवर्मन् चीन जाने के इच्छुक नहीं थे। वे भारतीय सार्थवाह नन्दि के जहाज पर एक छोटे-से देश को जाने के लिए तैयार हो चुके थे। लेकिन संयोगवश वह जहाज भटक कर कैण्टन पहुँच गया और इस तरह 431 ई. में चीनी सम्राट् से उनकी भेंट हुई। कियेन्ये के जेतवन-विहार में ठहरकर उन्होंने कई बौद्ध-ग्रन्थों का चीनी भाषा में अनुवाद किया। केन्टन में उन्होंने एक बौद्धविहार की दीवारों पर बुद्ध के जीवन की मुख्य घटनाओं को चित्रित किया।

629 ई. में स्रोङ सेन् गम्पो तिब्बत के राजा बने। उन्होंने 632 ई. में सत्रह व्यक्तियों के एक दल को बौद्ध-ग्रन्थ लाने तथा संस्कृत भाषा सीखने के लिए भारत भेजा। 18 वर्ष तक भारत में रहने के बाद यह दल तिब्बत लौटा। वहाँ जाकर उन्होंने एक नयी भाषा का प्रचार किया, जो हरहा के मौखरी शिलालेख तथा कश्मीर की तत्कालीन लिपि से बहुत मेल खाती थी। इस नयी भाषा का व्याकरण पाणिनि और कश्मीर के व्याकरणाचार्य चन्द्रगोमिन के व्याकरणों के आधार पर तैयार किया गया था।

'नीलमत पुराण' में गौतम बुद्ध को 'जगद्गुरु' कहा गया है। कश्मीर के शैव, वैष्णव और तान्त्रिक-सभी बुद्ध को अवतार मानकर पूजते थे। कश्मीरी कवि क्षेमेन्द्र, जयरथ और कल्हण ने बुद्ध को विष्णु का अवतार मानकर उनकी वन्दना की थी। कल्हण के समय में एक बार कश्मीर-नरेश हर्ष ने परिहासपुर के प्रसिद्ध विहार में स्थित बुद्ध की प्रतिमा को खण्डित करना चाहा, लेकिन कनक तथा एक श्रमण कुशलश्री ने राजा को समझा-बुझाकर उस अनुचित कार्य को करने से रोक दिया था। (रा.त.; 7/1097) इस प्रकार कश्मीर में साम्प्रदायिक सौहार्द का एक वातावरण बना हुआ था। बौद्धधर्म वहाँ 14वीं शताब्दी तक विद्यमान रहा। आज भी वह लद्दाख क्षेत्र का प्रमुख धर्म है।

कुषाण राजवंश के पतन के बाद कश्मीर के स्थानीय सामन्तों ने शासन

सँभाला और उन्होंने वैदिक परम्परा को पुनर्जीवित करने का प्रयास किया। गुप्तकाल में अन्य प्रदेशों की तरह कश्मीर में भी बौद्ध धर्म की अवनति प्रारम्भ हो गयी थी; और शैवधर्म का उत्कर्ष हो रहा था। शैवमत तथा वैदिकधर्म के प्रचार में अभिनवगुप्त तथा शंकराचार्य जैसे दार्शनिकों का महत्त्वपूर्ण योगदान था। श्रीनगर के पास 'शंकराचार्य पहाड़ी' दक्षिणी भारत के महान् आचार्य शंकर की सुदूर उत्तर के इस प्रदेश के दार्शनिक-दिग्विजय का स्मारक है।

वैदिकधर्म के उत्कर्ष के साथ ही कश्मीर की राजनैतिक शक्ति का भी त्वरित विकास हुआ। 'राजतरंगिणी' के अनुसार कश्मीर-नरेश ललितादित्य मुक्तापीड ने आठवीं शताब्दी में उत्तरी भारत में कान्यकुब्ज तक अपना आधिपत्य स्थापित कर लिया था।

सन्दर्भ और टिप्पणियाँ

1. के. एम. पणिक्कर; 'भारतीय इतिहास का सर्वेक्षण', अनुवादक : हनुमानप्रसाद वाजपेयी; पृ. 57; एशिया पब्लिशिंग हाउस, बम्बई; तृ. संस्करण की दूसरी आवृत्ति, 1957 ई.।
2. लामा तारानाथ, भारत में बौद्ध धर्म का इतिहास, अनुवादक : रिगजिन लुण्डुप लामा, पृ. 8-9, काशीप्रसाद जायसवाल शोध संस्थान, पटना; 1971 ई.।
3. महावंश, अध्याय XII, V, 3
4. 'महावंश' (नाना देश प्रचार); परिच्छेद 12; श्लोक 18 से 54 देखें।
5. डॉ. मोतीचन्द्र, सार्थवाह, पृ. 140-141; बिहार राष्ट्रभाषा परिषद्, पटना; 1953 ई.।
6. प्राचीन भारतीय अभिलेख संग्रह श्रीरामगोयल; पृ. 229, राजस्थान हिन्दी ग्रन्थ अकादमी; जयपुर, 1982 ई.।
7. डॉ. काशीप्रसाद जायसवाल, अनुवादक: रामचन्द्र वर्मा, 'अन्धकारयुगीन भारत', पृ. 79-80; नागरीप्रचारिणी सभा, काशी; 1957 ई.।

अध्याय 9

कश्मीर के राजाओं की धार्मिक नीति

कल्हण की 'राजतरंगिणी' में वर्णित कश्मीर के प्राय: सभी राजा वैदिक हिन्दू धर्म के अनुयायी थे। राजा अशोक यद्यपि बौद्ध धर्म के प्रति आस्थावान थे तथापि उन्होंने वैदिक धर्म के प्रति भी अपनी श्रद्धा व्यक्त की थी। 'राजतरंगिणी' के अनुसार, श्रीनगर में चूना-पत्थर से बना श्रीविजयेश्वर मन्दिर जर्जर हो गया था, इसलिए उसको ध्वस्त करके अशोक ने पत्थरों का एक भव्य मन्दिर बनवाया। (रा.त., 1/105) विजयेश्वर के पास ही उन्होंने अशोकेश्वर नामक दो अन्य मन्दिर भी बनवाये थे। (रा.त., 1/106) बौद्ध धर्म के प्रति सहानुभूतिशील होने के बावजूद अशोक ने कश्मीर में भूतेश के मन्दिर में जाकर भगवान शिव की उपासना की थी। भगवान शिव के आशीर्वाद से उन्हें जलौक नामक एक योग्य पुत्र प्राप्त हुआ था। (रा.त., 1/107)

जलौक शैव मतानुयायी था। वह प्रतिदिन नन्दीश क्षेत्र में भगवान शिव के श्रीज्येष्ठेश्वर रूप की पूजा करता था। (रा.त., 1/113) पूजन के लिए उतनी दूर जाने में उसका एक नाग मित्र प्रतिदिन भक्तिपूर्वक उसकी सहायता करता था। (रा.त., 1/114) कहते हैं कि कान्यकुब्ज आदि देशों को जीत कर जलौक ने वहाँ से चारों वर्णों के धार्मिक विद्वानों को कश्मीर लाकर बसाया और चतुर्वर्णाश्रम धर्म की व्यवस्था की थी। (रा.त., 1/117) 'राजतरंगिणी' में कहा गया है कि राजा जलौक के गुरु ने तत्कालीन कई बौद्ध विद्वानों को शास्त्रर्थ में हराया था।

जलौक नन्दीश और सोदर तीर्थों की नियमित यात्रा करता था। शैव मतावलम्बी होने के कारण श्रीनगर में उसने भगवान् ज्येष्ठेश्वर महादेव की स्थापना की थी। उसने नन्दी-क्षेत्र में भगवान भूतेश का पाषाण-मन्दिर बनवाकर उनका विधिवत् पूजन किया था। भगवान् ज्येष्ठेश की पूजा के समय नृत्य करने के लिए उसने नृत्यकला में प्रवीण अन्त:पुर की सौ स्त्रियों को नियुक्त किया था। उसकी पटरानी ईशानदेवी ने कश्मीर के विभिन्न द्वारों पर कई प्रभावशाली मातृचक्र स्थापित किये थे।

कर्कोटक वंश का प्रथम शासक दुर्लभवर्द्धन वैष्णव था, क्योंकि उसके द्वारा भगवान् विष्णु की प्रतिमा का निर्माण कराने का उल्लेख मिलता है। (रा.त. 4/5-6) परन्तु उसकी वैश्य कुलोत्पन्न पत्नी नरेन्द्रप्रभा द्वारा शिवलिंग स्थापित कराने का उल्लेख किया गया है। (रा.त. 4/12) इस वंश के राजा चन्द्रापीड को त्रिभुवनस्वामी (विष्णु) का मन्दिर बनवाने तथा उनकी उपासना करते हुए दिखाया गया है। त्रिभुवनस्वामी मन्दिर का निर्माण कराते समय चन्द्रापीड के द्वारा किये गये एक निर्णय से उसकी न्यायप्रियता का पता चलता है। राजतरंगिणी में कहा गया है कि जब चन्द्रापीड त्रिभुवनस्वामी मन्दिर बनवा रहा था तब उस मन्दिर की परिधि में एक पादुकाकार (चमार) की झोपड़ी आ गयी। झोपड़ी को हटाये बिना मन्दिर का निर्माण असम्भव था; और उधर पादुकाकार अपनी झोपड़ी छोड़ने को तैयार नहीं था। अत: राजकर्मचारियों ने राजा से शिकायत की। लेकिन न्यायप्रिय राजा ने अपने कर्मचारियों को ही दोषी ठहराया। राजा ने कहा-"उस चर्मकार की अनुमति लिए बिना तुम लोगों ने मन्दिर-निर्माण का काम शुरू ही क्यों किया? अब या तो मन्दिर-निर्माण का कार्य बन्द कर दो या किसी अन्य स्थान पर मन्दिर बनवाओ। परायी जमीन छीन कर अपने यश को कौन कलंकित करेगा? हम लोग ही यदि अधर्म करने लगेंगे तो न्याय के पथ पर कौन चलेगा?" अन्त से राजा ने चर्मकार से स्वयं निवेदन किया और उसकी सहमति प्राप्त करके, समुचित मुआवजा देकर त्रिभुवनस्वामी का मन्दिर बनवाया और उसमें भगवान् विष्णु की मूर्ति स्थापित की। (रा.त. 4/55-80) राजा चन्द्रापीड के गुरु मिहिरदत्त द्वारा भी विश्वम्भर विष्णु की मूर्ति स्थापित कराने का उल्लेख मिलता है।

भगवान् विष्णु के प्रति चन्द्रापीड की विशेष श्रद्धा का प्रमाण देनेवाली एक अन्य घटना का 'राजतरंगिणी' (रा.त. 4/90-105) में उल्लेख मिलता है। एक ब्राह्मणी ने राजा से अपने पति की हत्या के लिए दोषी ब्राह्मण को दण्डित करने की प्रार्थना की। चन्द्रापीड को वास्तविक अपराधी का पता लगाने के लिए विष्णु भगवान् के समक्ष अनशन करना पड़ा। भगवान् ने प्रसन्न होकर उसे दर्शन दिया तथा अपराधी का पता लगाने का मार्ग बताया। चन्द्रापीड ने विष्णु के बताये मार्ग का अनुसरण करते हुए ब्राह्मण को दोषी पाया, परन्तु ब्राह्मण होने के कारण उसे प्राणदण्ड नहीं दिया।

राजा तारापीड ब्राह्मणों का विरोधी था। (रा.त. 4/122) उसके धार्मिक क्रिया-कलापों के बारे में कोई खास जानकारी उपलब्ध नहीं है।

राजा ललितादित्य मुक्तापीड द्वारा हिन्दू धर्म से सम्बन्धित कई देवताओं के मन्दिर बनवाकर देवमूर्तियों की स्थापना की गयी थी। दिग्विजय करके लौटते

समय ललितादित्य ने केशवदेव की मूर्ति की स्थापना की थी। (रा.त. 4/183) स्त्री-राज्य में उसने नृसिंह भगवान् की एक ऐसी मूर्ति स्थापित की थी, जिसके ऊपर-नीचे चुम्बक लगे होने के कारण वह मूर्ति निराधार टिकी हुई थी। (रा.त. 4/185) ललितादित्य द्वारा सूर्य देव की प्रतिमा स्थापित कराने तथा उनकी पूजा के लिए ग्रामदान देने का उल्लेख मिलता है। (रा.त. 4/187) भगवान् शंकर के सामने अपने पापों के नाश के लिए उसके द्वारा प्रायश्चित करने का भी वर्णन मिलता है। कल्हण के अनुसार दिग्विजय के समय ललितादित्य के पास मात्र एक करोड़ स्वर्ण मुद्राएँ थीं, किन्तु जब वह लौटा तब ग्यारह करोड़ मुद्राएँ शंकर भगवान् को अर्पित करके प्रायश्चित किया (रा.त. 4/189); और वहाँ ज्येष्ठेश्वर रुद्र का पाषाण मन्दिर बनवाकर उसका खर्च चलाने के लिए कई ग्राम प्रदान किये। (रा.त. 4/190)

राजतरंगिणी' से पता चलता है कि ललितादित्य मुक्तापीड ने भगवान् बुद्ध की एक विशाल मूर्ति चौरासी हजार प्रस्थ (सेर) काँसे से बनवायी थी। उसके मन्त्री मित्रशर्मा ने एक शिवमूर्ति की स्थापना की (रा.त. 4/209) जबकि मन्त्री चिंकुण ने एक ऊँचे स्तूप का निर्माण कराकर उसमें जिन् भगवान् की मूर्तियाँ स्थापित कीं।

तुरुष्कों के प्रति राजा ललितादित्य की नीति कठोर थी। कहा गया है कि ललितादित्य की आज्ञा से तुरुष्क लोग बन्धन मुद्रा सूचित करने के लिए अपने दोनों हाथ पीठ पर रखते थे और आधा सिर मुड़ाये रहते थे। (रा.त. 4/179) कर्कोटक वंश के राजा जयापीड के क्रिया-कलापों में परस्पर विरोधी गुणों का मिश्रण था। शुरू में वह विद्वानों का आश्रयदाता और धर्मप्राण व्यक्ति था। उसने जयपुर में एक विहार बनवाकर उसमें तीन बुद्ध मूर्तियाँ स्थापित करायी थी। परन्तु आगे चलकर वह ब्राह्मणों का शत्रु हो गया और उनको सताने लगा। कई ब्राह्मण उससे त्रस्त होकर परदेस चले गये और कई उसके अत्याचारों से व्याकुल होकर मर गये। (रा.त. 4/632)

'राजतरंगिणी' के अनुसार जयापीड ने ब्राह्मणों का अपमान कराया था। अग्रहार में मिली हुई भूमि उनसे छीन ली गयी। ब्राह्मणों को दी जाने वाली इस चुनौती के कारण ही उसे अन्त में उनका कोपभाजन बनना पड़ा और उन्हीं के कारण उसकी मृत्यु भी हुई। (रा.त. 4/655)

उत्पलवंश के राजा अवन्तिवर्मा द्वारा ब्राह्मणों को दान देने की जानकारी मिलती है। (रा.त. 5/16) अवन्तिवर्मा हृदय से वैष्णव था, किन्तु अपने प्रिय मन्त्री शूर के प्रति आदर दिखाने के लिए वह अपने को शैव प्रदर्शित करता था। (रा.त. 5/43) लेकिन जब उसकी मृत्यु निकट आयी तब उसने शूर के समक्ष इस रहस्य का उद्घाटन कर दिया। जीवन के अन्तकाल में त्रिपुरेश्वर पर्वत पर

जाकर भगवद्गीता सुनते हुए और बैकुण्ठ को याद करते हुए शान्त मन से उसने अपना शरीर त्यागा था। वैष्णव धर्म के प्रति उसकी अगाध आस्था थी। जीवन के अन्तिम क्षण में मुक्तिदाता के रूप में विष्णु का स्मरण करना उसके वैष्णव होने का प्रमाण है।

अवन्तिवर्मा के भाइयों द्वारा चतुरात्मा विष्णु की मूर्ति स्थापित कराने का उल्लेख मिलता है। (रा.त. 5/25) उसके मन्त्री प्रभाकर नें भी अपने नाम पर एक विष्णु मन्दिर का निर्माण कराया (रा.त. 5/30); साथ ही शूरेश्वरी क्षेत्र में अर्द्धनारीनटेश्वर का एक मन्दिर बनवाया था। (रा.त. 5/37) शूर के पुत्र रत्नवर्द्धन ने शूरेश्वरी के प्रांगण में भूतेश्वर शिव की प्रतिमा स्थापित की थी। (रा.त. 5/40)

अवन्तिवर्मा धार्मिक अन्याय के मामले में निष्पक्ष होकर दोषियों को दण्ड देते थे। 'राजतरंगिणी' के अनुसार एक बार वे भूतेश्वर की पूजा करने गये। वहाँ उन्होंने भोग लगाने के लिए रखे हुए साग देखे। राजा ने पुजारियों से उसका कारण पूछा। पुजारियों ने बताया कि ''लोहर प्रान्त में राजमन्त्री शूर के पुत्र का सेवक धन्व नामक एक डामर रहता है। उसने सभी मन्दिरों को प्राप्त अग्रहार गाँव छीन लिये हैं। धन के अभाव में भगवान् भूतेश को भोग लगाने के लिए साग के अतिरिक्त कुछ भी उपलब्ध नहीं हो पाता है।'' यह सुनकर राजा अप्रसन्न होकर वहाँ से चला गया। राजा के इस भाव को देखकर मन्त्री शूर को चिन्ता हुई। उसने उन कारणों का पता लगाया जिसके कारण राजा पूजा अधूरी छोड़कर चले गये थे। शूर को जब धन्व डामर के दुष्कर्म का पता चला तब उसने उस डामर का सिर कटवा लिया; और राजा को ले जाकर भगवान् की पूजा पूर्ण करायी।

राजतरंगिणी' में कहा गया है कि जिस तरह राजा मेघवाहन के समय में प्राणिहिंसा बन्द थी, उसी तरह राजा अवन्तिवर्मा के समय में भी प्राणिहिंसा बन्द थी। उसने कलियुग में भी सतयुग की झाँकी दिखाते हुए राजा मान्धाता के समान प्रजा का पालन किया। वैष्णव होते हुए भी वह अन्य सम्प्रदायों के प्रति सहिष्णु। उसके मन्त्रियों द्वारा शिव के कई मन्दिरों का निर्माण कराना उसकी धार्मिक उदारता का परिचायक है। वह ब्राह्मणों को दान देता और विद्वानों और कवियों को प्रश्रय देता था। वह जैन एवं बौद्ध सिद्धान्तों का पालन करता था। यही कारण था कि उसके राज्य में यज्ञ-विधान के मानने वाले ब्राह्मणों का बोलबाला होते हुए भी जीव-हत्या बन्द थी। इसका कारण उसकी सहृदयता और प्राणिमात्र के प्रति दया का भाव था। उनकी धार्मिक नीति उदार एवं निष्पक्ष थी।

उत्पल वंश के राजा शंकरवर्मा ने शंकरगौरीश नाम से शिव की प्रतिष्ठा की थी। उसके मन्त्री रत्नबन्धन ने सदाशिव की स्थापना की थी। परन्तु आगे चल कर

वह देवमन्दिरों और धार्मिक संस्थाओं के धन लूटने लगा। उसने 64 देवमन्दिरों की सम्पत्ति छीन ली और मन्दिरों को नाममात्र का गुजारा दिया। उसके समय में विद्वानों का अनादर होने लगा। परन्तु शंकरवर्मा के ये धर्मविरोधी आचरण धार्मिक पक्षपात के कारण नहीं, अपितु उसके अनैतिक-जीवन, विलासिता एवं मूर्खता के परिणामस्वरूप थे। शुरू में वह एक धार्मिक व्यक्ति था, लेकिन बाद में कायस्थों (राजकर्मचारियों) के बहकावे में आकर धन की बर्बादी करने लगा। वह इतना दुर्व्यसनी हो गया कि उसका खजाना खाली हो गया। अतः धन प्राति के लिए उसने अनैतिक साधनों को अपनाया। धन प्राप्त करने के लिए उसने अपनी जनता पर अनुचित कर लगाये और प्रजा को यातनाएँ दीं।

उसके समय में कायस्थ (राजकर्मचारी) धन बटोरने में लगे थे। वे राजा को गलत सलाह देकर धन बटोरने के लिए उकसाते थे। शंकरवर्मा कायस्थों के बहकावे में आकर अपयश का भागी बना। यद्यपि प्रारम्भ में उसने अपने पूर्वजों की नीति का अनुसरण करते हुए शिव की प्रतिमा स्थापित की, तथापि वह धर्म के महत्त्व या उसके मूल स्वरूप से अनभिज्ञ था।

शंकरवर्मा के उत्तराधिकारी और राजमाता सुगन्धा के संरक्षित गोपालवर्मा को कल्हण ने परमधर्मात्मा कहा है। (रा.त. 5/228) राजतरंगिणी से पता चलता है कि सुगन्धा ने धर्म की वृद्धि के लिए गोपालपुर, गोपालमठ तथा गोपालकेशव मन्दिर का निर्माण कराया था।

'राजतरंगिणी' के अनुसार राजा यशस्कर ब्राह्मणों का बहुत सम्मान करता था, लेकिन राजसत्ता की मर्यादा से उसने कभी समझौता नहीं किया। वह ब्राह्मणों के सामने हाथ जोड़कर कहता है-"हे विप्रो! आप लोगों ने ही मुझे राजा बनाया है। अतः आप मेरे लिए देवता के समान पूज्य हैं। परन्तु मुझे आशंका है कि मुझे राज देने के अभिमान में चूर होकर आप लोग उच्छृंखल व्यवहार करेंगे। अतः मैं चाहता हूँ कि आप बिना किसी प्रयोजन के मेरे पास न आयें।" (रा.त. 6/3-4)

राजा यशस्कर अपनी प्रजा से वर्णाश्रम धर्म का पालन कराने के लिए तत्पर रहता था। एक बार उसने एक तपस्वी ब्राह्मण को किसी भीषण अपराध के लिए धर्मशास्त्रोक्त विधि से अनुसार दण्ड देने के लिए उसके माथे पर कुत्ते का चित्र अंकित कराया था। (रा.त. 6/108-110) यशस्कर स्वयं ब्राह्मण था और ब्राह्मणों के सहयोग से ही उसने गद्दी प्राप्त की थी। अतः वर्णाधम व्यवस्था की रक्षा करना या ब्राह्मणों को महत्त्व देना उसके लिए स्वाभाविक भी था।

कश्मीर के राजा पर्वगुप्त का पुत्र क्षेममुप्त भी अपने पिता के समान दुराचारी था। राजतरंगिणी के अनुसार किसी डामर की हत्या कराने के लिए उसने एक

बौद्ध-विहार को जलवा दिया तथा बुद्ध की मूर्ति एवं विहार के जले पत्थरों को भी निकलवा लिया; और उन्हीं पत्थरों से एक मन्दिर बनवाकर उसमें क्षेमगौरीश्वर की स्थापना की। (रा.त. 6/171-173) क्षेमगुप्त के इस धार्मिक दुराचरण के पीछे कोई धार्मिक पूर्वाग्रह नहीं था। चूँकि डामर उस विहार में छिपा हुआ था और वह वहाँ से भाग सकता था इसी कारण क्षेमगुप्त ने उस विहार को ही जलवा दिया। लेकिन इससे यह बात भी स्पष्ट होती है कि बौद्ध धर्म के प्रति उसके मन में श्रद्धा नहीं थी। लगता है उसके राज्यकाल तक आते-आते बौद्ध-धर्म बहुत कमजोर हो गया था।

दिद्दा रानी ने 64 मन्दिरों का निर्माण कराकर उसमें देव प्रतिमाओं की स्थापना की; और कई मन्दिरों एवं मठों का जीर्णोद्धार भी कराया। (रा.त. 6/299-307)

प्रथम लोहर वंश के राजा अनन्त भगवान् शिव के भक्त थे। व्रत, स्नान, दान तथा शील आदि गुणों में वह मुनियों के समान थे। (रा.त. 7/201) राजा अनन्त की पत्नी सूर्यमती भी धर्मपरायण महिला थी। उसने वितस्ता नदी के तट पर शिव की मूर्ति स्थापित करायी। उसने अनेक मठों का निर्माण कराया तथा विद्वान् ब्राह्मणों को 108 अग्रहार ग्राम दान दिया। पुत्रशोक होने पर राजा और रानी दोनों ने हमेशा के लिए शिव मन्दिर को ही अपना निवास बना लिया। राजा अनन्त के पुत्र कलश ने कई शिवालय बनवाये, मन्दिरों में पूजा के लिए स्थायी आय का प्रबन्ध किया और शिवालयों के शिखरों पर स्वर्ण कलश स्थापित कराये। राजतरंगिणी में कहा गया है कि राजा कलश शाक्त गुरुओं के साथ बैठकर मद्यपान करता था। (रा.त. 7/523) धार्मिक प्रवृत्तियों का होने के बावजूद कलश पितृद्रोही था। उसने सूर्य-प्रतिमा तोड़ने तथा बौद्ध-विहारों में से प्रतिमाएँ निकलवा कर गला देने जैसे अनैतिक कार्य किये। (रा.त. 7/696) जब वह मरणासन्न हो गया तब उसे यह बोध हुआ कि भगवान मार्तण्ड की प्रतिमा तोड़ने के कारण उसे दुःख भोगना पड़ा है। अतः शैव मतानुयायी होने के बावजूद उसने शिव की शरण छोड़कर मार्तण्ड भगवान के चरणों में अपने को समर्पित कर दिया। मार्तण्ड देवता की प्रतिमा के समक्ष ही उसने अपने प्राण त्यागे।

कवि क्षेमेन्द्र यह जानकारी देते हैं कि कश्मीर के राजा कुछ ऐसे अधिकारियों की नियुक्ति करते थे, जो मन्दिरों को लूटते थे, देवमूर्तियों को निकालकर उसके धातु को गला देते थे। ये सभी हिन्दू राजा थे, और वे यह कुकृत्य धनलिप्सा के कारण करते थे। मध्यदेश में इसकी कल्पना भी नहीं की जा सकती थी। सोमप्रभ सूरि के 'यशस्तिलक' चम्पू में एक मन्त्री की कहानी है जिसने एक मूर्ति गलवा दी थी, पर राजा ने उसे दण्डित किया। तत्कालीन मध्यदेशीय समाज में इस अपराध पर राजा आँखें मूँद ही नहीं सकता था।[1]

राजा कलश का पुत्र हर्ष अपने गुणों-दुर्गणों के कारण बहुत चर्चित रहा। राजतरंगिणी' में उसको समस्त विद्याओं एवं कलाओं का निधान और विद्वानों एवं कवियों का आश्रयदाता कहा गया है। (रा.त. 7/934) वह अनेक विद्याओं में पारंगत था। उसके विद्यानुराग के बारे में जानकर, कश्मीर छोड़कर चालुक्य दरबार में चले जानेवाले, कवि बिल्हण को भी पश्चात्ताप होने लगा था। (रा.त. 7/935-937) राजा हर्ष ने ब्राह्मणों को गायों का दान किया तथा उसकी रानी वसन्तलेखा ने मठों एवं अग्रहारों की स्थापना की। लेकिन आगे चलकर वह चाटुकारों के हाथ की कठपुतली बन गया। अपनी सेना बढ़ाने के बहाने उसने देवमन्दिरों का धन लूटना शुरू कर दिया। उसने देवताओं की धातु निर्मित मूर्तियों को भी निकलवा लिया। देवताओं की मूर्तियों को हर्ष की आज्ञा से रास्तों पर घसीटा गया। उसके कृत्य धर्मान्ध मुसलमानों के समान थे; सम्भवतः इसीलिए कल्हण ने उसको 'तुरुष्क' कहा है। हर्ष ने अपनी सेना में तुर्कों को नियुक्त कर रखा था; और वह ग्राम्य शूकरों का मांस खाता था। 'राजतरंगिणी' में हर्ष की अनैतिकता और व्यभिचार के वर्णन से स्पष्ट है कि वह एक पतित राजा था। उसकी कामवासना ने उसे निकृष्ट बना दिया था। कल्हण ने लिखा है कि बाल्यकाल में जिन माताओं की गोद में बैठकर वह खेला था, उन्हीं को वह अपनी गोद में बिठाने, चूमने और भोगने लगा। (रा.त. 7/1046-1048) कल्हण ने उसको अत्याचारी रावण के समान बताया है। (रा.त. 7/1202) यद्यपि उसका व्यक्तिगत चरित्र बहुत गिरा हुआ था, तथापि मरते समय उसके मुख से 'महेश्वर-महेश्वर शब्द निकला। (रा.त. 7/1712)

द्वितीय लोहर वंश का राजा उच्चल (1101-1111 ई.) प्रजापालक और धर्मात्मा था। उसने किसानों को सताकर मनमाना 'कर' लेनेवाले धूर्त राजकर्मचारियों को दण्डित किया। उसके समय में प्रत्येक मार्ग पर योगविद्या तथा प्राणायाम-शिक्षा के केन्द्र बने हुए थे। वह शिवरात्रि आदि पर्वों के अलावा पितृ-श्राद्ध, चन्द्रग्रहण और सूर्यग्रहण जैसे धार्मिक अवसरों पर ब्राह्मणों को गाय, घोड़े तथा रत्नों का दान देता था। उच्चल ने श्रीचक्रघर योगेश भगवान का एक मन्दिर बनवाया। प्रथम लोहरवंशीय राजा हर्ष जिस परिहासकेशव की मूर्ति को उखड़वाकर ले गया था, उसके स्थान पर उच्चल ने नयी मूर्ति लगवायी। उसकी रानी जयमती ने भी मठ तथा विहार बनवाये। कश्मीर के राजाओं में उच्चल का व्यक्तित्व और कृतित्व सराहनीय है।

राजतरंगिणी के अनुसार राजा सुस्सल ने तीन बड़े देवमन्दिरों का निर्माण कराना प्रारम्भ किया; और दावाग्नि से जलकर खाक हुए दिद्दा विहार का पुनरुद्धार कराया। उसे 'ब्राह्मणों की नगरी और देवमन्दिरों का रक्षक' कहा गया है।

जयसिंह कल्हण कृत 'राजतरंगिणी' में वर्णित अन्तिम शासक हैं। उनको धर्मात्मा और पुण्यात्मा कहा गया है। वे गुरुजनों, विद्वानों, ब्राह्मणों और अनाथों का अपने परिवार के सदस्यों की तरह पालन करते थे। मठ, देवालय, उपवन, सरोवर एवं नहरों के निर्माण तथा जीर्णोद्धार के लिए तैयार रहते थे। उन्होंने यज्ञ कराये और धर्माचरण करनेवालों को आर्थिक सहायता प्रदान की। इस प्रकार उन्होंने धार्मिक कार्य करने के लिए लोगों को प्रोत्साहित किया। वे शिव की उपासना में लीन रहते थे। उन्होंने विद्वानों के रहने के लिए भवन बनवाये; और देवालयों में होनेवाले व्यय की समुचित व्यवस्था की।

बौद्ध धर्म के प्रति कश्मीर के राजाओं की नीति

कल्हण की 'राजतरंगिणी' में वर्णित एक कथा के अनुसार सम्राट् अशोक के पुत्र राजा जलौक एक बार भगवान् विजयेश्वर का दर्शन करने जा रहे थे। रास्ते में एक स्त्री ने उनसे भोजन माँगा। उसे राजा ने जब भोजन देने का आश्वासन दिया, तब उसने भयंकर रूप धारण करके नरमांस खाने की इच्छा प्रकट की। राजा ने जब उसे अपने शरीर का मांस खाने की आज्ञा दे दी, तब उसने कहा कि- ''हे राजन्, आप सत्यव्रत के पालक साक्षात् बोधिसत्व हैं। आज प्राणिमात्र के प्रति आपके दया-भाव को मैंने देख लिया है।'' शैव मतानुयायी होने तथा बौद्ध-परम्परा से अपरिचित होने के कारण राजा को बोधिसत्त्व का अर्थ ज्ञात नहीं था। अतः उसने पूछा- ''बोधिसत्त्व कौन हैं?'' तब उस स्त्री ने अपने आने का प्रयोजन बताते हुए कहा कि ''आपके द्वारा परास्त बौद्ध आपसे क्रुद्ध हैं। उन्होंने ही मुझे यहाँ भेजा है। मैं लोकालोक पर्वत के समीप रहनेवाली कृत्या हूँ। उस पर्वत के निकट का पूरा प्रदेश अन्धकारमय है। अतः अपने किये हुए दुष्कर्मजनित पाप रूपी अन्धकार से मुक्त होने के लिए मैं बोधिसत्त्व की सेवा में रहती हूँ। भगवान् बुद्ध से लेकर आजतक जितने महात्मा अविद्या-अस्मिता आदि क्लेशों से मुक्त हो चुके है, वे बोधिसत्त्व कहलाते हैं। बोधिसत्त्व अपराधियों पर भी क्रुद्ध नहीं होते, वे उनके अपराध क्षमा कर देते हैं। वे संसार के कल्याण को ही अपना कर्तव्य समझते हैं। एक दिन विहार मे बजाये गये वाद्यों से आपकी नींद टूट गयी। अतः कुछ दुष्टों के बहकावे में आकर आपने विहारों को नष्ट-भ्रष्ट कर दिया। इस बात से क्षुब्ध बौद्धों ने आपका नाश करने के लिए मुझे यहाँ भेजा है। लेकिन यहाँ आते समय उन बोधिसत्त्वों ने मुझसे कहा था कि–'राजा जलौक महाशाक्य है। इसलिए तुम उन्हें कष्ट नहीं देना। उनके दर्शनमात्र से तुझे सद्गति प्राप्त होगी।' इस समय भोजन माँगकर मैंने आपकी परीक्षा ली थी। आपके दर्शन से मेरा पाप नष्ट हो चुका है। आपका कल्याण हो।'' इतना

कहकर कृत्या अदृश्य हो गयी। (रा.त., 131-146) उसके बाद राजा ने कृत्याश्रम में एक विहार बनवाकर कृत्या देवी की आराधना आरम्भ कर दी। (रा.त., 147) इस घटना से स्पष्ट है कि बौद्धों के प्रति भी जलौक का दृष्टिकोण सौहार्दपूर्ण था।

बौद्ध धर्म के प्रति कश्मीर के राजाओं की नीति का एक बढ़िया उदाहरण ह्वेनत्सांग के विवरणों से मिलता है। वह कहता है कि जब कन्नौज के राजा हर्ष ने यह सुना कि कश्मीर के एक बौद्ध-विहार में बुद्ध के दाँतों का अवशेष रखा हुआ है तब उसने उस दन्तावशेष को कन्नौज भेजने के लिए कश्मीर के राजा को सन्देश भेजा। सम्भवत: वह कश्मीर की ओर चल भी पड़ा।

लेकिन जिस संघाराम में वह दन्तावशेष रखा हुआ था, वहाँ के बौद्ध भिक्षुओं ने उसे देने से मना कर दिया। कश्मीर के राजा दुर्लभवर्द्धन ने हर्ष के पास सन्देश भेजा कि चूँकि बुद्ध का वह दन्तावशेष विहार की सम्पत्ति है, इसलिए वह उसे भिक्षुओं की इच्छा के विपरीत उनसे छीनकर हर्षवर्द्धन को नहीं दे सकता है। यह जानकर हर्ष ने बल प्रयोग की धमकी दी, तब दुर्लभवर्द्धन ने भिक्षुओं को समझा-बुझाकर वह बुद्धावशेष हर्ष को समर्पित करवा दिया।

दुर्लभवर्द्धन बौद्ध-संघ की इच्छा के विपरीत उनके धार्मिक मामलों में न तो कोई हस्तक्षेप करने को तैयार था और न उनकी सम्पत्ति छीनकर किसी अन्य को देने के पक्ष में था।

कश्मीर के लोगों में बौद्ध धर्म के प्रति बहुत लगाव था। बौद्ध-विहारों को पूर्ण आन्तरिक स्वतन्त्रता थी। इसीलिए बौद्ध भिक्षुओं ने बुद्ध के दन्तावशेष को संघाराम में सुरक्षित रखा था; और वे उसे अपने राजा तक को सौंपने को तैयार नहीं थे। दुर्लभवर्द्धन ने हर्षवर्द्धन से अपने कूटनीतिक सम्बन्धों को बनाये रखने के दृष्टिगत ही उस दन्तावशेष को देने का निश्चय किया। वह हर्ष की बौद्ध धर्म के प्रति आस्था को अच्छी तरह समझता था; और एक साधारण बात के लिए उससे युद्ध मोल लेना नहीं चाहता था। अत: स्पष्ट है कि दुर्लभवर्द्धन ने बौद्ध धर्म या उसके एक पवित्र प्रतीक के प्रति श्रद्धा रखते हुए भी कूटनीतिक कारणों से हर्ष को वह दन्तावशेष समर्पित कर दिया।

डॉ. रमेशचन्द्र मजूमदार ने कश्मीर के राजाओं को बौद्ध धर्म के प्रति उदार एवं निष्पक्ष नीति अपनाने का श्रेय दिया है। परन्तु जयसिंह को उन्होंने बौद्ध धर्म का विरोधी माना है।[2] किन्तु कश्मीर के इतिहास विषयक प्रामाणिक ग्रन्थ कल्हण की 'राजतरंगिणी' से उनके मत की पुष्टि नहीं होती है। कल्हण ने तो उसे धर्मात्मा राजाओं में सर्वोच्च स्थान दिया है। (रा.त. 8/2400)

कश्मीर के कुछ राजाओं ने अपने ही धर्म के अनुयायियों और उनके धर्मस्थलों

के सम्बन्ध में लज्जाजनक व्यवहार का परिचय दिया। शंकरवर्मा, कलश और हर्ष जैसे राजों ने स्वयं ही हिन्दू मन्दिरों को लूटा, उनकी सम्पत्तियाँ छीन लीं और कीमती धातुओं की चाह में देव-प्रतिमाओं तक को गला दिया। क्षेमगुप्त ने बौद्ध-विहार में आग लगवा दी। इस प्रकार के गर्हित कार्य भारत की सांस्कृतिक परम्परा के एकदम प्रतिकूल थे।

सन्दर्भ एवं टिप्पणियाँ

1. राय कृष्णदास द्वारा लिखित 'दो शब्द' पृ. चौदह-पन्द्रह; (डॉ. मोतीचन्द्र; 'क्षेमेन्द्र और उनका समाज', उ. प्र. हिन्दी संस्थान, लखनऊ, 1984 ई.।)
2. But king Jayasinha (AD 1128-1155), the contemporary of Kalhana, lacked this catholicity of heart and brokeup images and burnt down a vihar at Arigon near Srinagar, though it was afterwards rebuilt. Fortunately only few bigots of the type of Jayasinha sat on the throne of Kashmir. (History and culture of the Indian People. Vol. V; The Struggle for Empire, Page no. 419-420; General Editor : R. C. Majumdar; Bharatiya Vidya Bhawan, Bombay; 1957.)

अध्याय 10

कश्मीर में रामकाव्य-परम्परा

'नीलमत पुराण' में भगवान विष्णु के अवतारों की कोई व्यवस्थित सूची नहीं मिलती है। उसके एक पद्य (सं. 18) में राम-दाशरथि का नामोल्लेख मात्र किया गया है। ऐसा प्रतीत होता है कि 'नीलमत' के दौर में कश्मीर में अवतारवाद की भावना का पूर्ण विकास नहीं हो पाया था। 'नीलमत' के अनुसार विष्णु ने चौबीसवें त्रेता-युग में रघुकुल में दशरथ-पुत्र राम के रूप में जन्म लिया था। एक अन्य पद्य में विष्णु से सम्बन्धित रामतीर्थ का भी उल्लेख किया गया है।

डॉ. ए. बी. कीथ के अनुसार अन्हिलवाड़ के चौलुक्य कर्णदेव त्रैलोक्यमल्ल (1064-1094 ई.) की राजसभा में रहते हुए कश्मीर-निवासी संस्कृत कवि बिल्हण ने एक शास्त्रर्थ में गंगाधर नामक कवि को पराजित किया था और ऐसा प्रतीत होता है कि राम पर एक कविता भी लिखी थी।[1]

भवभूति-कृत 'महावीरचरित'

संस्कृत के प्रसिद्ध कवि भवभूति ने पहले कन्नौज-नरेश यशोवर्मा और बाद में कश्मीर-नरेश ललितादित्य के राजदरबार की शोभा बढ़ायी थी। आठवीं शताब्दी ई. के पूर्वार्द्ध में उन्होंने 'महावीरचरित' एवं 'उत्तररामचरित' नामक संस्कृत नाटकों की रचना की थी। उन्होंने सम्भवतः 'मालतीमाधव' के बाद महावीरचरित की रचना की। इस पुस्तक के सात अंकों में पूरी रामकथा का नाटकीय रूप प्रस्तुत किया गया है। साधारणतः प्रत्येक काण्ड की एक-एक प्रमुख कथा को लेकर रामचरित पर आधारित कई नाटक लिखे गये और लिखे जा सकते हैं, पर पूरी कथा को पचसान्धि, पंच-अर्थप्रकृति और पंच-कार्यावस्था में बाँटना आसान नहीं था। पूरी राम-कथा को नये ढंग से प्रस्तुत करने की यह कला निम्नलिखित कथानक से स्पष्ट होती है–

'महावीरचरित' की कथावस्तु

जनक ने सीता के स्वयंवर को घोषणा की। रावण के दूत ने आकर जनक को सूचित किया कि आप रावण को अपनी कन्या प्रदान करके उसके उन्नत कुल के सम्बन्धी बनें। वह स्वयं नहीं आता है, क्योंकि इसमें प्रतिष्ठा का प्रश्न है। लेकिन जनक ने उसके निवेदन पर विचार करना भी ठीक नहीं समझा। सीता का विवाह राम से कर दिया गया।

रावण ने इसे अपना अपमान माना, विशेषत: इस बात से कि राम ने ताड़का, सुबाहु आदि अनेक सम्बन्धी राक्षसों को मार दिया था।

रावण के मन्त्री मात्यवान् ने उसे समझाया कि युक्तिपूर्वक कार्य करने से बिना संघर्ष के ही कार्य सिद्ध हो जायेगा। वह मन्त्री परशुराम से मिला और उन्हें राम के विरुद्ध भड़काया। परशुराम ने राम का विरोध तो किया, पर परास्त हुए। फिर भी माल्यवान् निराश नहीं हुआ। उसने रावण की बहन शूर्पनखा को मन्थरा-दासी के रूप में अयोध्या में राम के लौटने के पहले ही यह सन्देश देने के लिए कहा कि कैकेयी आपको 14 वर्ष का वनवास देना चाहती है। राम तदनुसार लक्ष्मण और सीता के साथ वन में चले गये।

उपर्युक्त उपाय से माल्यवान् को उम्मीद थी कि राम को वन में अकेले रहने के दौरान खर की सेना परास्त कर देगी; और फिर खर सीता का अपहरण कर लेगा। परिणामत: राम वन में चले गये, पर खर इस उपक्रम में विफल रहा। रावण ने मारीच की सहायता से सीता का हरण कर लिया। माल्यवान ने बालि को उसकी इच्छा के विरुद्ध राम को परास्त करने के लिए उकसाया। युद्ध में बालि मारा गया। उसने मरते समय अपने भाई सुग्रीव और अपने पुत्र अंगद को राम की शरण में दे दिया।

अब तक मात्यवान् को पूरी सफलता नहीं मिली थी। उसके निरुपाय होने के बाद अन्तत: राम-रावण का युद्ध हुआ, जिसमें रावण मारा गया। उसके स्थान पर विभीषण राजा बने। राम को सीता मिली। वे अयोध्या आये और वहाँ के राजसिंहासन पर बैठे।

'महावीरचरित' के सात अंकों में राम और सीता के विवाह से लेकर राम के राज्याभिषेक तक की कथा वर्णित है। लेकिन इसमें वाल्मीकीय रामायण की मूल रामकथा में परिवर्तन-परिवर्द्धन भी किया गया था। यह परिवर्तन इसलिए किया गया क्योंकि कथावस्तु को नाटकीय रूप देकर आदि से अन्त तक कारण-कार्य और पंचसन्धियों का समावेश किया जाना अपेक्षित था।

इस कथा में परशुराम, बालि और रावण के चरित्र की कुछ दुर्बलताएँ दिखायी गयी है, जिसका उद्देश्य है उनके सापेक्ष राम को उदात्त दिखाना। कवि ने राम

को आदर्श वीर और अपने शत्रुओं के प्रति भी सद्व्यहार करने वाला दिखाया गया है। राम का मैत्रिभाव प्रशंसनीय है। जो उनकी शरण में गया, उसे सत्य के पथ का पथिक बनाकर उसके अभ्युदय का मार्ग प्रशस्त कर दिया। इस नाटक के नायक राम ही महावीर हैं।

वाल्मीकि की रामकथा की अपेक्षा 'महावीरचरित' में किये गये परिवर्तन निम्नलिखित हैं-

विश्वामित्र मुनि के आश्रम में राम और लक्ष्मण सीता और उर्मिला से मिलते हैं। आश्रम में रावण के दूत के आ जाने का और धनुर्भंग होने का भी वर्णन किया गया है। (अंक 1) विवाह के बाद परशुराम के मिथिला आने का वर्णन है। (अंक 2) कैकेयी का एक जाली पत्र लेकर शूर्पणखा, मन्थरा के रूप में, मिथिला पहुँचती है। इस पत्र में कैकेयी वरदान के बल पर राम का वनवास माँगती है। इसके फलस्वरूप राम भरत को अपनी पादुकाएँ देकर मिथिला से ही सीता और लक्ष्मण के साथ वन के लिए प्रस्थान करते हैं। (अंक 4) माल्यवान् की प्रेरणा से वालि राम को मार्ग में रोक लेता है; और द्वन्द्वयुद्ध में वह राम द्वारा मारा जाता है।

भवभूति-कृत 'उत्तररामचरित'

उत्तररामचरित भवभूति की सर्वश्रेष्ठ कृति है। यह नाट्यकृति उनको कालिदास के समकक्ष ला खड़ा करती है। महावीरचरित में रामायण के पूर्वार्द्ध को नाटक-रूप में प्रस्तुत करने के बाद उसके उत्तरार्द्ध को उन्होंने उत्तररामचरित में प्रस्तुत किया है। इस उत्तर भाग की रामकथा को भी भवभूति ने वैसा ही नया रूप दिया है।

भवभूति ने मूल रामायण का कथाभाग प्रायः कुछ भी नहीं लिया। वाल्मीकि रामायण के राम ने वंश-मर्यादा की रक्षा के लिए छल से जानकी को वन भेजा था, किन्तु भवभूति के राम ने प्रजारंजन के लिए किसी प्रकार का छल न करके स्पष्ट रूप से जानकी को त्याग दिया। इसके अलावा सिर काटने पर शम्बूक का दिव्यमूर्ति बन जाना, छाया-सीता के साथ राम की भेंट, लव और चन्द्रकेतु का युद्ध, इनमें से कोई भी बात वाल्मीकि-रामायण मे नहीं मिलती है। इसमें सबसे बड़ा अन्तर राम से सीता का पुनर्मिलन है।

'उत्तररामचरित' की कथावस्तु

चौदह वर्ष के वनवास के बाद राम के अयोध्या लौटने पर राम का अभिषेक हुआ। अभिषेक के उत्सव में भाग लेने के लिए राम के वनवास के सहायक सभी श्रेष्ठ वानर और राक्षस आये। ब्रह्मर्षियों और राजर्षियों ने राम का अभिनन्दन किया। इस अवसर पर जनक भी आये थे। समारोह के समापन के बाद वे सभी चले गये।

राम की माताएँ दशरथ के जामाता ऋष्य शृंग के आश्रम में यज्ञोत्सव में चली गयीं। जनक के चले जाने से सीता खिन्न है। राम उनको सान्त्वना देने के लिए वासगृह में जाते हैं। इसी वातावरण में उत्तररामचरित-कथा का आरम्भ होता है। वातावरण संकेत करता है कि कुछ अन्य लोगों का जाना अभी शेष है।

सीता के दूसरे वनवास की व्यंजना एक श्लोक में है, जिसमें राम द्वारा यह कहा गया है कि "मनुष्य स्वतन्त्र नहीं है। उसे गृहस्थ के दायित्व को पूरा करने के लिए अवांछित घटनाओं का सामना भी करना पड़ता है।" (उ.रा.च. 1/8)

जब सीता कहती है कि 'बन्धुजन का वियोग दुखदायी है' तब राम कहते हैं कि "यह वियोग का प्रकरण तो गृहस्थाश्रम की विशेषता है, जिससे बचने के लिए तो लोग वानप्रस्थ ले लेते हैं।"

इसी अवसर पर ऋष्यशृंग के आश्रम से अष्टावक्र वहाँ आते हैं। वे गुरु वशिष्ठ और ऋष्यशृंग का आशीर्वाद सुनाते हैं, जिसमें उन्होंने सीता को पुत्रवती होने का आशीष दिया था। वशिष्ठ की पत्नी अरुन्धती ने सन्देश भेजा था कि सीता के सभी दोहद पूरे किये जाएँ।

वशिष्ठ ने राम को सन्देश दिया था कि प्रजा का अनुरंजन करना रघुकुल का परम धर्म है। (उ.रा.च. 1/11) तब राम ने अपने जीवन का आदर्श बताते हुए कहा कि "यदि लोकाराधन हो तो प्रिय जानकी को त्यागने में भी मुझे कोई संकोच नहीं होगा।"

उसी समय लक्ष्मण आकर राम को बताते हैं कि वीथिका पर रामचरित का चित्रण कार्य पूरा हो चुका है। वे उसे चलकर देखने का अनुरोध करते हैं।

इस रामचरित में जो पहला महत्त्वपूर्ण कार्य दिखलायी पड़ा, वह था राम के लिए विश्वामित्र का दिव्यास्त्र-दान। राम ने सीता से कहा कि पुराने गुरुओं का तेज ही अस्त्र रूप में प्रकट हुआ है। यह है तप का माहात्म्य। गुरुओं की पद्धति को अपनाने के लिए यही तप सीता को भी करना है।

चित्र-दर्शन प्रकरण में गंगा दिखायी पड़ी। राम ने गंगा से यह कामना की कि आपको सीता का ध्यान रखना है। राम की यह बात सीता के भावी गंगाशरण-ग्रहण का संकेत करती है।

चित्रदर्शन में सीता-हरण के प्रकरण में राम के वियोग का चित्रण तक बताकर उसे समाप्त कर दिया गया है। इसके बाद सीता अपना दोहद प्रकट करती है– वनविहार करना और गंगावगाहन। राम लक्ष्मण को आदेश देते हैं कि इसकी व्यवस्था की जाये। फिर सीता राम की गोद में सो जाती है।

उसी समय दुर्मुख पौरजानपद-वृत्त कहने के लिए उपस्थित हुआ। उसने परगृहवास दूषण की बात कही जिसे सुनकर राम सीता को वन में भेज देते हैं।

यद्यपि राम जानते थे कि सीता का निर्वासन अनुचित है, तथापि राजा होने के बाद उनकी वैयक्तिक चेतना पर समष्टिगत चेतना प्रभावी हो गयी थी।

लगभग बारह वर्ष बाद लक्ष्मण के पुत्र चन्द्रकेतु के नेतृत्व में एक दिग्विजयी सेना के साथ अश्वमेध का घोड़ा छोड़ा गया।

इधर उसी समय दैवी निर्देश के अनुसार राम को शम्बूक नामक हीनकुलोद्भव तपस्वी को मारने के लिए जाना पड़ा, क्योंकि उस अनधिकारी के तप करने के कारण एक ब्राह्मण बालक की मृत्यु हो गयी थी।

राम ने शम्बूक को तलवार के प्रहार से मारा, किन्तु मरते ही वह दिव्यपुरुष में बदल गया। वहाँ से राम पंचवटी-दर्शन के लिए चले गये।

तृतीय अंक में राम शम्बूक को मारने के बाद विमान से पंचवटी जा पहुँचते हैं। वहाँ पहले से ही तमसा नामक नदी-देवी और सीता नियोजित हैं। राम विमान से वहाँ उतरते हैं। पंचवटी को देखकर उनको सीता की याद आ जाती है; और वह अचेत हो जाते हैं। मूच्छा टूटने पर वे अदृश्य सीता को ढूँढते हैं। वहाँ राम और उनकी पूर्व-परिचित वनदेवी वासन्ती की बातचीत होती है। वह रोती हुई राम से कहती है कि "आप कितने निर्दय हैं। आपने सीता को कहाँ छोड़ दिया?" इस प्रजामुक्त वातावरण में राम को सीता का वियोग शूल के समान चुभने लगता है। 12 वर्षों से जिस शोक को राम ने अपने हृदय में छिपा रखा था, वह वनदेवी के सामने फूट पड़ता है। वहाँ उपस्थित तमसा और छाया-सीता उस शोकोद्गार को सुनकर रो पड़ती हैं। राम कई बार अचेत होते हैं और छाया-सीता के स्पर्श से उनकी मूर्च्छा टूटती है। वे सीता के स्पर्श का अनुभव तो करते हैं, लेकिन उन्हें देख नहीं पाते हैं। वे समझ नहीं पाते हैं कि यह स्वप्न है कि जागरण! फिर वे विमान में बैठकर वहाँ से चल देते हैं।

चौथे अंक में वाल्मीकि के आश्रम का दृश्य है। वशिष्ठ आदि कई ऋषि और संयोगवश राजा जनक भी आये हुए हैं। वाल्मीकि से मिलकर जनक एक वृक्ष के नीचे बैठे हुए हैं। उसी समय अरुन्धती के साथ कौशल्या उनसे मिलने आती है। कौशल्या और जनक सीता की दुरवस्था देखकर चिन्तित हैं। अरुन्धती उनको वशिष्ठ की भविष्यवाणी की याद दिलाती है जिसमें उन्होंने कहा था कि अन्ततोगत्वा सब कुछ कल्याणमय होगा। उसी समय उन्हें खेलते हुए दो बालक दिखायी देते हैं। सबसे पहले उन बालकों में से एक (लव) राम के समान प्रतीत होता है। जनक भी उन बालकों के बारे में जानना चाहते हैं। वाल्मीकि कहते हैं कि समय पर सब पता चल जायेगा।

उसी समय राम के अश्वमेध का घोड़ा उस आश्रम के समीप लक्ष्मण के पुत्र चन्द्रकेतु के नेतृत्व में आ पहुँचा। नेपथ्य में यह घोषणा हुई। कौशल्या प्रसन्न हुई कि आज चन्द्रकेतु से भी भेंट हुई। लव ने उनसे पूछा कि यह चन्द्रकेतु कौन है? जनक ने पूछा-क्या तुम राम-लक्ष्मण को जानते हो? बालक ने कहा कि ये रामायण की कथा के पात्र हैं। जनक ने बताया कि चन्द्रकेतु लक्ष्मण के पुत्र हैं। लव ने कहा कि तब तो चन्द्रकेतु उर्मिला के पुत्र और जनक के नाती हैं। जनक ने फिर पूछा-बताओ दशरथ के अन्य पुत्रों को किस-किस स्त्री से क्या सन्तान हैं? लव ने बताया कि रामायण कथा का यह भाग महर्षि वाल्मीकि लिख तो चुके हैं, पर इसे प्रकाशित नहीं किया है। उसी के एक भाग को नाटकीय रूप देने के लिए और अप्सराओं द्वारा अभिनीत किये जाने के लिए भरत मुनि के पास भेजा है। साथ में मेरे भाई कुश उस पुस्तक की रक्षा के लिए भेजे गये हैं। कौशल्या के पूछने पर ज्ञात हुआ कि लव के बड़े भाई कुश हैं। दोनों जुड़वाँ हैं। जनक ने पूछा कि रामायण कथा का अन्त कैसे होता है? लव ने कहा कि जहाँ राम ने वन में सीता का निर्वासन करा दिया। यह सुनकर जब कौशल्या और जनक रोने लगे तब लव के पूछने पर अरुन्धती ने बताया कि यह कौशल्या और जनक हैं।

उसी समय लव के साथी आये और उसे घोड़े को देखने के लिए साथ ले गये। लव ने वटुक-सेना को उस घोड़े को आश्रम में ले जाने का आदेश दिया।

छठे अंक में लव और चन्द्रकेतु के युद्ध का वर्णन है। चन्द्रकेतु की सेना से युद्ध करते हुए लव ने उसे हरा दिया। इसी बीच शम्बूक का वध करके लौटते समय राम वहाँ आ पहुँचे। युद्ध समाप्त हो गया। चन्द्रकेतु द्वारा परिचय देने पर लव ने राम को पहचाना। राम लव के आत्मसादृश्य को देखकर आश्चर्यचकित थे। लव ने जृम्भकास्त्र चलाकर चन्द्रकेतु के सैनिकों को सुला दिया था। राम के कहने पर उसने जृम्भकास्त्र के प्रभाव को दूर कर दिया। इस बालक को यह अस्त्र कहाँ से मिला? राम यह सोच रहे थे। उसी समय लव की सहायता करने के लिए कुश भी वहाँ पहुँच गया। लव-कुश के साथ आत्मसाम्य को देखकर राम को यह आभास हुआ कि हो-न-हो ये दोनों सीता के पुत्र हैं। अन्त में राम अरुन्धती, वशिष्ठ और जनक से मिलने चल देते हैं।

सातवें अंक के अन्त में सीता और उनके पुत्रों का राम से मिलन होता है। इस अंक की कथा फ्लैश-बैक में चलतो है। सीता आसन्नप्रसवा होने पर गंगा में प्रवेश कर जाती है। पृथ्वी और गंगा सीता को आश्वस्त करती हैं कि रघुवंश को चलानेवाले तुम्हारे दो पुत्र हुए हैं। पृथ्वी रामचरित की भर्त्सना करती है, जबकि गंगा सीता-निर्वासन को परिस्थितिजन्य बताती हैं। सीता पृथ्वी से कहती है कि "तुम

मुझे अपने में विलीन कर लो।'' लेकिन पृथ्वी और गंगा उसको पुत्र-पालन के लिए अपना विचार त्यागने को कहती हैं। उसी समय जृम्भादि अस्त्र दोनों बालकों को सुरक्षा प्रदान करने के लिए प्रस्तुत होते हैं। सीता के पूछने पर देवियाँ बताती हैं कि वाल्मीकि इन बालकों का क्षात्र-संस्कार करेंगे। बहरहाल, पुत्रों को लेकर सीता पृथ्वी के साथ रसातल में चली जाती हैं, ताकि दूध पीने के समय तक वह उनका पोषण कर सकें। यह देखकर राम मूर्छित हो जाते हैं। फिर गंगा और पृथ्वी सीता को राम को समर्पित कर देती हैं। सीता के स्पर्श से राम की मूर्च्छा टूटती है। वाल्मीकि लव-कुश को उनके माता-पिता से मिला देते हैं। यहीं यह नाटक समाप्त हो जाता है।

'उत्तररामचरित' नाटक के सात अंकों में वाल्मीकीय उत्तरकाण्ड की सामग्री का एक नवीन रूप प्रस्तुत किया गया है। लोकापवाद के कारण सीतात्याग के वर्णन को एक और अधिक करुणा-जनक रूप दिया गया है। सीता-सहित अपने वनवास के चित्रों का दर्शन करने तथा गर्भवती सीता को गंगातट के आश्रमों को दिखलाने का आश्वासन देने के बाद श्रीराम सीता के विषय में लोकापवाद की कथा दुर्मुख से सुनते हैं; और फिर सीता का त्याग करने का निश्चय करते हैं। (अंक 1)

कुश-लव के जन्म की तथा शम्बूक-वध की कथा दोनों वाल्मीकि रामायण से कुछ भिन्न है। श्रीराम की सेना से कुश-लव के युद्ध करने का भी वर्णन किया गया है। इस युद्ध के पूर्व वाल्मीकि-आश्रम में जनक तथा कौशल्या की भेंट चतुर्थ अंक में वर्णित है। कथा की दृष्टि से नाटक की सबसे महत्त्वपूर्ण विशेषता अन्तिम अंक में दिखती है। वाल्मीकि के आश्रम में राम तथा अयोध्या की जनता के सामने सीता-चरित-सम्बन्धी (त्याग, कुश-लव के जन्म आदि) वाल्मीकि कृत एक नाटक का अभिनय वर्णित है। इस नाटक के मंचन के फलस्वरूप सभी दर्शकगण सीता के निर्दोष होने की बात पर विश्वास करते हैं; और फिर सीता तथा कुश-लव को साथ लेकर श्रीराम अयोध्या लौटते हैं।

उत्तररामचरित की कथावस्तु वाल्मीकि की कथा से कई स्थलों पर भिन्न है। वाल्मीकि रामायण की कथा मे लव और चन्द्रकेतु का युद्ध, राम-वासन्ती मिलन, दण्डकारण्य में अदृश्य सीता द्वारा राम का समाश्वासन, वाल्मीकि के आश्रम में वशिष्ठ, अरुन्धती, जनक और राम की माताओं का मिलन आदि उत्तररामचरित की नवीन साहित्यिक योजनाएँ है। सबसे अलग बात है सीता का 12 वर्ष तक गंगा की शरण में रहना। वाल्मीकि रामायण के अनुसार सीता वाल्मीकि के आश्रम में 12 वर्षों तक रही। 'उत्तररामचरित' के अन्त में सीता का राम से मिलन होता है। यह संयोजन कथावस्तु को अनुपम बना देता है।

'रामायणमंजरी' तथा 'दशावतारचरित'

कश्मीर-निवासी कवि क्षेमेन्द्र ने 1037 ई. में वाल्मीकि कृत रामायण का 5386 श्लोकों में संक्षेपण करके 'रामायणमंजरी' की रचना की थी। इस ग्रन्थ में क्षेमेन्द्र ने किसी प्रकार की मौलिकता का प्रदर्शन नहीं किया था। परन्तु 1066 ई. में उन्होंने 294 छन्दों में 'दशावतारचरितम्' नामक एक अन्य ग्रन्थ की रचना की, जिसमें राम-कथा का एक नवीन रूप प्रस्तुत किया गया। इस ग्रन्थ से पता चलता है कि 11वीं शताब्दी ई. तक आते-आते कश्मीर में अवतारवाद की भावना पूर्णत: विकसित हो गयी थी।

'रामायणमंजरी' की मुख्य विशेषता यह है कि इसमें सम्पूर्ण कथा का वर्णन राम की बजाय रावण के दृष्टिकोण से किया गया है। प्रारम्भ में रावण की तपस्या, वर-प्राप्ति, अत्याचार आदि का कुछ चित्रण मिलता है। फिर उसके बाद रावण द्वारा लक्ष्मी की अवतार पद्मजा सीता को पुत्री-स्वरूप ग्रहण करने की कथा दी गयी है।

105वें छन्द से रामायण की कथावस्तु का प्रारम्भ होता है। शूर्पणखा रावण के पास जाकर अपने विरूपीकरण तथा भाई खर-दूषण के वध का वृत्तान्त सुनाती है। इसके बाद रावण पंचवटी में तपस्या कर रहे मारीच के पास जाता है; और उससे विष्णु के अवतार श्रीराम के जन्म से लेकर वनवास तक की कथा सुनता है। इसके बाद रावण मारीच की सहायता से सीता का हरण कर लेता है। फिर सुकेतु नामक एक गुप्तचर मारीच-वध से लेकर सुग्रीव और राम की मित्रता, वानरों के दल को सीता की खोज में चारों ओर भेजने, हनुमान द्वारा समुद्र को लाँघने और अशोक-वाटिका को तहस-नहस करने से लेकर लंकादहन करने तक की कथा रावण को सुनाता है।

सुकेतु तथा विभीषण, दोनों ही लंकापति रावण से सीता को लौटा देने का अनुरोध करते हैं। रावण को समझा पाने में विफल होकर और उसकी दुर्बुद्धि को देखते हुए विभीषण श्रीराम की शरण में चला जाता है। फिर रावण एक गुप्तचर से विभीषण के अभिषेक, सेतुबन्धन तथा राम के त्रिकूट-आगमन की कथा तथा प्रतिहारपति से नागपाश द्वारा राम-लक्ष्मण के बँधने और कुम्भकर्ण को जगाने का वृत्तान्त सुनता है। प्रतिहारपति और रावण के संवाद के बाद कवि द्वारा शेष राम-चरित का वर्णन किया गया है। आगे कुम्भकर्ण-वध से लेकर राम के स्वर्गारोहण तक की समस्त वाल्मीकीय कथा संक्षेप में दी गयी है।

रामकथा सम्बन्धी श्रीवर की उपमाएँ

15वीं शताब्दी ई. के संस्कृत कवि और इतिहासकार श्रीवर कश्मीर-निवासी थे।

उन्होंने रामकथा पर कोई स्वतन्त्र पुस्तक तो नहीं लिखी, किन्तु उन्होंने अपने प्रसिद्ध संस्कृत ग्रन्थ 'ज़ैनराजतरंगिणी' में सर्वाधिक उपमाएँ रामायण तथा महाभारत की घटनाओं से ही दी हैं। उन्होंने राम के सेतुबन्ध (ज़ै.रा.त. 7/3/18), रावण पर राम की विजय (ज़ै.रा.त. 1/3/37), ज़ैनुल आब्दीन का राम की तरह विजय कर लौटना (ज़ै.रा.त. 1/1/19), लंका (ज़ै.रा.त. 1/5/35-39), विष्णु अवतार (ज़ै.रा.त. 1/5/104), रघुनन्दन (ज़ै.रा.त. 1/7/136), राम के समक्ष परशुराम का आगमन (ज़ै.रा.त. 4/267), परशुराम द्वारा क्षत्रियों का संहार (ज़ै.रा.त. 2/102), राम का वन-गमन, वालि-सुग्रीव प्रसंग, राम-रावण युद्ध, (ज़ै.रा.त. 4/543), गंगावतरण (ज़ै.रा.त. 1/5/24) आदि प्रसंगों का यथा अवसर वर्णन किया है।

श्रीवर ने लिखा है कि "राम यदि घर से वन न गये होते; बालि द्वारा राजपद अपहृत कर लिये जाने पर सुग्रीव यदि क्रोधित होकर न लड़ता; तो रावण द्वारा प्रताड़ित होने के बाद राम लंका पहुँच कर, युद्ध में शत्रुओं को मार कर विजेता राम कैसे बनते? विधाता ही कल्याण के लिए सुख और दुख दोनो संयोग उपस्थित करता है।" (ज़ै. रा.त. 4/543)।

कश्मीरी रामायण

18वीं शताब्दी के अन्त में दिवाकर प्रकाश भट्ट ने कश्मीरी रामायण अर्थात् 'रामावतारचरित' की रचना की थी। यह कश्मीरी भाषा में लिखा गया पहला रामकाव्य है। इसको 'प्रकाश रामायण' भी कहा जाता है। यद्यपि इसका आधार कई शताब्दियों से चली आ रही परम्परा ही है, तथापि आधुनिक काल में लिपिबद्ध होने के कारण इसमें राम-कथा के विकास के लक्षण स्पष्ट दिखायी देते हैं। समस्त काव्य को शिव-पार्वती-संवाद के रूप में प्रस्तुत किया गया है। कश्मीरी रामायण में अवतारवाद की व्यापकता दिखायी देती है। इसमें राम को पूर्णावतार माना गया है; जबकि लक्ष्मण, भरत और शत्रुघ्न को क्रमश: शेष, शंख और सुदर्शन का अवतार माना गया है। अयोध्याकाण्ड के वृत्तान्त के प्रारम्भ में देवर्षि नारद श्रीराम के पास आकर उन्हें उनके अवतार होने का स्मरण दिलाते हैं।

यद्यपि कश्मीरी रामायण में दशरथ के पुत्रेष्टि-यज्ञ से लेकर सीता के भूमि-प्रवेश तथा राम के स्वर्गारोहण तक की सम्पूर्ण कथा अधिकांशत: वाल्मीकि रामायण के अनुसार ही है, लेकिन इसमें कुछ परिवर्तन भी किये गये हैं। कथानक के दृष्टिकोण से इनमें से चार वृत्तान्त अधिक महत्त्वपूर्ण हैं-

1. मन्दोदरी के गर्भ से सीता का जन्म

उल्लेखनीय है कि जैनकवि गुणभद्र कृत 'उत्तरपुराण' में सीता को रावण और

मन्दोदरी की औरस पुत्री बताया गया है। सीता-जन्म की यह कथा सबसे पहले सघदास के 'वसुदेवहिण्डी' नामक ग्रन्थ में उल्लिखित है। इसी प्रकार तिब्बती रामायण में भी सीता को रावण की पुत्री बताया गया है। 'उत्तरपुराण' में वर्णित कथा निम्नानुसार है-

दशानन विनमि विद्याधर[2] वंश के पुलस्त्य का पुत्र है। एक दिन वह अमितवेग की पुत्री मणिमती को तपस्या करते देखता है और उस पर आसक्त होकर उसकी साधना मे विघ्न डालने का प्रयत्न करता है। इस बात से क्षुब्ध होकर मणिमती करती है कि ''मैं उसकी पुत्री होकर उसका अन्त करूँगी।'' मृत्यु के बाद वह रावण की रानी मदोदरी के गर्भ में आती है। उसके जन्म के बाद ज्योतिषी रावण से कहते हैं कि यह कन्या आप का नाश करेगी। इस बात से भयभीत होकर रावण ने मारीचि को आज्ञा दी कि वह उसे कहीं छोड़ आये। उस नवजात कन्या को एक मंजूषा में रखकर मारीचि उसे मिथिला देश में गाड़ आता है। हल की नोक से उलझ जाने के कारण वह मंजूषा दिखलायी पड़ती है और स्थानीय लोग उसे राजा जनक के पास ले जाते हैं। मंजूषा को खोलकर देखने पर वह कन्या दिखायी देती है। राजा जनक उसका नाम सीता रख देते हैं और उसको पुत्री की तरह पालते हैं। कुछ वर्षों के बाद जनक अपने यज्ञ की रक्षा के लिए साकेतपुर के राजकुमार राम और लक्ष्मण को मिथिला बुलाते हैं। इस यज्ञ के समाप्त होने पर राम और सीता का विवाह सम्पन्न होता है।[3]

2. रावण के चित्र के कारण सीता का त्याग

जैन-कवि विमलसूरि (चौथी शताब्दी ई.) कृत 'पउमचरिय' (पद्मचरित) और परवर्ती जैन रामकथाओं–हरिभद्र कृत उपदेशपद, भद्रेश्वर कृत कहावली, हेमचन्द्र कृत जैन-रामायण और देवविजयमणि कृत रामचरित में सीता के परित्याग का कारण रावण का चित्र माना गया है। उनके अनुसार राम को सीता के चरित्र पर सन्देह हुआ; और इस कारण उन्होंने अपनी पत्नी का त्याग किया था। बाद की कुछ रामकथाओं में राम के इस सन्देह को युक्तिसंगत बनाने के लिए इस नवीन तत्त्व की कल्पना कर ली गयी। सीता के पास रावण का चित्र होने की यह कथा जनसाधारण के मनोविज्ञान के अनुकूल होने के कारण लोकप्रिय हुई होगी। गुजरात से बंगाल तक और कश्मीर से सिंहलद्वीप तक फैलकर वह हिन्देशिया, कम्बोडिया और स्याम में भी पायी जाती है।[4]

3. वाल्मीकि द्वारा कुश की सृष्टि

तिब्बती रामायण प्राचीनतम रचना है जिसमें वाल्मीकि द्वारा कुश की सृष्टि का

वृत्तान्त सुरक्षित है। कथासरित्सागर का तत्सम्बन्धी वृत्तान्त इस प्रकार है–सीता ने वाल्मीकि के आश्रम में एक पुत्र को जन्म दिया था, जिसका नाम वाल्मीकि ने लव रखा। एक दिन सीता लव को लेकर नदी में स्नान करने गयी। कुछ देर बाद वाल्मीकि कुटिया में लौटे। यह जानकर कि सीता स्नान करते समय लव को कुटिया में छोड़ दिया करती हैं, वाल्मीकि को भय हुआ कि कोई हिंसक पशु उस बालक को उठा न ले गया हो। इस पर उन्होंने अपने तपोबल द्वारा 'कुश' (घास) से एक बालक की सृष्टि की। लौटने पर सीता ने उस बालक को पुत्रवत् स्वीकार कर लिया। इस प्रकार, सीता के लव तथा कुश दो पुत्र हो गये।

कुश के जन्म का यह वृत्तान्त कश्मीरी रामायण के अलावा रामायण मसीही, गोविन्द रामायण और पाश्चात्य वृत्तान्तों में भी मिलता है। कश्मीरी रामायण में लव का जन्म भी अलग ढंग का है। दशरथ राम को स्वप्न में दर्शन देकर सन्तान न होने के कारण उनकी भर्त्सना करते हैं। इस पर राम वशिष्ठ से परामर्श करने के बाद अश्वमेध यज्ञ करते है, जिसके अन्त में सीता को प्रसाद दिया जाता है। फलस्वरूप सीता गर्भवती होती हैं और बाद में वे वाल्मीकि के आश्रम में लव को जन्म देती हैं।

4. कुश-लव का राम की सेना से युद्ध

विमलमूरि कृत पउमचरिय (पर्व 97-100) में सीता के पुत्रों का राम की सेना से युद्ध का वर्णन किया गया है। उसके अनुसार लवण तथा अंकुश अपनी माता के साथ पुण्डरीकपुर के राजा वज्रजघ के यहाँ रहते हैं और सिद्धार्थ से शिक्षा पाते हैं। उनके विवाह तथा दिग्विजय के बाद नारद उनके पास आकर उन्हें उनकी माता के परित्याग की कथा सुनाते हैं। इस पर राम तथा लक्ष्मण से बदला लेने के उद्देश्य से दोनों सेना लेकर अयोध्या पर आक्रमण करते हैं। लवण राम से युद्ध करते है तथा अंकुश लक्ष्मण से। युद्ध के अनिश्चित होने पर सिद्धार्थ और नारद लवण तथा अंकुश के जन्म का रहस्य राम-लक्ष्मण को बता देते हैं। इस पर राम अपने पुत्रों से मिलकर दोनों को अपने पास रख लेते हैं। कुश-लव-युद्ध का यह रूप केवल जैन साहित्य में ही मिलता है।

कश्मीरी कवि सोमदव कृत 'कथासरित्सागर' में इस युद्ध का वर्णन निम्नानुसार है : कुश तथा लव एक दिन वाल्मीकि द्वारा पूजित शिवलिंग से खेल रहे थे। अनजाने में की गयी इस भूल के प्रायश्चित्त के लिए वाल्मीकि लव को कुबेर के सरोवर से स्वर्ण कमल तथा उनकी वाटिका से मदार के फूल लाकर लिंग-पूजा करने को कहते हैं। संयोगवश उसी समय लक्ष्मण पुरुषमेध नामक यज्ञ के लिए एक शुभलक्षण-सम्पन्न पुरुष की खोज कर रहे थे। उन्होंने लव को कुबेर के यहाँ

से लौटते देखा और उसे कारागार में बन्द कर दिया। इसके बाद वाल्मीकि ने दिव्य अस्त्र देकर कुश को अयोध्या भेजा। कुश ने पहले लक्ष्मण को और फिर राम को भी पराजित किया। इसके बाद राम को अपने पुत्रों का परिचय प्राप्त हुआ; उन्होंने उन दोनों को अपने साथ रख लिया और सीता को भी वाल्मीकि के आश्रम से बुलवा लिया।

भवभूति कृत 'उत्तररामचरित' प्राचीनतम रचना है जिसमें राम के यज्ञ के अश्व के कारण सीता के पुत्रों के युद्ध का उल्लेख किया गया है। सम्भव है कि 'कथासरित्सागर' की उपर्युक्त कथा अधिक प्राचीन हो और भवभूति ने उसको तथा उत्तरकाण्ड के वृत्तान्तों को मिलाने का प्रयत्न किया हो।

उत्तररामचरित (अंक 5-6) में लव पहले यज्ञ के अश्व की रक्षा करनेवाली रामसेना से तथा बाद में लक्ष्मण के पुत्र चन्द्रकेतु से युद्ध करता है। राम वहाँ पहुँचकर लव और चन्द्रकेतु का युद्ध रोकते हैं और लव-कुश से मिलकर उनका परिचय प्राप्त करते हैं; और अन्त में वे सीता को पुनः ग्रहण करते हैं।

परवर्ती रचनाओं में कुश-लव-युद्ध का विस्तृत वर्णन किया गया है। 'जैमिनीय अश्वमेध' नामक ग्रन्थ में इस प्रकार का प्राचीनतम वृत्तान्त मिलता है। लव राम के यज्ञ के अश्व को बाँधकर तथा बहुत से सैनिकों का वध करके शत्रुघ्न द्वारा पराजित किया जाता है। इसके बाद कुश शत्रुघ्न को पराजित करता है। बाद में कुश-लव लक्ष्मण, हनुमान तथा भरत पर विजय प्राप्त करते हैं और अन्त में राम को भी आहत करते हैं। लेकिन वाल्मीकि, श्रीराम की समस्त सेना को अमृत-जल से पुनर्जीवित कर देते हैं।

कश्मीरी रामायण में यज्ञ के घोड़े को लेकर कुश-लव के युद्ध का वर्णन आंशिक परिवर्तन के साथ किया गया है।

इनके अतिरिक्त कश्मीरी रामायण में कुछ अन्य विशेषताएँ भी मिलती हैं-

(1) राम का दशरथ के लिए पिंडदान करना।

(2) वनवास के समय अहल्या से भेंट।

(3) सीता के कहने पर रावण का जटायु को पत्थर खिलाना।

(4) नारद का लंका में सीता की खोज करते हुए हनुमान को रावण-चरित सुनाना।

(5) नल की कथा, जिसमें उसके द्वारा जल में फेंके गये पत्थरों के तैरने का कारण बताया गया है।

(6) युद्ध के समय निराश रावण की कैलाश-यात्रा।

1870 ई. में कश्मीर निवासी शंकर जी ने 'शंकर रामायण' की रचना की थी।

1888 ई. में आनन्दराम राजदान ने 'आनन्द रामायण' की रचना की थी। विष्णु कौल कृत 'विष्णु प्रताप रामायण' की कथा वाल्मीकि रामायण पर आधारित है। कश्मीर की इस रामकाव्य परम्परा में ताराचन्द कृत 'ताराचन्द रामायण' एवं नीलकण्ठ शर्मा कृत 'शर्मा रामायण' की गणना भी की जा सकती है।

सन्दर्भ और टिप्पणियाँ

1. डॉ. ए. बी. कीथ, संस्कृत साहित्य का इतिहास, अनुवादक : डॉ. मंगलदेव शास्त्री, पृ. 191; मोतीलाल बनारसीदास, दिल्ली; द्वि. सं. 1967 ई.।
2. गन्धर्वों को विद्याधर भी कहा जाता है। उनके स्वामी वरुण और कुबेर हैं। पौराणिक कथाओं में गन्धर्वों को संगीत कला में निपुण माना गया है; और उनको देवताओं की कोटि में रखा गया है। जबकि बौद्ध साहित्य में उनको अर्द्धदैविक (यानी निम्न कोटि का देवता) माना गया है। उनको असुरों और नागों के समकक्ष बताया गया है। किन्नर, यक्ष, विद्याधर, गन्धर्व–ये सभी अर्द्धदैवीय प्राणी थे, जिनसे प्रार्थना करने पर कई प्रकार की चीजें प्राप्त की जा सकती थीं। माना जाता है कि गन्धर्व या विद्याधर ऊँचे पहाड़ों पर रहते थे।

   जैनकवि गुणभद्र कृत 'उत्तरपुराण' में रावण को विद्याधर जाति का कहा गया है। जबकि 'अनामकं जातकम्' (तीसरी शताब्दी ई.) नामक एक बौद्ध-ग्रन्थ में रावण को नाग जाति का बताया गया है। जो भी हो, विद्याधर और नाग-दोनों ही पहाड़ी जातियाँ हैं।
3. कामिल बुल्के; 'रामकथा', पृ. 78; हिन्दी परिषद् प्रकाशन, प्रयाग विश्वविद्यालय, प्रयाग, 1962 ई.।
4. कामिल बुल्के; 'रामकथा', पृ. 76-77; हिन्दी परिषद् प्रकाशन, प्रयाग विवि, प्रयाग।

अध्याय 11

विदेशी यात्रियों की दृष्टि में कश्मीर

ह्वेनत्सांग-कालीन कश्मीर

सातवीं शताब्दी ई. में ह्वेनत्सांग की भारत-यात्रा (629-645 ई.) के समय भारत 80 राज्यों में विभाजित था। प्रत्येक राज्य के अलग-अलग शासक थे। पंजाब में तक्षशिला, सिंहपुर, उरशा, पुंछ तथा राजौरी के पहाड़ी जिले कश्मीर के राजा के अधीन थे।[1] यानी उस समय कश्मीर राज्य में कश्मीर घाटी के अतिरिक्त सिन्धु नदी से चेनाब नदी के बीच तथा दक्षिण में नमक की पहाड़ियों तक का सम्पूर्ण पर्वतीय प्रदेश सम्मिलित था। व्यास की निचली घाटी में जालन्धर का समृद्ध राज्य उस समय कन्नौज के सम्राट् हर्षवर्द्धन के अधीन था। परन्तु नौवीं शताब्दी के अन्त में राजा शंकरवर्मा ने काँगड़ा घाटी पर अधिकार कर लिया था; और इस प्रकार, कश्मीर की प्रभुसत्ता सिन्धु से सतलज तक के पूरे पहाड़ी क्षेत्र पर स्थापित हो गयी थी।

अपनी भारत-यात्रा के क्रम में तक्षशिला से उरशा (वर्तमान हजारा) होते हुए सितम्बर 631 ई. में ह्वेनत्सांग ने कश्मीर की घाटी में प्रवेश किया था। वराहमूल (वर्तमान बारामूला) होते हुए वह तत्कालीन राजधानी पहुँचा, जिसको उसने 'नयी राजधानी' कहा है। प्राचीनकाल में कश्मीर घाटी में प्राय: पहाड़ी दर्रे से ही प्रवेश किया जाता था। ह्वेनत्सांग पश्चिमी दर्रे से कश्मीर घाटी में प्रविष्ट हुआ था, जिसको उसने वहाँ का 'पश्चिमी द्वार' कहा है। सुरक्षात्मक कारणों से इस प्राकृतिक द्वार पर कड़ा पहरा रहता था। उसके पश्चिमी द्वार पर पहुँचने पर कश्मीर की तत्कालीन राजमाता के छोटे भाई ने उसका स्वागत किया था।

सितम्बर 631 ई. से लेकर अक्टूबर 633 ई. तक अपने दो वर्षीय कश्मीर-प्रवास के दौरान वह राजा प्रवरसेन के मामा जयेन्द्र द्वारा हुष्कपुर (उश्कर यानी बारामूला) में बनवाये गये जयेन्द्र विहार में ठहरा था। यहाँ रहकर उसने संस्कृत भाषा का अध्ययन करने के साथ ही बौद्ध धर्मशास्त्रों एवं सुत्तों का अध्ययन और प्रतिलिप्यन्तरण भी किया था।

'राजतरंगिणी' के ऐतिहासिक क्रमानुसार 631 ई. में कश्मीर के राजा का नाम प्रतापादित्य बताया गया है। जबकि ह्वेनत्सांग के भ्रमण के समय में कश्मीर का राजा दुर्लभवर्द्धन था, जो उरशा, पुंछ, राजौरी, सिंहपुर अथवा नमक की पहाड़ियों के क्षेत्र तथा तक्षशिला का शासक था।

ह्वेनत्सांग ने कश्मीर का उल्लेख चारों ओर से ऊँचे-ऊँचे पर्वतों से घिरे हुए प्रदेश के रूप में किया है। उसका कहना है कि पहाड़ों में बने दर्रों (द्वारों) के बहुत सँकरे होने के कारण कोई भी पड़ोसी राज्य कभी भी इस पर चढ़ाई करके विजय पाने में सफल नहीं हो पाया। उसने वहाँ की भूमि को उपजाऊ बताया है। वहाँ कई प्रकार के फल-फूल, केशर और अन्य औषधीय पौधे पैदा होते थे।

वहाँ के लोग शीत से बचने के लिए चर्म-वस्त्र को सफेद अस्तर लगाकर पहनते थे। उसने वहाँ के लोगों को सुन्दर, विद्याव्यसनी और सुशिक्षित होने के साथ ही कपटी भी कहा है। जहाँ तक सुन्दरता का प्रश्न है, संस्कृत के प्रसिद्ध आचार्य राजशेखर (9वीं-10वीं शताब्दी ई.) ने भी कश्मीर की स्त्रियों के सौन्दर्य की प्रशंसा की है।

ह्वेनत्सांग के अनुसार प्राचीन काल में बौद्धों ने उद्यान-प्रदेश के दुष्ट नाग-वंशियों को परास्त किया था। बुद्ध ने अपने शिष्य आनन्द के समक्ष यह भविष्यवाणी की थी कि उनके निर्वाण के बाद इस प्रदेश में बौद्ध-धर्म का प्रसार होगा। बुद्ध के निर्वाण के पाँचवें वर्ष में आनन्द के शिष्य मध्यान्तिक अर्हत ने कश्मीर के नागवंशियों को पराजित करके वहाँ संघाराम स्थापित किये। आगे चलकर मगधराज अशोक ने 500 संघाराम बनवाकर पूरा कश्मीर बौद्ध भिक्षुओं को दान कर दिया था।

कनिष्क ने राजा बनने के बाद बौद्ध-त्रिपिटकों का संकलन करने के लिए वसुमित्र के सभापतित्व में कश्मीर के कुण्डलवन में एक बौद्ध महासभा का आयोजन किया था। ह्वेनत्सांग ने लिखा है कि कनिष्क ने त्रिपिटक का नवीन संस्करण तैयार करके उन्हें ताम्रपत्रों पर खुदवाकर किसी स्तूप में गड़वा दिया था।[2]

कनिष्क के निधन के बाद स्थानीय (क्रीत्य) लोगों ने फिर अपना अधिकार जमा लिया और बौद्धों को खदेड़ दिया। बाद में तुषार प्रदेश के हिमतलस्थान के राजा ने स्थानीय (क्रीत्य यानी 'नीच जाति' के) राजा का अन्त कर दिया; और एक संघाराम बनवाकर उन लोगों को फिर से उसी प्रकार बसा दिया।

ह्वेनत्सांग ने यहाँ सम्भवतः नागवंशियों को 'क्रीत्य जाति' का कहा है। चूँकि क्रीत्य लोगों को कई बार बौद्धों से दबना पड़ा और उनको क्षति पहुँची थी, इसलिए उनके हृदय में शत्रुता बढ़ती ही गयी। वे लोग बौद्ध-धर्म से घृणा करते थे। कुछ वर्षों के बाद वे लोग फिर प्रभावशाली होकर यहाँ के राजा बन

गये। इस प्रकार, ह्वेनत्सांग की कश्मीर-यात्रा के समय वहाँ बौद्ध-धर्म का विशेष प्रचार नहीं था।

तत्कालीन राजधानी को उसने 'नया नगर' कहा है। 'पुराधिष्ठान' (प्राचीन राजधानी) के उत्तर में स्थित एक संघाराम में 300 बौद्ध भिक्षु रहते थे। उसके पास एक प्रसिद्ध स्तूप में भगवान् बुद्ध का एक दाँत रखा हुआ है। स्थानीय नागवंशियों ने इस बुद्धावशेष को छीन लिया। इस दाँत को पाने के लिए कन्नौज का शासक शीलादित्य (हर्षवर्द्धन) एक विशाल सेना लेकर कश्मीर की सीमाओं तक चढ़ आया था। अत: 643 ई. में यह पवित्र बुद्धावशेष हर्षवर्द्धन को सौंप दिया गया।

ह्वेनत्सांग ने एक छोटे संघाराम का भी उल्लेख किया है जिसमें अवलोकितेश्वर बोधिसत्व की एक खड़ी मूर्ति स्थापित थी। उसके दक्षिण-पूर्व में स्थित एक जर्जर संघाराम में महायान-सम्प्रदाय के लगभग 30 संन्यासी निवास करते थे। इस स्थान पर प्राचीन समय में सङ्गभद्र शास्त्रकार ने 'न्यायानुसार शास्त्र' की रचना की थी।

बुद्ध-दन्तावशेष वाले संघाराम के पूरब में स्थित पहाड़ के उत्तर की ओर स्थित एक अन्य संघाराम था। स्कन्धिल शास्त्री ने इस स्थान पर 'विभाषा प्रकरण पाकशास्त्र' नामक ग्रन्थ की रचना की थी। नगर के पश्चिम में नदी किनारे स्थित 'महासांघिक' सम्प्रदाय के एक संघाराम में लगभग 100 बौद्ध संन्यासी रहते थे।

ह्वेनत्सांग ने अपने यात्रा-वृत्तान्त में कश्मीर को 'कियाशीमिलो' नाम से अभिहित किया है। कश्मीर उस समय संस्कृत विद्या का एक महत्त्वपूर्ण केन्द्र था। उस समय कश्मीर में लगभग 100 संघाराम और 5000 बौद्ध भिक्षु थे। राजा अशोक के बनवाये हुए चार स्तूप भी वहाँ मौजूद थे, जिनमें भगवान् बुद्ध का देहावशेष संरक्षित था।

अलबेरूनी का कश्मीर-वृत्तान्त

ग्यारहवीं सदी में महमूद गजनवी के भारत पर आक्रमण के समय उसकी सेना के साथ अल-बेरूनी (973-1048 ई.) नामक एक विद्वान् भारत आया था। काशी और कश्मीर उस समय भारतीय विद्या के दो प्रमुख केन्द्र थे; लेकिन ये दोनों पवित्र स्थान उसके लिए अगम्य थे। बावजूद इसके यहाँ आकर उसने संस्कृत भाषा सीखी; और भारतीय परम्परा का समुचित ज्ञान अर्जित किया। उसने फारसी भाषा में तारीख-उल-हिन्द (भारत का इतिहास) नामक पुस्तक लिखी थी। वह कभी कश्मीर जा नहीं सका, किन्तु उसने वहाँ के बारे में समुचित जानकारी एकत्र कर ली।

उसने लिखा है कि अन्तर्वर्ती कश्मीर में राजधानी के पास देवी शारदा की

एक मूर्ति है। उस स्थान पर दर्शन-पूजन के लिए बड़ी संख्या में श्रद्धालु जन आते थे। उस समय भारत म्लेच्छों के स्पर्श से सिकुड़ा जा रहा था। भारत पर महमूद का शिकंजा कसता जा रहा था। उत्तर-पश्चिमी भारत के राजा मिथ्याभिमान में इतने अन्धे थे कि गजनी से आनेवाले भय का उनको कोई अन्दाजा न था। वे इतने अदूरदर्शी थे कि अपनी रक्षा करने और शत्रु को मार भगाने के लिए भी आपस में मिल नहीं पा रहे थे। ऐसे में हिन्दूशाही वंशीय राजा आनन्दपाल को अकेले ही मुसलमानों के आक्रमणों का सामना करना पड़ा। स्वाभाविक रूप से उसका पतन हुआ और उसके बाद भारत के हिन्दू राजाओं के पराभव का क्रम शुरू हो गया। जो लोग उन 'म्लेच्छों' के दास नहीं बनना चाहते थे, वे सब भागकर आसपास के हिन्दू राज्यों में जा बसे।

कश्मीर अभी तक स्वाधीन था; और विदेशियों के लिए उसके द्वार बन्द थे। महमूद गजनवी ने कश्मीर को भी जीतने का विफल प्रयास किया। बहरहाल, जिस समय अलबेरूनी ने 'तारीख-ए-हिन्द' की रचना की, उस समय कश्मीर का शासन संगमराज (1003-1028 ई.) के हाथ से निकलकर अनन्तदेव (1028-1063 ई.) के पास चला गया था। अलबेरूनी ने लिखा है-

"कश्मीर एक ऐसी समस्थली पर स्थित है जिसको चारों ओर से अगम्य पर्वत घेरे हुए हैं। इस देश का दक्षिण और पूर्व भाग हिन्दुओं के पास है, पश्चिम बोलर शाह और शुगनान शाह आदि राजाओं के पास और बदख्शां के सीमान्त तक का भाग बखान शाह के पास हैं। इस देश का उत्तरी और कुछ पूर्वी भाग खोतान और तिब्बत के तुर्कों के पास हैं।

कश्मीरी लोग प्यादे हैं, उनके पास न कोई सवारी का जानवर है और न कोई हाथी है। जो धनी हैं वे कत्त नामक पालकियों पर चढ़ते हैं, जिनको मनुष्य अपने कन्धों पर उठाकर चलते हैं। उन्हें देश की प्राकृतिक किलेबन्दी की विशेष चिन्ता रहती है, इसलिए वे अपने देश के प्रवेश-द्वारों पर कड़ा पहरा रखते हैं। उनके साथ व्यापार करना भी कठिन है। प्राचीन काल में उन्होंने कुछ विदेशियों, विशेषत: यहूदियों को अपने देश में व्यापार करने की अनुमति दी थी, लेकिन अब विदेशी तो दूर, अपरिचित हिन्दू व्यापारियों को भी अपने देश में आने की अनुमति नहीं देते हैं।"

अलबेरूनी के इस कथन की पुष्टि श्रीवर की '*ज़ैनराजतरंगिणी*' से भी होती है। हिन्दू राजाओं के शासनकाल में राज्य की सुरक्षा की दृष्टि से कश्मीर में आवागमन पर कठोर नियन्त्रण था। कश्मीर में मुसलमानों का शासन स्थापित होने के बाद भी यह नियन्त्रण जारी था। मार्ग-मुक्ति-पत्र (मोक्ष-पत्र) मिलने के बाद ही

कोई व्यक्ति बाहर से कश्मीर आ सकता था या वहाँ से बाहर जा सकता था। (ज़ै. रा.त., 4/41-42)

अलबेरूनी ने झेलम नदी के किनारे स्थित अद्दिष्ठान (अधिष्ठान) को कश्मीर की राजधानी बताया है। उसने लिखा है कि ''यह अभेद्य प्रदेश है, जहाँ सदा बर्फ जमी रहती है। कश्मीर में प्रवेश करने का सबसे प्रसिद्ध मार्ग वब्रहान नगर से है। यह नगर सिन्धु और झेलम नदियों के मध्य में स्थित है। सिन्धु नदी तुर्कों के प्रदेश के अन्तर्गत युनङ्ग पर्वत से निकलती है। जिस दर्रे से कश्मीर में प्रवेश किया जाता है, उसे छोड़ने के बाद मैदानी भाग है। यहाँ से बायें दो दिन चलने पर बोलोर और शमिलान नामक दो पहाड़ मिलते हैं। यहाँ रहनेवाली जातियाँ 'भत्तवयनि' कहलाती हैं। इनके राजा का नाम भत्तशाह है। गिलगित, असविरा और शिलतास उनके नगर हैं और उनकी बोली तुर्की है। उनके आक्रमणों से कश्मीर को बहुत हानि होती है।'' अलबेरूनी ने कश्मीर की भौगोलिक दृढ़ता की प्रशंसा की है।

मध्यकाल में कश्मीर और वाराणसी के मध्य सांस्कृतिक सम्बन्ध बहुत सुदृढ़ थे। इसका कारण मुस्लिम आक्रमणों से त्रस्त हिन्दू धर्म और परम्परागत विश्वासों का उन स्थानों पर संरक्षण ही रहा होगा। अलबेरूनी का कहना है कि महमूद गजनवी के आक्रमणों के बाद हिन्दू धूल के कणों की तरह चारों ओर बिखर गये और लोगों के मन में उनकी याद किसी पुरानी कहानी की तरह रह गयी। हिन्दुओं के बचे हुए भागों में मुसलमानों के प्रति विद्वेष की आग भड़क उठी। यही कारण था कि भारतीय ज्ञान-विज्ञान मुस्लिम विजित प्रदेशों से हटकर कश्मीर, वाराणसी इत्यादि स्थानों में पहुँच गये, जहाँ मुसलमान नहीं पहुँच सके थे।[3]

सन्दर्भ और टिप्पणियाँ

1. अलेक्जेंडर कनिंघम, 'हिस्ट्री ऑफ द ऐन्शिएन्ट ज्योग्रफी ऑफ इण्डिया', पृ. 73; इण्डोलॉजिकल बुक हाउस, वाराणसी; 1963 ई.।
2. लेकिन दुर्भाग्यवश पुरातत्त्ववेत्तागण उन ताम्रपत्रों को खोज निकालने में अब तक विफल रहे हैं।
3. डॉ. मोतीचन्द्र कृत 'क्षेमेन्द्र और उनका समाज' के पृ. 10-11 पर उद्धृत; उत्तर प्रदेश हिन्दी संस्थान, लखनऊ, 1984 ई.।

अध्याय 12

मध्यकाल में कश्मीर

दूसरे लोहर राजवंश का अन्त

जिन दिनों कश्मीरी धीरे-धीरे पिछड़ते जा रहे थे, उत्तरी भारत में दो नयी शक्तियों- पाल और गुर्जर-प्रतिहारों का प्रादुर्भाव हुआ, जो अधिक सफलता के साथ साम्राज्यत्व प्राप्त कर सकीं। ललितादित्य के राज्यकाल (724-760 ई.) के अन्त से महमूद गजनी के आक्रमण तक का उत्तरी भारत का इतिहास मुख्यतः इन्हीं दो शक्तिशाली राज्यों का इतिहास है।[1]

इधर सिन्ध में अरब राज्य स्थापित हुआ, उधर पूर्वी भारत में उत्तर-गुप्त राजवंश का अन्त हुआ। 836 ई. में प्रतिहार राजा मिहिरभोज ने कन्नौज को जीत कर उसे अपनी राजधानी बना लिया। इसके बाद एक सदी तक पुण्ड्रवर्द्धन (पूर्णिया) से सुराष्ट्र तक और सुराष्ट्र से मुलतान एवं कश्मीर की सीमा तक प्रतिहारों का साम्राज्य बना रहा। नौवीं शताब्दी ई. भारत में बड़े साम्राज्यों और दीर्घकालीन सुशासन की सदी थी। प्रतिहार सम्राट् मिहिरभोज (836-890 ई.) और महेन्द्रपाल (891-907 ई.) के शासनकाल में उत्तरी भारत में शान्ति और समृद्धि रही, वहीं राष्ट्रकूट सम्राट् अमोघवर्ष (815-877 ई.) और अकालवर्ष (877-911 ई.) के शासन में वैसी ही शान्ति और समृद्धि दक्षिणी भारत में रही। उस समय उत्पल वंश के राजा अवन्तिवर्मा (855-883 ई.) और शंकरवर्मा (883-902 ई.) के शासन में वैसा ही सुखद वातावरण कश्मीर में भी बना रहा।

लेकिन कुछ समय बाद से अवनति का दौर शुरू हो गया। दसवीं शताब्दी ई. से कश्मीर में डामर (सामन्त) सिर उठाने लगे। राजा और डामरों में संघर्ष होने लगा। तत्कालीन राजा भी प्रायः कुशासक ही थे। यशस्कर (939-948 ई.) का एक दशक का सुशासन उसका एकमात्र अपवाद है। प्रजा का निश्चेष्ट होकर सब कुछ सहने को तैयार रहना, इस दुरवस्था का मूल कारण था।

रानी दिद्दा द्वारा अपने भतीजे संग्रामराज को उत्तराधिकारी बनाने के साथ ही 1003 ई. से प्रथम लोहर राजवंश का शासन शुरू हुआ। तभी से डामरों की शक्ति बढ़ने लगी। राज्य के कई महत्त्वपूर्ण गढ़ डामरों के नियन्त्रण में चले गये। राजा हर्ष (1089-1101 ई.) ने उन्हें वापस लेने के क्रम में डामरों का दमन करना चाहा, लेकिन डामर भारी पड़े। हर्ष के दो सगोत्र भाइयों–उच्चल और सुस्सल–का पक्ष लेकर डामरों ने विद्रोह कर दिया। इस संघर्ष के दौरान राजा हर्ष की हत्या कर दी गयी; और उच्चल के राज्य पाने के साथ ही दूसरे लोहर राजवंश के शासन की शुरूआत हुई। इस वंश के शासनकाल में डामर अक्सर राजवंश के किसी न किसी व्यक्ति को राज्य का दावेदार बनाकर खड़ा करते रहे। राजसत्ता का डामरों से और डामर-गुटों का आपस में संघर्ष बढ़ता गया। धीरे-धीरे राजधानी के आसपास के तथा राजकीय सेना के कब्जेवाले प्रदेशों को छोड़कर शेष भूमि डामरों ने हड़प ली। राजा उनमें से किसी एक गुट का साथ लेकर दूसरे को दबाने के प्रयत्न में लगा रहा; और अनेक डामर राजकर्ता बने रहे।

'राजतरंगिणी' में डामर शब्द का प्रयोग जागीरदार के अर्थ में हुआ है। पर हर्ष के राज्यकाल के वर्णन में कल्हण ने उनको 'लवन्य' भी कहा है। जोनराज ने भी लवन्य शब्द का प्रयोग किया है। लवन्य (आधुनिक लून) खेतिहर पृष्ठभूमि की एक प्रबल जाति थी। कल्हण ने उनको दस्यु भी कहा है।

इस बढ़ती हुई भीतरी कमजोरी के बावजूद कल्हण के समय तक कश्मीर राज्य कुछ हद तक दृढ़ रहा। महमूद गजनवी ने संग्रामराज के समय में पंजाब की ओर से कश्मीर पर चढ़ाई की, परन्तु लोहर के गढ़ में उसकी हार हुई। दरअसल, कश्मीर का रास्ता देनेवाले दर्रों की तब तक सजगता से रक्षा की जाती रही। 11वीं शताब्दी के उत्तरार्द्ध में पश्चिम की ओर उरशा (हजारा), पूर्व की ओर काष्टवाट (कष्टवार) एवं चम्पा (चम्बा) और दक्षिण की ओर राजपुरी (राजौरी) के प्रदेश भी कश्मीर नरेश कलश (1063-1089 ई.) के अधीन थे। कलश के उत्तराधिकारी राजा हर्ष की राजपुरी के दरदों से हार हुई। राजा जयसिंह ने दरद देश पर एक विफल आक्रमण किया। दरद राजा विद्याधर शाहि कश्मीर-नरेश हर्ष का समकालीन था, जबकि राजा यशोधर शाहि जयसिंह का समकालीन था। उल्लेखनीय है कि मध्यकाल के अन्त तक दरद जाति के लोग हिन्दू धर्मावलम्बी थे।

महमूद गजनवी ने त्रिगर्त राज्य (जालन्धर-होशियारपुर-काँगड़ा प्रदेश) में न केवल लूट-पाट की, बल्कि जालन्धर पर कब्जा भी कर लिया। त्रिगर्त के राजा सुशर्मा का एक वंशज मल्ल जब निर्वासित होकर आजीविका की तलाश में कश्मीर आया, तब कश्मीर-नरेश ने उसको शरण दी थी।

महमूद गजनवी के बाद मालवा के राजा भोज और चेदि के राजा गांगेयदेव एवं कर्ण ने उत्तर भारत की ओर बढ़ कर कुरुक्षेत्र और पंजाब के पूर्वी भाग को तुर्कों से मुक्त कराया। सम्भवतः भोज से ही प्रेरणा पाकर अनंगपाल तोमर ने पंजाब से पूरब और दक्षिण की ओर तुर्कों की बाढ़ को रोकने के लिए दिल्ली (ढिल्लिका) नगर की स्थापना की। 'राजतरंगिणी' से पता चलता है कि पंजाब में महमूद-वंशजों के विरुद्ध संघर्ष में कश्मीर राज्य ने भी भाग लिया था। कश्मीर-नरेश ने पंजाब के गजनवी तुर्कों के इलाकों को जीतकर अपने राज्य में मिला लिया। कहते हैं कि इस युद्ध में अधिकांश तुर्क सैनिक मारे गये थे।

द्वितीय राजतरंगिणी में वर्णित प्रथम पाँच हिन्दू राजाओं- जयसिंह, प्रमाणुक, वान्तिदेव, वुप्पदेव और जगदेव के राज्यकाल की पं. जोनराज ने बहुत ही संक्षिप्त जानकारी दी है। फरवरी 1155 ई. में जयसिंह की मृत्यु के बाद उसके पुत्र प्रमाणुक का राज्याभिषेक हुआ। कल्हण की राजतरंगिणी में जयसिंह के पाँच बेटों के नाम दिये गये हैं-गुल्हण, अपरादित्य, ललितादित्य, जयापीड और यशस्कर। इनमें से गुल्हण सबसे बड़ा था; और जयसिंह ने लोहर के राजा के रूप में उसका अभिषेक 1145 ई. में ही कर दिया था। प्रमाणुक उसी का दूसरा नाम रहा होगा। गुल्हण और उसका उत्तराधिकारी वन्तिदेव, दोनों ही अयोग्य शासक थे। 1171 ई. में वन्तिदेव की मृत्यु के बाद लवन्यों ने बुप्पदेव नामक एक व्यक्ति को राजा बना दिया। 1181 ई. में बुप्पदेव की मृत्यु के साथ ही दूसरे लोहर राजवंश का अन्त हो गया।

लवन्य वर्ग कश्मीर में कठपुतली राजाओं को राजगद्दी पर बैठाते रहे। 12वीं शताब्दी के अन्त तक आते-आते कश्मीर में राजा का पद उपहासास्पद बन गया था। विडम्बना यह है कि जब कश्मीरी सामन्त वर्ग राजसत्ता को अपना क्रीड़ा-कन्दुक बनाये हुए थे, तभी कश्मीर की दक्षिणी सीमा के पार तुर्क-विजेता दिल्ली में सल्तनत की दृढ़तापूर्वक स्थापना कर रहे थे।

तेरहवीं शताब्दी की पहली तीन-चौथाई में जगदेव, राजदेव, संग्रामदेव और रामदेव नामक चार प्रबल राजाओं ने कश्मीर पर राज किया। उन्होंने राज्य की दुरवस्था को दूर करने के साथ ही डामरों को नियन्त्रित भी किया। रामदेव निस्सन्तान थे, इसलिए उन्होंने लक्ष्मण नामक एक ब्राह्मण बालक को गोद लेकर उसको अपना उत्तराधिकारी बना दिया था। लेकिन वह अयोग्य साबित हुआ। अतः 1287 ई. में उसकी मृत्यु के बाद उसका राज्य छिन्न-भिन्न हो गया।

पश्चिमोत्तर भारत में मुसलमानों के आक्रमण

सातवीं सदी ई. में अरब में इस्लाम का उदय हुआ। इसके बाद वहाँ के मुसलमान मध्य एशिया की ओर बढ़ने लगे। 637 ई. में कदीसिया के युद्ध में फारसी साम्राज्य के पतन के बाद अरब सेनाएँ भारतीय सीमाओं तक पहुँच गयी। लेकिन अरब हमलावरों के लिए भारत पर विजय प्राप्त करना आसान नहीं था। ईसाई एवं पारसी देशों में तो वे आसानी से जीत गये, लेकिन भारत की उत्तर-पश्चिम सीमा पर स्थित तीन छोटे हिन्दू राज्यों- सिन्ध, काबुल (कपिसा) और जाबुल (जबाला) में वे लगभग चार शताब्दियों तक पराजित होते रहे।

भारत पर मुसलमानों के हमलों को चार चरणों में बाँटा जा सकता है। पहले चरण में 636 ई. से 712 ई. तक पश्चिमी समुद्र तट पर होने वाले अरब हमले शामिल हैं। दूसरे चरण में 643 ई. से 870 ई. के बीच अफगानिस्तान के हिन्दू राज्यों के विरुद्ध अरब और तुर्क हमले शामिल हैं। पंजाब को जीतने के तुर्कों के प्रयास और महमूद गजनवी की मृत्यु के साथ तीसरा चरण समाप्त हुआ। चौथा चरण 1175 से 1206 ई. के बीच मुहम्मद गोरी के हमलों के साथ पूरा हुआ।

जब सिन्ध पर हमलों की शुरुआत हुई, तब काबुल और जाबुल पर तुर्कशाही और बाद में हिन्दूशाही राजवंश का शासन था। सातवीं सदी के मध्य तक अरबों ने पूरे फारस पर कब्जा करके काबुल और जाबुल राज्यों की पश्चिमी सीमाओं तक अपने राज्य का विस्तार किया। भारत और फारस (ईरान) के बीच बलूचिस्तान, सिन्ध, काबुल और जाबुल सीमावर्ती क्षेत्र थे। उन दिनों इस क्षेत्र में बौद्ध एवं हिन्दू संस्कृति प्रबल थी। अशोक के समय में ही इस क्षेत्र में कई बौद्ध स्तूप बनवाये गये थे। प्रमुख व्यापारिक मार्ग पर स्थित बामियान, काबुल और जाबुल में सातवीं शताब्दी ई. तक बौद्ध धर्म के प्रचलन की पुष्टि चीनी तीर्थयात्रियों के वृत्तान्तों से भी होती है। सिन्ध के इतिहास से सम्बन्धित अली अहमद की मध्यकालीन किताब 'चचनामा' के अनुसार कश्मीर के राजा ने जाबुल पर अपनी प्रभुसत्ता कायम कर ली थी।

अरबों द्वारा सिन्ध की विजय

गुर्जर-प्रतिहारों के राजपूताने में रहते बमुश्किल डेढ़ शताब्दियाँ बीती होंगी कि पश्चिम में उनके प्रबल प्रतिद्वन्द्वी–अरब उठ खड़े हुए। उन्होंने हजरत मुहम्मद से नये धर्म के साथ-साथ एक राष्ट्रीय चेतना और युद्ध-प्रियता ग्रहण की थी। वे धर्मान्धिता की सीमा तक पहुँचे हुए अपने साहसी स्वभाव और उत्साह के कारण

नये धर्म को फैलाने के लिए निकले और सारे संसार में सैन्य-विजय करते फिरे। हजरत मुहम्मद की मृत्यु के छह वर्षों के भीतर ही उन्होंने सीरिया और मिस्र को जीत लिया। इसके शीघ्र बाद अफ्रीका का उत्तरी किनारा, स्पेन और फ़ारस उनके हाथों में आ गये और शताब्दी बीतते-बीतते खलीफा का साम्राज्य फ्रांस में लायर से लेकर वंक्षु और काबुल नदी तक फैल गया।[2]

इस प्रकार, ये लोग भारत की सीमा तक पहुँच गये। उन्होंने जल और थल मार्ग से लूट के लिए भारत पर कई हमले किये, किन्तु 712 ई. तक उन्हें कोई सफलता नहीं मिली। इसी समय सिंहल-नरेश ने ईराक के शासक हज्जाज़ बिन यूसुफ के पास कुछ स्त्रियाँ भेजीं, जो उसके देश में मुसलमान के रूप में जन्मी थीं। उनके पिता व्यापारी थे और वहाँ मर गये थे। किन्तु जिस जहाज में वे सब जा रही थीं उसे सिन्ध के देवल बन्दरगाह के समुद्री डाकुओं ने लूट लिया। इस पर हज्जाज़ ने सिन्ध के राजा **दाहिर** को उन स्त्रियों को मुक्त कराने के लिए सन्देश भेजा; किन्तु दाहिर ने यह कहकर असमर्थता प्रकट की कि उन समुद्री डाकुओं पर उनका कोई वश नहीं है। हज्जाज़ ने इसे सिन्ध के विरुद्ध युद्ध करने का यथेष्ट कारण मान लिया; और इस्लाम की शक्ति की उपेक्षा करनेवाले देश को जीतने का मन बनाया। खलीफा वालिद से अनुमति प्राप्त करके उसने सिन्ध पर आक्रमण करने की विस्तृत तैयारी की। अपने भतीजे और दामाद मुहम्मद बिन कासिम को अभियान का सेनापति बनाया। सिन्ध का छोटा-सा राज्य सुसंगठित अरब सेना का प्रतिरोध करने की स्थिति में नहीं था। फिर भी दाहिर ने वीरता के साथ उनका सामना किया। 'चचनामा' के अनुसार मुस्लिम सेना परास्त की जा चुकी थी और दाहिर की विजय होने ही वाली थी कि उसका हाथी घायल होकर युद्धस्थल से भागने लगा। राजा के न दिखायी पड़ने से उसकी सेना में अफरा-तफरी मच गयी। राजा घायल होने के बावजूद थोड़ी देर बाद युद्ध-स्थल को लौटा, लेकिन तब तक स्थिति नियन्त्रण के बाहर हो चुकी थी। राजा दाहिर जी-जान से लड़े और लड़ते हुए वीरगति को प्राप्त हुए।

राजा दाहिर आठवीं सदी ई. में सिन्ध के शासक थे। वो राजा चच के सबसे छोटे पुत्र और ब्राह्मण वंश के अन्तिम शासक थे। सिन्धियाना इनसाइक्लोपीडिया के अनुसार हज़ारों वर्ष पहले कई कश्मीरी ब्राह्मण सिन्ध आकर आबाद हुए। इस पढ़े-लिखे वर्ग ने राजनीतिक प्रभाव प्राप्त करने के बाद राय घराने के 184 वर्षीय शासन का अन्त कर दिया और चच सिन्ध के पहले ब्राह्मण शासक बने। चच वंश के राजा चन्द्रसेन बौद्ध मतानुयायी थे। चन्द्रसेन के बाद उनके भाई दाहिर सिन्ध के राजा बने थे। दाहिर का राज्य पश्चिम में मकरान तक, दक्षिण में अरब सागर

और गुजरात तक, पूर्व में मौजूदा मालवा के केन्द्र और राजपूताने तक और उत्तर में मुल्तान सहित दक्षिणी पंजाब तक फैला हुआ था।

सिन्ध के कश्मीरी-ब्राह्मण राजा दाहिर की पराजय के बाद भारत में अरबों के प्रभुत्व की शुरुआत हुई। डॉ. रमेशचन्द्र मजूमदार ने लिखा है-

''यह आश्चर्यजनक है कि विजयी सेनाएँ केवल सिन्ध से ही सन्तुष्ट रहीं और भारत के भीतरी भागों में वे सेनाएँ नहीं घुसी। वे संसार के विजेता भारत के द्वार पर ही रुक गये और उन्होंने जो कुछ भी जीता उसे भी वे अपने कब्जे में न रख सके।''[3] 'चचनामा' के अनुसार ''मुहम्मद इब्न कासिम मुलतान से कश्मीर की सीमा की ओर भी बढ़ा था; और एक फौजी दस्ता कन्नौज भी भेजा था।'' लगता है कि उसका कन्नौज एवं कश्मीर अभियान विफल रहा था।

भारत के अन्य भागों और मुख्यतया कश्मीर की ओर अरबों के अग्रसर न हो पाने के असली कारण कश्मीर में दिग्विजयी राजा ललितादित्य (724-760 ई.) की सशक्त उपस्थिति थी। डॉ. रमेशचन्द्र मजूमदार के शब्दों में ''कश्मीर-नरेश ललितादित्य ने अरब सेना के विरुद्ध विजय प्राप्त की थी। अत: यह उचित ही अनुमान किया जाता है कि कश्मीर की सेनाओं ने उस समय उनका आगे बढ़ना रोक दिया। इसके अतिरिक्त यह निर्विवाद है कि आरम्भ से ही गुर्जर-प्रतिहार इस्लाम के सैनिकों के विरुद्ध भारत की रक्षा में तत्पर रहे। जिस प्रतिहार-नरेश ने उत्तरी भारत की रक्षा की उसका नाम नागभट्ट था।''[4] वह आठवीं शताब्दी के पूर्वार्द्ध में अवन्ति (वर्तमान मालवा) का शासक था।

712 ई. में अरबों ने सिन्ध पर आक्रमण करके उस पर अधिकार कर लिया। मुहम्मद बिन कासिम मुलतान तक आ पहुँचा। परन्तु बल्ख और गजनी तक के राज्यों की सहायता करके चीन ने अरबों के आक्रमणों को रोक दिया। इस समय कश्मीर-नरेश ललितादित्य ने पूरे उत्तर-पश्चिमी भारत को अपने अधीन करके चीनी सम्राट् को सहयोग दिया। ललितादित्य सिन्ध के राजा दाहिर का समकालीन था।

अरबों के बाद सुल्तान महमूद ने भी कश्मीर को जीतने का प्रयास किया था, लेकिन उसे कोई सफलता नहीं मिली। बहरहाल, इसी समय से मुसलमान व्यापारियों का कश्मीर में आवागमन दिखायी पड़ता है।

तुरुष्कशाही और हिन्दूशाही राजवंश

अफगानिस्तान और भारत का सम्बन्ध सदियों पुराना है। चौथी शताब्दी ई.पू. में सिकन्दर ने इस प्रदेश को जीता था। उसके निधन के बाद यह प्रदेश उसके सेनापति सेल्युकस निकेटर को मिला। आगे चल कर सेल्युकस को यह प्रदेश चन्द्रगुप्त

मौर्य को समर्पित करना पड़ा। इस प्रकार मौर्यकाल में अफगानिस्तान भारत का अभिन्न अंग बन गया। यह प्रदेश एशिया जानेवाले बौद्ध धर्म-प्रचारकों के रास्ते में पड़ता था और स्वयं भी बौद्धधर्म का एक केन्द्र था। यह कुषाण साम्राज्य का भी अंग था। कुषाणों के पतन के बाद तीसरी शताब्दी ई. में यहाँ पारसियों का शासन स्थापित हुआ। गुप्तकाल में इसको गुप्त साम्राज्य में नहीं मिलाया जा सका; और आठवीं शताब्दी ई. में अफगानिस्तान के पश्चिमी और उत्तरी राज्यों की भाँति वहाँ भी मुसलमानों का शासन स्थापित हो गया।

कुजुल कदफिस, विम कदफिस और कनिष्क आदि कुषाण राजाओं ने पूर्व में जो विशाल साम्राज्य स्थापित किया था, उसके नष्ट होने पर कनिष्क के वंशजों ने अफगानिस्तान में आश्रय लिया था। उसके वंशज नौवीं शताब्दी ई. तक अफगानिस्तान के पहाड़ी प्रदेशों पर राज करते रहे। सातवीं शताब्दी ई. में भारत आनेवाले चीनी-यात्री ह्वेनत्सांग ने और दसवीं शताब्दी में भारत आनेवाले मुसलमान विद्वान् अलबेरूनी ने अफगानिस्तान के राजाओं को कुषाण राजा कनिष्क का वंशज बताया है। काबुल घाटी और उत्तर-पश्चिम सीमा प्रान्त पर शासन करनेवाला यह वंश तुर्कशाही (तुरुष्क शाही वंश) कहलाता था। इस वंशनाम के चार रूप प्रचलित हैं- शाही, शाहिय, शाहि और साही। अलबेरूनी ने लिखा है कि इस राजवंश के कल्लार नामक एक मन्त्री ने अन्तिम तुर्कशाही राजा लगतुर्मान को सिंहासन से उतार दिया और स्वयं राजा बन गया। 'राजतरंगिणी' में 'तुरुष्क शाहिय वंश' के राजा को अपदस्थ करके हिन्दूशाही वंश की स्थापना करनेवाले का नाम लल्लिय शाही बताया गया है। लगता है कि लल्लियशाही और कल्लार एक ही व्यक्ति हैं। बहरहाल, कनिष्क के वंशज 'तुरुष्कशाही' कहलाते थे और मन्त्री लल्लियशाही का वंश 'हिन्दूशाही' कहलाता था।

हिन्दूशाही राजवंश की राजधानी पहले काबुल थी। 879 ई. में सफरीद याकूब इब्न लायथ द्वारा काबुल पर कब्जा करने के बाद, हिन्दूशाही शासकों ने अपनी राजधानी सिन्धु नदी के दायें तट पर स्थित उद्भाण्डपुर (वर्तमान हुण्ड या उण्ड) में स्थानान्तरित कर ली थी।

कल्हण ने लिखा है कि उत्पलवंशीय राजा गोपालवर्मा (902-904 ई.) के समय में राजमाता सुगन्धा के प्रियपात्र मन्त्री प्रभाकरवर्मा ने उद्भाण्डपुर के शाहिय राज्य को जीत लिया था। फिर राजाज्ञा का उल्लंघन करनेवाले शाही से उसका राज्य छीन कर लल्लिय के पुत्र तोरमाण को दे दिया और उसका नाम कमलुक रख दिया। (रा.त. 5/233) 'राजतरंगिणी' में लल्लिय के पुत्र कमलुक का उल्लेख किया है, जबकि अलबेरूनी ने अपनी किताब में इसका नाम कमलू लिखा है।

अलबेरूनी के अनुसार लल्लिय के बाद समन्द, कमलू, भीम, जयपाल आदि ने शासन सँभाला।

कल्हण की 'राजतरंगिणी' में लल्लियशाही की प्रशंसा करते हुए कहा गया है कि पश्चिमोत्तर भारत के राजाओं में वह सबसे शानदार था; और उसकी राजधानी में कई शासकों को शरण मिली थी। नये शाही राज्य का कश्मीर के साथ घनिष्ठ राजनीतिक सम्बन्ध था। लल्लिय के पुत्र तोरमाण को एक अनधिकारी व्यक्ति ने अपदस्थ कर दिया था, किन्तु कश्मीर-नरेश गोपालवर्मा की सहायता से वह पुनः अपना राज्य पाने में सफल हुआ था। तोरमाण को कमलुक के अलावा कलवर्मन (कमलवर्मन) भी कहा गया है।

लल्लिय और कमलुक के अलावा कल्हण ने भीमशाह और त्रिलोचनपाल शाह नामक उद्भाण्ड के हिन्दूशाही वंश के दो राजाओं का उल्लेख किया है। बहरहाल, कमलुक के बाद उसका पुत्र महाराजाधिराज परमेश्वर साहि श्री भीमदेव के नाम से राजगद्दी पर बैठा। कश्मीर की रानी दिद्दा भीमदेव (भीमशाहि) की नातिन थी। दिद्दा के पति कश्मीर-नरेश क्षेमगुप्त (950-958 ई.) के राज्यकाल में कश्मीर राज्य पर भीमदेव का बहुत प्रभाव था।

हिन्दूशाही राजवंश का पतन

अलप्तगीन नामक एक तुर्क सरदार ने 963 ई. में भारतीय सीमाओं पर हमला करके संघर्ष के तीसरे चरण की शुरुआत की। उसके एक उत्तराधिकारी पिराई ने पंजाब के हिन्दूशाही राजा पर हमला किया। 997 ई. में गजनी का शासक बनने के बाद सुबुक्तगीन ने हमलों के इस सिलसिले को जारी रखा।

उधर, हिन्दूशाही राजा जयपाल ने गजनी पर हमला किया, लेकिन एक तूफान के कारण उसे पीछे हटना पड़ा। फिर जयपाल ने कन्नौज के गुर्जर-प्रतिहार राजा और उसके जागीरदारों, चाहमानों और चन्देलों के साथ मिलकर एक राज्यसंघ का गठन किया। लेकिन सुबुक्तगीन ने उनको पराजित कर दिया और वह सिन्ध तक के क्षेत्र का शासक बन बैठा। सुबुक्तगीन के पुत्र महमूद गजनवी ने तो पंजाब पर भी कब्जा कर लिया।

दरअसल, इस्लाम ने अफगानिस्तान के लड़ाकू पर्वतीय लोगों में धर्मोन्माद पैदा कर दिया और भारत की सम्पदा ने उनके मन में लोभ भर दिया। इसके फलस्वरूप गजनी और गोर के मुसलमान शासकों ने भारत पर कई हमले किये।

गजनी के तुर्क सुल्तानों ने दसवीं शताब्दी के अन्त से लेकर 11वीं शताब्दी के आरम्भ तक भारत के उत्तर-पश्चिमी राज्यों की बुनियाद हिला दी। काबुल और

पंजाब गजनी साम्राज्य के अधीन हो गये। इसके बाद उत्तरी भारत के राज्यों पर उनके आक्रमणों का पथ प्रशस्त हो गया। इसी समय पूर्वी मध्य-एशिया (हिन्दचीन) में भी तुर्कों की तादाद बढ़ने लगी; और स्थानीय लोग बौद्ध धर्म को छोड़कर मुसलमान बनने लगे।

महमूद गजनवी ने भारत पर सत्रह बार हमला किया। हिन्दूशाही शासक जयपाल से पहली बार 1001 ई. में उसका मुकाबला हुआ। उस समय से महमूद द्वारा लगातार किये जाने वाले आक्रमणों के कारण हिन्दूशाही राजवंश के राजा आनन्दपाल को सिन्धु नदी के तट पर स्थित अपनी राजधानी उद्‍भाण्डपुर (ओहिन्द) से हटाकर भेरा लानी पड़ी।

सुल्तान महमूद गजनवी ने आनन्दपाल के पिता जयपाल को 1001 ई. में पराजित किया था। इसलिए 1002 ई. में गद्‍दी पर बैठने के बाद आनन्दपाल का पहला कर्तव्य यही था कि वह महमूद से इस हार का बदला ले। लेकिन उसके प्रतिरोध के बावजूद महमूद ने 1006 ई. में मुल्तान पर कब्जा कर लिया; और 1008 ई. में आनन्दपाल के राज्य पर पुनः आक्रमण किया। आनन्दपाल ने उज्जैन, ग्वालियर, कन्नौज, दिल्ली और अजमेर के हिन्दू राजाओं का एक संघ बना कर सुल्तान महमूद की सेना का पेशावर के मैदान में सामना किया। दोनों ओर की सेनाएँ 40 दिनों तक एक-दूसरे के सामने डटी रहीं। अन्त में भारतीय सेना ने महमूद की सेना पर हमला बोल दिया। लेकिन जिस समय हिन्दुओं की विजय निकट प्रतीत हो रही थी उसी समय एक दुर्घटना हो गयी। जिस हाथी पर आनन्दपाल या उसका पुत्र ब्राह्मणपाल बैठा था वह पीछे मुड़कर भागने लगा। यह देखते ही भारतीय सेना तितर-बितर होकर भागने लगी। इस युद्ध में युवराज ब्राह्मणपाल मारा गया। सुल्तान की विजयी सेना आनन्दपाल के राज्य में घुस गयी। उन्होंने काँगड़ा और भीमनगर के किलों एवं मन्दिरों पर हमला करके उन्हें लूट लिया। आनन्दपाल ने इसके बावजूद हार नहीं मानी और नमक की पहाड़ियों से मुसलमानों का लगातार प्रतिरोध करता रहा। लेकिन शीघ्र ही उसकी मृत्यु हो गयी।

हिन्दूशाही वंश की चार पीढ़ियों–जयपाल, आनन्दपाल, त्रिलोचनपाल और भीमपाल–ने मुसलमान आक्रमणकारियों से लगातार संघर्ष किया। यद्यपि 1013 ई. में तोषी नदी के किनारे हुए युद्ध में आनन्दपाल का उत्तराधिकारी त्रिलोचनपाल गजनी के महमूद से हार गया, तथापि उसके पुत्र भीमपाल ने अगले पाँच वर्षों तक अपनी स्वाधीनता बनाये रखी। लेकिन भीमपाल के बाद गन्धार में हिन्दू राजवंश का अन्त हो गया। कल्हण ने राजतरंगिणी में हिन्दूशाही राजवंश के पतन पर दुःख व्यक्त किया है। (रा.त., 7/63-67)

कश्मीर में मुसलमानों की सत्ता

इन परिस्थितियों में भारत की पश्चिमोत्तर सीमा अरक्षित होती जा रही थी। कश्मीर के लिए भी परिस्थितियाँ प्रतिकूल होने लगीं। बहरहाल, महमूद गजनवी ने 1015 ई. में कश्मीर पर आक्रमण तो किया, लेकिन लोहर किले से उसको पराजित होकर लौटना पड़ा। 1030 ई. में अल्बेरूनी ने लिखा है- "मुस्लिम आक्रमणों के कारण हिन्दू कश्मीर चले गये। उन दिनों वाराणसी तथा कश्मीर हिन्दू विद्या के सर्वश्रेष्ठ स्थान थे।" अलप्तगीन के आक्रमण से काशी लूटी जा चुकी थी; मन्दिर टूट चुके थे; इसलिए विद्वानों ने काशी को सुरक्षित नहीं समझा। परन्तु कश्मीर में महमूद गजनवी दो बार हार चुका था। अतः धर्म और जीवन की रक्षा के लिए ब्राह्मण तथा विद्वान लोग नेपाल, कश्मीर और दक्षिण भारत में शरण लेने लगे। कश्मीर में उत्तर-पश्चिम भारत से पण्डितों का समूह पहुँचा, जो अपने साथ ग्रन्थों का भण्डार लाये थे। उस समय कश्मीर मण्डल विद्वानों से भर गया था।

कश्मीर की उत्तरी एवं पश्चिमी सीमा पर मुस्लिम राज्य स्थापित हो चुके थे। वे प्रबल तो थे ही, उनमें इस्लाम के प्रसार का उन्माद भी था। 1194 ई. में कन्नौज में गाहड़वाल राजाओं का राज था। महमूद गजनवी एक आँधी की तरह आकर चला गया था, लेकिन 1192 ई. में मुहम्मद गोरी ने भारत पर आक्रमण करके मुस्लिम राज की स्थापना का मार्ग प्रशस्त कर दिया।

कल्हण के काल में भारत पर मुस्लिम राज्य स्थापित नहीं हुआ था। परन्तु कल्हण ने 'राजतरंगिणी' के तरंग 6 से 8 तक में इस्लामी संस्कृति के प्रभाव का संकेत दिया है। मुसलमानों की सत्ता स्थापित होने के बाद वहाँ के गुरुकुल टूटने लगे; और आश्रमों का लोप हो गया। पूर्वकाल में वेद लिपिबद्ध नहीं थे। गुरुकुलों तथा आश्रमों में उन्हें स्मरण रखा जाता था। बदली हुई परिस्थितियों में उनको लुप्त होने से बचाने के लिए कश्मीर में वेदों को लिपिबद्ध किया गया। अलबेरूनी के अनुसार वेदों को बारहवीं शताब्दी ई. में लिपिबद्ध किया गया था।

13वीं शताब्दी में कश्मीर मुसलमानों के प्रभाव में आया। ईरान के हजरत सैय्यद अली हमदानी नामक एक मुस्लिम फकीर ने कश्मीर में पूरे दमखम से अपने धर्म का प्रचार किया और धीरे-धीरे राज्यसत्ता भी मुसलमानों के हाथ में पहुँच गयी।

कश्मीर में मुस्लिम-राज्य की स्थापना के पहले ही इस्लाम का प्रभाव जोर पकड़ रहा था। शक्तिशाली जमीदारों तथा राजाओं के अन्तर्कलह और पारस्परिक संघर्ष के कारण कश्मीर का राजनीतिक वातावरण मुसलमानों के लिए अनुकूल था। ऐसे निरापद वातावरण में वहाँ इस्लाम धर्म का तेजी से प्रसार हो रहा था।

हिन्दू राजा लगातार शक्तिहीन होते जा रहे थे। इस अनिश्चितता भरे राजनीतिक वातावरण में 1287 ई. से लेकर 1336 ई. के बीच कश्मीर पर चार बाह्य आक्रमण हुए- कज्जल, डुल्च, रिंचन और अचल के आक्रमण। कश्मीर पर पहला आक्रमण कज्जल नामक तुर्क ने 1287 ई. में किया था। यह पहला अवसर था जब किसी विदेशी सेना ने कश्मीर में प्रवेश किया था।

शाहमीर का राज्यारोहण

काशगर के मंगोल शासक 'कर्मसेन चक्रवर्ती' का सेनापति डुल्च (डुलचू या जुलचू) बहुत क्रूर और दुस्साहसी था। चौदहवीं शताब्दी के प्रारम्भ में तुर्किस्तान के इस तातार सरदार डुल्च ने कश्मीर पर आक्रमण करके अप्रत्याशित लूटमार की। जोनराज ने 'द्वितीय राजतरंगिणी' में लिखा है कि तुर्कों, ताजिकों और म्लेच्छों की एक विशाल सेना लेकर डुल्च श्रीनगर पहुँचा। कश्मीर का तत्कालीन राजा सिंहदेव (सहदेव) अशक्त था। उसने धन देकर डुल्च को प्रसन्न करना चाहा, लेकिन सम्पत्ति की भूख डुल्च को और आगे खींच लायी। डुल्च की सेना के रौद्र रूप को देखकर राजा सिंहदेव इतना डर गया कि अपने मन्त्री रामचन्द्र के हाथों में राज्य की सत्ता देकर वह किश्तवार की ओर भाग गया। डुल्च के सैनिकों ने इस अराजक (राजाविहीन) राज्य की राजधानी को जी भर कर लूटा। लेकिन हिमपात शुरू होने वाला था; और उसके कारण तारबल दर्रा के बन्द होने का भय था, इसलिए लूटपाट करके डुल्च वहाँ से तुरन्त निकल गया।

मन्त्री रामचन्द्र आतिथ्य-सत्कार में विश्वास रखता था। डुल्च के हमले के आसपास ही उसने लद्दाख के निष्कासित राजकुमार रिंचन और 1313 ई. में स्वात प्रदेश से आये एक मुसलमान शरणार्थी शाहमीर को शरण दी। भौट्ट राजकुमार रिंचन ने अवसर पाकर कश्मीर घाटी पर आक्रमण कर दिया। लार के युद्ध में वह विजयी हुआ। उसने सिंहदेव के मन्त्री रामचन्द्र की पुत्री कोटा देवी के साथ विवाह किया था। लेकिन उसने अपने मित्र रामचन्द्र के साथ विश्वासघात करके उसकी हत्या करवा दी। उसने राजा सिंहदेव की भी हत्या करवा दी; और 1320 ई. के आसपास स्वयं को कश्मीर का राजा घोषित किया। रिंचन (1320-1323 ई.) मूलत: बौद्ध धर्मानुयायी था, लेकिन कश्मीर में उसने सूफी सन्त बुलबुलशाह से इस्लाम धर्म की दीक्षा ली। मुसलमान बनने के बाद उसने अपना नाम सदरुद्दीन रख लिया। बुलबुलशाह बग़दाद से तुर्किस्तान होते हुए राजा सिंहदेव के समय में कश्मीर आये थे। बुलबुलशाह के प्रयास से ही श्रीनगर में पहली मस्जिद बनी थी, जिसे आजकल 'बुलबुल

लंगर' कहा जाता है।

जोनराज के समय तक विदेशी राजा के अर्थ में 'सुल्तान' शब्द का प्रयोग होने लगा था; और उसका संस्कृत रूप 'सुरत्राण' था, इसलिए उसने रिंचन को 'सुरत्राण' कहा है।[5]

शाहमीर के पूर्वज 'लंकार चक्क' आजीविका (वृत्ति) की तलाश में कश्मीर आये थे। परन्तु नियति अपना ताना-बाना बुन रही थी। भविष्य में उसकी सन्ततियों को कश्मीर का राज जो भोगना था।[6]

रिंचन के शासनकाल में शाहमीर 'द्वारेश' के पद पर नियुक्त हो गया था। अतः स्वाभाविक रूप से उसका प्रभाव बढ़ गया। रिंचन के निधन के बाद उसके (और कोटा देवी के) पुत्र हैदर के नाबालिग होने के कारण शाहमीर ने बहुत चतुराई से पुराने राजवंश के उदयन देव को राजा बनवा दिया। उदयन ने रिंचन की विधवा कोटा देवी के विवाह भी कर लिया। लेकिन अराजकता का आलम यह था कि राजा उदयन भागकर भोट देश चला गया था। कोटा देवी की मुश्किलें बढ़ने लगीं। कई बार एक काँटे से दूसरे काँटे को निकालना पड़ता है। अतः राजा के भाग जाने के बाद कोटा देवी ने शाहमीर का घमण्ड चूर करने के उद्देश्य से भट्ट भिक्षण नामक मन्त्री को बढ़ावा दिया। उनकी निकटता बढ़ती गयी और उससे जट्ट नामक एक पुत्र भी पैदा हुआ। कुछ समय बाद उदयन लौट आया और उसने अपने क्षेत्रज पुत्र जट्ट को स्वीकार भी कर लिया।

लेकिन फरवरी 1339 ई में राजा उदयन देव का निधन हो गया। उसके बाद कोटा देवी ने शासन की बागडोर स्वयं थाम ली। लेकिन वह कश्मीर की अन्तिम हिन्दू शासिका सिद्ध हुई। शाहमीर ने उसके साथ विश्वासघात किया। कोटा स्वयं रणक्षेत्र में उतर गयी, लेकिन उसको पराजय का सामना करना पड़ा। शाहमीर ने उसकी विवशता का लाभ उठाना चाहा, विवाह का प्रस्ताव भी रखा, लेकिन कोटादेवी ने अपने सीने में खंजर घोंपकर अपनी जीवनलीला का अन्त कर लिया। कोटा देवी के अन्त के साथ ही कश्मीर में महाभारतकाल से चली आ रही हिन्दू राजाओं की परम्परा का अन्त हो गया।

प्रसंगवश उल्लेखनीय है कि उत्तरी भारत में मुसलमानों का शासन शुरू हो जाने के बावजूद कई छोटी हिन्दू रियासतें बहुत दिनों तक अपनी स्वतन्त्रता को बचाये रखे में कामयाब रहीं। 'तुज़्क-ए-जहाँगीरी' नामक एक मध्यकालीन किताब के अनुसार कश्मीर के दक्षिण में पंजाब की सीमा के पास स्थित किष्टवाड़ की हिन्दू रियासत सोलहवीं शताब्दी ई. तक विद्यमान थी।

1339 ई. में शाहमीर (1339-1342 ई.) कश्मीर का पहला मुस्लिम सुल्तान

बना। उसने सुल्तान शम्सुद्दीन के नाम से कश्मीर पर 1339 ई. से 1342 ई. तक राज्य किया। शुरू में वह कश्मीर के द्वारेश के पद पर नियुक्त हुआ था। उसे यह पद या तो राजा रिंचन ने दिया था या फिर भोट देश भागने के पहले उदयन देव ने। बहरहाल, इतिहास-चक्र ऐसा घूमा कि शाहमीर कश्मीर के द्वारपति से कश्मीरपति बन गया।

वह पहले रिंचन का विश्वासपात्र बनकर ऊँचे पद पर पहुँचा। फिर अचल के हमले के समय धैर्य और साहस से देश की रक्षा करके कश्मीरी प्रजा का प्रियपात्र बना। उसके बाद लवन्यों से समन्वय करके उसने पूरे कश्मीर में अपना जाल फैलाया। फिर तलवार की नोंक से अपने प्रतिद्वन्द्वियों को उखाड़ फेंका; और अन्त में दृढ़ता के साथ कश्मीर की सत्ता पर काबिज हो गया। राजगद्दी पर बैठने के बाद उसने शमसुद्दीन की उपाधि धारण की। उसने कश्मीर को एक स्थिर शासन दिया। खास बात यह है कि उसके वंश के सुल्तानों के मन्त्री और प्रमुख राज्याधिकारी हिन्दू ही होते थे। उस समय कश्मीर का क्षेत्र-विस्तार सिन्धु और झेलम नदी की ऊपरी घाटी तक सीमित था।

शाहमीर के पूर्वज हिन्दू थे। जोनराज ने लिखा है कि शाहमीर के पूर्वज पार्थ ने अपने पुत्र का नाम वभ्रुवाहन रखा था। अबुल फज़ल ने आईन-ए-अकबरी में लिखा है कि कश्मीर का राज्य पाने के बाद शाहमीर के वंशज पाण्डु-पुत्र अर्जुन को अपना पूर्वज बताने लगे।

'लंकार चक्क' (अलंकार चक्र) एक डामर था। राजा जयसिंह (1128-1155 ई.) के समय में दरद देश की सीमा पर स्थित शिरशिलाकोट अलंकार चक्र के कब्जे में था। अलंकार के पुत्र का नाम था वभ्रुवाहन। उसका कुरुराज नामक एक वंशज हुआ। कुरुराज के पुत्र का नाम ताहराज और ताहराज के पुत्र का नाम शाहमीर था। शाहमीर के राजवंश को 'छिभ राजवंश' कहा गया है। इस वंश के सुल्तानों ने 16वीं शताब्दी के मध्य तक कश्मीर पर शासन किया।

शाहमीर के वंश में उत्तराधिकार अनियमित क्रम से चला। (1) शाहमीर के बाद उसका पुत्र (2) जमशेद और जमशेद के बाद उसका भाई (3) अलाउद्दीन सुल्तान बने। अलाउद्दीन के बाद उसका सबसे बड़ा पुत्र (4) शिहाबुद्दीन और शिहाबुददीन के बाद उसका भाई (5) कुतुबददीन सुल्तान बने। कुतुबददीन के बाद उसके पुत्र (6) सिकन्दर को राजगद्दी मिली। सिकन्दर के बाद उसके पुत्र (7) अलीशाह और अलीशाह के बाद उसके भाई (8) ज़ैनुल आब्दीन को राजगद्दी मिली। ज़ैनुल के बाद उसके पुत्र (9) हैदरशाह और हैदर के बाद उसके पुत्र (10) हसनशाह को राजगद्दी मिली। हसनशाह के बाद उसका पुत्र (11) मुहम्मदशाह

सुल्तान बना। कल्हण के परवर्ती राजतरंगिणीकारों जोनराज और श्रीवर ने अपने ग्रन्थों में इन्हीं ग्यारह सुल्तानों का वर्णन किया है।

शिहाबुद्दीन (1354-1373 ई.) ने वहाँ की आन्तरिक दशा को सुधार कर कश्मीर की सीमाओं से दूर भी सफलतापूर्वक युद्ध किये। उसकी सेना में कश्मीर के चारों ओर की पहाड़ी जातियों के वीर सैनिक भर्ती हुए थे जिनकी सहायता से उसने सिन्ध, पेशावर और अफगानिस्तान पर चढ़ाई की। दिल्ली के सुल्तान फीरोजशाह तुगलक और सुल्तान शिहाबुद्दीन का अनिर्णीत युद्ध सतलुज नदी के तट पर हुआ। बाद में सन्धि हो जाने पर शिहाबुद्दीन को कश्मीर से सरहिन्द तक का प्रभुत्व मिल गया। उसके कई सैन्य पदाधिकारी, मन्त्री तथा उच्चाधिकारी हिन्दू थे। कोट भट्ट तथा उदय श्री नामक दो हिन्दू मन्त्री उसके अत्यन्त विश्वासपात्र थे। उसी के राज्यकाल में 1372 ई. में तैमूर के कोप से बचने के लिए अमीर कबीर सैय्यद अली हमदानी 700 सैय्यदों के साथ बुखारा (उजबेगिस्तान) से कश्मीर आये थे। सैय्यद अली हमदानी फारस के हमदान नामक स्थान के निवासी थे।

सुल्तान कुतुबुद्दीन (1373-1386 ई.) एक कवि भी था। उसके समय में कश्मीर में कई अकाल पड़े। 1376 ई. में उसी के राज्यकाल में सैय्यद अली हमदानी दूसरी बार कश्मीर आये और उन्होंने सुल्तान को सूफी मतावलम्बी बना दिया। कश्मीर में ढाई वर्ष रहकर उन्होंने सूफीमत का प्रचार किया। सैय्यद अली हमदानी ने 1383 ई. में तीसरी बार कश्मीर की यात्रा की।

सिकन्दर 'बुतशिकन'

कश्मीर का चौथा सुल्तान मुहम्मद शाह केवल आठ वर्ष को अवस्था में सिंहासन पर बैठा था। उसके समय में मन्त्रियों का प्रभाव बहुत बढ़ गया था। इस वंश का छठा सुल्तान सिकन्दर (1386-1410 ई.) एक धर्मान्ध शासक था। उसके पहले के सुल्तान सोने के सिंहासन पर भी बैठते थे। लेकिन इस्लामी शरिया में सोने को हराम बताया गया है; इसलिए सिकन्दर ने चाँदी के सिंहासन पर बैठना स्वीकार किया था। वह महमूद गजनवी की तरह मूर्ति-भंजक था। इसलिए कश्मीर के इतिहास में वह सिकन्दर 'बुतशिकन' (मूर्तियों को तोड़नेवाला) के नाम से कुख्यात है। अबुल फजल के अनुसार 14वीं शताब्दी ई. के अन्त में सिकन्दर बुतशिकन (1390-1417 ई.) ने परिहासपुर के विशाल मन्दिर को ध्वस्त कर दिया था। 'बहारिस्तान-ए-शाही' नामक एक मध्यकालीन किताब में कहा गया है कि-"सिकन्दर बुतशिकन ने समस्त पुस्तकें जलवा दीं। उसने हाक परगना में शालीमार नामक तालाब बनवाया

था। कश्मीर के संस्कृत ग्रन्थों से उस तालाब को भर दिया गया। वहाँ किताबें टिड्डियों के समान एकत्र की गयी थीं। तालाब में उन्हें भरने के बाद उन पर मिट्टी डाल दी गयी ताकि वे सड़ जायें।''[7] जबकि श्रीवर ने अपने इतिहास-ग्रन्थ 'ज़ैन राजतरंगिणी' में लिखा है कि कट्टर मुसलमानों से प्रेरित होकर सुल्तान सिकन्दर ने सभी संस्कृत ग्रन्थों को तिनके की तरह जलाकर भस्म कर दिया। (ज़ै. रा.त. 1/5/75) उस समय मुसलमानों के उपद्रव से आतंकित होकर धर्मपरायण हिन्दू अपने पवित्र ग्रन्थों को लेकर कश्मीर के बाहर चले गये थे। (ज़ै. रा.त. 1/5/76)

भारत पर आक्रमण करने के बाद 1398 ई. में जब तैमूर वापस समरकन्द लौटा तब उसके प्रति अपनी निष्ठा व्यक्त करने के लिए सुल्तान सिकन्दर ने अपने पुत्र ज़ैनुल आब्दीन के हाथों उपहार भिजवाये थे। कट्टर मुसलमान होने के कारण सिकन्दर ने नृत्य, गीत-संगीत और जुआ खेलने पर प्रतिबन्ध लगा दिया था। सम्भवत: वह पहला भारतीय शासक था, जिसने हिन्दुओं में प्रचलित सती-प्रथा को प्रतिबन्धित किया था।[8]

सिकन्दर 'बुतशिकन' ने तलवार के बल पर कश्मीर के हिन्दुओं को इस्लाम धर्म कबूल करने पर मजबूर किया। कहते हैं कि द्वितीय राजतरंगिणी के रचयिता पं. जोनराज (1389-1459 ई.) के समय में कश्मीर घाटी में थोड़े-बहुत पण्डितों को छोड़कर वहाँ के अधिकांश हिन्दुओं का धर्मान्ततरण हो गया था।[9] गौरतलब है कि 1339 ई. में जब कश्मीर में मुसलमानों का शासन स्थापित हुआ, तब भी और उसके आगे भी कश्मीरी ब्राह्मण उच्च प्रशासनिक पदों पर आसीन रहे, इसलिए उन्हें धर्म-परिवर्तन से कोई लाभ नज़र नहीं आया। यही कारण है कि मुस्लिम-शासन के दौर में धर्मान्तरण की प्रचण्ड लहर के बावजूद कश्मीर घाटी में कश्मीरी पण्डितों का वजूद बना रहा।

उस दौर में धार्मिक, राजनीतिक एवं सामाजिक विघ्न-बाधाओं के कारण कश्मीर का परम्परागत स्वरूप नष्ट हो गया था। लेकिन दोष हिन्दुओं का भी कम नहीं था। उन दिनों उनके हृदय में संकीर्णता बहुत बढ़ गयी थी। शिवस्वामी ने भौट्ट (बौद्ध) राजा रिंचन को शैव-धर्म की दीक्षा देने से इनकार कर दिया था। इसका दुष्परिणाम यह हुआ कि केवल रिंचन ही नहीं, धीरे-धीरे पूरा कश्मीर इस्लाम के रंग में रँग गया। जोनराज ने अपनी 'राजतरंगिणी' में कश्मीरी हिन्दुओं की इस आत्मघाती मनोवृत्ति के प्रति रोष व्यक्त किया है।

ज़ैनुल आब्दीन

कश्मीर का आठवाँ सुल्तान ज़ैनुल आब्दीन (1420-1470 ई.) शाहमीर के पोते का

पोता था। वह 1419 ई. में पहली बार सुल्तान बना, लेकिन उसी साल उसके बड़े भाई अलीशाह ने उससे राज्य वापस ले लिया। 1420 ई. में वह दुबारा सुल्तान बना; और फिर उसने 1470 ई. तक सुचारु रूप से शासन किया। उसके पिता सिकन्दर जितने अनुदार और हिन्दू-द्रोही थे, वह उतना ही प्रजावत्सल और धर्मसहिष्णु था। उसका मूल नाम शाही खाँ था, लेकिन गद्दीनशीं होने के बाद उसने अपना नाम ज़ैनुल आब्दीन रख लिया। उसने पाँच दशकों तक शान्तिपूर्वक शासन किया। यद्यपि वह बहुत दयालु था, तथापि, जनहित का ध्यान रखते हुए, दोषी पाये जाने पर उसने अपने मन्त्री, मित्र या पुत्र तक को दण्ड देने में कोई संकोच नहीं किया। कश्मीर के मुसलमान शासकों में उसको सबसे उदार और 'बड़शाह' (महान् सुल्तान) माना जाता है। मेवाड़ के महाराणा कुम्भा (1433-1468 ई.) उसके मित्र थे; और कश्मीर की सत्ता प्राप्त करने में उसे गन्धार के राजा जसरथ खोखर से सहायता मिली थी।

'द्वितीय राजतरंगिणी' के रचयिता पं. जोनराज ज़ैनुल आब्दीन के राज्याश्रित कवि थे। जोनराज ने ज़ैनुल आब्दीन को योगी कहा है। उसके अनुसार ज़ैनुल 'योगवाशिष्ठ' सुना करता था। श्रीवर ने अपनी 'ज़ैन राजतरंगिणी' में लिखा है कि उन्होंने सुल्तान ज़ैनुल को मोक्षोपाय के लिए महर्षि वाल्मीकि कृत 'वाशिष्ठ ब्रह्मदर्शन' का पाठ करके सुनाया था। (ज़ै. रा.त. 1/5/80) ज़ैनुल एक उदार स्वभाव का शासक था। सभी धर्मों के प्रति सहिष्णुता के क्षेत्र में वह अकबर का पूर्वगामी और पथप्रदर्शक था। आगे चलकर शेरशाह और अकबर ने जिन उदारवादी नीतियों को अपनाया था, उसका बीजारोपण ज़ैनुल आब्दीन ने ही किया था। उसने गैर-मुस्लिमों (मुख्यतः हिन्दुओं) से लिये जानेवाले 'जजिया कर' को कम करने के साथ ही गौवध को निषिद्ध कर दिया था। उसने साहित्य, चित्रकला और संगीतकला को प्रोत्साहन भी दिया था।

चूँकि कश्मीर की अर्थव्यवस्था कृषि पर आधारित थी, इसलिए वहाँ के हिन्दू राजा नहरों (कुल्या) के निर्माण के प्रति जागरूक रहते थे। ज़ैनुल आब्दीन कश्मीर का एकमात्र सुल्तान था जिसने पुराने हिन्दू राजाओं की तरह लोकहितकारी रचनात्मक कार्यों की ओर ध्यान दिया था। उसने अवन्तिपुर कुल्या (द्वि.रा.त., 835), पहर कुल्या (द्वि.रा.त., 838), उत्पलपुर कुल्या (द्वि.रा.त., 861), नन्दशैल कुल्या (द्वि.रा.त., 862), कराल कुल्या (द्वि.रा.त., 863), ज़ैनगंगा (द्वि.रा.त., 870-871) आदि नहरों का निर्माण कराया था। यद्यपि वह एक न्यायप्रिय शासक था, तथापि इस निर्माण कार्य में कैदियों से बेगार लिया गया था।

उसके राज्यकाल के अन्तिम दिनों में कश्मीर में असमय हिमपात हुआ और

झेलम नदी में भीषण बाढ़ आयी, जिसके कारण वहाँ भारी अकाल पड़ा। बाढ़ से बचने के लिए उसने हारीपर्वत के निकट नयी राजधानी नौशहर (नवशहर) का निर्माण कराया था।

कश्मीरी मुसलमान हिन्दू रीति-रिवाजों को तिलांजलि नहीं दे सके थे। धर्मान्तरित होकर मुसलमान बन जाने के बावजूद वे हिन्दुओं के पुराने रीति-रिवाजों को भी मानते थे। जैनुल आब्दीन हिन्दुओं के रीति-रिवाजों के प्रति सम्मान व्यक्त करता था। वह हिन्दुओं के उत्सवों में भाग लेता था। उसने दीपमालिका (ज़ै. रा.त. 1/4/13-17), चैत्रोत्सव पुष्पलीला (ज़ै. रा.त. 1/4/2), नागयात्रा (ज़ै. रा.त. 1/3/46) वितस्ता जन्मोत्सव (ज़ै. रा.त. 3/53) आदि उत्सवों में भाग लिया था। 1463 ई. में पितृपक्ष के अन्तिम दिन यात्रा देखने के लिए वह विजयेश्वर गया था। (ज़ै. रा.त. 1/5/91) 'आदि पुराण' सुनने के बाद 1463 ई. में ही उसने नौबन्धन तीर्थ की यात्रा की थी। उसके पुत्र हाजी खाँ और बहराम खाँ भी उसके साथ गये थे। वहाँ से लौटते समय नाव पर ही पं. श्रीवर ने सुल्तान ज़ैनुल को गाकर 'गीत-गाविन्द' सुनाया था। ज़ैनुल ने शारदापीठ, विजयेश्वर, वराहमूल (बारामूला) आदि हिन्दू तीर्थों की भी यात्रा की थी। उसके बाद भी राजपरिवार में हिन्दू रीति-रिवाजों को मानने की परम्परा कमोबेश कायम रही। कहते हैं कि हसनशाह की माता गोल खातून हिन्दुओं के समान आचरण करती थी।

लेकिन शरियत के अनुसार मुस्लिम-राज्य में नये मन्दिर का निर्माण वर्जित है। स्वभावत: सुल्तान सिकन्दर और उसके उत्तराधिकारी अलीशाह के समय में कश्मीर में किसी हिन्दू मन्दिर का निर्माण तो नहीं ही हो सकता था, जीर्णोद्धार भी असम्भव था। लेकिन सुल्तान ज़ैनुल ने कश्मीर से निर्वासित हिन्दुओं को वापस बुलाया और सिकन्दर बुतशिकन द्वारा तोड़े गये हिन्दू मन्दिरों के पुनर्निर्माण की अनुमति दी। विडम्बना यह है कि ज़ैनुल के बाद राज्य की सहिष्णु नीति पुन: बदल दी गयी। ज़ैनुल के बाद उसका पुत्र हाजी खाँ राजगद्दी पर बैठा; और ताजपोशी के समय उसने अपना नाम हैदरशाह रख लिया। हैदरशाह अत्यधिक मद्यपान करता था; और उसी के कारण उसकी मृत्यु भी हुई। हैदर ने अपने राज्यकाल में हिन्दुओं के प्रति अनुदारता दिखायी, लेकिन उसके पुत्र हसनशाह ने कुछ हद तक उदारता बरती।

जोनराज (1389-1459 ई.) सुल्तान सिकन्दर, अलीशाह और ज़ैनुल आब्दीन के राज्यकाल के प्रत्यक्षदर्शी थे। 1459 ई. में उनका निधन हो गया, जिसके कारण उनका इतिहास-ग्रन्थ 'राजतरंगिणी' अधूरा रह गया। उन्होंने जयसिंह के राज्यकाल के अन्तिम पाँच साल की घटनाओं से अपनी राजतरंगिणी की शुरुआत की; और

ज़ैनुल आब्दीन के राज्यकाल के समापन के 11 साल पहले तक का इतिहास लिखा। ज़ैनुल के परवर्ती राज्यकाल के इतिहास को जोनराज के शिष्य श्रीवर ने लिपिबद्ध किया। श्रीवर ने जोनराज के ग्रन्थ के लिए 'राजतरंगिणी' (ज़ै.रा.त. 1/1/6) और 'राजावलि-ग्रन्थ' (ज़ै.रा.त. 1/1/7) शब्द का प्रयोग किया है।

ज़ैनुल के राज्यकाल में कश्मीर भारत-ईरानी संस्कृति का एक महत्त्वपूर्ण केन्द्र बन गया। उसने अपने राज्यादेशों को ताम्रपत्रों पर खुदवाकर स्थान-स्थान पर लगवा दिया था। प्रजा की मनोवृत्ति और राज्य की आन्तरिक स्थिति जानने के लिए उसने गुप्तचरों की नियुक्ति की थी। (ज़ै. रा.त. 1/1/36) अपने उदार विचारों के कारण ज़ैनुल आब्दीन को 'कश्मीर का अकबर' कहा जाता है। लेकिन उसके पुत्रों के बीच हुए सत्ता-संघर्ष के कारण उसके जीवन के अन्तिम वर्ष बहुत दुखदाई रहे।

ज़ैनुल आब्दीन के समय में मन्त्रिसभा मौजूद थी। (ज़ै. रा.त. 1/7/52) यद्यपि सुल्तान मन्त्रिसभा में बैठकर विचार-विमर्श करता था, तथापि वह मन्त्रियों की सलाह मानने के लिए बाध्य नहीं था। सुल्तान ज़ैनुल मन्त्रिसभा में अपने परिजनों से सम्बन्धित बातों पर भी विचार-विमर्श करता था। (ज़ै. रा.त. 1/7/58) वह मन्त्रिसभा को महत्त्व भी देता था, लेकिन अन्तिम निर्णय वह स्वयं ही लेता था।

ज़ैनुल के पुत्र, पौत्र एवं प्रपौत्र के राज्यकाल में स्थितियाँ बहुत बदल गयीं। हैदरशाह ने सुल्तान बनते ही अपने पिता ज़ैनुल के समय तक विद्यमान मन्त्रिसभा को विघटित कर दिया। (ज़ै. रा.त. 2/103) उनसे सलाह-मश्विरे की आवश्यकता नहीं समझी गयी। गौरतलब है कि मन्त्रिसभा समाप्त कर दी गयी, लेकिन मन्त्री कार्यरत रहे। हैदरशाह के उत्तराधिकारी हसनशाह के राज्यकाल में मन्त्रिसभा का पुनः उल्लेख मिलता है, लेकिन उसकी जड़ें मजबूत नहीं हो सकीं। हसनशाह व्यसनी और रसिक प्रवृत्ति का था। स्वभावतः उसके समय की मन्त्रिसभा में उसी प्रवृत्ति के लोगों का जमावड़ा हो गया। हम कह सकते हैं कि ज़ैनुल के बाद मन्त्रिसभा का हाड़ तो बचा हुआ था, लेकिन उसकी आत्मा नष्ट हो चुकी थी। बहरहाल, मन्त्री शक्तिशाली और निरंकुश होते चले गये। मन्त्रिपद प्राप्त करने के लिए परस्पर संघर्ष भी होने लगे। इसके परिणामस्वरूप कश्मीर-मण्डल की बड़ी दुर्दशा हुई।

श्रीवर की 'ज़ैन राजतरंगिणी'

जोनराज के शिष्य श्रीवर ने 1486 ई. में तृतीय राजतरंगिणी (या 'ज़ैन राजतरंगिणी')

नामक ग्रन्थ की रचना की। उसमें 1459 से 1486 ई. तक के कश्मीर का 27 वर्षों का प्रत्यक्षदर्शी इतिहास वर्णित है। ज़ैन राजतरंगिणी में कश्मीर के चार समकालीन सुल्तानों–ज़ैनुल आब्दीन, हैदरशाह, हसनशाह और मुहम्मदशाह के राज्यकाल से सम्बन्धित इतिहास का वर्णन है। 'ज़ैन राजतरंगिणी' के प्रथम तरंग में ज़ैनुल आब्दीन के उत्तरवर्ती राज्यकाल (1459-1470 ई.), द्वितीय तरंग में हैदरशाह (1470-1472 ई.), तृतीय तरंग में हसनशाह (1472-1484 ई.) और चतुर्थ तरंग में सात वर्षीय बालक सुल्तान मुहम्मदशाह (1484-1486 ई.) के दो वर्षों के शासन के दौरान सैय्यद एवं खान विप्लव और अन्ततः फतहशाह द्वारा राज्य-प्राप्त करने का वर्णन किया गया है। इस ग्रन्थ से पता चलता है कि हसनशाह के समय में राजकाज में अन्तःपुर की स्त्रियों का हस्तक्षेप बहुत बढ़ गया था।

श्रीवर शुरू में ज़ैनुल आब्दीन के राजकवि थे। यद्यपि उन्होंने अपनी राजतरंगिणी में केवल ज़ैनुल (ज़ैन-उल) के समय का ही नहीं, बल्कि हैदरशाह एवं हसनशाह का इतिहास भी लिखा था, तथापि सम्भवतः ज़ैनुल के प्रति अपनी श्रद्धा व्यक्त करने के लिए अपनी राजतरंगिणी को 'ज़ैन-राजतरंगिणी' कहा है।[10] श्रीवर ने उल्लेख किया है कि ज़ैनुल आब्दीन ने उनका पुत्रवत पालन-पोषण किया था। ज़ैनुल के पुत्र सुल्तान हैदरशाह ने उनको आदर दिया; और उन्हें अपने पुत्र हसन का शिक्षक नियुक्त किया था। शहजादा हसन को वे प्रतिदिन बृहत्कथा का एक उपाख्यान सुनाते थे। (ज़ै.रा.त. 2/157)

'ज़ैन राजतरंगिणी' से पता चलता है कि श्रीवर ने कश्मीर के तीन सुल्तानों-ज़ैनुल आब्दीन, हैदरशाह एवं हसनशाह को भारतीय दर्शन एवं शास्त्रों की व्याख्या करके सुनाया था। तीनों सुल्तान उसकी व्याख्या से प्रभावित भी हुए थे। खास बात यह है कि श्रीवर ने उन मुसलमान सुल्तानों के मन में कट्टरता के स्थान पर सहिष्णुता एवं उदारता के भाव अंकुरित किये थे। उन्होंने पूर्ववर्ती सुल्तान सिकन्दर बुतशिकन द्वारा प्रचारित क्रूरता, कट्टरता और सम्प्रदायिकता के स्थान पर अपने समकालीन सुल्तानों की विचारधारा को उदारता एवं धर्मसहिष्णुता की ओर मोड़ने का प्रयास किया था। इस प्रकार उन्होंने अपने राज्य कश्मीर की महत्त्वपूर्ण सेवा की थी।

लेकिन श्रीवर कश्मीर की तत्कालीन राजनीतिक स्थिति से क्षुब्ध भी थे। उस दौर में किसी पर विश्वास करना कठिन हो गया था। तत्कालीन सुल्तान सैय्यदों और विदेशी मुसलमानों से प्रभावित होते जा रहे थे। विदेशी भाषा अरबी-फारसी के अध्ययन-अध्यापन पर बल दिया जा रहा था। समाज में हिन्दुओं की स्थिति बद से बदतर होती जा रही थी। इन स्थितियों को देखकर कवि श्रीवर का मन व्यथित भी

था। दो अन्य राजतरंगिणीकार जोनराज और शुक अपने समकालीन सुल्तानों की धार्मिक नीति के विषय में कुछ कहने से परहेज करते दिखायी देते हैं, जबकि श्रीवर खरी बात कहने में कोई संकोच नहीं करते हैं।

मध्यकालीन कश्मीर में संगीत कला

श्रीवर कश्मीर के दसवें सुल्तान हसनशाह के राजकवि होने के साथ ही 'गीत, संगीत, नृत्य एवं नाटक विभाग' के अधिकारी भी थे। उनको 'गीतांगाधिपति' की उपाधि मिली हुई थी। वे एक कुशल गायक और वीणावादक भी थे। उन्होंने अपनी 'राजतरंगिणी' में चार प्रकार की वीणा–म्लेच्छवीणा, तुम्बवीणा, कूर्मवीणा एवं मोदवीणा का उल्लेख किया है। श्रीवर के कारण कश्मीर के सुल्तानों की ख्याति संगीत-विद्या के संरक्षकों के रूप में फैल गयी थी। देश-विदेश से संगीतज्ञ सम्मान, आश्रय, धन एवं संरक्षण के लिए कश्मीर आने लगे थे। श्रीवर ने ज़ैनुल के राजदरबार में उत्सवा नामक एक सुन्दर और प्रसिद्ध गायिका का उल्लेख किया है। (ज़ै. रा.त., 1/4/10) खुरासान के फारसी गायक मुल्ला जाद ने अपनी गायकी से सुल्तान ज़ैनुल को प्रभावित किया था।

श्रीवर के अनुसार खुज्य नामक एक गायक, जो अब्दुल कादिर का शिष्य था, ज़ैनुल आब्दीन को अपने गीत सुनाकर प्रसन्न करता था। (ज़ै. रा.त., 1/4/31) 'आईन-ए-अकबरी' में कहा गया है कि 'ऊदी ख्वाजा' खुरासान-निवासी अब्दुल कादिर का शिष्य था। लगता है कि ऊदी ख्वाजा को ही श्रीवर ने संस्कृत में खुज्य लिख दिया है। 'तबकात-ए-अकबरी' नामक मध्यकालीन किताब के अनुसार ख्वाजा अब्दुल कादिर का शिष्य मुल्ला ऊदी 'ऊद' (बरबत) नामक वाद्ययन्त्र बजाने में निपुण था। ज़ैनुल आब्दीन को उसने अपने गायन और वादन से ही प्रभावित किया होगा।

हसन शाह के समय गीत-काव्य-कला में प्रख्यात कदन विदेश से कश्मीर आया था। वह प्रबन्ध गीतों के गायन में दक्ष था। उसने 'सर्वलोला' नामक प्रबन्ध-गीत को देशी भाषा में गाया था। तत्कालीन कश्मीर में श्रीवर के कारण शास्त्रीय संगीत को जो मान्यता मिली, उसके कारण विदेशी-संगीत पद्धति के समक्ष कश्मीरी-संगीत उभर कर सामने आया। श्रीवर ने भारतीय संगीत के संरक्षण के लिए शास्त्रार्थ करके और स्वयं गायन करके भारतीय संगीत को ऊँचा मुकाम दिलवाया था। उस दौर में शास्त्रीय संगीत के क्षेत्र में कश्मीर की ख्याति सम्पूर्ण भारतवर्ष के राजाओं में फैल गयी थी। श्रीवर ने कदन नामक गायक से संगीतशास्त्र विषयक शास्त्रर्थ किया था। (ज़ै. रा.त., 3/559) श्रीवर की इस विजय से प्रसन्न होकर, संगीतप्रेमी

सुल्तान हसन शाह ने श्रीवर को अपना गुरु घोषित करके बहुत धन और मान दिया था। (ज़ै. रा.त., 3/256-262)

कश्मीर के सुल्तानों ने न केवल गीत-संगीत को प्रश्रय दिया, बल्कि उनमें से कुछ स्वयं शास्त्रीय संगीत के गायक थे। जैनुल आब्दीन स्वयं गीत-गोविन्द गाता था। उसका पुत्र हैदरशाह एक कुशल वीणावादक था। उसके पौत्र हसनशाह ने विदेश से गायकों को कश्मीर बुलाया था। इतना ही नहीं, सुल्तान ज़ैनुल आब्दीन, उसके पुत्र सुल्तान हैदरशाह तथा पौत्र हसनशाह स्वयं संस्कृत समझते और बोलते थे। वे संगीत शास्त्र का अध्ययन करते थे और संगीतिज्ञों के साथ गाते भी थे। (ज़ै. रा.त., 3/237)

रबाब नामक वाद्ययन्त्र को अक्सर ईरानी मूल का माना जाता है, लेकिन श्रीवर अपनी राजतरंगिणी में स्पष्ट करते हैं कि रबाब वाद्य की जन्मभूमि कश्मीर ही है। बहलोल ने रबाब का आविष्कार करके कश्मीर के सुल्तान की कृपा प्राप्त की थी। (ज़ै. रा.त., 2/59) रबाब-वादन आज भी कश्मीर में बहुत प्रिय है।

मध्यकालीन कश्मीर में ज्योतिष

श्रीवर के अनुसार सुल्तान हसनशाह ने स्वयं षड्दर्शनों का अध्ययन किया था। (ज़ैन राजतरंगिणी, 3/22) हिन्दू और मुसलमान दोनों ही शुभ लग्न के अनुसार कार्य आरम्भ करते थे। यात्रा पर निकलने के पहले लग्न का विचार अवश्य करते थे। कहने का आशय यह है कि मुस्लिम-बहुल राज्य हो जाने के बावजूद कश्मीर में परम्परागत ज्योतिष संस्कारों का लोप नहीं हुआ था। (ज़ै. रा.त., 4/530) वहाँ के लोग सप्तग्रहों के अनुकूल सप्ताह के सातों दिन विभिन्न रंगों के वस्त्र पहनते थे। (ज़ै. रा.त., 4/629)

कश्मीर में सूफीमत

सूफी-मत की विकास-यात्रा हजरत मुहम्मद के निधन के दो सौ वर्ष बाद शुरू हुई। उसका अरब से ईरान और फिर कश्मीर तथा भारत के अन्य भागों में प्रवेश हुआ। मुसलमानों की राजनीतिक विजय के साथ ही सूफीमत के प्रचार-प्रसार में भी गति आयी। तेरहवीं शताब्दी में कश्मीर मुसलमानों का एक उपनिवेश बन गया था। अत: सूफीमत को वहाँ पनपने के लिए उपजाऊ जमीन मिली। सामाजिक एवं धार्मिक क्षेत्र में मानवतावाद के समर्थक सूफी सन्तों ने कश्मीर सहित पूरे भारत को प्रभावित किया। कश्मीर के सूफी सम्प्रदायों में में 'ऋषि-सम्प्रदाय' प्रमुख रहा। ''सन्त कवयित्री लल्लेश्वरी और उनके मुसलमान शिष्य नन्द ऋषि ने जन सुलभ भाषा में अपने सम्प्रदाय को मुल्ला-मौलवियों के चंगुल से सचेत करते हुए

वास्तविक अध्यात्म की ओर ले जाने का प्रयास किया।"[11]

ऋषि सम्प्रदाय के कवि हिन्दू-धर्म के उदात्ततम आदर्श मानवतावाद के समर्थक रहे। इस सम्प्रदाय में हिन्दुओं के व्यावहारिक बाह्याचार एवं जीवन-पद्धति सुरक्षित रहे; और इसमें हिन्दू-मुस्लिम एकता की बात कही गयी। कुछ मुस्लिम विद्वानों का मानना है कि "कश्मीर को मुसलमान शासकों की तलवारों और उपायों ने नहीं, बल्कि मुसलमान विद्वानों और फकीरों के प्रभाव ने जीता था।"[12] लेकिन सच्चाई यह है कि कश्मीर को सूफियों के प्रेम से ज्यादा धर्मान्धों के शस्त्रबल से जीता गया था; और जजिया कर लादकर गरीब हिन्दुओं को मजबूर किया था कि यदि उन्हें इस कर से बचना हो तो वे धर्मान्तरण करके मुसलमान बन जायें। इस प्रकार साम-दाम-दण्ड-भेद द्वारा स्थानीय हिन्दू जनता का व्यापक धर्मान्तरण भी कराया गया था।

दूत भेजने की परम्परा

मध्यकाल में भी कश्मीर के सुल्तानों द्वारा दूत भेजने की परम्परा प्रचलित थी। मुख्यतः युद्ध रोकने, सन्धि करने या शत्रु को समझाने के लिए दूत भेजे जाते थे। जोनराज के अनुसार, कश्मीर में प्रायः ब्राह्मण ही दूत का कार्य करते थे। (जोनराज रा.त. 470) यदि विरोधी पक्ष द्वारा दूत को बन्दी बना लिया जाता या उसे शारीरिक कष्ट दिया जाता था, तो इसे राज्य एवं राजा का अपमान माना जाता था। सुल्तान बनने के बाद हसनशाह ने बचपन के सेवक मल्लिक ताज भट्ट को दूत नियुक्त किया था। ताज भट्ट समग्र राज्य में राजा की जिह्वा के समान हो गया था। (ज़ै. रा.त., 3/27-28) सुल्तानों के समय इस प्रकार के दूत की नियुक्ति होती थी, जो राजा के विश्वासपात्र होते थे। उसका वचन राजा का वचन समझा जाता था।

दास प्रथा

कश्मीर में दास-प्रथा का प्रचलन नहीं था। लेकिन मुस्लिम समाज में दास-प्रथा प्रचलित थी। मुहम्मद गोरी के गुलाम दिल्ली की गद्दी पर आसीन हो चुके थे। मुसलमानों की जीत के साथ ही यह प्रथा विजित देशों में भी फैल गयी। वे पराजित सैनिकों और विधर्मियों का संग्रह दास-रूप में करते थे। वे उन्हें इस्लाम में दीक्षित करके अपने धर्म का विस्तार भी करते थे।

मुसलमानों के कश्मीर में प्रवेश के साथ ही यह प्रथा कश्मीर में भी फैल गयी। डुल्च, भौट्ट और अन्य विदेशियों के आक्रमण-काल में कश्मीरी युवक दास बनाकर बेचे गये (द्वि.रा.त., 158)। दास खरीद कर उन्हें इस्लाम धर्म स्वीकार

करवाकर वहाँ मुस्लिम आबादी बढ़ायी गयी। कश्मीरी युवकों की खरीद-बिक्री से भौट्टों एवं मुसलमानों ने धन अर्जित किया और उसी धन से कश्मीर को पराधीन बनाया; और वहाँ के हिन्दू राज्य को मुस्लिम राज्य।[13]

मध्यकाल में स्त्रियों की दशा

चौदहवीं शताब्दी के मध्य में कश्मीर में मुस्लिम-शासन के स्थापित होने के समय समाज में नारियों की स्थिति में कोई खास अन्तर नहीं आया। धीरे-धीरे उच्च-वर्ग की स्त्रियों में पर्दा-प्रथा प्रचलित हुई; और उन्होंने पुरुषों से अलग रहने को प्रमुखता दी। लेकिन ग्रामों तथा नगरों में रहनेवाली स्त्रियों को घर की चहारदीवारी में रहना पसन्द नहीं आया। वे बिना पर्दा किये बाहर घूमती थी; और खेतों में, उद्यानों में तथा घाटों पर अपने पति की सहायता करती थीं। उच्च घरानों की स्त्रियाँ शिक्षित होती थी, किन्तु निम्न वर्गों की स्त्रियाँ अशिक्षित ही रहती थी। माता-पिता द्वारा ही उनके विवाह का प्रबन्ध होता था।

चक राजवंश

1541-1552 ई. के बीच हुमायूँ के एक सम्बन्धी मिर्जा हैदर ने कश्मीर पर शासन किया। वह बाबर का चचेरा भाई था। मिर्जा हैदर ने कन्नौज की पराजय के बाद हुमायूँ की मदद की थी। हुमायूँ के कहने पर ही वह सेना की एक छोटी टुकड़ी लेकर 1540 ई. में कश्मीर आया था; और बिना किसी संघर्ष के कश्मीर को हस्तगत कर लिया था।

इसके बाद कुछ समय के लिए चक-राजवंश (1561-1586 ई.) का शासन रहा। सुल्तान हबीबशाह को अपदस्थ करके गाज़ी चक (1561-1563 ई.) ने चक राजवंश की नींव रखी थी। चक या चक्क राजवंश का मूल पुरुष भी 'चक लंकार' ही था। गौरतलब है कि चक वंशीय सुल्तान शिया थे, जबकि छिभ वंशीय सुल्तान सुन्नी थे। चक वंश का प्रतिष्ठापक लकर चक राजा सहदेव के समय में दरदिस्तान से आकर कश्मीर के एक ग्राम त्रोहगाम में बस गया था। इसी के वंशज काजी चक का पुत्र गाजी चक 1561 ई. में कश्मीर का सुल्तान बना। चक राजवंश के राज्यकाल में ही कश्मीर में शिया-सुन्नी संघर्ष की शुरुआत हुई।

नालन्दा में कश्मीर के अन्तिम सुल्तान की कब्र

यूसुफशाह चक (1578-1586 ई.) कश्मीर का अन्तिम सुल्तान था। उसका जिक्र अकबरनामा, आईन-ए-अकबरी और बहारिस्तान-ए-शाही में मिलता है।

बहारिस्तान-ए-शाही मध्ययुगीन कश्मीर में चल रही राजनीतिक उठापटक का दस्तावेज है। इस किताब के 14वें और 15वें अध्याय में यूसुफशाह चक और उस समय के कश्मीर का विस्तार से उल्लेख है। बहारिस्तान-ए-शाही के अनुसार शासन सँभालने के बाद यूसुफ चक अपने ही सामन्तों से परेशान था। 1580 ई. में उसने मुगलों की तत्कालीन राजधानी आगरा जाकर अकबर से मदद माँगी। अकबर ने राजा मानसिंह को यूसुफ चक की मदद के लिए भेजा। लेकिन मुगल सेना के कश्मीर पहुँचने से पहले ही यूसुफ चक और विद्रोही सामन्त अब्दाल भट्ट के बीच समझौता हो गया। इसके फलस्वरूप मुगल सेना को कश्मीर के बाहर से ही लौटना पड़ा। इस बात को लेकर बादशाह अकबर यूसुफशाह से नाराज हो गये।

बाद में 1586 ई. में अकबर के आदेश पर राजा भगवानदास ने कश्मीर पर आक्रमण किया। थोड़े विरोध के बाद भगवानदास और यूसुफशाह चक के बीच समझौता हुआ। लेकिन लाहौर में जब अकबर के सामने यूसुफशाह को पेश किया गया तब बादशाह ने समझौता मानने से इनकार कर दिया। 14 फरवरी 1586 को मुगल बादशाह अकबर ने यूसुफशाह चक को कैद कर लिया और उसे 30 महीने तक कारागार में रखा। उसके बाद अकबर ने अपने सेनापति मानसिंह के सहायक के तौर पर यूसुफशाह चक को 500 मनसब का ओहदा देकर बिहार के नालन्दा जिले के बेशवक परगना में निर्वासित करके भेज दिया।

उड़ीसा पर मुगलों के हमले के दौरान अकबर की ओर से लड़ते हुए सितम्बर, 1592 ई. में यूसुफशाह की तबीयत खराब हुई और अगले ही दिन उसकी मृत्यु हो गयी। बहारिस्तान-ए-शाही के अनुसार यूसुफशाह के शव को बेशवक लाने में दो महीने लगे। बेशवक में उसे दफनाया गया और उसकी कब्र के पास एक बगीचे का निर्माण किया गया।

यूसुफशाह को संगीत-कला का ज्ञान था।[14] वह हिन्दी, कश्मीरी और फारसी कविता का जानकार था। उसकी खेलों में रूचि थी। कहते हैं कि वह सभी धर्मों का आदर करता था। उसकी पत्नी का नाम हब्बा खातून था, जो कश्मीर की एक प्रसिद्ध कवयित्री थीं। हब्बा खातून एक स्वतन्त्र विचारोंवाली महिला थीं। किसान परिवार से सम्बन्धित होने के बावजूद वह शिक्षित थीं। पहले पति को तलाक दे दिया था; यूसुफशाह उनके दूसरे पति थे। उन्होंने अपनी रचनाओं में धर्म को प्रधानता नहीं दी थी।

कश्मीर के 'चक' वंश के अन्तिम शासक सुल्तान यूसुफशाह चक की कब्र नालन्दा जिले के इस्लामपुर थाने के बेशवक गाँव में स्थित है। वहीं कश्मीरी चक

नामक एक टोला भी है। कश्मीरी चक के थोड़ी ही दूर हैदरचक है। उल्लेखनीय है कि हैदर चक यूसुफशाह चक का पुत्र और एक कश्मीरी सामन्त था।

साम्प्रदायिक वैमनस्य और क्रूरता

शाहमीर वंश के शासन की शुरुआत होने के बाद धीरे-धीरे खुरासान, तुर्किस्तान और सीमान्त पर्वतीय प्रदेशों के मुसलमानों का कश्मीर में प्रवेश होने लगा। शासकों के मुसलमान होने के कारण नवागत विदेशियों को वहाँ सुविधा मिलने लगी। शुरु में मुसलमानों की आबादी बहुत कम थी। मुसलमानों ने हिन्दुओं को अपदस्थ करके उनका राज्य हड़प लिया था। ऐसे वातावरण में सुल्तान अपनी स्थिति सुदृढ़ करने के लिए स्वधर्मी प्रजा चाहते थे। इस उद्देश्य की पूर्ति के लिए कश्मीर में अबाध गति से विदेशी मुसलमानों का प्रवेश कराया गया। फारस और तुर्किस्तान से बड़ी संख्या में मुसलमानों के कश्मीर आने के कारण वहाँ का सामाजिक ताना-बाना बदलने लगा। सामाजिक और राजनीतिक दृष्टि से हिन्दुओं की उपेक्षा होने लगी और उनका स्थान सैय्यद, उलेमा और पीर-फकीर लेने लगे। लेकिन आगे चलकर मुस्लिम समाज में आपसी टकराव की स्थितियाँ भी उत्पन्न होने लगीं। विदेशी मुसलमान स्थानीय मुसलमानों के लिए समस्या बनने लगे। कश्मीर में विदेशी मुसलमानों के आगमन के साथ ही साम्प्रदायिक वैमनस्य और क्रूरता का दौर शुरू हुआ, जो छठे और सातवें सुल्तान सिकन्दर बुतशिकन और अलीशाह के समय चरम पर पहुँच गया। सिकन्दर और अलीशाह के समय में कश्मीर का इस्लामीकरण हो गया।

कश्मीर के मुस्लिम-बहुल होने पर जो हिंसा और क्रूरता पहले हिन्दुओं के प्रति होती थी, शीघ्र ही वह देशी-विदेशी मुसलमानों के बीच आपस में भी होने लगी। ज़ैनुल आब्दीन का आधी सदी का शासनकाल इसका अपवाद था। लेकिन ज़ैनुल के दुर्बल हो जाने के बाद उसके पुत्रों की राज्यलिप्सा के कारण क्रूरता के एक नये दौर की शुरुआत हुई।

प्राचीन एवं मध्यकालीन स्थापत्य शैली

कश्मीर के विभिन्न ध्वंसावशेषों में लगे विशाल शिलाखण्डों के प्रयोग को आसानी से लक्ष्य किया जा सकता है। वहाँ के साहित्यिक स्रोतों में भी सौध, नाग-भवन, हर्म्य, गुहागृह, पाषाण-वेश्म आदि का उल्लेख मिलता है। शिलाओं से बने भवन स्वाभाविक रूप से भव्य होते थे। ईंटों का प्रयोग प्राय: छोटे निर्माणों में किया जाता था। इस प्रकार, कश्मीर की हिन्दू-स्थापत्य शैली में मुख्यत: पत्थरों एवं पकी ईंटों का प्रयोग होता था, लेकिन यथास्थान उनमें काष्ठ का

प्रयोग भी किया जाता था।

कश्मीर के मुसलमान सुल्तानों के समय में वास्तुशैली एकदम बदल गयी। पत्थरों का प्रयोग प्रायः समाप्त हो गया। सुल्तान सिकन्दर बुतशिकन के समय में पुराने हिन्दू देवालयों पर कब्जा करके उनको इस्लामी जियारतों में रूपान्तरित कर दिया गया। हिन्दुओं से सम्बन्धित तमाम भवन आदि नष्ट कर दिये गये। उनके स्थान पर आनन-फानन में लकड़ियों की इमारतें खड़ी की गयीं। मस्जिदों, जियारतगाहों और खानकाहों का निर्माण इमारती लकड़ियों से किया गया। एक तो, ईंटों और पत्थरों की इमारत बनाने में बहुत समय लगता; दूसरे, कश्मीर में इमारती लकड़ियाँ प्रचुर मात्रा में उपलब्ध थीं। इसलिए वहाँ के मुसलमान सुल्तानों के दौर में काष्ठ का प्रयोग करके इमारतों का निर्माण कराया जाने लगा। यद्यपि यह सब कुछ साम्प्रदायिक विद्वेष के वशीभूत होकर किया गया था, तथापि इस वास्तुगत प्रयोग के कारण एक नयी वास्तुशैली का विकास हुआ, जिसमें हिन्दू, बौद्ध और इस्लामी स्थापत्य शैलियों का समन्वय देखने को मिलता है। शाह हमदान इस स्थापत्य-शैली के प्रश्रयदाता थे। सुल्तान ज़ैनुल आब्दीन द्वारा बनवाया गया राजमहल पूर्णतः काष्ठ का बना हुआ था। श्रीनगर के पहले स्थायी काष्ठपुल के निर्माण का श्रेय भी ज़ैनुल आब्दीन को ही जाता है। सुल्तान सिकन्दर के समय में सैय्यद मुहम्मद मदनी, मदीना से कश्मीर आया था। उसी ने 'मदनी मस्जिद' का निर्माण करवाकर कश्मीर में इस नयी स्थापत्य-शैली का सूत्रपात किया था।

राजकाज में सैय्यदों की दखलन्दाज़ी

हिन्दू राजाओं के समय से ही उनकी सेना और उनके दरबार में मुसलमानों का प्रवेश हो रहा था। विदेशी राजसेवक शाहमीर ने ही कश्मीर में मुस्लिम राज्य की नींव रखी थी। सैय्यद लोग हजरत मुहम्मद के वंशज थे। वे भी विदेशी मुसलमान थे। कश्मीर में उनकी तादाद बढ़ती जा रही थी। अमीर कबीर सैय्यद अली हमदानी ने तीन बार कश्मीर की यात्रा की। उनके पुत्र सैय्यद मुहम्मद हमदानी सुल्तान सिकन्दर के समय में कश्मीर आये थे। इन सूफी सन्तों द्वारा दिये गये प्रेम के सन्देश ने कश्मीरी जनता को अपनी ओर आकर्षित किया।

ज़ैनुल आब्दीन ने सैय्यद नासिर को पूज्य मानकर उनका सत्कार किया, अपनी पुत्री का विवाह भी उनके साथ कर दिया और उन्हें राष्ट्राधिप भी बना दिया था। (ज़ै.रा.त. 3/153-154) इसके कारण वे लम्बे समय तक राजाओं की तरह आचरण करते रहे।

ज़ैनुल आब्दीन की बेगम बोधा खातून सैय्यद वंश की थी। (ज़ै.रा.त. 1/7/47) उसके पुत्र हैदरशाह और पौत्र हसनशाह की रानियाँ भी सैय्यद वंश की ही थीं। सैय्यदों ने सुल्तानों के शाही खानदान के साथ जो वैवाहिक सम्बन्ध स्थापित किये, उसके परिणामस्वरूप कश्मीरी राजदरबार में उनका प्रभाव बहुत बढ़ गया। सुल्तानों से जब उनकी बेटियों के पुत्र होने लगे, तब उन्होंने मन्त्रिपद आदि भी प्राप्त कर लिया। सैय्यदों की सहानुभूति स्थानीय कश्मीरियों की अपेक्षा विदेशी मुसलमानों के प्रति अधिक थी। हसनशाह और मुहम्मदशाह के समय में कश्मीरियों और सैय्यदों का अन्तर्कलह अपनी चरम सीमा पर पहुँच गया। रानी स्वाभाविक रूप से सैय्यदों का पक्ष लेती थीं। राजप्रासाद में कश्मीरियों एवं सैय्यदों के दो अलग-अलग गुट हो गये। रानी का प्रश्रय पाकर सैय्यद राजकाज में अनुचित हस्तक्षेप करने लगे। विडम्बना यह है कि यदि सैय्यदों को कुछ कहा जाता, तो रानी क्रुद्ध हो जाती थीं।

श्रीवर ने सैय्यदों के बारे में लिखा है कि वे भिक्षुकों की भाँति इस प्रदेश में आये और अब राजसम्मान प्राप्त करके वैभवशाली हो गये हैं। लेकिन वे प्रजा का उत्पीड़न करने लगे। लेकिन आखिरकार पाप के भार से उनका वैभव नष्ट हो गया और सुल्तान ने उनको निष्कासित कर दिया। (ज़ै.रा.त. 3/159)

दरअसल, ज़ैनुल आब्दीन सैय्यदों के खतरे को भाँप गया था। वह उनको कश्मीर से निकालना भी चाहता था, लेकिन वह ऐसा कर नहीं पाया। यह कार्य किया उसके पौत्र हसनशाह ने। (ज़ै.रा.त. 3/168)

निष्कासन के बाद सैय्यद लोग दिल्ली में जाकर बस गये। मल्लिक गुट को लगा कि सैय्यदों के आने से उनका गुट सबल हो जायेगा, इसलिए उन्होंने सैय्यदों को कश्मीर वापस बुलाया। वापसी के बाद सैय्यदों ने पुनः राजदरबार में अपना प्रभाव बढ़ा लिया। उनका उत्पात इतना बढ़ गया कि मद्रदेशवासियों के नेता परशुराम सहित कई लोगों ने कश्मीर से बाहर जाने की अनुमति माँगी। (ज़ै.रा.त. 3/498) यह अलग बात है कि उस समय उन्हें प्रतिमुक्तपत्र (पारगमन-पत्र) नहीं दिया गया।

श्रीवर ने 1484 ई. के सैय्यद-विप्लव का वर्णन किया है। वे सभी राजकीय कार्यों पर नियन्त्रण चाहते थे, इसलिए उन्होंने कश्मीर पर अधिकार करने का प्रयास किया। इसके फलस्वरूप कश्मीरियों और सैय्यदों में संघर्ष शुरू हो गया। कश्मीर में मद्रवासियों की बड़ी संख्या थी। कश्मीरियों ने उनके साथ मिलकर एक गुट बनाया, जिसने सैय्यदों से संघर्ष किया। (ज़ै.रा.त. 4/24) इस युद्ध में 2000 विदेशी सैनिक मारे गये। इस युद्ध का परिणाम यह हुआ कि कश्मीर का बालक-सुल्तान

सैय्यदों के चंगुल से निकलकर कश्मीरियों के प्रभाव में आ गया। इसके बाद कश्मीर के मन्त्रियों द्वारा सम्मानित होकर मद्र-नेता परशुराम अपने देश (मद्रदेश) लौट गये। उस समय वहाँ कश्मीरियों के तीन दल थे- ठाकुर, डामर और राजानक। सैय्यदों के चले जाने के बाद वे सब रचनात्मक कार्यों में लग गये। बहरहाल, श्रीवर के अनुसार 1485 ई. में कश्मीर में खान-विप्लव हुआ था।

मुगलकाल में कश्मीर

चकों के बाद कश्मीर पर मुगल राजवंश का शासन स्थापित हुआ। 1586 से 1739 ई. तक कश्मीर मुगल साम्राज्य का अभिन्न अंग बना रहा। मुगलकाल में बादशाह अकबर ने अपने स्वात अभियान के दौरान 1586 ई. में कासिम खाँ और राजा भगवानदास के नेतृत्व में सेना भेजकर कश्मीर पर अधिकार कर लिया। 1586 से 1605 ई. तक वहाँ अकबर का नियन्त्रण रहा। इन 19 वर्षों के दौरान चार मुगल सूबेदारों ने कश्मीर पर शासन किया। फ्रांसीसी यात्री फ्रांको बर्नियर ने अपने यात्रा-वृत्तान्त में लिखा है कि ''अकबर ने कश्मीर को कपट से जीता था। (शाहजहाँ के समय में) दियानत खाँ को कश्मीर की सूबेदारी मिली। यद्यपि कश्मीर दुर्गम और छोटा देश है, तथापि इतना सुन्दर और हरा-भरा है कि उसे हिन्दुस्तान का स्वर्ग कहा जाता है।''[15] उल्लेखनीय है कि ''कश्मीर के दक्षिणी हिस्से पर अकबर के शासन की पकड़ काफी मजबूत थी, लेकिन इस पर्वतीय क्षेत्र के बहुत बड़े हिस्से पर उनका कोई वास्तविक नियन्त्रण नहीं था।''[16] अकबर के समय में जब कश्मीर में भयंकर अकाल पड़ा, तभी हिन्दुओं को जजिया कर से मुक्ति मिली।

अकबर ने तीन बार कश्मीर की यात्रा की थी। अप्रैल 1589 ई. में वह सपरिवार लाहौर से कश्मीर के लिए रवाना हुआ था। कश्मीर के सीमान्त पर स्थित भिम्मर होते हुए जब वह कश्मीर की घाटी में पहुँचा, तब वहाँ के नयनाभिराम प्राकृतिक दृश्यों को देखकर मन्त्रमुग्ध हो गया। लेकिन कश्मीर-प्रवास के दौरान ही अकबर को उसके साम्राज्य के दो कर्णधारों राजा भगवानदास और राजा टोडरमल के आकस्मिक निधन का दुखद समाचार मिला था। जो भी हो, कश्मीर की वादियों में विहार करने के बाद 11 जुलाई, 1589 ई. को उसने कश्मीर से काबुल की ओर प्रस्थान किया। अकबर की कश्मीर-यात्रा के दौरान अब्दुर्रहीम खानखाना भी उसके साथ थे। उल्लेखनीय है कि अपने कश्मीर-प्रवास के दौरान ही अब्दुर्रहीम खानखाना ने बाबर द्वारा तुर्की भाषा में लिखित आत्मकथा 'तुज़्क-ए-बाबरी' का फारसी में अनुवाद किया था, जो 'बाबरनामा' के नाम से प्रसिद्ध है। बादशाह

अकबर जब कश्मीर और काबुल की यात्रा पूरी करके राजधानी आगरा लौट रहे थे, तब 24 नवम्बर, 1589 ई. के दिन रहीम ने अकबर के समक्ष वह अनुवाद पेश करके उन्हें सुनाया था। अपने पितामह की आत्मकथा का सरल-सुबोध भाषान्तर सुनकर अकबर बहुत प्रसन्न हुआ था।

कश्मीर पर मुगलों का शासन आरम्भ होने के बाद स्थानीय सेना को भंग कर दिया गया। चक, मागरेय, डार आदि शासकवंशों से सम्बन्धित पदाधिकारी हटा दिये गये और उनके स्थान पर कश्मीर में मुगल पदाधिकारी तैनात किये गये। लेकिन जहाँगीर के समय में उसके द्वारा नियुक्त किये गये सूबेदार इतिकाद खाँ ने जनता पर अत्याचार किये थे। जब अहमद बेग सूबेदार था तभी 1615 ई. में यहाँ प्लेग की बीमारी फैली, जिसके कारण कश्मीर घाटी में हजारों लोगों की मृत्यु हुई थी।

शाहजहाँ के सूबेदारों जफर खाँ तथा अलीमदीन खाँ ने अपने समय में कुछ जनकल्याणकारी कार्य किये थे। जहाँगीर और शाहजहाँ के समय के कई स्मारक आज भी कश्मीर में आकर्षण का केन्द्र बने हुए हैं, जहाँगीर द्वारा बनवाये गये शालिमार और निशात बाग उनमें सर्वाधिक उल्लेखनीय हैं।

औरंगजेब (1658-1707 ई.) के समय में कश्मीर के हिन्दुओं पर अत्याचार किये गये। उसकी एक बेगम रहमतुन्निसा 'नवाब बाई' के नाम से प्रसिद्ध थी। उसका जन्म एक पहाड़ी राजपूत घराने में हुआ था। वह कश्मीर प्रदेश के अन्तर्गत राजौरी के राजा राजूकी की पुत्री थी।

अपने राज्यारोहण के पाँचवें वर्ष (1662 ई.) में औरंगजेब गम्भीर रूप से बीमार पड़ गया था। तब हकीमों ने स्वास्थ्य-लाभ के लिए उसको कश्मीर जाने की सलाह दी थी। 8 दिसम्बर 1662 ई. को दिल्ली से लाहौर होते हुए वह कश्मीर की यात्रा पर रवाना हुआ और मई 1663 ई. में श्रीनगर पहुँचा। वहाँ करीब ढाई महीने रह कर स्वास्थ्य-लाभ करने के बाद 29 सितम्बर 1663 ई. को लाहौर पहुँचा और फिर 18 जनवरी 1664 ई. को वहाँ से वापस दिल्ली लौटा था।

मुगल बादशाह कश्मीर को अपने आमोद-प्रमोद के लिए एक सुन्दर स्थान से अधिक कुछ नहीं समझते थे। गुलमर्ग बादशाह जहाँगीर की प्रिय सैरगाह थी। लेकिन कश्मीरियों की हालत सुधारने के लिए मुगल बादशाहों ने कभी कोई प्रयत्न नहीं किया। कश्मीर की आम जनता अशिक्षा और गरीबी के गर्त में आकण्ठ डूबी हुई थी। ग्रामीण क्षेत्रों में रहनेवाले अधिकांश लोग अभावग्रस्त जीवन बिता रहे थे। उनके पास जरूरी कपड़े तक नहीं थे। भीषण सर्दी से बचने के लिए वे अपने शरीर पर एक कम्बल लपेटे रहते थे। बस्तियाँ बहुत दूर-दूर बसी हुई थी और सम्पर्क-

मार्ग के अभाव में बाहरी प्रदेशों से वहाँ अनाज पहुँचाना दुष्कर था। परिवहन की कठिनाइयों के कारण बाजार में पहुँचते-पहुँचते कश्मीर में उत्पादित वस्तुओं का मूल्य बहुत बढ़ जाता था। बाढ़ या अधिक बर्फवारी के कारण आवागमन पूर्णतः ठप्प हो जाता था। इसलिए घाटी के निवासियों को अपनी आवश्यकता की खाद्य-सामग्री अपने यहाँ ही उत्पन्न करनी होती थी। एक तो वहाँ कोई विशेष उद्योग-धन्धे थे नहीं; और दूसरे, वहाँ बननेवाले शॉल के धन्धे पर भी शाही-नियन्त्रण था। वहाँ बननेवाला सुन्दर कागज भी केवल शाही दरबार के काम में आता था और शाही हुक्म के बाद ही बनता था। इसलिए वहाँ काम करनेवाले मजदूरों को शाही कारखानों से दैनिक मजदूरी-भर मिल पाती थी।

मुगलकाल में कश्मीर के निवासी इतने पिछड़े हुए थे कि वहाँ के उच्च सामाजिक श्रेणीवाले लोगों को भी औरंगजेब के शासन (1658-1707 ई.) के अन्त तक शाही मनसब पाने के योग्य नहीं समझा जाता था। 1699 ई. में कश्मीर के सूबेदार की सिफारिश पर औरंगजेब ने कश्मीर-निवासियों को शाही मनसब देने की स्वीकृति प्रदान की थी। गौरतलब है कि ''किसी भी कश्मीरी हिन्दू को मुगल-साम्राज्य में कोई पद नहीं दिया गया था।''[17]

औरंगजेब के 48 वर्षीय शासनकाल में कुल बारह सूबेदारों ने कश्मीर पर शासन किया। इत्माद खाँ और फाज़िल खाँ-जैसे कुछ सूबेदार न्यायपूर्ण ढंग से शासन करने के साथ ही विद्वानों का आदर भी करते थे। जबकि सैफ खाँ-जैसे सूबेदार नये-नये कर लगाकर उन्हें सख्ती से वसूल करते थे।

औरंगजेब के उत्तराधिकारी चूँकि अशक्त थे इसलिए अधीनस्थ राज्य स्वतन्त्र होते चले गये। कश्मीर पर भी इसका प्रभाव पड़ना स्वाभाविक था, किन्तु सूबेदारों को अपनी स्वतन्त्रता घोषित करने का अवसर नहीं मिला। 1752 ई. में अफगानों ने कश्मीर पर कब्जा कर लिया।

मध्यकाल में प्राकृतिक आपदाएँ

कश्मीर के तीन प्राकृतिक शत्रु थे-तुषारापात (बर्फबारी), जल-प्लावन (बाढ़) और अग्निदाह। औरंगजेब के शासनकाल में कश्मीर को प्राकृतिक आपदाओं ने बहुत त्रस्त किया—जून, 1669 ई. और 1681 ई. में वहाँ विनाशकारी भूकम्प आये, 1673 ई. और 1678 ई. में दो बार राजधानी श्रीनगर में आग लगी, 1681 ई. में वहाँ भीषण बाढ़ आयी और 1688 ई. में भयंकर अकाल पड़ा। इसके पहले 1460 ई. में भी कश्मीर में भयंकर दुर्भिक्ष पड़ा था।

श्रीवर ने अपने ग्रन्थ 'जै़नराजतरंगिणी' के प्रथम तरंग के द्वितीय सर्ग का नाम

रखा है-'दुर्भिक्ष वर्णन'। प्रथम तरंग के सातवें सर्ग में उन्होंने कश्मीर के एक अन्य दुर्भिक्ष का वर्णन किया है। अनावृष्टि के कारण कश्मीर तथा उसके समीपवर्ती प्रदेशों में घोर दुर्भिक्ष पड़ा। अन्य प्रदेशों से क्षुधा पीड़ितों के दल कश्मीर आने लगे थे। सुल्तान जैनुल आब्दीन के पूछने पर उन आगन्तुकों ने कहा कि-"हे राजन्! अनेक देशों में अनावृष्टि के कारण यह अकाल पड़ा है। (ज़ै.रा.त. 1/7/21) भूख से पीड़ित कुत्ते आदि सूने घरों में पड़े शव को खत्म करने के बाद अब एक-दूसरे का मांस खाने लगे हैं। (ज़ै.रा.त. 1/7/23) दूसरों के स्पर्श एवं जूठन से परहेज करनेवाले शुद्ध शाकाहारी ब्राह्मण भी अब सर्वभक्षी बन गये हैं। (ज़ै.रा.त. 1/7/24) अन्न के अभाव के कारण ब्राह्मणों की स्त्रियाँ सविष पका अन्न खाकर अपनी तथा अपने परिजनों की जीवनलीला का अन्त कर रही हैं। (ज़ै.रा.त. 1/7/25) ग्राम एवं पुर निर्जन हो गये हैं।" (ज़ै.रा.त. 1/7/26) श्रीवर ने लिखा है कि उस अकाल के समय सुल्तान जैनुल आब्दीन ने उन भूखे लोगों की रक्षा की थी। (ज़ै.रा.त. 1/7/33)

श्रीवर के अनुसार 1462 ई. में कश्मीर में भयंकर बाढ़ आयी थी। विशोका नदी ने अपना नाम-गुण भूलकर चारों ओर शोक उत्पन्न कर दिया था। उसका जल विजयेश्वर नगर में प्रवेश कर गया था। तमाम घर डूब गये थे। सुल्तान ज़ैनुल आब्दीन द्वारा वितस्ता के किनारे ज़ैन कदल में बने घर जलमग्न और भग्न हो गये थे। श्रीनगर में भी बाढ़ आ गयी थी। महापद्मसर (वुलर झील) का पानी दुर्गपुर के भीतर प्रवेश कर गया था। फसलें बरबाद हो गयी थीं। तब जलप्लावन से आबादी की रक्षा करने के लिए सुल्तान ज़ैनुल ने जयापीडपुर के पास ज़ैनतिलक नामक नगर बसाया था।

सिक्ख गुरु और कश्मीर

छठे सिक्ख गुरु हरगोविन्द (1606-1645 ई.) के समय से सिक्ख सम्प्रदाय के इतिहास में एक नया युग प्रारम्भ हुआ। उन्होंने अपने 52 अंग-रक्षक सैनिकों की संख्या को बढ़ाकर उसे एक छोटी सेना का रूप दे लिया। गद्दी पर बैठने के कुछ समय बाद ही जब अमृतसर के पास मुगल बादशाह शाहजहाँ बाजों से शिकार खेल रहा था, तब गुरु भी शिकार खेलते हुए वहीं जा पहुँचे। एक पक्षी को लेकर सिक्खों और शिकार-खाने के शाही सेवकों में विवाद हो गया। सिक्खों ने कई शाही सेवकों को मार डाला। इसलिए सिक्ख विद्रोहियों के विरुद्ध एक सेना भेजी गयी, परन्तु 1628 ई. में सिक्खों ने अमृतसर के पास सग्राना नामक स्थान पर मुगल सेना को हरा दिया। लाहौर के पास ही शाही सेना का ऐसा अपमान मुगल बादशाह के

लिए असहनीय था। पुनः सेना भेजी गयी। इस बार भी शुरू में गुरु हरगोविन्द को कुछ सफलता मिली, लेकिन अन्ततः गुरु का अमृतसर वाला घर और उनका सारा सामान छीन लिया गया। तब गुरु हरगोविन्द को बाध्य होकर मुगल सेना की पहुँच से दूर, कश्मीर की पहाड़ियों में स्थित कीरतपुर में शरण लेनी पड़ी थी। वहीं सन् 1645 ई. में गुरु हरगोविन्द का देहावसान हुआ था।

नौवें गुरु तेगबहादुर (1664-1676 ई.) जब सिक्खों के पवित्र स्थान आनन्दपुर में ठहरे हुए थे तब उन्होंने देखा कि मुगलों द्वारा सिक्खों को अकारण ही सख्ती से दबाया जा रहा है। उस दौर में हिन्दू एवं सिक्ख तीर्थस्थानों को नष्ट-भ्रष्ट किया जा रहा था।

मुगल बादशाह की भावना के अनुरूप कश्मीर के मुगल सूबेदार ने भी कश्मीरी हिन्दुओं को धर्मान्तरित करके मुसलमान बनाने के लिए उन पर जोर-जुल्म करना शुरू कर दिया था। उसके अत्याचार को देखकर कश्मीरी पण्डित घबरा गये। उन्होंने आपस में मिल-बैठकर सोच-विचार किया। अन्ततः उन्हें आनन्दपुर में आशा की किरण दिखायी दी। उन्हें लगा कि सम्पूर्ण उत्तरी भारत में गुरु तेगबहादुर ही उन्हें इस धर्मसंकट से उबार सकते हैं। कश्मीरी पण्डितों ने अपने सूबे के सूबेदार से छह महीने का समय माँगा; और उनका एक प्रतिनिधि-मण्डल आनन्दपुर की ओर चल पड़ा।

जब पूरा भारत शासन-समर्थित साम्प्रदायिक द्वेष की आग में जल रहा था, पंजाब के आनन्दपुर में निर्भय प्रेम और सुख-शान्ति की वर्षा हो रही थी। सिक्ख-दरबार सजा हुआ था, हजारों सिक्ख शान्तिपूर्वक बैठे हुए थे और एक तख्त पर विराजमान तत्कालीन भारत के राजर्षि गुरु तेगबहादुर प्रवचन कर रहे थे। ''एक परमपिता में विश्वास रखो। पाप से बचो। निर्भय बनो। आपस में ईर्ष्या-द्वेष मत रखो। संसार में रहते हुए सांसारिक वस्तुओं से इतना मोह मत करो कि उनके लिए स्वाभिमान की भी रक्षा न हो सके।'' उसी समय कश्मीरी हिन्दुओं का दल वहाँ पहुँचा। वे सब सभा में चुपचाप बैठ गये। उन्हें लगा कि वे उस जगह पर आ गये हैं, जहाँ भय और शोक के लिए कोई स्थान नहीं है।

उपदेश की समाप्ति पर उन ब्राह्मणों ने खड़े होकर विनती की- ''हिन्दुओं के रक्षक और हम अनाथों के नाथ, हे सतगुरु! हम कश्मीर के उन पीड़ित ब्राह्मणों के प्रतिनिधि है, जिन्हें सूबेदार ने 'मौत या इस्लाम' में से किसी एक को चुनने का हुक्म दिया है। हमें मात्र छह महीने की मोहलत मिली है। हमने भारत के कोने-कोने पर नज़र डाली है। आज हमारा और हमारे धर्म का कोई रक्षक नहीं हैं। अब हम आपकी शरण में आये हैं, हमारी रक्षा कीजिए।'' उनके करुण स्वर को सुनकर सभा में सन्नाटा छा गया।

इतने में बालक श्री गोविन्दराय भी वहाँ आ गये। उन्होंने गुरुजी को विचारमग्न देखकर पूछा- महाराज, आप किस चिन्ता में हैं? गुरु तेगबहादुर ने बड़ी शान्ति और दृढ़ता से कहा- "पुत्र, इस समय इन पीड़ित हिन्दुओं के धर्म को बचाने के लिए किसी महापुरुष के बलिदान की आवश्यकता है।" गुरु-बालक ने तपाक से कहा कि "महाराज, आपसे बड़ा महापुरुष कौन है!" बालक गोविन्दराय की इस ओजपूर्ण बात को सुनकर सभा स्तब्ध रह गयी। गुरु तेगबहादुर ने अपने पुत्र को गले लगाते हुए कहा कि "ऐसा ही होगा। ब्राह्मणों! जाओ और बादशाह से कह दो कि निरंकारी नानकदेव ही हमारे आराध्य देव हैं। यदि उनके उत्तराधिकारी गुरु तेगबहादुर इस्लाम कबूल कर लें तो हम सब मुसलमान बनने को तैयार हैं।"

"चारों ओर से आवाज आयी-'गुरु नानकदेव की जय', 'गुरु तेगबहादुर की जय।'

बहरहाल, वह ब्राह्मण-दल दिल्ली पहुँचा; और उन्होंने यही बात बादशाह औरंगजेब के सामने दुहरा दी। औरंगजेब ने इस चुनौती को स्वीकार कर लिया। उसने गुरु तेगबहादुर को दिल्ली बुलाने का हुक्म दिया। गुरुजी ने औरंगजेब को कहलवा भेजा कि हम वर्षा ऋतु के समाप्त होने पर दिल्ली आयेंगे।

तय समय पर आनन्दपुर से चल कर गुरुजी दिल्ली पहुँचे। उन्हें मुगल राजदरबार में लाया गया। सभा स्तब्ध थी। बादशाह भी चुप बैठा था। वह काजियों की ओर देख रहा था; और काजी आपस में कानाफूसी कर रहे थे। अत: गुरुजी ने ही स्तब्धता को भंग करते हुए कहा, "बादशाह, आपने मुझे क्यों याद किया है?"

औरंगजेब ने कहा कि-"मैंने खूब सोच-समझ लिया है कि जो लोग एकेश्वरवादी नहीं हैं, अनेक देवी-देवताओं की उपासना करते हैं और ईश्वर की मूर्तियाँ बनाते हैं, वे अवश्य ही गलत रास्ते पर हैं। ऐसे लोगों को दीन इस्लाम की पवित्र किताबों में काफिर कहा गया है।"

उसने आगे कहा कि "सारा हिन्दुस्तान कुफ्र मे फँसा हुआ है। कुफ्र को मिटाना प्रत्येक दीनदार का काम है। हिन्दू जब तक इस काफिरपने से बाहर नहीं होते, तब तक वे इन्सान नहीं बन सकते हैं। इसलिए मैं हिन्दुओं की भलाई और कुरानशरीफ की आज्ञा के पालन के लिए इस काम को पूरा करने का प्रण ले चुका हूँ। पूरे हिन्दुस्तान के हिन्दुओं को मुझे मुसलमान बनाना है। चाहे कोई प्रेम से बने, चाहे जबर से। और हाँ, कश्मीर के हिन्दुओं ने मुझे विश्वास दिलाया है कि अगर गुरु तेगबहादुर मुसलमान हो जाते हैं तो हम सब भी मुसलमान हो जायेंगे। इसलिए मैं चाहता हूँ कि आप दीन इस्लाम को कबूल करके मेरे पवित्र उद्देश्य को पूरा करने में मेरी सहायता करें।"

गुरुजी ने कहा कि "कहने को तो तुम्हारी बात भली मालूम होती है, किन्तु

हिन्दू और मुसलमान सभी उसी ईश्वर की सन्तान हैं। उनको किसी खास रास्ते पर चलाने के लिए जबरदस्ती करना और किसी के धर्म को जोर-जबरदस्ती करके मिटाने की कोशिश करना अन्याय है। जोर-जुल्म के सामने झुकना ईश्वर की इच्छा के विरुद्ध है। यद्यपि मैं एकेश्वरवादी हूँ, तथापि इस अन्याय को न तो सह सकता हूँ और न किसी जबर के सामने झुक सकता हूँ। जुल्म से पीड़ित लोगों का संकट हरने के लिए मैं अपना जीवन तक अर्पित करने को तैयार हूँ।''

जब औरंगजेब ने गुरुजी को अपनी इच्छा के सामने झुकते नहीं देखा, तब उन्हें बन्दीखाने में डाल देने का हुक्म दिया। गुरुजी और उनके साथियों को बन्दीखाने में डाल दिया गया। बन्दीगृह में उन्हें यातनाएँ दी गयी। उनको लोहे के पिजरे में बन्द कर दिया गया। लेकिन गुरुजी अडिग रहे; और अन्ततोगत्वा उनका सिर धड़ से अलग कर दिया गया। इस प्रकार अपनी शहादत देकर गुरु तेगबहादुर ने कश्मीरी हिन्दुओं के दीन और ईमान की रक्षा की।

मुगलों के बाद का कश्मीर

1752 से 1819 ई. तक काबुल के राजाओं ने कश्मीर पर राज्य किया। 1752 ई. में अफगान वंश के अहमदशाह अब्दाली (दुर्रानी) ने कश्मीर पर कब्जा कर लिया; और वह 1819 ई. तक अफगानिस्तान के राज्य का एक भाग बना रहा। अफगान-शासन के दौरान कश्मीर के हिन्दुओं पर बहुत जुल्म हुए। अफगान सूबेदार असद खाँ इतना धर्मान्ध और हिन्दू-द्रोही था कि वह कश्मीरी हिन्दुओं के दोनों हाथ बाँधकर डल झील में डूबने के लिए छोड़ देता था। अत्याचार से पीड़ित होकर सैंकड़ों हिन्दू कश्मीर से पलायन कर गये। अत्याचार इतना बढ़ा कि कश्मीरी हिन्दुओं को पंजाब के प्रतापी राजा रणजीतसिंह की शरण में जाना पड़ा।

1819 ई. में **महाराजा रणजीत सिंह** ने कश्मीर को जीतकर अपने राज्य में मिला लिया। कश्मीर-विजय के प्रथम प्रयास में वे विफल रहे थे। 1819 ई. में उन्हें पता चला कि कश्मीर का अफगान सुल्तान अपनी राजधानी में नहीं है। फलत: एक शक्तिशाली सेना के साथ सरदार दीवानचन्द और दीवान रामदयाल को कश्मीर पर कब्जा करने के लिए भेजा। वहाँ का स्थानापन्न शासक मुहम्मद जब्बार खाँ अपनी जान बचाकर भाग निकला; और सिक्ख-सेना ने कश्मीर पर कब्जा कर लिया। जब दोनों सरदार यह विजय-सन्देश लेकर लाहौर पहुँचे तब रणजीत सिंह ने प्रसन्न होकर दीवान रामदयाल के पिता और सरदार मोकमचन्द के पुत्र दीवान मोतीराम को कश्मीर का सूबेदार नियुक्त किया। बाद में एक अन्य सिक्ख सरदार की कश्मीर में तैनाती की गयी; और साठ लाख रुपये वार्षिक राजस्व तय करके कश्मीर प्रान्त

उन दोनों सरदारों को ठेके पर दे दिया गया।

उन्हीं दिनों महाराजा रणजीत सिंह की रानी दयाकुँवर ने दो जुड़वाँ पुत्रों को जन्म दिया, जिनके नाम कश्मीर और मुल्तान की विजय के उपलक्ष्य में कश्मीर सिंह ओर मुल्तान सिंह रखे गये थे।

बहरहाल, हजारा के उपद्रवी अफगानों के दमन के दौरान दीवान रामदयाल की मृत्यु हो गयी। इसके कारण रामदयाल के पिता दीवान मोतीराम को इतना गहरा सदमा लगा कि उन्होंने कश्मीर की सूबेदारी से इस्तीफा दे दिया। तब रणजीत सिंह ने सरदार हरिसिंह नलवा को कश्मीर का सूबेदार नियुक्त किया। हरिसिंह नलवा रणकुशल तो थे, लेकिन उनमें प्राशसनिक कुशलता का अभाव था। उनके समय में प्रशासनिक दुर्व्यवस्था के कारण कश्मीरी प्रजा में असन्तोष भड़क उठा। बाध्य होकर हरिसिंह नलवा को पदच्युत कर दिया गया; और दीवान मोतीराम, जो वीतरागी होकर काशी-यात्रा पर निकल रहे थे, को समझा-बुझाकर दुबारा कश्मीर का सूबेदार नियुक्त किया गया। लेकिन दीवान मोतीराम से कुछ चूक हो गयी जिससे क्षुब्ध होकर रणजीतसिंह ने उनको पदच्युत करके सरदार गुरमुखसिंह और दीवान चुन्नीलाल को 2,75,000 रुपये के वार्षिक राजस्व पर कश्मीर सूबा ठेके पर दे दिया। लेकिन राज्य-प्रबन्धन में विफल रहने पर उन्हें हटाकर दीवान कृपाराम को कश्मीर का सूबेदार नियुक्त किया गया।

कश्मीर में बेगार की जो प्रथा चली आ रही थी, उसे रणजीत सिंह ने समाप्त कर दिया। पहले सिक्ख सूबेदार मोतीराम ने सूबेदारी सँभालते ही गोवध को पूर्णतः प्रतिबन्धित करने की घोषणा की। सिक्ख शासनकाल में कश्मीर पर कुल दस सिक्ख सूबेदारों ने शासन किया। 1829 ई. के कुछ पहले कश्मीर में एक भयंकर भूकम्प आया था, जिसमें करीब डेढ़ लाख लोग मर गये थे। महाराजा रणजीत सिंह के पुत्र शेरसिंह के कश्मीर के सूबेदार बनने के बाद 1832 ई. में कश्मीर में भीषण अकाल पड़ा, जिसमें असंख्य लोग भूख से मर गये और असंख्य लोग पंजाब की ओर पलायन कर गये। कहते हैं कि उस समय कश्मीर की जनसंख्या आठ लाख से घटकर महज दो लाख रह गयी थी।[18]

जम्मू क्षेत्र के राजपूतों में डोगरा सबसे प्रभावशाली थे। 19वीं शताब्दी में उन्होंने प्रमुखता प्राप्त की। लम्बे समय से जम्मू एक छोटा राज्य था। लेकिन 1780 ई. के बाद यह पंजाब का एक सहायक प्रदेश बन गया। वहाँ के गुलाब सिंह ने लाहौर-राजदरबार में प्रतिष्ठा पायी। वे महाराजा रणजीतसिंह के विश्वासपात्र ध्यानसिंह के भाई थे। गुलाबसिंह ने लाहौर राज्य के एक कश्मीरी विद्रोही का सख्ती

से दमन किया था। संयोगवश इसी बीच जम्मू के प्रशासक किशोरसिंह का निधन हो गया। फलतः महाराजा रणजीत सिंह ने 1820 ई. में किशोरसिंह के पुत्र गुलाबसिंह को जम्मू का राजा बना दिया। यहीं से डोगरा राज्य की शुरुआत हुई।

पुंछ पहले मुगल साम्राज्य के, फिर दुर्रानी साम्राज्य के और अन्त में सिक्ख साम्राज्य के नियन्त्रण में रहा। महाराजा रणजीत सिंह ने इसे डोगरा वंशीय राजा ध्यान सिंह को एक जागीर के रूप में दिया था। रणजीत सिंह की मृत्यु के बाद ध्यान सिंह की हत्या कर दी गयी, और इस क्षेत्र को ब्रिटिश आधिपत्य के तहत जम्मू और कश्मीर राज्य के हिस्से के रूप में राजा गुलाब सिंह को स्थानान्तरित कर दिया गया। अगस्त 1947 में अंग्रेजों के जाने के बाद, पुंछ के आदिवासियों ने विद्रोह कर दिया, पाकिस्तानी सहायता को आमन्त्रित किया और इस प्रकार 1947 के भारत-पाकिस्तान युद्ध की शुरुआत हुई। साल भर चले युद्ध के बाद इस क्षेत्र को भारत और पाकिस्तान के बीच विभाजित कर दिया गया।

प्रथम सिक्ख युद्ध (1845-1846 ई.) में गुलाब सिंह तटस्थ रहे, लेकिन बाद में उन्होंने मध्यस्थ की भूमिका निभाई। प्रथम सिख-युद्ध में सिक्खों की पराजय हुई। इसके बाद 1846 ई. में ब्रिटिश ईस्ट इण्डिया कम्पनी ने सिक्खों द्वारा 1819 ई. में विजित कश्मीर प्रदेश को पुरस्कारस्वरूप जम्मू के राजा गुलाबसिंह के हाथों एक करोड़ रुपये में बेच दिया। दरअसल, पराजित सिक्ख राज्य ने विजयी अंग्रेजों को डेढ़ करोड़ रुपये हर्जाना देना मंजूर किया था; कश्मीर को बेचकर वह रकम अदा की गयी। इस बीच गुलाबसिंह ने ब्रिटिश-भारतीय सरकार से एक अलग सन्धि कर ली, जिसके अन्तर्गत उनको कश्मीर तथा जम्मू का स्वतन्त्र शासक स्वीकार कर लिया गया। राजा गुलाब सिंह ने उत्तर में लद्दाख और बाल्टिस्तान पर कब्जा करके अपने राज्य का विस्तार किया। 9 नवम्बर, 1846 ई. के दिन गुलाब सिंह जब महाराजा के रूप में श्रीनगर पहुँचे, उस समय कश्मीर रियासत की दशा बहुत चिन्ताजनक थी।

1857 ई. में राजा गुलाबसिंह की मृत्यु के बाद उनके उत्तराधिकारी हुए रणवीरसिंह (1857-1885 ई.)। उसके बाद प्रतापसिंह (1885-1925 ई.) और हरिसिंह (1925-1949 ई.) कश्मीर के राजा हुए। प्रतापसिंह ने बाढ़ को रोकने, झेलम को गहरा करने और बाँध बनवाने-जैसे कई लोकोपकारी कार्य किये थे। गुलाबसिंह के वंशजों ने 1947 ई. तक वहाँ शासन किया। भारत-पाक विभाजन के बाद गुलाबसिंह के पड़पोते राजा हरिसिंह को पाकिस्तान के कबाइलियों के हमले का सामना करना पड़ा और अन्ततः 1948 ई. वे भारतीय संघ में शामिल हो गये।

आधुनिककाल में संस्कृत वाङ्मय का संरक्षण और पुनरुद्धार

जम्मू और कश्मीर का डुगर क्षेत्र संस्कृत वाङ्मय का एक प्रसिद्ध केन्द्र रहा है। जम्बू (जम्मू) के अधिपति महाराज ब्रजराज देव (1782-1787 ई.) के समय से लेकर महाराज रणवीर देव के शासनकाल (1857-1885 ई.) तक वहाँ संस्कृत साहित्य की अविच्छिन्न धारा प्रवहमान रही है। ब्रजराज देव जम्मू के राजा रणजीत देव के पुत्र थे। वे संस्कृत भाषा-साहित्य के प्रेमी थे। दत्तू और गंगाराम जैसे प्रसिद्ध संस्कृत कवियों को उन्होंने राजाश्रय दिया था।

1835 ई. में जम्मू के महाराजा गुलाब सिंह (1822-1857 ई.) ने जम्मू में रघुनाथ मन्दिर का निर्माण शुरू कराया था, लेकिन यह कार्य 1858 ई. में उनके पुत्र महाराजा रणवीर सिंह के समय में पूरा हुआ। 1858 ई. में रघुनाथ मन्दिर की प्रतिष्ठा के समय ही रघुनाथ संस्कृत महाविद्यालय की स्थापना की गयी। संस्कृत के प्रचारार्थ 500 विद्यार्थियों के लिए निवास और भोजन की व्यवस्था की गयी। उत्तरवाहिनी संस्कृत विद्यालय की स्थापना भी की गयी और वहाँ भी छात्रों की संख्या 500 रखी गयी। इन दोनों विद्यालयों में वेद, वेदांग, ज्योतिष, व्याकरण, चिकित्सा, दर्शन आदि विषयों के पृथक-पृथक् विभागों में विद्वानों की नियुक्तियाँ की गयी। कुछ अन्य संस्कृत पाठशालाएँ भी स्थापित की गयीं।

महाराजा रणवीर सिंह के प्रयास से रघुनाथ पुस्तकालय में हजारों प्राचीन हस्तलेख संगृहीत किये गये। उन्होंने पं. आशानन्द को काशी भेजकर सैंकड़ों हस्तलिखित संस्कृत पोथियाँ मँगवाई थीं। जम्मू राज्य में की गयी खोज में भी सैकड़ों पाण्डुलिपियाँ प्राप्त हुईं। लगभग 4500 पाण्डुलिपियों का यह विशाल संग्रह रघुनाथ पुस्तकालय में रखा गया। यह संग्रहकार्य 1860 ई. के लगभग प्रारम्भ होकर 1883 ई. तक चला। 1885 ई. में महाराज रणवीरसिंह की मृत्यु के बाद महाराज प्रतापसिंह (1885-1925 ई.) राजा बने। इनके राज्यकाल में ही डॉ. ऑरिल स्टीन को जम्मू बुलाया गया। डॉ. ऑरिल स्टीन उस समय लाहौर विश्वविद्यालय के ओरियंटल कॉलेज के प्राचार्य थे। संस्कृत पाण्डुलिपियों के व्यवस्थापन के लिए उन्हें गोविन्द कौल तथा सहज भट्ट नामक दो सहायक तथा छह प्रतिलिपिकार दिये गये, जिनकी सहायता से 1889 से 1893 ई. के मध्य उन्होंने हस्तलिखित पाण्डुलिपियों की एक वृहद् सूची तैयार की। इसी समय पंडितराज काक, बलभद्र काक, साहिब राम आदि कश्मीरी विद्वानों ने कश्मीर घाटी से भी बहुत से लेख प्राप्त करके रघुनाथ पुस्तकालय को दिये। इस संग्रह में बहुमूल्य संस्कृत हस्तलेख थे। अपनी संस्कृत पुस्तक प्रकाशन योजना के

अन्तर्गत महाराज रणवीरसिंह ने दूर-दूर के विद्वानों को बुलवाकर अपनी सभा में रखा तथा संस्कृत के विभिन्न विषयों पर उनसे ग्रन्थ लिखवाये।

सन्दर्भ और टिप्पणियाँ

1. डॉ. रमेशचन्द्र मजूमदार, प्राचीन भारत; अनुवादक : डॉ. परमेश्वरीलाल गुप्त; पृ. 246; मोतीलाल बनारसीदास, वाराणसी; 1962 ई.
2. वही; पृ. 247
3. वही; पृ. 249
4. वही; पृ. 250
5. श्रीरिंचनसुरत्राणो श्रान्तां यवनविप्लवैः।
अनयद्विश्रमं तुङ्गे भुजवातायने महीम्।। (जोनराज; द्वितीय राजतरंगिणी, श्लोक 206)
6. वृत्त्यै लंकारचक्कोपि दरद्देशात्तदाययौ।
सन्ततेर्भाविसाम्राज्यः प्राज्यं कश्मीरमण्डलम्।। (जोनराज; द्वितीय राजतरंगिणी, श्लोक 140)
7. 'श्रीवर कृत ज़ैन राजतरंगिणी' खण्ड-1, अनुवादक : डॉ. रघुनाथ सिंह, पृ. 160; पादटिप्पणी में उद्धृत; चौखम्बा अमरभारती प्रकाशन, वाराणसी; 1977 ई.।
8. पृथ्वीनाथ कौल 'बामजई'; 'ए हिस्ट्री ऑफ कश्मीर', पृ. 297
9. 'जोनराज की राजतरंगिणी', अनुवादक : डॉ. रघुनाथ सिंह, पृ. 21; चौखम्बा विद्याभवन, वाराणसी; 1972 ई.।
10. श्रीवर के अनुसार ज़ैनुल आब्दीन के राज्यकाल में कश्मीरी भाषा में पं. नोत्थ सोम ने 'ज़ैन चरित', योध भट्ट ने 'ज़ैन प्रकाश' नामक नाटक और भट्टावतार ने 'ज़ैन विलास' नामक ग्रन्थों की रचना की गयी थी।
11. 'बहुवचन' (त्रौमासिक पत्रिका) अंक 64-65-66 में जवाहरलाल कौल का लेख 'कश्मीरियत का सांस्कृतिक सन्दर्भ', पृ. 17; महा. गाँधी अन्तरराष्ट्रीय हिन्दी वि.वि. वर्धा, जनवरी-सितम्बर 2020।
12. मौलाना सैय्यद सुलेमान नदवी, अरब और भारत के सम्बन्ध; अनुवादक : रामचन्द्र वर्मा; पृ. 325; हिन्दुस्तानी एकेडेमी, प्रयाग; 1930 ई.।
13. 'जोनराज की राजतरंगिणी', अनुवादक : डॉ. रघुनाथ सिंह, पृ. 40; चौखम्बा विद्याभवन, वाराणसी; 1972 ई.।
14. 'बहारिस्तान-ए-शाही' के अलावा पृथ्वीनाथ कौल 'बामजई' की पुस्तक 'ए हिस्ट्री ऑफ कश्मीर' और प्रो. मोहिबुल हसन की किताब 'कश्मीर अण्डर सुल्तान' में यूसुफशाह चक के व्यक्तित्व का वर्णन किया गया है।
15. फ्रांको बर्नियर, अनुवादक : गंगा प्रसाद गुप्त; 'बर्नियर की भारत-यात्रा'; पृ. 118; नेशनल बुक ट्रस्ट, नयी दिल्ली; 2001 ई.।

16. डब्लू. एच. मोरलैण्ड, अनुवादक : सुधाकिरण सिनहा; 'अकबर की मृत्यु के समय का भारत'; पृ. 4; दि मैकमिलन कम्पनी ऑफ इण्डिया लि., नयी दिल्ली। (हिन्दी संस्करण 1986 ई.)
17. जदुनाथ सरकार, अनुवादक : डॉ. रघुवीर सिंह 'औरंगजेब'; पृ. 389; हिन्दी ग्रन्थ रत्नाकर प्राइवेट लि. बम्बई; 1970 ई.।
18. पृथ्वीनाथ कौल 'बामजई'; 'ए हिस्ट्री ऑफ कश्मीर', पृ. 568

उपसंहार

कश्मीर के सांस्कृतिक गौरव को बनाये-बचाये रखने के लिए जिस स्तर के प्रयास की दरकार थी, वैसे प्रयास नहीं किये गये। कविवर कल्हण (12वीं शताब्दी ई.) अपनी तटस्थता के कारण अपने देशवासियों के दुर्गुणों को निरपेक्ष भाव से देखने में सक्षम थे। उनकी दृष्टि में कश्मीरी लोग सुन्दर, मिथ्यावादी और चंचलचित्त थे। सैनिकों में अनुशासनहीन घर कर गयी थी। अधिकतर दरबारियों में स्वामिभक्ति का अभाव था। विडम्बना यह है कि युद्ध के लिए कश्मीर के राजे भाड़े के विदेशी सैनिकों की वीरता और स्वामिभक्ति पर विश्वास करने के लिए मजबूर थे। जनता अकर्मण्य, आराम-तलब और संवेदनहीन थी। वह आज एक राजा की स्तुति करने को और दूसरे दिन दूसरे का स्वागत करने को तैयार रहती थी। डामरों ने राजा और प्रजा को समान भाव से कष्ट दिया। उन्हें जब कभी अवसर मिला, राजधानी के अधिकारियों और ब्राह्मणों की जायदादों को जमकर लूटा। कल्हण ने अधिकारी-वर्ग की लोलुपता और अन्यायपूर्ण कार्यों का भण्डाफोड़ किया है। कल्हण के दौर में कश्मीर पुरोहितों के कृत्यों से भी अभिशप्त था। अपने गम्भीर उपवासों (प्रायोपवेशन) द्वारा, जो उनकी माँगों की पूर्ति के अभाव में मृत्यु-पर्यन्त चल सकते थे, वे घटनाचक्र को प्रभावित करते थे।

कश्मीर का परम्परागत सामाजिक ढाँचा कल्हण के समय में दरकने और जोनराज (1389-1459 ई.) के समय में टूट कर बिखरने लगा था। पुरानी मान्यताओं की मीनार गिर रही थी और परम्परागत आचार-विचार क्रमशः लुप्त हो रहे थे। शैव-बौद्ध परम्परा का सूरज डूब रहा था; और कश्मीर के क्षितिज पर इस्लाम का चाँद उगने को था। उस गोधूलि-बेला में कुछ नयी मान्यताएँ उभरने लगी थीं। यह कश्मीर के इतिहास का संक्रमण-काल था। तत्कालीन समाज का स्वरूप न तो पूरा हिन्दू था और न पूरा मुसलमान। वह हिन्दू समाज का पतनोन्मुख और मुस्लिम समाज का उदीयमान दृश्य था। खास बात यह है कि जनता इस्लाम में दीक्षित होने के बावजूद पुरातन परम्परा के मोहपाश से अभी

निकल नहीं पायी थी।

दरअसल, इसके कुछ पहले से ही कश्मीरी समाज में तन्त्र, मन्त्र और कुसंस्कारों का घुन लगने लगा था। विडम्बना यह है कि कश्मीर का हिन्दू समाज भावी संकट के पदचाप को सुनने में सर्वथा विफल रहा।

कश्मीरी हिन्दुओं के मिथ्याभिमान से क्षुब्ध होकर वहाँ का राजा रिंचन भोट बौद्धमत को त्यागकर बाद में मुसलमान हो गया। उसके राज्यकाल में विश्वासघात, वचनभंग आदि चरम सीमा पर पहुँच गये थे। समाज इतना गिर गया था, देशप्रेम की भावना का ऐसा लोप हो गया था कि रिंचन के विरुद्ध किसी कश्मीरी हिन्दू ने विद्रोह करने का साहस नहीं दिखाया। स्थानीय जनता ने न तो विद्रोह किया और न पुनः राज्य-प्राप्ति का कोई प्रयास ही किया। दरअसल, समाज की प्रतिरोधक शक्ति नष्टप्राय थी।

उस दौर में देशभक्ति या राजनीतिक कुशलता के साधारण भाव का भी अभाव दिखायी पड़ता है। वहाँ (बलपूर्वक धर्मान्तरण कराकर हिन्दुओं का जीना दूभर करनेवाले) मुसलमानों के विरुद्ध राष्ट्रीय विद्रोह जैसी कोई बात दिखायी नहीं पड़ती। यही नहीं, कश्मीर के राजे अपनी स्वार्थ-सिद्धि के लिए उनका उपयोग करते दिखायी पड़ते हैं।[1]

असाधारण परिस्थितियों के मौजूद होने के बावजूद विद्रोह का बिगुल फूँकने के लिए कोई तैयार नहीं था। ज़ैनुल आब्दीन-जैसे एकाध अपवाद को छोड़ दिया जाये तो कश्मीर के अधिकांश सुल्तान विलासी और हिन्दू-द्रोही थे। समकालीन इतिहासकार श्रीवर ने लिखा है कि ज़ैनुल आब्दीन का बड़ा पुत्र आदम खाँ मर्यादाहीन और व्यसनी हो गया था। उस समय जिनके घरों में सुन्दर स्त्री, बहन, बेटी आदि थी, उनके घरों में घुसकर आदम खाँ के उद्दण्ड सेवकों एवं सैनिकों ने उनका बलात्कार किया था। (ज़ै.रा.त. 1/366-373) लेकिन लोगों को मानो काठ मार गया था। वहाँ का हिन्दू समाज मूकद्रष्टा बना रहा। ऐसा प्रतीत होता है कि कश्मीरी समाज की प्रतिरोधात्मक शक्ति का पूर्णतः लोप हो गया था। राष्ट्रकवि रामधारीसिंह दिनकर ने लिखा है कि–

अत्याचार सहन करने का कुफल यही होता है,
पौरुष का आतंक मनुज कोमल होकर खोता है। (कुरुक्षेत्र)

जब बुराइयों के प्रति जनता की प्रतिरोधात्मक शक्ति क्षीण हो जाती है, तब देश और समाज का पतन अवश्यम्भावी हो जाता है।

कल्हण के समय में कश्मीर में कई सीमान्त और पर्वतीय जातियाँ थीं। लेकिन भारत में मुसलमानों का शासन स्थापित होने के बाद विभिन्न सीमान्त

और पर्वतीय जातियों ने इस्लाम धर्म में दीक्षित होकर नया जाति-नाम धारण कर लिया; और वे सैय्यद, शेख, पठान, मुगल आदि नामों से पहचाने जाने लगे। जोनराज ने दरद, भौट्ट, खस, मद्र, शाही, ठक्कुर, लवण्य, डामर आदि जातियों का उल्लेख किया है। आज भौट्ट प्रायः बौद्ध हैं, कुछ मुसलमान भी हो गये हैं। पहाड़ी ठक्कुर या ठाकुर और खस हिन्दू और मुसलमान दोनों हैं। शेष सभी मुसलमान हो गये हैं।

अफगानिस्तान, तुर्किस्तान, इराक, ईरान, अरब, पश्चिमोत्तर सीमान्त प्रदेश तथा सिन्ध पर मुसलमानों के अधिकार और फिर वहाँ के स्थानीय लोगों के धर्म-परिवर्तन के कारण स्थितियाँ बदलती चली गयीं। राजनीतिक कारणों से उन देशों-प्रदेशों से भगाये गये लोग या सैनिक व्यक्तिगत और सामाजिक कारणों से आश्रय पाने के लिए कश्मीर में प्रवेश करने लगे थे। विदेशियों के अबाध आगमन और कश्मीर में उनके उपनिवेश बनते जाने के कारण परिस्थितियाँ बदतर होती चली गयीं। एक तरफ मुसलमान सुल्तान पाशविक बल के आधार पर कश्मीरी हिन्दुओं को मुसलमान बनने के लिए बाध्य कर रहे थे, दूसरी ओर उन्होंने इस्लामी धर्म-प्रचारकों को कश्मीर में आकर धर्म-प्रचार करने की सुविधा दे रखी थी। फलतः कश्मीर में धर्मान्तरण की एक लहर-सी उठी। वहाँ के मुस्लिम सुल्तान जिस कार्य को तलवार के बल पर कर रहे थे, सूफी फकीर वही कार्य अपनी प्रेम-भरी तकरीरों के माध्यम से कर रहे थे। इसके परिणामस्वरूप अन्ततोगत्वा कश्मीर पर मुसलमानों का आधिपत्य स्थापित हो गया।

14वीं शताब्दी में कश्मीर पर मुसलमानों के अधिकार के बाद से लेकर सिकन्दर बुतशिकन के राज्यकाल के पहले तक वहाँ का सामाजिक और धार्मिक वातावरण कमोबेश सौहार्दपूर्ण था। लेकिन उसके बाद धर्मान्तरण की एक प्रचण्ड लहर-सी उठी और फिर धीरे-धीरे वहाँ की अधिकांश जनता को मुसलमान बना दिया गया। कश्मीर में सिक्ख-शासन की स्थापना होने के पूर्व तक कश्मीरी जनता का 9/10 भाग मुसलमान हो चुका था। विडम्बना यह है कि कश्मीर में लोगों का धर्म तो बदल रहा था, लेकिन उनकी जीवन स्थितियाँ यथावत थीं। सुल्तानों के शासनकाल में धर्मान्तरण के बाद कश्मीर की जनता के जीवन स्तर या उनकी सामाजिक-आर्थिक स्थिति में कोई विशेष सुधार हुआ हो, यह बात देखने में नहीं आती है। केवल सुल्तान ज़ैनुल आब्दीन के राज्यकाल को इसका अपवाद माना जा सकता है।

1149 ई. से लेकर 1339 ई. तक के कालखण्ड में आन्तरिक षड्यन्त्र चलता रहा; और वहाँ का राजन्य वर्ग पारस्परिक ईर्ष्या-द्वेष की आग में जलता रहा। परन्तु

उसकी तुलना यदि कश्मीर के सुल्तानों के राज्यकाल से की जाये तो वे नगण्य प्रतीत होंगी। विष देकर हत्या (द्वि.रा.त., 63) या पारस्परिक अविश्वास (द्वि.रा.त., 69) का वर्णन जोनराज ने भी किया है। उस दौर में भी राजा की हत्या करने में संकोच नहीं किया गया (द्वि.रा.त., 95-101)। बहरहाल, जोनराज द्वारा वर्णित हिन्दूकाल के 200 वर्षों के इतिहास में इस प्रकार की घटनाएँ बहुत कम हैं। लेकिन मुसलमानों का शासन शुरू होने के बाद दूसरे सुल्तान के समय से ही हत्या, विद्रोह और गृहयुद्धों का एक अन्तहीन क्रम आरम्भ हो गया; और यह तभी थमा जब अकबर ने कश्मीर पर अधिकार कर लिया।

कुतुबुद्दीन के राज्यकाल में आयुर्वेद के स्थान पर 'तिब' का प्रचार शुरू किया गया। 'तिब' अरबी भाषा का शब्द है, जिसका शाब्दिक अर्थ है- चिकित्सा। कश्मीर में तिब की पहली किताब 'सिफाउल मर्ज़' 1388 ई. में शिहाबुद्दीन अब्दुल करीम द्वारा लिखी गयी। 'सिफाउल मर्ज़' का अर्थ है- रोगों की दवा।

सुल्तान कुतुबुद्दीन ने कुतुबुद्दीनपुर में एक मदरसा खोला था। यह मदरसा कश्मीर में सिक्ख-शासन के आरम्भ होने तक चलता रहा। सिकन्दर बुतशिकन ने इराक, खुरासान आदि से मौलवियों और मुल्लों को बुलवाकर कश्मीर में अरबी और फारसी का प्रचार-प्रसार शुरू किया था। ज़ैनुल आब्दीन ने श्रीनगर के निकट नौशहर में 'दारुल-उलूम' की स्थापना की थी। उसके समय में अरबी किताबों और संस्कृत ग्रन्थों का फारसी तथा कश्मीरी भाषा में अनुवाद किया गया। स्वाभाविक रूप से इस दौर में कश्मीर में फारसी भाषा-साहित्य का बहुत विकास हुआ। लेकिन विडम्बना यह है कि इस दौर में फारसी फैलती चली गयी और संस्कृत सिकुड़ती चली गयी।

कश्मीरी हिन्दुओं के सांस्कृतिक गौरव से सम्बन्धित कोई पुरानी विद्या हो, पुरानी भाषा हो, भूषा हो या संस्कृति का कोई भी उपादान हो, उन सभी को धीरे-धीरे दरकिनार कर दिया गया। कहने का आशय यह है कि वहाँ की बहुरंगी संस्कृति कालक्रम में एक रंग में रँग दी गयी।

मुसलमानों की आबादी बढ़ने के बाद उनके द्वारा कश्मीर को 'कशीर'[2] और कश्मीरी भाषा को 'कौशुर' कहा जाने लगा। कश्मीरी भाषा को हिब्रू मूल का बताया जाने लगा। मुसलमानों के कादयान सम्प्रदाय ने कश्मीर को भारतीय संस्कृति, सभ्यता, धर्म एवं इतिहास से अलग करके हजरत मूसा, सुलेमान आदि से जोड़ने का प्रयास किया। कश्मीर को भारत की समृद्ध सांस्कृतिक परम्परा से अलग करने की कोशिशों के क्रम में पुराने स्थानों के नाम बदल दिये गये। 'शंकराचार्य पहाड़ी' का नाम बदल कर 'तख्त-ए-सुलेमान', मार्तण्ड का नाम बदलकर 'मटन साहिब'

और अनन्तनाग का नाम 'इस्लामाबाद' रख दिया गया। यहाँ तक कि कश्मीर का नाम बदल कर 'बाग-ए-सुलेमान' कर दिया गया। इस प्रकार, कालक्रम में वहाँ शैव, वैष्णव, बौद्ध और तान्त्रिक परम्पराएँ पृष्ठभूमि में चली गयीं; और पूरी कश्मीर घाटी में अजान के स्वर गूँजने लगे।

सन्दर्भ और टिप्पणियाँ

1. डॉ. रमेशचन्द्र मजूमदार, प्राचीन भारत; अनुवादक : डॉ. परमेश्वरीलाल गुप्त; पृ. 251; मोतीलाल बनारसीदास, वाराणसी; 1962 ई.
2. कल्हण कृत 'राजतरंगिणी' के अंग्रेजी अनुवादक ऑरेल स्टीन के मतानुसार 'कशीर' शब्द कश्मीर के तद्भव रूप 'कश्वीर' से विकसित हुआ है।

परिशिष्ट 1

नीलमत पुराण

'नीलमत पुराण' संस्कृत भाषा का एक प्राचीन ग्रन्थ है, जिससे कश्मीर की पुरातन संस्कृति से सम्बन्धित जानकारी मिलती है। इसमें वहाँ के धार्मिक स्थानों, धार्मिक कृत्यों तथा रीति-रिवाजों का वर्णन किया गया है। 'नीलमत' का अर्थ है नील द्वारा दिये गये उपदेश। इस ग्रन्थ का मुख्य भाग नीलनाग द्वारा चन्द्रदेव को दिये गये उपदेश के रूप में है। पुराणों की शैली की यह विशेषता है कि उनमें कोई व्यक्ति किसी दूसरे व्यक्ति द्वारा पूछे गये प्रश्न के उत्तर में कोई घटना सुनाता है जिसके भीतर पूर्व काल में किन्हीं अन्य व्यक्तियों द्वारा पूछे गये प्रश्नों और उत्तरों की प्रक्रिया चलती जाती है।

'नीलमत' को उपपुराण कहा गया है। यह 'स्थलमाहात्म्य' मात्र नहीं है। 'स्थलमाहात्म्य' साहित्य की वह विधा है जिसमें तीर्थस्थलों की महत्ता तथा उन स्थानों से सम्बद्ध देवताओं की कथाएँ वर्णित होती हैं। यद्यपि उनमें से बहुत सी कथाओं का उन तीर्थों के विज्ञापन के अलावा कोई प्रयोजन नहीं होता, तथापि उनमें से कुछ सामाजिक एवं धार्मिक दृष्टि से महत्त्वपूर्ण भी होती हैं। नीलमत' में पुराण और स्थलमाहात्म्य का समन्वय प्रतीत होता है। कश्मीर के अतीत के अध्ययन की दृष्टि से इसका महत्त्व निर्विवाद है। यह राजतरंगिणी के राजवंशीय और राजनैतिक इतिहास को सामाजिक पृष्ठभूमि प्रदान करता है।

कल्हण लिखता है कि उसने कश्मीर के प्रथम चार राजाओं के नाम नीलमत से लिये है। इसमें कश्मीर की उत्पत्ति से सम्बन्धित कथाएँ भी वर्णित हैं। वहाँ के मूल निवासियों तथा अन्य जातियों द्वारा धीरे-धीरे उनके विस्थापन की कथाएँ भी कही गयी हैं। धार्मिक पर्वों तथा देवपूजन की विधियों का वर्णन करते हुए 'नीलमत पुराण' प्राचीन कश्मीर की सामाजिक परिस्थितियों पर भी प्रकाश डालता है।

'राजतरंगिणी' में 'नीलमत' से दिये उद्धरणों के कारण इस ग्रन्थ के अस्तित्व की जानकारी तो पहले से थी परन्तु डॉ. जॉर्ज बुलर की 1877 ई. में छपी 'कश्मीर में संस्कृत पाण्डुलिपियों की खोज पर रिपोर्ट' से इस ग्रन्थ की पाण्डुलिपियों का

विवरण प्रकाश में आया। बुलर ने इसे कश्मीर के तीर्थस्थानों और उनसे सम्बद्ध कथाओं के विषय में सूचनाओं की खान कहा है।

'नीलमत पुराण' के प्रारम्भ में राजा जनमेजय महर्षि वैशम्पायन से पूछते हैं कि महाभारत के युद्ध में कश्मीर का राजा सम्मिलित क्यों नहीं हुआ था? वैशम्पायन उत्तर देते हैं कि महाभारत युद्ध से कुछ समय पूर्व राजा जरासन्ध ने अपने सम्बन्धी कश्मीर के राजा गोनन्द को अपनी सहायता के लिए बुलाया था, ताकि वह यादवों के विरुद्ध युद्ध में विजय प्राप्त कर सके। गोनन्द ने उस युद्ध में भाग लिया; और श्रीकृष्ण के बड़े भाई बलराम के हाथों मारा गया। गोनन्द का पुत्र दामोदर अपने पिता की मौत का बदला लेने को गन्धार जा पहुँचा, जहाँ श्रीकृष्ण स्वयंवर में भाग लेने पहुँचे हुए थे। वहाँ श्रीकृष्ण ने दामोदर को तो मौत के घाट उतार दिया परन्तु कश्मीर भूमि के महत्त्व को ध्यान में रखते हुए उसकी गर्भवती पत्नी यशोवती को कश्मीर की राजगद्दी सौंप दी। महाभारत के युद्ध के समय दामोदर का पुत्र गोनन्द द्वितीय अभी शिशु ही था, इसलिए वह युद्ध में शामिल नहीं हुआ।

कश्मीर भूमि की महिमा के बारे में पूछे जाने पर वैशम्पायन इस भूमि को उमा देवी का रूप बताते हैं, जो कल्प के आरम्भ से छह मन्वन्तरों तक एक मनोहर सरोवर के रूप में विद्यमान थी। जनमेजय पूछते हैं कि वह सरोवर वैवस्वत मन्वन्तर में कश्मीर देश कैसे बन गया? वैशम्पायन उत्तर में कहते हैं कि पूर्व काल में यही प्रश्न गोनन्द ने बृहदश्व से पूछा था। बृहदश्व के उत्तर में भूलोक के पूर्ण विनष्ट हो जाने का वर्णन है, जब पूरा भूतल एक विशाल समुद्र में डूब जाता है। महादेव स्वयं जल रूप में चारों ओर अवस्थित होते हैं और सती देवी एक नाव का रूप धारण कर लेती हैं। भावी मनु सब बीजों को उस नाव में सुरक्षित रखते हैं। मत्स्यरूपधारी विष्णु नौका को एक पर्वतशिखर से बाँध देते हैं। युग बीत जाने पर नौका रूपी सती भूमि का रूप धारण कर लेती हैं। उस भूमि पर छह योजन[1] लम्बा तथा तीन योजन चौड़ा सती सरोवर प्रकट होता है।

नीलमत में कहा गया है कि वैवस्वत मन्वन्तर में दक्ष की तेरह कन्याओं का विवाह कश्यप ऋषि से हुआ, जिससे देवों, नागों, दैत्यों आदि प्राणियों का जन्म हुआ। कद्रू की सन्तान नाग हुए तथा विनता के दो पुत्र गरुड़ तथा अरुण हुए। कद्रू और विनता के कलह के परिणामस्वरूप उनके पुत्रों में भी शत्रुता हो गयी। गरुड़ नागों का नाश करने लगा। तब नाग अपनी रक्षा के लिए वासुकि के पास गये। वासुकि ने भगवान विष्णु से सहायता माँगी; और तब जाकर नागों की रक्षा हुई। वासुकि के अनुरोध पर विष्णु ने नागों के रहने के लिए सतीसर का सुरक्षित क्षेत्र

प्रदान किया; और नीलनाग को उनका राजा नियुक्त किया।

जलोद्भव नामक एक राक्षस ने तप करके ब्रह्मा जी से जल में अमरत्व का वरदान प्राप्त कर लिया था। उद्दण्ड होकर वह मानवों (मनु की सन्तानों) को नष्ट करने लगा। कश्मीर तथा उस प्रदेश के आसपास की जनता उससे त्रस्त थी। दार्वाभिसार, गन्धार, जुहुण्डर, शक, खश, तंगण, माण्डव, मद्र- इन सभी जातियों को उनके प्रदेशों से भगाकर वह उस सूने प्रदेश में निशंक विचरण करने लगा। एक बार नागों के प्रमुख नील की प्रार्थना पर कश्यप वहाँ पधारे। वहाँ की शोचनीय स्थिति को देखकर उन्होंने देवों से जलोद्भव राक्षस का नाश करने की प्रार्थना की। विष्णु, शिव तथा ब्रह्मा अन्य देवी-देवताओं को साथ लेकर कश्मीर पहुँचे। ब्रह्मा के वरदान से जल में अवध्यता प्राप्त वह राक्षस सरोवर में छिपा हुआ था। विष्णु के आदेश पर अनन्तनाग (बलराम) ने अपने हल से हिमालय पर्वत को छेद कर पानी निकलने का रास्ता बना दिया, जिससे शीघ्र ही सरोवर का जल सूख गया। जल में छिपे जलोद्भव के सामने आते ही विष्णु ने अपने चक्र से उसका सिर काट कर उसका अन्त कर दिया।

सतीसर का जल बह जाने के बाद वह स्थान सुन्दर समतल भूमि में बदल गया था। कश्यप मुनि चाहते थे कि उस प्रदेश में नाग और मानव मिलकर रहें। नागों ने इस पर आपत्ति की तो कश्यप ने उन्हें शाप दे दिया कि यदि तुम्हें मानवों के साथ रहना स्वीकार नहीं है तो पिशाचों के साथ रहना पड़ेगा। नागों के द्वारा बहुत अनुनय-विनय करने पर कश्यप मुनि ने शाप को इस प्रकार बदल दिया कि चार युगों तक नागों को वर्ष में छह मास पिशाचों के साथ तथा छह मास मानवों के साथ रहना होगा। कश्यप ने कहा कि चार युग बीत जाने पर वे केवल मानवों के साथ रह सकेंगे।

चार युग बीत गये। सदैव की तरह शीत के छह मास बिताने के लिए मानव नीचे के प्रदेश में चले गये। केवल एक बूढ़ा ब्राह्मण चन्द्रदेव वहाँ रुका रहा। पिशाचों द्वारा सताये जाने पर वह नागराज नील की शरण में गया। पिशाचराज निकुम्भ तथा कई नाग नील की सेवा में लगे हुए थे। चन्द्रदेव ने नीलनाग से प्रार्थना की कि भविष्य में मानवों को पूरा समय कश्मीर में रहने की आज्ञा मिले तथा उन्हें स्वदेशत्याग या देशान्तरगमन का भय न रहे। नागराज नीलनाग ने प्रसन्न होकर चन्द्रदेव की माँग स्वीकार कर उसे आश्वस्त किया कि अब आगे से मानवों को छह मास के लिए कश्मीर घाटी से बाहर जाने की आवश्यकता नहीं होगी। वे शीतकाल में भी यहीं रह सकेंगे, परन्तु उन्हें नाग-देवताओं की पूजा करनी होगी तथा कुछ विशेष धार्मिक पर्वों को मान्यता देनी होगी।

नीलनाग ने चन्द्रदेव को पूर्वकाल में सुने हुए सभी विधि-विधानों तथा आचारों

की जानकारी दी। नीलनाग तथा चन्द्रदेव के इस संवाद में पैंसठ व्रतों, पर्वों, त्योहारों का वर्णन किया गया है। इनमें अधिकतर वही हैं जो अन्य पुराणों में वर्णित हैं। कुछ पर्व केवल कश्मीर में ही प्रचलित हैं; जैसे- नवहिमपातोत्सव, पिशाचचतुर्दशी एवं वितस्ता-जन्मोत्सव। दिग्पालों की चर्चा के प्रसंग में कश्मीर के तीन दिग्पालों- पूर्व में बिन्दुसरनाग, दक्षिण में श्रीमाढकनाग और उत्तर में उत्तरमानसनाग का उल्लेख किया गया है।

षडंगुल नामक एक नाग मानवों की पत्नियों का अपहरण कर लिया करता था। इसलिए नीलनाग ने उसे कश्मीर से निर्वासित कर दार्व प्रदेश में उशीरक पर्वत पर भेज दिया था। एक अन्य नाग महापद्म का उल्लेख मिलता है, जिसने छल कर के राजा विश्वगश्व से चन्द्रपुर नामक नगर प्राप्त कर लिया था। नीलमत में छह सौ तीन नागों के नामों की सूची मिलती है। उसमें नागों की पूजा का भी उल्लेख है।

'नीलमत पुराण' में कश्मीरमण्डल का वर्णन करते हुए उसे अनेक विशेषताओं से युक्त बताया है। वहाँ की भूमि सब प्रकार के अन्न उत्पन्न करनेवाले गुणों से युक्त है। वह धान की क्यारियों से परिपूर्ण है। वह नाना फूलों तथा स्वादिष्ट फलों से लदे वृक्षों से युक्त है।

अन्त में राजा जनमेजय के अनुरोध पर ऋषि वैशम्पायन वितस्ता की स्तुति करते हैं और उसका माहात्म्य बताते हैं। वे कहते हैं कि समस्त तीर्थ, नदियाँ और सरोवर भाद्रपद की त्रयोदशी को वितस्ता में आ जाते हैं। वितस्ता की स्तुति के साथ ही 'नीलमत पुराण' का समापन होता है।

सन्दर्भ और टिप्पणियाँ

1. 'योजन' भारत में भूमि की लम्बाई मापने की बहुत ही प्राचीन इकाई है। सामान्यतः एक योजन को 8-10 मील या 13-16 किलोमीटर के बराबर माना गया है।

परिशिष्ट 2

'राजतरंगिणी' : कश्मीर के इतिहास की अविरल धारा

भारत के प्रान्तों में एकमात्र कश्मीर ही है जिसका मध्यकाल का पूरा प्रामाणिक इतिहास वहीं के विद्वानों द्वारा लिखा हुआ मिलता है। भारतवर्ष के अन्य प्रदेशवासियों की अपेक्षा कश्मीरियों में विशेष इतिहास-प्रेम रहा, जिससे उन्होंने अपने देश का शृंखलाबद्ध इतिहास लिख रखा है। कल्हण ने राजा जयसिंह के राज्यकाल में 1150 ई. में 'राजतरंगिणी' की रचना की। उसके बाद जोनराज ने 1459 ई. में द्वितीय राजतरंगिणी की रचना की, जिसमें 1149 ई. से 1339 ई. तक कश्मीर के हिन्दू शासकों का और 1339 ई. से 1459 ई. तक वहाँ के मुसलमान सुल्तानों का वर्णन किया गया है। इसमें, जहाँ से कल्हण ने समाप्त किया था, वहीं से प्रारम्भ करके जोनराज ने अपने समय तक का इतिहास लिखा है। 'राजतरंगिणी' के दूसरे खण्ड में जयसिंह से लेकर कोटा रानी तक के हिन्दू शासकों का और उसके बाद मुसलमानों के शासन का वृत्तान्त है। जोनराज के बाद उसके शिष्य श्रीवर पण्डित ने 1486 ई. में राजतरंगिणी का तीसरा खण्ड (ज़ैन राजतरंगिणी) लिखा, जिसमें 1459 ई. से 1486 ई. तक के इतिहास का वर्णन किया गया है। श्रीवर ने अपनी राजतरंगिणी में कुल चार सुल्तानों का जीवनचरित लिखा है। श्रीवर के बाद प्राज्यभट्ट ने राजतरंगिणी के चौथे खण्ड (राजावलि पताका) की रचना की, जिसमें 1486 ई. से 1513 ई. तक का इतिहास वर्णित है। प्राज्यभट्ट की चौथी राजतरंगिणी अब तक उपलब्ध नहीं हो पायी है। अन्ततः पंचम राजतरंगिणी की रचना प्राज्यभट्ट के शिष्य शुक ने की; जिसमें 1513 ई. से 1538 ई. तक का इतिहास वर्णित है। इस प्रकार, पाँच खण्डों में कश्मीर का प्राचीन एवं मध्यकालीन इतिहास संस्कृत भाषा में श्लोकबद्ध है। कश्मीरी पंडित शुक कृत पंचम राजतरंगिणी प्राचीन शैली में लिखा गया अन्तिम संस्कृत इतिहास ग्रन्थ है। इसके बाद कश्मीर में पुरानी शैली

में, संस्कृत में, इतिहास लिखने की परम्परा लुप्त हो गयी। गौरतलब है कि कई बार त्रुटिवश शुक की राजतरंगिणी को ही चतुर्थ राजतरंगिणी कह दिया जाता है।

जोनराज, श्रीवर, प्राज्यभट्ट तथा शुक ने 1149 ई. से लेकर 1538 ई. तक इस राजतरंगिणी की धारा को सूखने नहीं दिया। इससे स्पष्ट है कि पुरातन काल से कश्मीर के लोगों में इतिहास-चेतना बहुत प्रखर थी। खास बात यह है कि ये चारों-पाँचों ग्रन्थ संस्कृत भाषा में लिखे गये हैं। इनसे कश्मीर का पूरा इतिहास तो आलोकित होता ही है, भारतवर्ष की राजनीतिक, आर्थिक और सामाजिक दशाओं-विशेषकर भारत के मध्यकालीन ह्रास और उसके बाद के पुनरुत्थान की दशाओं पर भी समुचित प्रकाश पड़ता है।

'राजतरंगिणी' का शाब्दिक अर्थ है- 'राजाओं की नदी'; और इसका भावार्थ है- राजाओं का इतिहास। इसके पूर्ववर्ती ग्रन्थ राजाओं के नाम पर आधारित हुआ करते थे, लेकिन 'राजतरंगिणी' एकदम नये ढंग का शीर्षक है। प्रथमद्रष्टया राजा और तरंगिणी का कोई मेल नहीं है। राजा मनुष्य है और तरंगिणी (नदी) एक प्राकृतिक-भौगोलिक संरचना है। कल्हण ने राजाओं के इतिहास को राजतरंगिणी नाम दिया है। उनके परवर्ती इतिहास लेखकों ने भी इस नाम को अपनाया और कश्मीर के इतिहास-लेखन के क्रम को आगामी चार शताब्दियों तक जारी रखा।

लेकिन चारों राजतरंगिणीकारों की रचना का उद्देश्य भिन्न-भिन्न है। कल्हण का उद्देश्य राजतरंगिणी को इतिहास के साथ उपदेशात्मक ग्रन्थ बनाना था। उन्होंने लिखा है कि-'उनकी राजतरंगिणी भविष्य के राजाओं का मार्गदर्शन करेगी। (रा.त. 1/31) जोनराज ने लिखा है कि उन्होंने ''राजपथिकों के दर्प-ग्लानि से उत्पन्न ताप की परम्परा को हरने के लिए, भविष्य में फलप्रद काव्यद्रुम रोपा है।'' (द्वि. रा.त. श्लोक 8) उनकी रचना का तात्कालिक कारण ज़ैनुल आब्दीन के धर्माधिकारी शीर्य भट्ट का आदेश था। उन्होंने लिखा है कि- ''कवि कहलाने की अभिलाषा से नहीं, बल्कि धर्माधिकारी श्री शीर्य भट्ट की आज्ञा से, मैं अपनी बुद्धि के अनुरूप, इस राजावलि को पूर्ण करने का उद्यम कर रहा हूँ।' (द्वि. रा.त. श्लोक 11-12) जोनराज का उद्देश्य अपने समय तक के कश्मीर के इतिहास को पूर्ण करने के साथ ही सुल्तान और एक उच्चाधिकारी के आदेश का पालन करना भी था। जबकि श्रीवर का उद्देश्य अपने गुरु पं. जोनराज की अधूरी रचना को पूरा करने के अतिरिक्त ''राजाओं के वृत्तान्त के स्मरण हेतु यह श्रम करना भी था।'' (जै. रा.त. 1/1/10)

भारतीय इतिहास की क्रमवद्ध जानकारी देने वाले ग्रन्थों में कल्हण की राजतरंगिणी का प्रमुख स्थान है। इससे कश्मीर मण्डल के क्रमबद्ध इतिहास की

जानकारी मिलती है। यह ग्रन्थ भारतीय इतिहास की जानकारी देने वाले अन्य काव्यों या प्रशस्तियों की तुलना में सर्वाधिक यथार्थपरक है। यह आधुनिक इतिहास लेखन-पद्धति का पूर्व-रूप प्रस्तुत करता है।

कल्हण की राजतरंगिणी आठ तरंगों में विभाजित है। जोनराज ने तरंगों एवं सर्गों में अपनी राजतरंगिणी को विभाजित नहीं किया है। प्राज्य भट्ट के विषय में कुछ नहीं कहा जा सकता। शुक की राजतरंगिणी भी तरंगों में विभाजित है। श्रीवर ने अपनी राजतरंगिणी को चार तरंगों में विभाजित किया है। प्रथम तरंग सात सर्गों में विभाजित है। परन्तु तरंग 2, 3, एवं 4 में सर्ग नहीं है। श्रीवर ने कल्हण के समान तरंगों में ग्रन्थ विभाजित करने के साथ ही प्रथम तरंग को सात सर्गों में विभाजित किया है। श्रीवर ने प्रत्येक सर्ग एवं तरंग के इतिपाठ में वर्णित विषय का निर्देश किया है। आधुनिक रचना शैली के अनुसार सर्ग, तरंग या अध्याय का विषय शीर्षक में लिख दिया जाता है। परन्तु पुराकालीन संस्कृत साहित्य में अध्याय या सर्ग का शीर्षक इतिपाठ में लिखने की परम्परा थी। श्रीवर ने प्रथम तरंग के द्वितीय सर्ग में दुर्भिक्ष का वर्णन किया है।

द्वितीय राजतरंगिणी

जोनराज (1389-1459 ई.) नामक संस्कृत कवि ने कश्मीर के सुल्तान ज़ैनुल आब्दीन (1420-1470 ई.) के एक मन्त्री (धर्माधिकारी) शीर्यभट्ट के कहने पर द्वितीय राजतरंगिणी की रचना की थी। जोनराज का दूसरा नाम ज्योत्स्नाकर था। उनके पिता का नाम नोनराज और पितामह का नाम लोलराज था। वे कश्मीरी भट्ट ब्राह्मण थे। 'राजतरंगिणी' (के श्लोक 7) में जोनराज ने अपने नाम का उल्लेख किया है। 'पृथ्वीराज विजय' के भाष्य में उन्होंने अपने पिता का नाम पण्डित भट्ट नोनराज तथा पितामह का नाम लोलराज लिखा है। द्वितीय 'राजतरंगिणी' जोनराज की अन्तिम रचना है।

जोनराज का जन्म 1389 ई. में हुआ था। 1459 ई. में उसका आकस्मिक निधन हो गया, और इसलिए उसकी 'राजतरंगिणी' अपूर्ण ही रह गयी। यदि उन्हें इस ग्रन्थ को पूरा करने का समय मिलता तो निश्चय ही उन्होंने अपने ग्रन्थ को सर्गों या तरंगों में बाँटा होता।

जोनराज ने कश्मीर के 459 वर्षों का इतिहास लिखा है। यह एक विशुद्ध राजकथा ग्रन्थ है। उन्होंने उक्त कालखण्ड के 23 शासकों का वर्णन किया है, जिसमें 13 हिन्दू, एक भौट्ट और 9 मुसलमान थे। उसने कश्मीर पर आक्रमण और प्रवेश करनेवाले कज्जल, दुल्च, अचल और मंगोलों का वर्णन किया है। उसने

एक ओर, राजा जयसिंह के राज्यकाल के अन्तिम पाँच वर्षों के समय से अपनी राजतरंगिणी की शुरुआत की है; तो दूसरी ओर उसने ज़ैनुल आब्दीन के राज्यकाल के अन्तिम 11 वर्षों का इतिहास नहीं लिखा है।

जोनराज सुल्तान ज़ैनुल आब्दीन का राजाश्रय-प्राप्त कवि था। उसको 'राजानक' की उपाधि मिली हुई थी, जो कश्मीर की सर्वश्रेष्ठ राजकीय उपाधि थी। लेकिन 'पृथ्वीराजविजय' की टीका के इतिपाठ में या द्वितीय राजतरंगिणी में राजानक पदवी का उल्लेख नहीं है। केवल 'श्रीकण्ठचरित' की टीका में जोनराज ने अपनी पदवी राजानक का उल्लेख किया है; और लिखा है-"इति श्रीपण्डित लोल तनय पण्डित नोनराज तनय राजानक श्री जोनराज कृतया।"

'राजानक' अभिजातकुलीन सामन्तों की एक पदवी है। हिन्दू राजाओं की परम्परा नष्ट होने के बाद कश्मीर के मुस्लिम सुलतानों ने भी यह पदवी प्रदान करने की प्रथा को बनाये रखा था। बारहवीं शताब्दी का कवि जयानक भी राजानक था। आगे चलकर यह पदवी ब्राह्मणों की एक उपजाति के लिए अभिहित होने लगी। 'राजदान' दरअसल, राजानक का अपभ्रंश है।

जोनराज ने 'राजतरंगिणी' की रचना के पहले 'पृथ्वीराजविजय' और 'श्रीकण्ठचरित' नामक महाकाव्यों पर भाष्य लिखा था। 'श्रीकण्ठचरित' कश्मीरी कवि मंखक की रचना है। (रा.त., 8/3354) मंखक का बड़ा भाई अलंकार कश्मीर-नरेश जयसिंह के राज्यकाल के उत्तरार्द्ध में मन्त्री (गंजाधिप) था (रा.त., 8/2423)। स्वयं मंखक राजा जयसिंह की राजसभा में सन्धि-विग्राहक के पद पर आसीन था। (रा.त., 8/3354) उसने अपने काव्य में अलंकार को विद्वानों तथा कलाविदों का संरक्षक कहा है।

जोनराज ने तुगलक और लोदी राजवंशों के अलावा भारत पर तैमूर के हमलों का सविस्तार वर्णन किया है। तुर्कों के उदय, उनके कश्मीर-प्रवेश और उनके विभिन्न क्रिया-कलापों का उसने यथार्थपरक वर्णन किया है।

जोनराज मुस्लिम दौर के लेखक हैं, जिनके समय में कश्मीर की राजभाषा संस्कृत के स्थान पर फारसी हो गयी; और वहाँ का हिन्दू-बहुल समाज मुस्लिम-बहुल होता चला गया। उस दौर में मन्दिरों, मठों और विहारों को ध्वस्त करके कश्मीर के हिन्दू प्रतीकों का उच्छेदन किया जा रहा था। उसके समय में कश्मीर 'म्लेच्छों का देश' बन चुका था। शासन-सत्ता मुसलमानों के हाथ में थी। वहाँ की जनसंख्या का अधिक भाग इस्लाम की धर्म-ध्वजा को थाम चुका था। हिन्दुओं के मन्दिर और बौद्धों के मठ-विहार खँडहरों में तब्दील कर दिये गये थे।

जयानक कृत 'पृथ्वीराजविजय' पर टीका लिखने से ही स्पष्ट है कि जोनराज के समय में यह ऐतिहासिक काव्य ग्रन्थ कश्मीर में लोकप्रिय था। यद्यपि उसमें अजमेर के चाहमान (चौहान) वंश की प्रशस्ति गायी गयी है, तथापि एक विशेष कारण से वह कश्मीर में लोकप्रिय था। जोनराज द्वारा उस ग्रन्थ पर टीका लिखने का भी कोई विशेष कारण रहा होगा।

दरअसल, कवि जोनराज की आँखों के सामने कश्मीर में हिन्दुओं का दमन, उत्पीड़न और संहार हुआ था। उसके समकालीन सुल्तान सिकन्दर 'बुतशिकन' ने कश्मीर में मन्दिरों और देव-प्रतिमाओं को तोड़ा था। हिन्दू धर्म के अनुयायियों पर जजिया नामक कर लगाकर उनको आर्थिक रूप से विवश किया था कि वे लोग कर भार से बचने के लिए धर्मान्तरण करके मुसलमान बन जायें। जोनराज इस अत्याचार के विरुद्ध अपनी कलम उठाना चाहता था। उन परिस्थितियों में पृथ्वीराज चौहान सबसे प्रासंगिक चरितनायक थे।

'पृथ्वीराज विजय' में जयानक भट्ट जब मुहम्मद ग़ोरी की तुलना रावण से करता है या राम को पृथ्वीराज के रूप में देखता है, तब वह आर्य संस्कृति के विरुद्ध इस्लामी संस्कृति को कलियुग की एक विभीषिका के रूप में देखता है, जिसका अन्त करने के लिए विष्णु के अवतार की भाँति किसी अवतारी पुरुष की आवश्यकता थी।

12वीं शताब्दी के अन्त में पृथ्वीराज चौहान ने भारत पर विजय प्राप्त करनेवाले मुस्लिम आक्रान्ता मुहम्मद ग़ोरी को पराजित किया था। जोनराज का मन उस प्रसंग को याद करके प्रसन्न हो उठता होगा। स्वदेश-प्रेम की भावना से प्रेरित होकर हिन्दुओं के पराजय काल में एक हिन्दू राजा की विजयगाथा पर टीका लिखकर उसने कश्मीर की हत-पौरुष जनता को यह ध्यान दिलाया है कि विदेशी मुसलमान अजेय नहीं हैं। यदि पृथ्वीराज-जैसा कोई पराक्रमी अपनी कमर कस ले तो मुसलमान आक्रमणकारियों को आसानी से हराया जा सकता है। पृथ्वीराज चौहान की विजयगाथा को दुहराकर वह तत्कालीन कश्मीर की हताश हिन्दू जनता के शिथिल मन में नवीन आशा का संचार करना चाह रहा होगा।

चाहमान (चौहान) वंशीय राजा अर्णोराज (1139-1150 ई.) के समय में अजमेर पर सबसे पहला मुस्लिम आक्रमण हुआ था। मन्दिरों और देव-प्रतिमाओं को नष्ट कर दिया गया था। परन्तु राजपूतों ने पूरे दम-खम से मुसलमानों का सामना किया, जिसके कारण उनको वहाँ से हटना पड़ा। अजमेर में मन्दिरों का पुनर्निर्माण हुआ, देवप्रतिमाओं की पुनर्प्रतिष्ठा हुई और हिन्दुओं की धार्मिक परम्परा का पुनरुद्धार हुआ।

सुल्तान सिकन्दर के समय में कश्मीर में भी अजमेर वाली स्थिति दुहराई गयी। मन्दिरों और देव-प्रतिमाओं को नष्ट कर दिया गया। उस समय पं. जोनराज को ऐसी कोई शक्ति दिखायी नहीं दे रही थी जो अजमेर के राजपूतों की तरह कश्मीर से मुसलमानों को हटाकर, हिन्दू मान्यताओं को पुनर्प्रतिष्ठित कर सके। इसीलिए उसने 'पृथ्वीराजविजय' की टीका लिखकर कश्मीर की हिन्दू जनता के मन में इस आशा की ज्योति जलायी कि पहले जैसा अजमेर में हुआ था, उसकी पुनरावृत्ति कश्मीर में भी हो सकती है। सम्भवत: यही कारण है कि उसने टीका लिखने के लिए स्वदेशी कवि जयानक कृत 'पृथ्वीराजविजय' को चुना था।

जोनराज ने 'द्वितीय राजतरंगिणी' में कल्हण की परम्परा को आगे बढ़ाने का काम किया। उन्होंने अपनी राजतरंगिणी में 1389 से 1459 ई. तक का विवरण बहुत विस्तार से दिया है, जिस कालखण्ड में वह स्वयं विद्यमान थे। उन्होंने राजतरंगिणी में स्थानीय तथा कुछ अप्रचलित शब्दों का प्रयोग किया है। अरबी-फारसी के कई शब्दों को तोड़-मरोड़ कर संस्कृत में लिखा है। जैसे 'सुल्तान' शब्द को संस्कृत में 'सुरत्राण' लिखा है।

जोनराज ने नवीन शैली में अपने इतिहास-ग्रन्थ की रचना करके कालक्रमानुसार वास्तविक इतिहास प्रस्तुत किया। उनकी शिक्षा पुरातन सनातनी संस्कृत शैली पर हुई थी, लेकिन उनका दृष्टिकोण आधुनिक था। इसलिए उनके इतिहास-लेखन में पुरातन तथा नवीन दोनों शैलियों का सम्मिश्रण मिलता है। उन्होंने राजाओं एवं सुल्तानों का क्रमबद्ध और शुद्ध इतिहास लिखने का प्रयास किया। आधुनिक शैली में इतिहास-लेखन करनेवाले वे प्रथम भारतीय लेखक हैं।

परिशिष्ट 3

कल्हण : प्राचीन भारतीय इतिहासकारों के सिरमौर

कल्हण इतिहासकार भी हैं और कवि भी। उनको 'राजतरंगिणी', 'अर्धनारीश्वर स्तोत्र' तथा 'जय सिंहाभ्युदय काव्य' का रचयिता बताया गया है। परन्तु उसके यश-कलश का आधार 'राजतरंगिणी' ही है। प्राचीन भारत के ऐतिहासिक साहित्य की परम्परा में 'राजतरंगिणी' का स्थान अतुलनीय है। इसमें प्राचीन कश्मीर के सांस्कृतिक जीवन के विविध पक्षों की अनुपम झाँकी तो मिलती ही है; वहाँ के इतिहास और भूगोल का एक प्रामाणिक परिचय भी मिलता है।

'राजतरंगिणी' : भारतीय इतिहास-परम्परा की मुकुटमणि

पाश्चात्य विद्वानों की यह धारणा रही है कि प्राचीन भारतीय लेखकों में 'इतिहास-विवेक' का अभाव था। परन्तु कल्हण कृत 'राजतरंगिणी' एक ऐसा ग्रन्थ है जिसे पाश्चात्य विद्वान् भी अपनी घोषित धारणा का अपवाद मानते हैं। पाश्चात्य परम्परा के अनुसार इतिहास की मान्य परिभाषा की दृष्टि से 'राजतरंगिणी' भारतीय इतिहास-लेखन की परम्परा का प्रस्थान-बिन्दु है। संस्कृत में ऐतिहासिक घटनाओं का क्रमबद्ध इतिहास लिखने का यह प्रथम प्रयास है।

'राजतरंगिणी' भारतीय इतिहास में मील का एक पत्थर है; लेकिन ऐसा नहीं है कि भारत में इतिहास-लेखन की कोई परम्परा कल्हण के पहले थी ही नहीं। स्वयं कल्हण ने 'राजतरंगिणी' में क्षेमेन्द्र कृत 'नृपावली', सुव्रत कृत 'कश्मीर का इतिहास' और हेलराज कृत 'पार्थिवावली' सहित कुल ग्यारह कश्मीरी इतिहास ग्रन्थों का उल्लेख किया है।

कल्हण के मन में कश्मीर का इतिहास लिखने की इच्छा हुई। उन्होंने अनुभव किया कि कश्मीर के कई राजा विस्मृति के सागर में डूब गये हैं। ऐतिहासिक प्रमाणों के अभाव के कारण पुराने ग्रन्थकारों को 52 राजाओं का इतिहास अज्ञात था। उनमें से गोनन्द आदि चार राजाओं का इतिवृत्त उन्हें नीलमत-पुराण से ज्ञात

हुआ। (रा.त.; 1/16) प्राचीनकाल में हेलाराज नामक एक कवि ने 12000 श्लोकों में 'पार्थिवावलि' नामक ग्रन्थ की रचना की थी। उसी के आधार पर पद्ममिहिर नामक विद्वान् ने अपने ग्रन्थ में अशोक के पूर्वज लव आदि आठ राजाओं का वर्णन किया था। (रा.त.; 1/17-18) इसी तरह छविल्लाकर नामक विद्वान् ने भी अपने ग्रन्थ में अशोक से लेकर अभिमन्यु तक के पाँच राजाओं का उल्लेख किया था। (रा.त.; 1/19) इस प्रकार, कल्हण ने अपने ग्रन्थ में वर्णित पहले 4 राजाओं का विवरण नीलमत-पुराण से, अगले 8 राजाओं का पद्ममिहिर और पाशुपत हेलाराज से लिया है। फिर 35 राजाओं का स्थान रिक्त बताया गया है। उसके बाद अगले 5 राजाओं का विवरण छविल्लाकर से लिया गया है।

राजतरंगिणी लिखते समय कल्हण ने पूर्ववर्ती ग्यारह कश्मीरी इतिहास-ग्रन्थों का अध्ययन कर उनके गुण-दोष पर विचार किया और एक विशुद्ध इतिहास-ग्रन्थ की रचना की। राजतरंगिणी के लेखन के दौरान उन्होंने कश्मीर में तत्समय उपलब्ध शासकीय दानपत्रों, प्रशस्तिलेखों और घोषणा-पत्रों का भी उपयोग किया था। (रा.त.; 1/15)

संस्कृत भाषा-साहित्य में सवा चार हजार वर्षों के कालखण्ड का परिचय देनेवाला एकमात्र इतिहास-ग्रन्थ 'राजतरंगिणी' एक कालजयी रचना है। इसमें कश्मीर का वस्तुनिष्ठ इतिहास वर्णित है। कल्हण ने इसकी रचना 1148 से 1150 ई. के मध्य में की थी। इसमें महाभारतकालीन राजा गोनन्द (प्रथम) से लेकर सुस्सल के पुत्र राजा जयसिंह तक का वृत्तान्त है। इस ग्रन्थ से यह पता चलता है कि किस हद तक किसी राज्य का भाग्य उसके शासक के चरित्र पर निर्भर करता है। यह भी पता चलता है कि कश्मीरी समाज में वह राजनीतिक चेतना कितनी कम थी जो प्रत्येक स्वस्थ राज्य की भाग्य-निर्णायक हुआ करती है। विडम्बना यह है कि वहाँ की जनता राजाओं की सनक और उनके क्रूरताओं को धैर्यपूर्वक सहती आयी थी। यद्यपि समय-समय पर विद्रोह भी होते थे, तथापि वे जन-विद्रोह नहीं थे। अपने आर्थिक स्वार्थ की पूर्ति के लिए बहुधा सामन्तों के विद्रोह हुआ करते थे। कश्मीर के राजा-रानी विलासिता में आकण्ठ डूबे रहते थे, जिसके कारण वहाँ के निवासियों को नाना प्रकार की विपत्तियाँ सहनी पड़ती थीं।

वहाँ के शासक-वर्ग में अपने राष्ट्र के प्रति समर्पण की भावना का अभाव दिखायी देता है। डॉ. रमेशचन्द्र मजूमदार ने लिखा है कि "कल्हण ने अपने चित्र-पट पर जो अगणित चित्र अंकित किये हैं उनमें राजा से लेकर छोटे कर्मचारी तक सभी हैं, किन्तु ऐसे लोगों की संख्या नगण्य है जो राजभक्त, दृढ़ नैतिक आचरणवाले और कर्त्तव्य की भावना से युक्त हों अथवा जिनमें सामान्य सदाचार

की ही भावना हो।[1]'' कश्मीर का इतिहास हमारे सामने दरबारी जीवन का एक घृणित दृश्य उपस्थित करता है जिसमें व्यभिचार की प्रधानता थी; और जहाँ निरन्तर षड्यन्त्र तथा विद्रोह होते रहते थे।

'राजतरंगिणी' की रचना का प्रयोजन

कल्हण देश-दुनिया को स्फूर्तिदायक नये विचार देना चाहते थे। 'राजतरंगिणी' की रचना का प्रयोजन स्पष्ट करते हुए उन्होंने लिखा है कि वे अपने पूर्ववर्ती इतिहासकारों के विस्तृत वर्णनों के सत्य-असत्य को परखकर जनसाधारण के समक्ष यथार्थपरक और क्रमबद्ध इतिहास प्रस्तुत करना चाहते थे। पूर्ववर्ती इतिहासकारों की रचनाओं में कई दोष थे। (राजतरंगिणी, 1/9-10) पूर्वकालीन ग्रन्थों में विद्यमान त्रुटियों का परिष्कार करके लोगों के समक्ष यथार्थपरक इतिहास प्रस्तुत करना ही उनका मूल प्रयोजन था। 'राजतरंगिणी' में उन्होंने अपने इतिहास-ग्रन्थ की रचना के तीन उद्देश्य बताये हैं- प्राचीन राजवंशों की जानकारी देना, पाठकों का मनोरंजन करना और अतीत से शिक्षा लेना। बहरहाल, कश्मीर के इतिहास के बृहत् कालखण्ड का सही कालक्रम प्रस्तुत करने के लिए भारत के लोग कल्हण के ऋणी हैं।

वह कश्मीर के अमात्य के पुत्र थे, इसलिए इस ग्रन्थ की रचना करने में तमाम ऐतिहासिक सामग्रियाँ उनको सहज ही सुलभ हो गयी होंगी। उनके पिता चम्पक, चाचा कनक तथा स्वयं कल्हण का काल विषम परिस्थितियों में बीता। अराजकता, गृह-कलह, संघर्ष और राज-विप्लव की आग में कश्मीर जल रहा था। उसका सामाजिक ढाँचा चरमरा रहा था। वैदिक और बौद्ध धर्मों के स्थान पर तन्त्रों का बोलबाला था। कश्मीर मण्डल में विघटन का दौर चल रहा था। राजप्रासादों का षड्यन्त्र, अकाल, जलप्लावन, अग्निदाह, मूर्तियों-मन्दिरों-विहारों का विनाश आदि घटनाएँ कवि कल्हण को दुखी कर रही थीं। उसने अपना समय काटने, कुछ करने, अपने देशवाशियों के चरित्र को ऊपर उठाने तथा राजाओं को शिक्षा देने के लिए काव्य को साधन बनाया; और इस प्रकार 'राजतरंगिणी' की रचना हुई।

राजतरंगिणी संस्कृत के ऐतिहासिक महाकाव्यों की मुकुटमणि है। संस्कृत भाषा में लिखे गये इस काव्यग्रन्थ में महाभारतकाल से लेकर 1148 ई. तक का इतिहास वर्णित है। 'राजतरंगिणी' में तत्कालीन कश्मीर के सामाजिक, राजनीतिक, धार्मिक एवं आर्थिक स्थितियों का सजीव और प्रामाणिक चित्रण है। इसमें कश्मीर के राजाओं, राजपरिवारों और अभिजात वर्ग की ऐतिहासिक

गाथा वर्णित है।

'राजतरंगिणी' की रचना कश्मीर की दुर्दशा को ठीक करने के लिए की गयी थी। कल्हण ने कश्मीर के बारे में लिखा है कि- "यह भूमि कुलवधू के समान थी, किन्तु दुष्टों के हाथों में पड़कर इसकी स्थिति वेश्या के समान हो गयी है। इसलिए अब से जो कोई भी कुचक्रों में निपुण होगा, वही इस हतप्रभ राज्य को प्राप्त करने की आशा करेगा।" (रा.त. 7/1419, 1420) उन्होंने जब कभी कश्मीर के पुराने इतिहास की तत्कालीन इतिहास से तुलना की, तब उनका हृदय कराह उठा। (रा.त. 7/792) जयसिंह, जिसके राज्यकाल में कल्हण अपनी रचना कर रहे थे, को उन्होंने पुराकालीन राजाओं के समान माना है। वे चाहते थे कि कश्मीर में शक्तिशाली एवं उदार राजा सिंहासनारूढ़ हों, जो प्रशासनिक व्यवस्था में सुधार करे और जनता के प्रति सहानुभूतिशील हो। (रा.त., 2/31-49)

राजतरंगिणी के विषय में कल्हण का मानना था कि राजाओं के विकास एवं ह्रास के समय वह उनके लिए स्फूर्तिदायक, शान्तिवर्धक और उपयोगी सिद्ध होगी। (रा.त.; 1/21, 22) उन्होंने अपने समकालीन लोगों के प्रबोधन के लिए इस ग्रन्थ की रचना की थी। उन्होंने राजनीतिज्ञों, राजाओं, राजन्य वर्ग, मन्त्री, पुरोहित, अमात्य, सचिव और जनसामान्य–सबके मार्गदर्शन के लिए लिखा था। उन्हें विश्वास था कि उनके इतिहास को पढ़कर भविष्य के राजाओं की परम्परा उन्नत होगी; और वे आदर्श राजा बनेंगे।

कल्हण अभिजात कुल में उत्पन्न हुए थे, लेकिन वे राजाश्रयी कवि नहीं थे। उनके लेखन का ध्येय किसी आश्रयदाता को प्रसन्न करना नहीं था। उनका मानना था कि इतिहासकार को न्यायधीश के समान निष्पक्ष एवं पूर्वाग्रहमुक्त होना चाहिए। (रा.त.; 1/7)

बाणभट्ट कृत हर्षचरित, बिल्हण कृत विक्रमांकदेवचरित और जोनराज कृत 'द्वितीय राजतरंगिणी' राजाश्रय में रची गयी रचनाएँ हैं, परन्तु कल्हण की राजतरंगिणी एक स्वतन्त्र चिन्तक की अनुपम कृति है।

कल्हण : जन्मकाल और जन्मस्थान

'राजतरंगिणी' के अन्तःसाक्ष्य के आधार पर कल्हण के जीवन पर कुछ प्रकाश पड़ता है। राजतरंगिणी में उसका रचना काल 1148-1150 ई. उल्लिखित है। वे राजा सुस्सल द्वारा दुबारा राज्य प्राप्त करने से पूर्व भिक्षाचर के सैनिकों के विश्वासघातक कार्यों के प्रत्यक्षदर्शी थे। यह घटना 1121 ई. की है। उन्होंने राजा

सुस्सल (1112-1120 ई.) के पूर्ववर्ती तीन राजाओं का वर्णन किया है। उस कालखण्ड के घटनाक्रम का वर्णन वे प्रत्यक्षदर्शी की तरह करते हैं। अत: उनका जन्म 11वीं शताब्दी ई. के अन्त में (1098 ई.) रखा जा सकता है।

'राजतरंगिणी' के इतिपाठ के अनुसार कल्हण के पिता का नाम 'चम्पक प्रभु' था। राजतरंगिणी से ज्ञात होता है कि चम्पक कश्मीर के तत्कालीन राजा हर्ष के महामात्य के साथ ही द्वारपति और मण्डलेश के पद पर भी नियुक्त थे। कल्हण के चाचा कनक को भी राजाश्रय प्राप्त था। वे कश्मीरनरेश हर्ष के शिष्य भी थे और स्नेहभाजन भी।

कल्हण का परिवार कश्मीर मण्डल के परिहासपुर का मूल निवासी था। उनका जन्म वहीं हुआ था। उन्होंने परिहासपुर की प्रकृति और वहाँ स्थित मन्दिरों का मनोहर वर्णन किया है। 'द्वितीय राजतरंगिणी' के लेखक जोनराज ने उनको 'कल्हण द्विजा:' कहा है। शुक ने अपनी राजतरंगिणी में 'श्री कल्हण द्विज' लिखा है। कल्हण को अपने कश्मीरी ब्राह्मण होने पर गर्व था। (रा.त., 1/160) आर्यदेशीय ब्राह्मणों के लिए उन्होंने आदरसूचक शब्दों का प्रयोग किया है, परन्तु गान्धार ब्राह्मणों को उन्होंने द्विजाधम कहा है। (रा.त., 1/307, 436, 1150) वे चाहते थे कि ब्राह्मणगण शुद्ध सनातन परम्परा का पालन करें। इसलिए उन्होंने ब्राहाणों के अनुचित कार्यों की निन्दा की है। (रा.त., 1/158) ब्राह्मण होते हुए भी उन्होंने महत्त्वाकांक्षा के वशीभूत होकर राजकार्य में हस्तक्षेप करनेवाले पुरोहित-वर्ग की आलोचना की है। वे किसी पद पर नियुक्ति के लिए गुण को गोत्र से अधिक महत्त्व देते हैं।

राजतरंगिणी के लेखन में वे बाणभट्ट कृत हर्षचरित तथा बिल्हण कृत 'विक्रमांकदेव चरित' से प्रभावित दिखते हैं। तत्समय उपलब्ध कृतियों का अध्ययन करके उनके सार तत्त्व को हृदयंगम कर लेने के कारण ही वे इतिहासकार के रूप में अपने दायित्व-निर्वाह में सफल हुए।

कल्हण की धर्मसहिष्णुता

कल्हण का परिवार शैवमतानुयायी था। कई स्थलों पर कल्हण ने कश्मीर में शैवमत के प्रमुख प्रचारक आचार्य भट्ट कल्लट का सश्रद्धा स्मरण किया है। (रा.त., 5/66)

कल्हण बचपन में अपने पिता के साथ प्रतिवर्ष नन्दि क्षेत्र की यात्रा पर जाते थे। (रा.त., 7/954) वहाँ उनके पिता धन दान करते थे। (रा.त., 8/2165) इस धार्मिक वातावरण ने बाल्यकाल से ही उनको संस्कारवान बना दिया था।

कल्हण ने शिवभक्त राजाओं का सादर वर्णन किया है। जलौक, विजय

और सन्धिमति इसके उदाहरण हैं। वे सब शिव-पूजक थे और उन्होंने शैव मत का प्रचार किया था। कल्हण ने स्वर्ग-प्राप्ति या किसी पुण्यलोक में जाने की अपेक्षा शिव-सायुज्यता को प्राथमिकता दी है। (रा.त., 1/152) शिव मन्दिरों में शिव के सम्मुख नृत्य-गान का वर्णन उन्होंने ललित पदों में किया है। (रा.त., 1/151, 154, 279, 280) शैव मतानुयायी होने के बावजूद वे बौद्ध धर्म के भी प्रशंसक थे।

कल्हण ने सम्पूर्ण राजतरंगिणी में भगवान बुद्ध के प्रति आदर प्रदर्शित किया है। वे अहिंसा व्रत एवं अहिंसक भावना का समर्थन करते हैं। उनके द्वारा बौद्ध धर्म सम्बन्धी पारिभाषिक शब्दों के प्रयोग को देखने से लगता है कि उन्होंने बौद्ध दर्शन और परम्परा का अध्ययन किया था। अशोक से लेकर 11वीं सदी ई. तक जिन राजाओं ने बौद्ध विहार, स्तूप तथा चैत्य बनवाये थे, कल्हण ने आदर सहित उनके नाम लिये हैं। राजाओं के अतिरिक्त अन्य लोगों द्वारा बनवाये गये विहार, चैत्य, स्तूप आदि का भी उन्होंने उल्लेख किया है। बौद्ध विहारों को दिये गये अग्रहारों की भी उन्होंने प्रशंसा की है।

कल्हण ने 'राजतरंगिणी' में शिव एवं बुद्ध दोनों की वन्दना की हैं। उन्होंने शैव एवं बौद्ध धर्म को एक-दूसरे का पूरक माना है। उन्होंने बुद्ध को भी एक अवतार मानकर उनकी वन्दना की है। उन्होंने बौद्ध धर्म के मूल सिद्धान्तों को संक्षेप में प्रस्तुत किया है। इससे प्रतीत होता है कि उन्होंने तत्कालीन मत-मतान्तरों का गहन अध्ययन किया था।

मेघवाहन को वे एक आदर्श राजा मानते हैं। मेघवाहन विश्वविजय द्वारा अहिंसा का प्रचार करना चाहता था। उसने दक्षिण भारत तक विजय अभियान चलाकर राजाओं से अहिंसक होने की प्रतिज्ञा करायी थी।

'राजतरंगिणी' में राजनीतिक इतिहास

'राजतरंगिणी' राजाओं की नदी है, जिसमें कुल आठ तरंगें हैं; यानी इस इतिहास-ग्रन्थ में कुल आठ अध्याय हैं। प्रारम्भिक तीन तरंगों में कश्मीर के प्राचीन मिथकीय इतिहास की जानकारी मिलती है। इनमें पुराणों की शैली में विवरण दिया गया है। इसमें मौखिक परम्पराओं के आधार पर एक साथ 3050 वर्षों के इतिहास का वर्णन किया गया है। चौथे से लेकर छठे तरंग में कर्कोटक वंश के इतिहास का वर्णन है। यह भाग भी कुछ हद तक इतिवृत्तात्मक हैं। लेकिन अन्तिम दो तरंगों का विवरण पूरी प्रामाणिकता के साथ दिया गया है। तरंग सात और आठ में लोहर राजवंश के इतिहास का वर्णन किया गया है। यह कल्हण की व्यक्तिगत जानकारी पर आधारित

हैं। राजतरंगिणी में कुल 36 राजवंशों का उल्लेख है।

कल्हण की विशेषता यह है कि राजाओं के वर्णन के क्रम में वे निरपेक्ष होकर उनका मूल्यांकन करते हैं। अच्छे शासक में भी यदि कोई दुर्गुण है तो वे उसका उल्लेख निःसंकोच करते हैं। जैसे, ललितादित्य की सैन्य-कुशलता और साहित्य-कला के संरक्षण की सद्वृत्ति सद्वृत्ति के बावजूद कल्हण उसकी स्त्रैण-वृत्ति एवं मदिरा-प्रेम जैसे दुर्गुणों का उल्लेख करने में चूकते नहीं हैं।

कल्हण ने कश्मीर के इतिहास की सबसे शक्तिशाली महिला शासक दिद्दा (950-958 ई.) का उल्लेख किया है, जिसने भ्रष्ट मन्त्रियों और यहाँ तक कि अपने प्रधानमन्त्री को भी बर्खास्त कर दिया। लेकिन दिद्दा को सत्ता और वासना की ऐसी भूख थी, जिसके चलते उसने अपने पुत्रों तक की हत्या करवा दी। वह पुंछ के एक ग्वाले तुंग से प्रेम करती थी, जिसे उसने प्रधानमन्त्री के पद पर नियुक्त किया था। कल्हण ने ऐसे प्रसंगों का एकदम निरपेक्ष भाव से वर्णन किया है।

कल्हण ने भारत पर सिकन्दर के आक्रमण, पोरस के साथ युद्ध, चन्द्रगुप्त मौर्य, समुद्रगुप्त, स्कन्दगुप्त, शशांक, पुलकेशिन तथा नागभट्ट जैसे उस दौर के महत्त्वपूर्ण भारतीय राजाओं का उल्लेख नहीं किया है। प्रसिद्ध दार्शनिक शंकराचार्य का भी उल्लेख नहीं किया है।

राजाओं का काल-निर्णय करने में त्रुटियाँ

डॉ. गौरीशंकर हीराचन्द ओझा ने लिखा है कि–कल्हण ने वहाँ के प्रथम राजा गोनर्द को महाभारत युद्ध के समय अर्थात् कलियुग संवत् 653 (2448 ई. पू.) में विद्यमान होना मान लिया है (जो वास्तव में उस समय के बहुत बाद में हुआ था), जिससे समय की पूर्ति के लिए कल्हण को कई राजाओं का राज्यकाल मनमाने ढंग से बढ़ाना पड़ा; यहाँ तक कि रणादित्य (तुंजीन तृतीय) का तो उसने 300 वर्ष राज्य करना लिख दिया है। कल्हण के लेखानुसार प्रसिद्ध मौर्य वंशी राजा अशोक का समय उसके वास्तविक समय से करीब 1000 वर्ष पूर्व और मिहिरकुल (हूण) का 1100 से अधिक वर्ष पूर्व मानना पड़ता है। ऐसी दशा में कर्कोटक वंश के पूर्व के राजाओं का जो राजत्वकाल उसने माना है, वह विश्वास योग्य नहीं माना जा सकता।[2]

इतिवृत्त से इतिहास तक की यात्रा

कल्हण पारम्परिक अनुश्रुतियों के आधार पर, पौराणिक शैली में जलोद्भव नामक असुर के वध और कश्यप ऋषि द्वारा कश्मीर मण्डल की स्थापना से अपने

इतिहास-ग्रन्थ की शुरुआत करते हैं। महाभारतकालीन गोनन्द नामक एक राजा से राजतरंगिणी की गाथा का आरम्भ होता है। उनके इस वर्णन का आधार नीलमत पुराण है। इसके अतिरिक्त इस विषय में उन्होंने पहले लिखे गये ग्यारह ग्रन्थों और पहले के राजाओं के अभिलेख, प्रशस्तिपत्र एवं वंशावलियों के देखे जाने का भी उल्लेख किया है। कवि, इस वर्णन में ज्यों-ज्यों अपने समय की ओर आते हैं, यह पौराणिकता घटती जाती है; और यथार्थ का ठोस धरातल उभरता दिखायी देता है। 812 ई. तक के राजाओं का वर्णन बिना तिथि के ही चलता है, किन्तु 813-814 ई. से इस वर्णन में तिथिक्रम का उल्लेख मिलता है। अष्टम तरंग तो कवि की आँखों देखी घटनाओं का प्रामाणिक विवरण ही है।

तरंग सात की समस्त सामग्री उसने पिता चम्पक, चाचा कनक तथा तत्समय जीवित प्रत्यक्षदर्शी वृद्धों से लिया है। यही कारण है कि तरंग सात में छोटी-छोटी घटनाओं का क्रमबद्ध इतिहास प्रस्तुत किया गया है। तरंग आठ में वर्णित घटनाओं का प्रत्यक्षदर्शी होने के कारण उन्होंने छोटी-छोटी घटनाओं का भी विस्तृत वर्णन किया है।

तरंग सात के 98 वर्षों का इतिहास कल्हण ने 1732 श्लोकों में किया है, जबकि तरंग आठ के 48 वर्षों का इतिहास 3449 श्लोकों में। राजतरंगिणी में कुल 7826 श्लोक हैं। इसमें प्रथम से षष्ठ तरंगों का वर्णन 3045 श्लोकों में किया गया है। केवल दो तरंगों सात एवं आठ का वर्णन 5181 श्लोकों में किया गया है।

प्रथम चार तरंगों में वे पुराणों और आख्यानों से प्राप्त घटनाओं का विवरण देते हैं। लेकिन पाँचवें तरंग से जैसे-जैसे वे अपने समय के निकट आते हैं, वे एक विशुद्ध इतिहासकार की तरह तथ्यों को जाँच-परख कर प्रस्तुत करते हैं; और तथ्यों की जाँच के लिए उपलब्ध सामग्री का सन्दर्भ भी देते हैं।

712 ई. में सिन्ध पर पहला मुस्लिम आक्रमण हुआ; और 1000 ई. के आसपास भारत पर महमूद गजनी के हमले शुरू हुए। कल्हण ने षष्ठ और अष्टम तरंगों में देश की राजनीतिक और ऐतिहासिक परिस्थितियों पर दूरगामी प्रभाव छोड़नेवाले इन आक्रमणों का उल्लेख किया है।

कल्हण ने 1400 श्लोकों में राजा हर्ष (1089-1101 ई.) के उत्थान और पतन का रोमांचक इतिहास लिखा है। राजतरंगिणी का यह भाग अपने समय का सच्चा इतिहास होने के साथ ही एक रमणीय महाकाव्य-जैसा भी है। राजा अवन्तिवर्मा, कलश और रानी दिद्दा के शासनकाल से सम्बन्धित प्रसंगों के सन्दर्भ में भी यही

बात कही जा सकती है।

राजतरंगिणी में वर्णित सामाजिकार्थिक जीवन

राजतरंगिणी में तत्कालीन प्रशासन, न्याय-व्यवस्था, सैन्य-व्यवस्था आदि का विस्तृत विवरण मिलता है। राजमहल में होनेवाले षड्यन्त्रों, रानियों द्वारा पर्दे के आगे-पीछे निभायी जानेवाली भूमिकाओं आदि का यथार्थ चित्रण इस ग्रन्थ में उपलब्ध है।

कल्हण ने लौकिक रीति-रिवाज, संस्कार, अन्धविश्वास, जनश्रुति, परम्परा आदि का उल्लेख किया है। उन्होंने शुभाशुभ लक्षणों से, शकुन-अपशकुन से भविष्य की घटनाओं की ओर संकेत भी किया है। स्वाभाविक रूप से उन्हें फलित ज्योतिष का भी ज्ञान था।

कल्हण का काल भारत तथा कश्मीर की राजनीति में उथल-पुथल का समय रहा है। रचनाकार पर समकालीन परिस्थिति, वातावरण एवं घटनाक्रम का जाने-अनजाने प्रभाव पड़ता रहता है। यह प्रभाव उनकी रचना में परिलक्षित होता है।

कल्हण इतिहास-लेखन और प्रशासनिक सिद्धान्तों का भी उल्लेख करते हैं; और राजा को सलाह भी देते हैं। कल्हण ने न केवल अपने पूर्ववर्ती लेखकों के वर्णनों को संक्षेप में देश के समक्ष रखा, बल्कि तत्कालीन समाज और राज्य की दशा का चित्रण कर भावी पीढ़ी को सार्थक जीवन का मन्त्र भी दिया।

कल्हण के राजत्व-सम्बन्धी विचार

कल्हण ने कश्मीर के राजा को 'हरांशज' (शिव का अंश) कहा है। परन्तु वे राजा के दैवी सिद्धान्त में विश्वास नहीं करते हैं। कल्हण के कश्मीर का राजा सर्वसत्तासम्पन्न अधिनायक नहीं था। वह प्रजा के लिए पिता-तुल्य था। (रा.त., 5/350) राज्य के आध्यात्मिक सिद्धान्तों का प्रतिपादन करते हुए कल्हण कहते हैं कि अन्यायी राजा कष्ट पाता है। (रा.त., 7/1582, 8/1951) दुष्ट राजा की उसके जीवनकाल में ही दुर्गति होती है। वे कहते हैं-"समय-समय पर देश में ऐसे पुण्यात्मा राजा उत्पन्न होते रहते हैं और उनके प्रभाव से प्रजा के क्लेश दूर हो जाते हैं। जो राजा अपनी प्रजा को सताते हैं, वे सपरिवार नष्ट हो जाते हैं। इसके विपरीत जो पिछड़े हुए राष्ट्र में सुख-शान्ति की स्थापना करते है, उनकी राजलक्ष्मी कई पीढ़ियों तक स्थिर रहती है। इस प्रकार कश्मीर के पुरातन राजाओं के इतिहास से लोग उनकी विशेषताओं को समझें और भावी राजाओं के शुभाशुभ का निर्णय

करें।'' (रा.त., 1/187-189)

''यदि राजसेवक भ्रष्ट हो जायें, घुड़सवार और पदाति-सेना के सैनिक एक ही प्रान्त के हों, कार्यस्थ अधिकारीगण यदि विवाह-सम्बन्धों द्वारा एक हो जायें, राजा भी कार्यस्थों के समान लोभी और अन्यायी हो जाये तो समझ लेना चाहिए कि प्रजा के दुर्भाग्य का दौर शुरू हो गया है।'' (राजतरंगिणी, 4/349-352)

कल्हण के आदर्श शासक अशोक, कनिष्क और मेघवाहन थे। अशोक उदार था। कनिष्क जनहितैषी था। मेघवाहन आदर्श राजा था। उधर, प्रजा का उत्पीड़न करनेवाले निर्जितवर्मा-जैसे राजपुरुष को कल्हण ने 'राज-राक्षस' कहा है। (रा.त. 5/278)

कल्हण का कहना है कि ''राजाओं को पृथ्वी का पालन नववधू की भाँति करना चाहिए। (रा.त., 2/8) उनके अनुसार जनता के कुकर्म, नैतिक पतन और कायरता के कारण देश में अवांछनीय राजा राज्य करते हैं। जिस प्रकार व्यक्ति अपने कर्मों के फल भोगता है, उसी प्रकार जनता भी अपने कर्मों के फल भोगती है। कल्हण का कहना है कि–''प्रजा के पुण्य के कारण समय-समय पर ऐसे नृपों का जन्म सम्भव होता है जो छिन्न-भिन्न हो चुके राज्यों का सुदृढ़ीकरण करते है। (रा.त., 1/18) कर्म की गति से यदि व्यक्ति नहीं बच सकता तो जनता भी नहीं बच सकती। सच पूछा जाये तो यह कल्हण का एक अभिनव राजनीतिक दर्शन है।

कल्हण का कश्मीर-प्रेम

कश्मीर के प्रति कल्हण की आत्मीयता अद्‌भुत है। जहाँ कहीं भी उन्होंने कश्मीर का उल्लेख किया है, वहाँ देश के प्रति श्रद्धा एवं भक्ति अपनी पूर्ण गरिमा के साथ प्रकट हुई है। उन्होंने कश्मीर को 'माता' कहा है। (रा.त., 3: 86) जहाँ भी उन्होंने कनिष्क आदि राजाओं से कश्मीर-भूमि को प्रणाम कराया है वह स्थल भावव्यंजना की दृष्टि से उच्चकोटि का है। (रा.त., 1/26-72) राजा युधिष्ठिर तथा उनकी रानियाँ जब कश्मीर भूमि के अन्तिम दर्शन कर विदा होते हैं उस अवसर पर कल्हण ने देशप्रेम और देश-वियोग का अनुपम चित्रण किया है। (रा. 1/366-373) अपनी जन्मभूमि को स्वर्ग से भी महान् बताते हुए वे कहते हैं कि ऊँचे-ऊँचे विद्याभवन, केसर, शीतल-जल और द्राक्षा (अंगूर)-जैसी वस्तुएँ स्वर्ग में भी दुर्लभ हैं, लेकिन कश्मीर में सुलभ हैं, इसीलिए वह अतुलनीय है।

विद्यावेश्मानि तुङ्गानि कुङ्कुमं साहिमं पयः।
द्राक्षेति यत्रा सामान्यमस्ति त्रिदिवदुर्लभम्।।

उनका देशानुराग तब पराकाष्ठा पर पहुँचता है जब भगवान श्रीकृष्ण के मुख से वे यह कहलवाते है कि–''कश्मीर पार्वती का स्वरूप है और यहाँ का राजा शिव

का अंश है। (रा.त., 1/72)

कल्हण कश्मीर की सुरक्षा के प्रति विशेष जागरूक थे। 'राजतरंगिणी' में उन्होंने यही सन्देश दिया है कि "कश्मीर यदि अरक्षित हो गया तो सब कुछ नष्ट हो जायेगा।" अशोक जैसे सम्राट् ने म्लेच्छों से कश्मीर की रक्षा के लिए तपस्या की थी। (रा.त., 1/107) उस तपस्या के फलस्वरूप जलौक नामक पुत्र की प्राप्ति हुई थी, जिसने उज्झट डिम्ब नामक स्थान पर म्लेच्छों का संहार किया था। (रा.त., 1: 116) लेकिन कालान्तर में जब कश्मीर ने यह सतर्कता त्याग दी, तब उसे खराब दौर से गुजरना पड़ा।

कश्मीर की अजेय शक्ति पर गर्व करते हुए कल्हण कहते हैं कि कश्मीर पर बल द्वारा नहीं, केवल पुण्य द्वारा विजय प्राप्त की जा सकती है। यहाँ के निवासी शस्त्रधारियों से नहीं, केवल परलोक की चिन्ता से भयभीत होते हैं। चार हजार वर्षों से स्वाधीनता का भोग करनेवाले और बाहरी शक्तियों के सम्मुख कभी न झुकनेवाले कश्मीरियों ने कभी शस्त्र-बल के सम्मुख सिर नहीं झुकाया था। (रा., 1/39)

लेकिन उन्होंने कश्मीरियों के उत्तरकालीन दुराग्रह, कलह, पक्षपात, अन्तहीन संघर्ष, क्षुद्रता, सैनिकों के विश्वासघात आदि का नि.संकोच वर्णन करते हुए उसकी निन्दा की है। उन्हें विश्वास था कि उसका काव्यमय इतिहास तत्कालीन एवं भविष्य के राजाओं को कश्मीर के महान् राजाओं के समान बनने की प्रेरणा प्रदान करेगा।

सन्दर्भ और टिप्पणियाँ

1. डॉ. रमेशचन्द्र मजूमदार, प्राचीन भारत; अनुवादक : डॉ. परमेश्वरीलाल गुप्त; पृ. 250-251; मोतीलाल बनारसीदास, वाराणसी 1962 ई.
2. 'ओझा निबन्ध-संग्रह' प्रथम भाग, 1954, पृ. 38-39

परिशिष्ट 4

ह्वेनत्सांग का कश्मीर-वृत्तान्त

कियाशिमिलो[1] (अर्थात् कश्मीर) राज्य का क्षेत्रफल लगभग 7000 ली[2] है। इसके चारों ओर ऊँचे-ऊँचे पहाड़ हैं। पहाड़ों के बीच में बहुत सँकरे दर्रे हैं। कोई भी पड़ोसी राज्य कभी भी इस पर आक्रमण करके विजय पाने में सफल नहीं हो पाया है। इसकी राजधानी उत्तर से दक्षिण 12 या 13 ली और पूर्व से पश्चिम 4 या 5 ली विस्तृत हैं, तथा इसकी पश्चिमी सीमा पर एक बड़ी नदी बहती है। यहाँ की भूमि उपजाऊ है; और यहाँ फल-फूल भी बहुत होते हैं। यहाँ केशर और कुछ अन्य औषधीय पौधे भी भरपूर उगते हैं।

यहाँ की जलवायु अत्यन्त शीतल है। बर्फ अधिक पड़ती है, परन्तु वायु बहुत वेग की नहीं चलती। ठण्ड के कारण यहाँ के लोग कपड़े का अस्तर लगाकर चमड़े के वस्त्र पहनते हैं। एक नाग इस प्रदेश की रक्षा करता है इसलिए पड़ोसी देशों के लोग इसका आदर करते हैं। यहाँ के निवासी देखने में सुन्दर और सुशिक्षित हैं, लेकिन उनका मन कपट से भरा हुआ है। ये लोग स्वभाव के नीच, ओछे और कायर होते हैं। बौद्धों के अलावा यहाँ बड़ी संख्या में अन्य धर्मावलम्बी भी बसे हुए हैं। यहाँ 100 संघाराम और 5000 बौद्ध भिक्षु हैं। यहाँ राजा अशोक द्वारा बनवाये गये चार स्तूप भी हैं। प्रत्येक स्तूप में भगवान बुद्ध का देहावशेष विद्यमान है।

कश्मीर देश के इतिहास से पता चलता है कि प्राचीन काल में यहाँ नागों की झील था। पुरातन काल में एक बार भगवान् बुद्ध उद्यान-प्रदेश[3] के दुष्ट नाग को परास्त करके मध्य भारत की ओर लौट रहे थे। आकाशमार्ग से गमन करते हुए वे इस प्रदेश के ऊपर से गुजरे। उस समय उन्होंने भविष्यवाणी करते हुए अपने शिष्य आनन्द से कहा था- ''मेरे निर्वाण के बाद माध्यन्दिन (मध्यान्तिक) अर्हत इस भूमि में एक राज्य स्थापित करेगा और अपने ही प्रयत्न मे यहाँ के लोगों में सभ्यता का प्रचार करके बौद्ध-धर्म फैलाएगा।'' बुद्ध के निर्वाण के पाँचवें वर्ष आनन्द के शिष्य मध्यान्तिक अर्हत ने सभी छह आध्यात्मिक शक्तियों (षडाभिजन) और अष्ट विमोक्षाओं को प्राप्त

करके बुद्ध की भविष्यवाणी का पता लगाया। इससे उसका मन प्रसन्न हो गया और उसने इस देश का सुधार करना चाहा।

एक दिन वह शान्ति के साथ एक पहाड़ की चट्टान पर बैठकर अपना आध्यात्मिक बल प्रकट करने लगा। अर्हत के प्रभाव को देखकर नाग विस्मत हो गया और भक्ति के साथ उसने पूछा कि "आपकी क्या कामना है?" अर्हत ने कहा कि "मैं झील के मध्य में बैठने भर की जगह चाहता हूँ।" इस पर नागराज ने थोड़ा-सा पानी हटाकर उसको जगह दे दी। अर्हत ने अपने आध्यात्मिक बल से अपने शरीर को इतना बढ़ाया कि नागराज को झील का सम्पूर्ण जल हटाना पड़ा। वह झील सूख गयी। अब नागराज ने अपने रहने के लिए स्थान देने की प्रार्थना की। तब अर्हत ने कहा कि "यहाँ से पश्चिमोत्तर दिशा में लगभग 100 ली के घेरेवाला एक तालाब है। तुम सन्ततियों सहित उसमें रह सकते हो।" फिर नाग ने कहा कि "आप ऐसा प्रबन्ध कर दें कि मैं आपकी सेवा-पूजा कर सकूँ।" मध्यान्तिक ने यह कहा कि "थोड़े ही दिनों में मैं अनुपाधिशेष निर्वाण को प्राप्त करने वाला हूँ, इसलिए मैं तुम्हारी प्रार्थना स्वीकार नहीं कर पाऊँगा।" तब नाग ने फिर प्रार्थना की कि "जब तक इस धरती पर बौद्ध धर्म विद्यमान है, तब तक 500 अर्हत मेरी भेंट-पूजा स्वीकार करते रहें; और बौद्ध-धर्म के प्रभाव के समाप्त हो जाने के बाद मैं अपने देश लौटकर पहले की तरह रह सकूँ।" आखिरकार मध्यान्तिक ने उसकी प्रार्थना को स्वीकार कर लिया।

फिर अर्हत ने इस भूमि पर 500 संघाराम स्थापित किये और अन्य प्रदेशों से निर्धन व्यक्ति (दास) खरीद करके यहाँ के संन्यासियों की सेवा में तैनात कर दिये। मध्यान्तिक का स्वर्गवास होने पर वही क्रीत दास इस भूमि के स्वामी हो गये। परन्तु अन्य प्रदेशों के लोग इन दासों से घृणा करते थे, इनके 'समाज'[4] में कभी नहीं जाते थे और इनको 'क्रितीय'[5] कहकर सम्बोधित करते थे। इन दिनों यहाँ कई सोते फूट निकले हैं (जो धर्म के ह्रास का द्योतक है)।

भगवान् बुद्ध के निर्वाण के सौवें वर्ष[6] में मगधराज अशोक का प्रभाव पूरे संसार मे फैल रहा था। दूर-दूर तक के लोग उसका सम्मान करते थे। यह राजा रत्नत्रायी का भक्त होने के साथ ही प्राणि-मात्र से दया और प्रेम का व्यवहार रखने में भी अनुपम था। उस समय लगभग 500 अर्हत और 500 अन्य साधु थे। राजा उनका सम्मान करते थे। दूसरे प्रकार के साधुओं में महादेव नामक एक प्रतिभाशाली विद्वान् था। उसने अपनी वानप्रस्थ अवस्था में बौद्ध धर्म के सर्वथा विपरीत सिद्धान्तों की एक पुस्तक लिखकर प्रसिद्धि पायी थी। जो भी उन सिद्धान्तों को सुनता था, वह उसका शिष्य हो जाता था।

राजा अशोक दुष्टों को दण्ड देना तो जानता था, परन्तु महात्मा और सर्वसाधारण मे क्या भेद है इस बात से एकदम अपरिचित था। इसलिए वह भी महादेव के बहकावे

में आ गया; और उसने सभी बौद्ध संन्यासियों को सभा के बहाने गंगा के किनारे बुलाकर नदी में डुबाना चाहा। इस समय अर्हत अपने प्राणों को संकट में देखकर आध्यात्मिक बल से आकाशगामी होकर चले गये; और कश्मीर देश में आकर पहाड़ों और घाटियों में छिपे रहे। बाद में राजा अशोक को पछतावा हुआ और अपने अपराधों के लिए क्षमा माँगते हुए उसने चाहा कि वे सब अपने-अपने स्थानों को लौट चले। परन्तु अर्हत नहीं लौटे। तब अशोक ने उन लोगों के लिए पाँच सौ संघाराम बनवाकर पूरा (कश्मीर) प्रदेश साधुओं को दान कर दिया।

भगवान् बुद्ध के निर्वाण के चार सौ वर्ष बाद[7] गन्धार-नरेश कनिष्क (कश्मीर) राज्य का स्वामी हुआ। उसकी प्रभुता दूर-दूर तक फैल गयी थी और कई देश उसके अधीन हो गये थे। अपने धार्मिक कार्यों में वह बौद्ध-ग्रन्थों का आश्रय लेता था। प्रतिदिन एक बौद्ध-संन्यासी उसके महल मे जाकर धर्मोपदेश दिया करता था। परन्तु बौद्ध-धर्म के कई भेद हो जाने के कारण उसका विश्वास पूर्णतः जमता नहीं था। इस भेद को दूर करने का कोई उपाय उसकी समझ में नहीं आ रहा था। उस समय महात्मा पार्श्व ने उसको समझाया कि ''भगवान् तथागत को संसार त्यागे बहुत समय हो गया है। तब से लेकर अब तक तमाम विद्वान् उत्पन्न हुए हैं जिन्होंने अपने-अपने ज्ञानानुसार पुस्तकें लिखकर कई सम्प्रदाय स्थापित कर दिये हैं। यही कारण है कि बौद्ध-धर्म बँट गया है।'' राजा यह सुनकर बहुत दुखी हुआ। थोड़ी देर के बाद उसने पार्श्व से कहा कि ''भगवान् बुद्ध के समय से लेकर आज तक प्रत्येक जन्म में जिस ज्ञान से मेरा सम्बन्ध रहा है और जिसके प्रभाव से मैं राजा हुआ हूँ, उसके आधार पर मैं ऐसे प्रयत्न करूँगा जिससे बौद्ध धर्म संसार में बना रहे। मैं ऐसे प्रबन्ध करूँगा जिससे त्रिपिटकों में वर्णित शिक्षा प्रत्येक सम्प्रदाय में प्रचलित रहे।'' महात्मा पार्श्व ने उत्तर दिया ''आपने अपने पूर्व-पुण्य से महाराज का पद पाया है। मेरी भी इच्छा है कि बौद्ध-धर्म में आपका विश्वास अटल रहे।''

इसके बाद राजा ने विद्वानों को आमन्त्रित किया। चारों दिशाओं से हजारों मील चलकर बड़े-बड़े विद्वान् महात्मा वहाँ एकत्र हुए। सात दिन तक उन लोगों का सत्कार करके राजा ने इच्छा प्रकट की कि वास्तविक धर्म का निरूपण किया जाये। परन्तु इतनी बड़ी भीड़ में शास्त्रर्थ होने से अव्यवस्था फैलने की आशंका थी। इस कारण उसने आज्ञा दी कि ''जो अर्हत हैं वे ठहरें; और जो अभी सांसारिक क्लेश में फँसे हैं, वे चले जायें। फिर भी भीड़ कम न हुई। तब उसने दूसरी आज्ञा प्रसारित की कि ''जो लोग पूर्ण विद्वान् हो चुके है वही लोग ठहरें; और जो अभी विद्याभ्यास में लगे हुए है, वे लोग चले जायें।'' फिर भी बहुत भीड़ थी। तब राजा ने यह आज्ञा दी कि ''जो लोग 'त्रिविद्या' और 'षडभिजन' को प्राप्त कर चुके हैं वही लोग ठहरें और

शेष चले जायें।" अब भी जितने लोग रह गये थे उनकी संख्या बहुत थी। तब राजा ने यह कहा कि "जो त्रिपिटक[8] और पंच महाविद्या[9] में पूर्ण निपुण हैं उनको छोड़कर शेष लोग लौट जायें।" इस घोषणा के बाद 499 विद्वान् रह गये।

उस समय राजा की इच्छा सब लोगों को अपने देश में ले चलने की हुई क्योंकि यहाँ की सर्दी से राजा बहुत परेशान था। उसकी यह भी इच्छा थी कि (यदि सम्भव हो तो) राजगृह की (सप्तपर्णी) गुफा में चला जाये, जहाँ पर काश्यप ने (प्रथम) धर्म महासभा की थी। महात्मा पार्श्व तथा अन्य महात्माओं ने परस्पर विचार करके यह कहा कि "हम वहाँ नहीं जा सकते क्योंकि वहाँ बहुत से भिन्न-धर्मावलम्बी विद्वान् हैं, जो अनेक शास्त्रों का मनन करते हैं। उन लोगों से सामना होने पर व्यर्थ का विवाद होगा। जब तक निश्चिन्तता के साथ किसी विषय पर विचार न किया जाये, उपयोगी ग्रन्थ नहीं बन सकता है। सब विद्वानों का मन इस (कश्मीर) प्रदेश में रमा हुआ है। यह भूमि चारों ओर से पहाड़ों से घिरी है और यक्षों द्वारा सुरक्षित भी है। यहाँ खाने-पीने की भी कोई असुविधा नहीं है। यही स्थान है जहाँ पर विद्वान् निवास करते हैं; और ऋषि-महात्मा विचरण करते हैं।" परन्तु अन्त में सब लोगों को राजा की इच्छा के अनुसार ही कार्य करना पड़ा। राजा सभी अर्हतों को साथ लेकर उस स्थान पर गया जहाँ उसने एक मन्दिर बनवाया था ताकि सब लोग एकत्र होकर विभाषा-शास्त्र की रचना कर सकें।

महात्मा वसुमित्र द्वार के बाहर कपड़े पहन रहे थे। अर्हतों ने उससे कहा कि "तुम्हारे पातक अभी दूर नहीं हुए हैं इस कारण तुम्हारा शास्त्रर्थ मे योगदान करना अनुचित है।" इस पर वसुमित्र ने कहा कि "बुद्धिमान् लोग भगवान् बुद्ध के स्वरूप को जितना आदर देते हैं उतना ही महत्त्व उनके धार्मिक सिद्धान्तों को देते हैं क्योंकि उनके सिद्धान्त पूरे संसार के लिए ज्ञानप्रद हैं। इस कारण उन सत्य सिद्धान्तों के संग्रह का आपका विचार उत्तम है। मैं पूर्णतया नहीं, तब भी शास्त्रीय शब्दों के अर्थ जानता हूँ। मैंने त्रिपिटक के गूढ़ सूत्रों का और पंच महाविद्या के सूक्ष्म भावों का परिश्रम से अध्ययन किया है। जो कुछ गुप्त भाव इनमें भरा है वह सब मैंने अपनी बुद्धि से प्राप्त कर लिया है।"

अर्हतों ने कहा कि, "यदि यह सत्य है तो तुमको कुछ समय तक ठहरकर जो कुछ तुमने पढ़ा है उनका फल प्राप्त करना चाहिए। अभी तुम्हारा सम्मिलित होना उचित नहीं है।"

वसुमित्र ने कहा कि "मैं पूर्वपठित विद्या के फल को श्रेष्ठ मानता हूँ। मेरा मन केवल बौद्ध-धर्म के फल की चाह रखता है, इसलिए तुच्छ वस्तुओं की ओर आकर्षित नहीं होता। मैं अपनी इस गेंद को आकाश में उछालता हूँ जितनी देर में यह

लौटकर भूमि तक आयेगी उतनी देर में मुझको अपनी पूर्वपठित विद्या का सब फल प्राप्त हो जायेगा।''

इस पर अर्हतों ने यह कहा कि ''वसुमित्र तुम बहुत घमण्डी हो। पूर्वपठित विद्या का फल प्राप्त करना सब बौद्धों को काम्य है, परन्तु तुम उसकी उपेक्षा कर रहे हो। तुमको यह फल प्राप्त करके दिखाना चाहिए ताकि सब का सन्देह दूर हो सके।'' तब वसुमित्र ने अपनी गेंद को ऊपर फेंका जिसको देवताओं ने ऊपर ही रोककर उससे कहा कि ''बौद्ध-धर्म का फल प्राप्त करने के कारण तुम स्वर्ग में मैत्रेय भगवान् के स्थानापन्न होगे, तीनों लोकों में तुम्हारी प्रतिष्ठा होगी और चारों प्रकार के प्राणी तुम्हारा भय मानेंगे। फिर तुम इस तुच्छ फल को प्राप्त करने की इच्छा क्यों करते हो?''

यह देख-सुन कर अर्हतों ने वसुमित्र से क्षमा माँगी और उसी को सभापति बनाया। शास्त्रर्थ में जो कुछ कठिनाइयाँ आयीं, उनका समाधान वसुमित्र ने ही किया। महात्माओं ने पहले सुत्तपिटक को सुस्पष्ट करने के लिए दस हजार श्लोकों का उपदेश-शास्त्र बनाया। फिर विनयपिटक को सुस्पष्ट करने के लिए पाँच हजार श्लोकों में 'विनयविभाषा शास्त्र' लिखा। फिर 'अभिधम्मपिटक' को सुस्पष्ट करने के लिए दस हजार श्लोकों में 'अभिधर्मविभाषा शास्त्र' की रचना की। इस प्रकार त्रिपिटकों के भाष्य-स्वरूप छह लाख साठ हजार शब्दों में 30 हजार श्लोक संकलित किये गये। छोटे-बड़े सभी प्रश्नों के युक्तियुक्त समाधान प्रस्तुत करनेवाला ऐसा उत्तम कार्य इसके पहले कभी नहीं हुआ था। अत: संसार भर में इस कार्य की प्रशंसा हुई।

राजा कनिष्क ने इन सब श्लोकों को ताम्रपत्रों पर लिखवाकर एक पत्थर के सन्दूक में बन्द करके उस पर मुहर लगा दी; और फिर एक स्तूप बनवाकर उसके बीच में उस सन्दूक को रखवा दिया। यक्षों को उनकी रक्षा का भार सौंपा गया ताकि कोई विधर्मी उन शास्त्रों को चुरा न ले; और इस देश के निवासी उसका लाभ उठाते रहें।

यह पुनीत कार्य करके राजा सेना सहित अपनी राजधानी (पुरुषपुर यानी वर्तमान पेशावर) लौट गया। इस देश के पश्चिमी द्वार (दर्रे) से निकलने के बाद राजा ने पूर्व की ओर मुख करके (कश्मीर की पुण्यभूमि को) दण्डवत् प्रणाम किया; और इस प्रदेश को संन्यासियों को दान कर दिया।

लेकिन कनिष्क के मरने के बाद क्रीत्य जाति ने फिर अपना अधिकार जमा लिया और पुरोहितों को खदेड़कर (बौद्ध) धर्म को तहस-नहस कर दिया।

तुषार-प्रदेश के हिमतल स्थान का राजा शाक्य-वंशीय था। बुद्ध के निर्वाण के 600 वर्ष बाद वह अपने पूर्वजों के राज्य का स्वामी हुआ था। उसका चित्त बौद्ध-सिद्धान्तों के प्रेम में भली-भाँति रमा हुआ था। जब उसको यह पता चला कि क्रीत्य

लोगों ने कश्मीर प्रदेश में बौद्ध-धर्म का उन्मूलन कर दिया है, तब उसने अपने तीन हजार वीर सामन्तों को एकत्र किया; और सबने व्यापारियों का भेष बनाकर उस देश की ओर प्रस्थान किया।

वे लोग प्रकट-रूप से व्यापार की बहुमूल्य वस्तुएँ और गुप्तरूप से लड़ाई के अस्त्र-शस्त्र लिये हुए कश्मीर पहुँचे। वहाँ के राजा ने सत्कारपूर्वक इन लोगों को अपना अतिथि बनाया। हिमतलराज ने अपने 500 वीर सैनिकों को आज्ञा दी कि "राजा को भेंट करने के लिए उत्तम वस्तुएँ और हाथों में तलवार लेकर चलो।"

राजा के निकट पहँचते ही हिमतलराज सिंहासन की ओर झपटा। यह देखकर क्रीत्यराज घबड़ा गया। वह कुछ समझ पाता, उसके पहले ही उसका सिर काट डाला गया। फिर हिमतलराज ने क्रीत्यराज के दरबारियों से कहा कि "मैं तुषार प्रदेश के हिमतल स्थान का राजा हूँ। एक नीच जाति के राजा को दण्ड देने के लिए मुझको यहाँ आना पड़ा। अपराधी को दण्ड मिल गया है। अन्य लोग भयभीत न हों।" मन्त्रियों को दूसरे प्रदेशों में भेजकर उसने बौद्ध संन्यासियों को आमन्त्रित किया। फिर एक संघाराम बनवाकर उन लोगों को पुनः उसी प्रकार बसाया, जिस प्रकार वह पहले रहा करते थे। इसके बाद वह पश्चिमी द्वार (दर्रे) से निकलकर और पूर्वाभिमुख साष्टांग दण्डवत् करके अपने देश लौट गया। उस प्रदेश को उसने पुरोहितों को दान में दे दिया।

चूँकि क्रीत्य लोगों को कई बार पुरोहितों से दबना पड़ा और उनका सत्यानाश हुआ इस कारण उनके हृदय में शत्रुता बढ़ती ही गयी। वे लोग बौद्ध-धर्म से घृणा करने लगे। कुछ वर्षों के बाद वे लोग फिर प्रभावशाली होकर यहाँ के अधिपति हो गये। यही कारण है कि इस समय यहाँ बौद्ध-धर्म का विशेष प्रचार नहीं है; और अन्य धर्मावलम्बियों के मन्दिरों की वृद्धि हुई है। नये नगर के पूर्व-दक्षिण और प्राचीन नगर के उत्तर में एक संघाराम है, जिसमें तीन सौ संन्यासी निवास करते हैं।[10] स्तूप के भीतर भगवान् बुद्ध का एक दाँत रखा हुआ है। इसका रंग पीलापन लिये हुए है। धार्मिक अवसरों पर इसके भीतर से उज्ज्वल प्रकाश निकलने लगता है।

प्राचीन समय में क्रीत्य लोगों ने बौद्ध-धर्म को नाश करके जब उन लोगों को निकाल दिया था और संन्यासी लोग जहाँ-तहाँ भाग गये थे, तब एक श्रमण इधर-उधर भारतवर्ष भर मे यात्रा करने लगा और अपने अटल विश्वास को प्रदर्शित करने के लिए बौद्ध तीर्थों में जा-जाकर बुद्धावशेषों के दर्शन करता रहा। कुछ दिनों के बाद उसको मालूम हुआ कि उसके देश में अशान्ति हो गयी है। अतः वह अपने घर की ओर चला। मार्ग मे उसको हाथियों का एक झुन्ड मिला, जो जंगल में चिग्घाड़ते हुए दौड़ रहे थे। श्रमण उन हाथियों को देखकर एक वृक्ष पर चढ़ गया। परन्तु हाथियों

के झुण्ड ने पहले एक तालाब के पास पहुँच कर स्नान किया। भली-भाँति अपने शरीर को शुद्ध करके हाथियों ने उस वृक्ष को चारों ओर से घेर लिया और जड़ों को नोचकर श्रमण समेत उस वृक्ष को गिरा दिया। इसके बाद श्रमण को अपनी पीठ पर चढ़ाकर वे लोग जंगल के बीच में उस स्थान पर गये जहाँ एक हाथी घाव से पीड़ित होकर भूमि पर पड़ा हुआ था। उसने साधु का हाथ पकड़कर अपने शरीर का वह भाग दिखलाया जहाँ बाँस का एक टुकड़ा धँसा हुआ था। श्रमण ने उस खपच्चे को खींचकर कुछ दवा लगायी और फिर अपने वस्त्र को फाड़कर घाव पर बाँध दिया। तभी दूसरे हाथी ने सोने का एक डिब्बा लाकर रोगी हाथी के सामने रख दिया। रोगी हाथी ने उस डिब्बे को श्रमण को भेंट कर दिया।

श्रमण को उसके भीतर भगवान् बुद्ध का एक दाँत मिला। इसके बाद सभी हाथी उसको घेरकर बैठ गये। इसलिए श्रमण को उस दिन उसी स्थान पर रहना पड़ा। दूसरे दिन, धार्मिक दिवस होने के कारण, प्रत्येक हाथी ने उसको उत्तम फल भेंट किये। भोजन करने के बाद हाथियों ने संन्यासी को अपनी पीठ पर बैठाकर जंगल के बाहर पहुँचा दिया; और फिर सभी हाथी जंगल में लौट गये।

श्रमण अपने देश की पश्चिमी सीमा तक पहुँचकर एक बड़ी नदी को पार कर रहा था, उसी समय नाव डूबने लगी। सभी को लगा कि इस श्रमण के पास अवश्य ही कोई बुद्धावशेष है जिसको पाने के लिए नाग-गण लालायित हो गये हैं। नाव के स्वामी द्वारा उसकी तलाशी लेने पर बुद्ध का दाँत मिला। श्रमण ने उस समय दाँत को ऊपर उठाकर और सिर झुकाकर नागों को बुलाया और यह कहकर वह दाँत उनको दे दिया कि ''मैं यह तुम्हें सौंपता हूँ, इसको सुरक्षित रखना। कुछ दिनों बाद आकर मैं तुमसे वापस ले लूँगा।'' लेकिन इस घटना से श्रमण को इतना क्षोभ हुआ कि वह नदी के पार नहीं गया बल्कि इसी पार लौट आया; और नदी की ओर देखकर गहरी साँसें लेता हुआ यह कहने लगा कि "मैं क्या उपाय करूँ जिससे ये दुखदायक नाग परास्त हों?''

इसके बाद वह भारतवर्ष लौटकर नागों को नियन्त्रित करनेवाली विद्या का अध्ययन करने लगा। तीन वर्ष के बाद वह अपने देश लौटा। नदी के किनारे पहुँचकर उसने एक वेदी बनाकर यज्ञ करना प्रारम्भ किया। नाग लोग विवश होकर बुद्ध-दन्त को डिब्बे सहित ले आये। श्रमण उसको लेकर संघाराम में आया और पूजन करने लगा।[11]

संघाराम के दक्षिण की ओर 14-15 ली की दूरी पर एक छोटा संघाराम है, जिसमें अवलोकितेश्वर बोधिसत्व की एक खड़ी मूर्ति है। यदि कोई इस बात का संकल्प करे कि चाहे भूख-प्यास से हमारी मृत्यु ही क्यों न हो जाये हम मूर्ति का दर्शन

किये बिना अन्न-जल ग्रहण नहीं करेंगे, तब उसको उस मूर्ति से एक मनोहर स्वरूप निकलता दिखायी पड़ता है।

इस छोटे संघाराम के दक्षिण-पूर्व लगभग 30 ली चलकर हम एक बड़े पर्वत पर आये जहाँ एक पुराना संघाराम है। यह देखने में सुन्दर है और इसकी बनावट सुदृढ़ है। परन्तु आजकल यह उजाड़ हो रहा है केवल एक कोना शेष है जिसमें दो खंड का एक बुर्ज बना है। इसमें महायान-सम्प्रदाय के लगभग 30 संन्यासी निवास करते हैं। इस स्थान पर प्राचीन समय मे सङ्गभद्र शास्त्रकार ने 'न्यायानुसार शास्त्र' की रचना की थी। संघाराम के दोनों ओर स्तूप बने हुए हैं, जिनमें अर्हतों के शरीर समाधिस्थ हैं। इनकी नित्य पूजा होती है। इन पहाड़ों पर समय-समय पर अद्भुत लीलाएँ हुआ करती हैं। कभी पत्थर पर आर-पार दरारें पड़ जाती हैं, कभी पहाड की चोटी पर घोड़े का चित्र बना मिलता है। यह सब बातें अर्हतों और श्रमणों के कृत्य प्रतीत होते हैं जो समूहों में इस स्थान पर आते है और अपनी उँगलियों से इस तरह के चित्र बनाते हैं।

बुद्ध-दाँतवाले संघाराम के पूर्व 10 ली दूर पहाड़ के उत्तरी भाग के एक चट्टान पर एक छोटा-सा संघाराम बना हुआ है। प्राचीन विद्वान् स्कन्धिल शास्त्री ने इस स्थान पर 'चगस्सी फान पीष आशा' (विभाषा प्रकरण पाकशास्त्र) नामक ग्रन्थ की रचना की थी। इस संघाराम में पत्थर का लगभग 50 फीट ऊँचा एक स्तूप बना हुआ है, जिसमें एक अर्हत का शरीर है। प्राचीन समय में लम्बे-चौड़े शरीरवाला एक अर्हत था। लोग उसकी हँसी उड़ाया करते थे कि यह भोजन करना खूब जानता है परन्तु सत्यासत्य धर्म क्या है यह नहीं जानता। वह अर्हत जब निर्वाण के निकट पहुँचा तब लोगों को पास बुलाकर कहने लगा कि बहुत शीघ्र मैं अनुपाधिशेष अवस्था को प्राप्त करूँगा। मेरी इच्छा है कि मैं सब लोगों को बता दूँ कि किस प्रकार मैंने परमोत्तम धर्म ज्ञान को पाया है। लोग यह सुन कर हँसने लगे। वहाँ भीड़ भी जमा हो गयी। अर्हत ने उस समय उन लोगों से यह कहा कि "मैं तुम लोगों की भलाई के लिए अपने पूर्व जन्म का वृत्तान्त और उसका कारण बतलाता हूँ-

अपने पूर्व जन्म में मैंने पापों के कारण हाथी का तन पाया था और पूर्वी भारत के एक राजा के फीलखाने मे रहा करता था। उन्हीं दिनों एक श्रमण, भगवान बुद्ध के सिद्धान्तों की खोज में भारतवर्ष में भ्रमण कर रहा था। राजा ने मुझे उस श्रमण को दान कर दिया। मैं बौद्ध धर्मग्रन्थों को पीठ पर लादे इस स्थान पर आया और कुछ दिनों बाद ही मर गया। उन पुनीत पुस्तकों को पीठ पर लादने के प्रभाव से मेरा जन्म मनुष्य योनि में हुआ। थोड़े दिनों बाद पुनः मृत्यु होने पर अपने पूर्व-पुण्य के प्रताप से मैं अगले जन्म में संन्यासी हो गया और सांसारिक बन्धनों से मुक्त होने के

प्रयत्न करने लगा। मुझे छहों परम शक्तियाँ प्राप्त हो गयीं और मैंने तीनों लोकों के सुख-साधनों का परित्याग कर दिया। परन्तु भोजन के समय मेरी पुरानी आदत बनी रही। वैसे, मैं अपनी क्षुधा के घटाने का प्रयत्न करता ही रहा। इस समय मेरे शरीर के पोषण के निमित्त जितने भोजन की आवश्यकता है उसका तृतीयांश ही भोजन करता हूँ।'' यद्यपि उसने यह सब वर्णन किया परन्तु लोग उसकी हँसी उड़ाते रहे। थोड़ी देर के बाद वह समाधिस्थ होकर आकाशगामी हो गया और उसके शरीर से अग्नि और धुआँ निकलने लगा। इस तरह वह निर्वाण को प्राप्त हो गया और उसकी हड्डियाँ भूमि पर गिर पड़ीं जिनको बटोर कर लोगों ने स्तूप बना दिया।

राजधानी से पश्चिमोत्तर 200 ली चलकर मैलिन संघाराम पहुँचा। इसी स्थान पर पूर्ण शास्त्री ने विभाषाशास्त्र की टीका रची थी। नगर के पश्चिम एक नदी बहती थी जिसके उत्तरी किनारे की ओर पहाड़ की दक्षिणी ढाल पर 'महासांघिक' सम्प्रदाय का एक संघाराम बना हुआ था। इसमें लगभग 100 बौद्ध भिक्षु रहते थे। इस स्थान पर बोधिल शास्त्री ने 'तत्त्वसंचय शास्त्र' की रचना की थी।

सन्दर्भ एवं टिप्पणियाँ

1. ह्वेनत्सांग ने कश्मीर को चीनी भाषा में 'कियाशिमिलो' कहा है।
2. 'ली' चीन में दूरी मापने की एक इकाई है। 5 'ली' की दूरी 1 मील के बराबर होती है। इसके हिसाब से सातवीं शताब्दी ई. में ह्वेनत्सांग के अनुसार काश्मीर राज्य का कुल क्षेत्रफल 1166 वर्ग मील था। निश्चित रूप से इसमें काश्मीर घाटी के बाहर का भूभाग भी शामिल रहा होगा, क्योंकि काश्मीर घाटी का कुल क्षेत्रफल लगभग 300 वर्ग मील ही है।
3. यहाँ 'समाज' का आशय उत्सव से है। उत्सव को पालि भाषा में 'समज्जा' कहा जाता है। मौर्य सम्राट अशोक ने अपने शिलालेखों-स्तम्भलेखों में भी उत्सव के अर्थ में 'समज्जा' (समाज) शब्द का प्रयोग किया गया है। ''जातकों से पता चलता है कि समज्जा एक विशेष प्रकार की मनोरंजक गोष्ठियाँ थीं, जिसमें स्त्री-पुरुष और बच्चे-बूढ़े एकत्र होकर कई प्रकार के खेल-तमाशे, नृत्य-संगीत, हस्तियुद्ध, मेषयुद्ध, अजायुद्ध, मल्लयुद्ध आदि खेल खेलते थे। इन्हें 'समाज' भी कहा जाता था।'' कुमार निर्मलेन्दु, 'मगधनामा', पृ. 219; लोकभारती प्रकाशन, प्रयागराज; 2019 ई.।
4. पाकिस्तान के वर्तमान खैबर-पख्तूनख्वा सूबे का एक जिला है-स्वात। प्राचीन काल में पश्चिमी हिमालय के भीतर का यह भूभाग आर्यों को इतना मनोरम लगा कि उन्होंने यहाँ सुन्दर-सुन्दर घर बनाये और इस इलाके का नाम 'सुवास्तु' (अर्थात् 'सुन्दर गृह') रख दिया। स्वात और पंचकोरा नदियों के संगम पर छह हजार फीट ऊँचे पहाड़ हैं। स्वात के ये पहाड़ देवदार के उन जंगलों से ढके हुए हैं, जिनकी लकड़ियों से आर्यों ने अपने सुन्दर वास्तु बनाये थे।

    ऋग्वैदिक काल में स्वात और पंचकोरा नदी के बीच की इस रमणीय पर्वतभूमि का

नाम सुवास्तु था। लेकिन ईस्वी सन् के प्रारम्भ में उसे 'उद्यान' कहा जाने लगा। गुप्तकाल में भी इस प्रदेश को उद्यान ही कहा जाता था। यदि आर्य वहाँ के सुन्दर घरों पर मुग्ध होकर उसे सुवास्तु कहने लगे थे, तो 'सीमान्त-गाँधी' खान अब्दुल गफ्फार खाँ के अनुसार वहाँ के अमृत-तुल्य मेवों के बगीचों के कारण उस क्षेत्र को 'उद्यान' कहा जाने लगा। सुवास्तु सम्भवतः 'उद्यान' का विशेषण था, किन्तु कालान्तर में वहाँ के लोगों ने बागों का वैभव देखकर उस प्रदेश को 'उद्यान-प्रदेश' कहना उचित समझा। इस प्रदेश की राजधानी मस्सग थी।

5. 'विष्णुपुराण' में कहा गया है कि वर्णसंकर और शूद्र लोग सिन्धु नद, डारविका देश, चन्द्रभागा और काश्मीर में राज करेंगे।
6. ह्वेनत्सांग ने बुद्ध के 100 वर्ष बाद लिखा है। लेकिन अब यह बात प्रमाणित हो चुकी है कि 483 ई.पू. में गौतम बुद्ध का महापरिनिर्वाण हुआ; और उसके 210 वर्ष बाद 273 ई. पू. में अशोक मगध के राजा हुए थे।
7. ह्वेनत्सांग ने बुद्ध के 400 वर्ष बाद लिखा है। लेकिन अब यह सिद्ध हो चुका है कि कनिष्क का राज्यारोहण 78 ई. में हुआ था; और उसकी स्मृति को स्थायी रखने के लिए शक संवत् की शुरुआत की गयी थी। इस प्रकार, महात्मा बुंद्ध के निर्वाण के लगभग 500 वर्ष बाद कनिष्क राजा हुआ था।
8. बौद्ध धर्म के नियमों के तीन विशाल संग्रहों–सुत्तपिटक, विनयपिटक और अभिधम्मपिटक को 'त्रिपिटक' कहा गया है। ये ग्रन्थ मागधी (यानी पालि) भाषा में रचे गये हैं। प्राचीन काल में इन पवित्र ग्रन्थों को पिटारियों या टोकरियों में सुरक्षित रखे जाने के कारण ही इनको 'पिटक' कहा गया है।
9. पंच महाविद्या हैं- (क) शब्दविद्या अर्थात् व्याकरण (ख) अध्यात्मविद्या (ग) चिकित्साविद्या (घ) हेतुविद्या (ङ) शिल्पस्थानविद्या।
10. अलबेरूनी ने 'अद्दिस्तान' को कश्मीर की राजधानी बताया है। यह संस्कृत शब्द 'अधिष्ठान' का अपभ्रंश है; और इसका शाब्दिक अर्थ है- मुख्य नगर। इसी स्थान पर श्रीनगर बसा हुआ है। ह्वेनत्सांग के समय में 'अधिष्ठान' ही नयी राजधानी थी। कश्मीर की पुरानी राजधानी 'पुराधिष्ठान' थी। यह हारीपर्वत (वर्तमान तख्त-ए-सुलेमान) के दक्षिण-पूर्व लगभग दो मील की दूरी पर थी, जिसको वर्तमान में पानड्रेथान कहते हैं।
11. ह्वेनत्सांग द्वारा वर्णित इस सन्दर्भ से सातवीं शताब्दी ई. के कश्मीर में बौद्धों और नागवंशियों के प्रबल संघर्ष का स्पष्ट संकेत मिलता है। ह्वेनत्सांग की कश्मीर-यात्रा (631-633 ई.) के समय वहाँ के राजा का नाम दुर्लभवर्द्धन था। उसने 625 ई. में कश्मीर में कर्कोटक वंश की स्थापना की थी। वह नाग नामक एक पर्वतीय जाति से सम्बन्धित था, इसलिए उसके कुल को नागवंश भी कहा जाता है। अलेक्जेंडर कनिंघम का अनुमान है कि उनके कुल में नागों की पूजा होती होगी, इसलिए वे लोग नागवंशीय कहलाते रहे होंगे।

सन्दर्भ-ग्रन्थ सूची

1. नीलमत पुराण; प्रो. वेदकुमारी घई; जे. एण्ड के. अकैडमी ऑफ आर्ट, कल्चर एण्ड लैंग्वेजिज, जम्मू; 2016 ई.।
2. कल्हण कृत राजतरंगिणी; भाष्यकार : डॉ. रघुनाथ सिंह; हिन्दी प्रचारक संस्थान, वाराणसी; 1970 ई.।
3. राजतरंगिणी; व्याख्याकार : रामतेजशास्त्री पाण्डेय; चौखम्बा संस्कृत प्रतिष्ठान, दिल्ली; 1984 ई.।
4. हिन्दी राजतरंगिणी, प्रथम खण्ड; व्याख्याकार : गोपीकृष्ण शास्त्री द्विवेदी; सुलभ पुस्तकमाला कार्यालय, बनारस; संवत् 1998
5. जोनराज की राजतरंगिणी; व्याख्याकार : डॉ. रघुनाथ सिंह; चौखम्बा संस्कृत सिरीज ऑफिस, वाराणसी; 1972 ई.।
6. श्रीवर की ज़ैनराजतरंगिणी, खण्ड-1; व्याख्याकार : डॉ. रघुनाथ सिंह; चौखम्बा अमर भारती प्रकाशन, वाराणसी; 1977 ई.।
7. श्रीवर की ज़ैनराजतरंगिणी, खण्ड-2; व्याख्याकार : डॉ. रघुनाथ सिंह; कृष्णदास अकादमी, वाराणसी; 1977 ई.।
8. 'भारतीय इतिहास की रूपरेखा', खंड-2; जयचन्द विद्यालंकार, हिन्दुस्तानी एकेडमी, इलाहाबाद; 1942 ई.।
9. प्राचीन भारत; डॉ. रमेशचन्द्र मजूमदार, अनुवादक : डॉ. परमेश्वरीलाल गुप्त; मोतीलाल बनारसीदास, वाराणसी; 1962 ई.।
10. 'भारत सावित्री', डॉ. वासुदेवशरण अग्रवाल, सस्ता साहित्य मण्डल प्रकाशन, नयी दिल्ली; 2011 ई.।
11. विक्रमादित्य, डॉ. राजबली पाण्डेय, चौखम्बा विद्याभवन, वाराणसी; 1960 ई.।
12. 'अन्धकारयुगीन भारत', डॉ. काशीप्रसाद जायसवाल, अनुवादक : रामचन्द्र वर्मा, नागरीप्रचारिणी सभा, काशी; 1957 ई.।
13. 'क्षेमेन्द्र और उनका समाज', डॉ. मोतीचन्द्र, उ. प्र. हिन्दी संस्थान, लखनऊ, 1984 ई.।
14. 'रामकथा', कामिल बुल्के; हिन्दी परिषद् प्रकाशन, प्रयाग विश्वविद्यालय, प्रयाग; 1962 ई.।
15. 'महाकवि सोमदेव भट्ट विरचित कथासरित्सागर'; प्रथम भाग, अनुवादक : केदारनाथ शर्मा सारस्वत; बिहार राष्ट्रभाषा परिषद्, पटना; 1960 ई.।

16. 'भारतीय इतिहास का सर्वेक्षण', के. एम. पणिक्कर; अनुवादक : हनुमानप्रसाद वाजपेयी; एशिया पब्लिशिंग हाउस, बम्बई; तृ. संस्करण की दूसरी आवृत्ति, 1957 ई.।
17. भारत में बौद्ध धर्म का इतिहास, लामा तारानाथ, अनुवादक : रिगजिन लुण्डुप लामा, काशीप्रसाद जायसवाल शोध संस्थान, पटना; 1971 ई.।
18. 'शंकराचार्य : विचार और सन्दर्भ', डॉ. गोविन्दचन्द्र पाण्डेय; नेशनल पब्लिशिंग हाउस, नयी दिल्ली; 1996 ई.।
19. आनन्दवर्द्धन, डॉ. रेवाप्रसाद द्विवेदी; मध्यप्रदेश हिन्दी ग्रन्थ अकादमी, भोपाल; 1972 ई.।
20. 'प्राचीन भारतीय स्तूप, गुहा और मन्दिर', डॉ. वासुदेव उपाध्याय; बिहार हिन्दी ग्रन्थ अकादमी, पटना; 1972 ई.।
21. डॉ. ए. बी. कीथ, संस्कृत साहित्य का इतिहास, अनुवादक : डॉ. मंगलदेव शास्त्री, मोतीलाल बनारसीदास, दिल्ली; द्वि. सं. 1967 ई.
22. आईन-ए-अकबरी, प्रथम खण्ड, अनुवादक : रामलाल पाण्डेय, (प्रकाशन वर्ष : 1935 ई.); पब्लिकेशन स्कीम, जयपुर; पुनर्मुद्रण 2000 ई.।
23. बर्नियर की भारत-यात्रा; अनुवादक : गंगा प्रसाद गुप्त, नेशनल बुक ट्रस्ट, नयी दिल्ली; प्र. सं. 2001 ई.
24. डब्लू. एच. मोरलैण्ड, अनुवादक : सुधाकिरण सिनहा; 'अकबर की मृत्यु के समय का भारत'; दि मैकमिलन कम्पनी ऑफ इण्डिया लि., नयी दिल्ली। (प्र. हिन्दी संस्करण 1986 ई.)
25. भारत का भाषा-सर्वेक्षण; खण्ड-1, भाग-1; लेखक : सर जॉर्ज अब्राहम ग्रियर्सन, अनुवादक : डॉ. उदयनारायण तिवारी; उत्तर प्रदेश हिन्दी संस्थान, लखनऊ; तृ. सं. 1979 ई.
26. 'वाणी वितस्ता की' (कश्मीरी लोकगीत); संकलन एवं अनुवाद : पृथ्वीनाथ मधुप; पूर्वपीठिका, जम्मू एवं कश्मीर अकादमी ऑफ आर्ट, कल्चर एण्ड लैंग्वेजिज़, जम्मू; 1975 ई.।
27. उत्तर भारतीय राजाओं की धार्मिक नीति; हीरालाल पाण्डेय; जानकी प्रकाशन, पटना; 1988 ई.।
28. 'ऑन युवान च्वांग्स ट्रैवेल्स इन इण्डिया'; थॉमस वाटर्स; (सम्पादक : टी. डब्ल्यू. रायस डेविड्स एवं एस. डब्ल्यू. बुशल) प्रथम खण्ड, रॉयल एशियाटिक सोसाइटी, लन्दन, 1904 ई.
29. 'द ऐंशिएण्ट ज्योग्रफी ऑफ इण्डिया', अलेक्जेण्डर कनिंघम; इण्डोलॉजिकल बुक हाउस, वाराणसी; 1963 ई.
30. 'हिस्ट्री ऑफ औरंगजेब', जदुनाथ सरकार, खण्ड-1; एम. सी. सरकार एंड सन्स, कलकत्ता; 1912 ई.।

●●●